思想与**文化** 第二十三辑

Thought & Culture No.23

杨国荣 主编

规范性问题和中西哲学

GUIFANXING WENTI HE ZHONGXI ZHEXUE

华东师范大学中国现代思想文化研究所 编

华东师范大学出版社

华东师范大学中国现代思想文化研究所　主办

目录

语言、逻辑和修辞

佛理探讨

学界观察

随笔与书评

Contents

1

目录

2

规范性问题和中西哲学

阐释的悖论、隐含的规范性和人性：
从比较哲学的视角重审意志薄弱问题*

郑宇健 著 文 杰 译**

[摘 要] 本文从一个比较哲学的新视角出发，结合对戴维森广受忽视的非理性悖论的关注，批判性地介入了古老而又备受争议的意志薄弱问题的大量现存工作。它旨在揭示批判性阐释观的描述性方面和规范性方面的相互作用，以及揭示当成真和做成真之间的一种特殊关系，这种特殊关系的揭示有助于解释柏拉图原则和孟子的某些范例原则的描述性外衣之非偶然性。同样地，它也阐明了动态规范性的一种确定的隐含类型的某种整体图像，比如，它明显可运用于孟子、

* 本文原文为英文（题为"Interpretational Paradox, Implicit Normativity, and Human Nature: Revisiting Weakness of Will from a Perspective of Comparative Philosophy"），刊于学术期刊 *Dao*，见该刊 2017 年第 16 期第 145—163 页。本文被评为 *Dao* 2017 年年度最佳论文。在通读本文译稿时，郑宇健教授对译稿提出了宝贵的修改意见。另外，也要感谢上海交通大学哲学系助理教授黄远帆和华东师范大学哲学系黄家光博士对译稿提出的细致修改建议。
** 郑宇健（1962— ），男，上海人，哲学博士，香港岭南大学哲学系副教授。研究方向涉及形上学、知识论、行动和心灵哲学之交叉领域，主要围绕人类理性或规范性的自然主义起源问题。文杰（1992— ），男，安徽铜陵人，华东师范大学哲学系博士生，主要研究方向为英美知识论。

荀子关于人性问题的争论，但当代比较哲学仍较少地关注和阐述过这一图像。

[**关键词**] 意志薄弱；非理性悖论；批判性阐释；隐含的规范性

1. 关于意志薄弱(weakness of will)的实践问题和理论问题

在西方世界中，自苏格拉底以来，意志薄弱问题一直就为人们所津津乐道。苏格拉底对其可能性(《普罗泰戈拉》)的否定取决于这样一种观点：自愿地追求次一级的善并不是"出于人性"。而为完成这一否定，被称之为"柏拉图原则"(Plato Principle)的这样一条基本原则[①]也表明，"无人愿意与其所知是最好者背道而驰"。在面对我们日常生活中诸多明显不能自制的行为(incontinent acts)时，这一原则仍能真正成立吗？ 人们可能会认为，该原则太强了或者太脱离实际了，以致难以在实践领域相信或坚守该原则，这里典型地涉及各种各样的驱动性因素，很可能涉及不受控制的本性(unruly nature)产生的因果力。

举例来说，约翰·塞尔(John Searle)想要拒斥(实践)理性的经典模式，戴维森的行动因果论(causal theory of action)是这一经典模式的当代代表，塞尔则通过断言一个行动的心理前件和行动的实现之间存在一个本质上的因果间隙(causal gap)来进行拒斥。弗雷泽和王启义(Fraser and Wong)在理解"性格懦弱"(character weakness)这个问题的本质及其独特的解决方案的语境下，运用了塞尔的这一批判和他关于"背景"(Background)的观点。[②] 然而，在向弗雷泽和王启义作出大量正面回应的同时，塞尔也表达了一些异议，即不认同他们在处理意志薄弱问题时对中西之分做出的刻画：他们认为这种差异是解释非理性行动(irrational action)的理论问题与克服它的实践问题之间的差异。"我之所以认为这是有误导性的，是因为克服意志薄弱的问题在西方文化的传统道

---

① Donald Davidson, "Paradoxes of Irrationality," In *Philosophical Essays on Freud*, Richard Wollheim and James Hopkins (eds.), Cambridge: Cambridge University Press, 1982, p. 294.

② Chris Fraser and Wong Kai-yee, "Weakness of Will, the Background, and Chinese Thought," In *Searle's Philosophy and Chinese Philosophy*, Mou Bo (ed.), Leiden: Brill, 2008.

德教育中也十分重要,这与其他文化是非常接近的。"①

　　对这一主张本身是否为真在此不做讨论,我想指出的是,尽管从一个更大的比较视角来看,西方世界(尤其是当代的分析传统)普遍的哲学取向更多地偏于(现代科学范式背景中的)理论解释,但这不仅会激发技术层面的发展,而且也会在科学自然主义框架内典型地或不可避免地导致对传统观点或议题的挑战。例如,用塞尔自己关于"间隙"的观点来看一个普通人的问题:"为什么在我的深思熟虑与我后续的决定或意图之间存在这样一个难以避免的间隙?"除非人们对分析哲学的当代面貌比较熟悉,否则人们此时此刻会感到一头雾水。可以说分析哲学涉及到的一项主要研究纲领是,将我们熟悉的规范性观点(比如理由、规则,或者内容)关联到(又甚至是还原到)物理主义或自然主义的观点。就此而言,上述塞尔对所谓的经典理性模式的拒斥,只是在一个共享的解释框架的整体中,围绕一个特定论点而展开的某种内部争论(这里指戴维森的因果充分性论点,即一个人根据自身的最佳判断做出随后的行动②)。

　　因此,不必诧异,人们可以很容易地辨识出意志薄弱问题的传统路径(东方的或西方的)和科学驱动下的自然主义路径(比如,那些依赖于理由与行动的因果性理论观点的路径)之间的显著差异。辨明这些差异并不是本文之意。③ 我不打算评价每一条进路的功与过。我想在此做一番追索的是,在意志薄弱问题的理论进路和实践进路之下潜存着一个隐含的规范性维度——"隐含"(implicit)在这里的意思并不是指,道德教育或实践指导层面上的任何一种命令或指示的形式是否明晰。我将表明,儒家作为中国智识传统的一个主要代表,不仅对这样一种特殊的规范性之维不缺乏敏感性,而且长期以来一直在独特地运用它,尽管在事实上对描述性与规范性的清晰、明确的区分在现代西方哲学中也只是较为晚近的事。随后,我将仔细讨论戴维森提出的一个非理性悖论(paradox of irrationality)。

---

① John R. Searle, "Reply to Chris Fraser and Kai-yee Wong," In *Searle's Philosophy and Chinese Philosophy*, Mou Bo (ed.), Leiden: Brill, 2008, p. 335.

② Cf. Donald Davidson, "How is Weakness of the Will Possible?" In *Essays on Actions and Events*, Oxford: Clarendon Press, 1980.

③ 我并非在暗示,以某种有说服力的方式辨识这些凸显的(或许是深层次的)差异对于比较哲学而言是不重要的。与之相反,除非这些差异被恰当理解了,否则就谈不上富有成效的深入比较。

2. 意志薄弱的某些代表性观点所揭示的隐含的规范性形式

每个人都会觉得,一个人自愿的行动若违反他自身的最佳判断是十分奇怪的事,不过还是有可能出现无自制力的行动(akratic actions)。绝大多数人会视这种活动为非理性的,至少在一个较窄的、主观的意义上会这样看(即不论一个人的最佳判断是否在客观上是最佳的)。视某事物为非理性的,本身就包含着一种明晰的、可评估的规范性形式,可能同时也有某种更进一步的规范性意图去更正它。所以,关于理性/非理性的判断已经超出了纯粹的描述领域,或者至少部分地进入到了规范性之域。然而,关于所谓的无自制力行动案例的引人关注之处在于,作出判断的资料,或者有待解释之物绝非理论上中立的。即是说,对于任何所谓的无自制力现象的特定案例,似乎总是存在着一定的空间去根据某些背景性的理论或理性原则来进行重新描述或阐释。

按照黄勇教授所做的分类[①],起码存在着下述六种类型的行为,它们不同于严格的无自制力现象,但与它在某一或某些方面又很相似或易生混淆:(1)鲁莽(recklessness)或者无节制(intemperance);(2)冲动(compulsion);(3)虚伪(hypocrisy),指一个人做了他口头上说他不应该做的事;(4)无知(ignorance),例如,一位烟民不知道或者不是真正地相信吸烟是有害的;(5)疏忽(negligence)或者遗忘(forgetfulness),尽管在事实上,这个人应当知道,或者通常情况下知道,他正在做什么或者他是否应该去做那件事;(6)实质上的理性选择(rational choice),例如,一个人十分了解吸烟带来的长期的不良影响或危险,也知道吸烟带来的当下快适或刺激,他头脑清楚地选择了后者。这份清单尚未穷尽所有可能类型。[②]

枚举它们(可能还包括其他行为)是为了表明,只要我们在区分所谓值得怀疑的无自制力现象的案例与这些部分地相似的不同现象/案例时感到困难,那

---

① Huang Yong, "How is Weakness of the Will not Possible? — CHENG Yi's Neo-Confucian Conception of Moral Knowledge," In *Education and Their Purposes*, Roger T. Ames and Peter D. Hershock (eds.), Honolulu: University of Hawai'i Press, 2008, pp. 439 – 440.

② 例如,我讨论了一种特殊类型的准理性(或者准非理性)行为,该行为与意志薄弱行为共享同一种潜在的因果性机制模式。

我们就没那么容易辨识,进而也没那么容易证明存在着一个严格意义上的无自制力行动的标准案例。因此,不足为怪,"一些古代哲学家主张,不仅不存在这种意义上的意志薄弱之人,而且意志薄弱本身也是完全不可能的。任何被认为是意志薄弱的案例只不过是上述六种现象之一的某种伪装罢了。因而,任何主张意志薄弱是可能的(甚至是现实的)人就有义务去证明它是如何可能的"①。

不论这种证明的义务是否应该由在现象层面上断定而非否认意志薄弱的人(完全地)承担,有件事似乎是比较确定的:援引我们的常识直接断定或否认其可能性(好像每一个人在这样一种精微的或技术的概念区分中都应该共享一个信念)并不能令人满意。就此而言,塞尔几乎无权断言戴维森及那些追随戴维森的人明显有违常识,更不消说那些在很长一段时间内服膺亚里士多德或苏格拉底的人。此外,为了公正地对待戴维森在意志薄弱方面所做的工作,人们应该承认,这些工作彰显了,在一个有关行动和理性的更为统一的理论中,去协调材料的描述和解释的融贯所可能涉及的丰富细节和义理。

就我正在某种深入、隐含的层次上揭示规范性类型这一当下目的而言,关注和强调下面这个极其重要的事实似乎是有决定性意义的:支持或排除意志薄弱(在熟悉的行为和不熟悉的行为之间存在一个几乎连续的光谱作为背景,这些行为所拥有的特征交织重叠或相似并立)本身就是一种规范的操作或要求(可能有,也可能没有明晰的理论动机或实践动机)。我将通过对戴维森非理性悖论的深入讨论,以及它与孟子思维方式所隐含的维度之间可能的联结来论证这一点。在此之前,我想对江欣燕和黄勇的相关工作稍作评论,我试图表明,他们各以其独特的方式揭示出(尽管不那么明显)同样的规范性层面。②

首先,江欣燕的文章十分明确地将意志薄弱之可能性的问题归入一个假设,这个假设是指,在任何意向行动中都会涉及一个认知—欲求—行动(knowing—desiring—doing)的必然联结。正因为一些人认为这种联结是理所

① Huang Yong, "How is Weakness of the Will not Possible? — CHENG Yi's Neo-Confucian Conception of Moral Knowledge," p. 440.

② Jiang Xinyan, "What Kind of Knowledge does a Weak-willed Person Have? — A Comparative Study of Aristotle and the Cheng-Chu School," *Philosophy East and West*, Vol. 50 No. 2 (2000): 242 – 253; Huang Yong, "How is Weakness of the Will not Possible? — CHENG Yi's Neo-Confucian Conception of Moral Knowledge."

当然的,所以一个人违反当下最佳判断的意向行动(实际发生或可能出现)对该联结的违背就会变得令人疑惑,因而需要做出某种特别的解释。接着,江欣燕似乎合理地论证了,亚里士多德和程朱学派对这一挑战有着类似的答案,他们都认为这一挑战是站得住脚的,因为他们都认同这一假设。他们回应该挑战的策略是,"去表明意志薄弱的能动者在不能自制的行动中真的不知道什么是最佳的"①。

当然,沿着这条线索,现代哲学家可能会做进一步的区分,将上述必然联结的本质看作是广义逻辑性的,或将它看作是因果性的,后者是塞尔通过因果"间隙"观点所断然否认的。要求亚里士多德或程朱学派做出这一区分是不切实际的,或者说是不合时宜的,尽管某种程度上说,它事实上引发了人们在意志薄弱问题上的当代争论,重燃了人们对这一问题的兴趣。然而,即使古代学者尚未做出这一区分,我们仍然有很好的理由认为,他们对认知—欲求—行动的必然联结的承认或默认是规范性的②——很可能它是一种隐含的规范性形式,只不过其理论地位尚不明晰,以致对之未能进行有意识的反思。

第二,黄勇对新儒家程颐(1033—1107)和苏格拉底、亚里士多德就知行关系进行了精微而富有洞见的比较。前者对知行关系的关注引发了对知识的一个重要区分,即德性之知与见闻之知的区分(knowledge of/as virtue versus knowledge from seeing and hearing)。前一类型的知识在双重意义上是"内在的":不像后一类型的知识产生自外部联系,它源自内部体验,仿佛顿悟(sudden enlightenment),因而可称其为"自得"(self—getting)③;它也与出自它的行动有逻辑上的内在(即,蕴含性)关系④。容我在此稍作评论。如果这种知识划分客观上成立,换言之,如果这种知识划分可独立于一个规定知识与行动之间须有内在关系的规范性原则——这一原则便可在无经验证据的情况下从概念上排除无自制力现象的可能性,那么这一区分就一定能够在从表面上无自

① Jiang Xinyan, "What Kind of Knowledge does a Weak-willed Person Have? — A Comparative Study of Aristotle and the Cheng-zhu School," p. 242.

② 在此,我所使用的"规范性联结"不能与较狭义的逻辑联结等而视之。两者的不同在于,前者而非后者是与所谓的因果间隙观点相容的。

③ Huang Yong, "How is Weakness of the Will not Possible? — CHENG Yi's Neo-Confucian of Moral Knowledge," p. 446.

④ Ibid. p. 444.

制力的行为中筛选出那些严格的无自制力的行为方面作出有效解释,也一定能够在借德性之知的独立存在而对严格的无自制力行为之不可能性进行辩护方面起到关键作用。但问题正在于,这是一个很大的"如果",我本人暂时不想在这一点上草草定论。

尽管德性之知作为一种理想的知识类型(例如,知道如何做)是广受认可的,或者说这种知识的规范性原则及其对行动的指导力是广被接受的,但这仍不等于说,在现实生活的任何时刻缺乏这种品质本位的(character-based)德性之知就绝不是实践判断(根据这种判断,我们来评测无自制力行动);也不能等于已证明,德性之知是那些在不同程度上朝向有德性的知识状态迈进的人通常所具备或期待的。再者,对于许多无关道德的日常行为,其所含主观的、明确的最佳判断(及其何时被违反)似乎只牵涉最低限度的知性能力或理智德性,这与任何特定类型的实践行动关联都不大。换言之,程颐的新儒家标准可能是不太切合实际的或者要求过高的,以致它对于我们世俗生活中的一系列待选的无自制力行为的判定来说似乎是不必要的。

总的来说,虽然关于(实践)知识与行动之间的真正关系绝不是通过一个粗糙的定义方式或者一个武断的规定来完成的,这一点可以令人信服地得到证明,但是通过谈论知识类型去排除无自制力现象的一般性进路也正揭示出一个复杂的(sophisticated)规范性立场中的某种(隐含的或潜在的)承担。当我使用"复杂的"时候,我意在表明,在某种意义上,与这种复杂的立场相关联的任何描述性部分或基础都几乎不可能被简单证伪——无论何时某人对一个待定的无自制力行为给出声称的证据,持这种规范性立场的理论家总是可以诉诸这样一种策略,即将它(重新)描述或阐释为属于上述清单的某一种现象。对于这种可坚持的既定规范性立场,其实践功能和理论地位则需要做更为细致的检验和探索。

3. 戴维森的非理性悖论

实际上,在考虑有吸引力的、复杂的规范性立场时(这种规范性立场嵌入到关于意志薄弱之类的非理性行为的整个解释任务中),戴维森做了下述评论:

没有理论可以完全逃避的非理性的底层悖论是这样的：如果我们把它解释得太好（too well），就会将其转变成理性的一种隐蔽的形式；但是，如果我们太轻易地把某种不一致归于行为主体，那么我们就等于放弃了为有效诊断任何非理性所必需的（行为主体的）理性背景，从而使我们理性批判的能力大打折扣。①

一些理论家试图为意志薄弱问题和它具有的理性问题提供一个充分的解释，但是他们大都未能充分领会这一评论的内蕴之意。我相信其中有些东西对于理解严格的无自制力现象或主观非理性行为而产生的诸多明显困惑尤为重要。这一欠缺在一定程度上似乎应归咎于这样一个事实：戴维森本人并没有详细阐明这一评论在何种意义上揭示了一个真正的悖论，以及这一评论如何关联到他的行动理论和阐释理论中的其他重要观点。

为了让我们对这个悖论有一个基本了解，我在这里先做个初步的评论。显然，在解释融贯性/不融贯性，可理解性/不可理解性，以及非理性的辨识之间有着某种一般性的关系。第一，在现象描述的同一层面上不融贯性引起不可理解性（例如，社会或心理层面的，这与物理层面相对）。即是说，当我们将一个确定的行动甄别为非理性的时候，并不一定意味着该行动在其物理性质方面是不可理解的。比如，我们可以理解为什么有人吸烟，尽管早些时候他曾下定决心要戒烟，我们会认为他是非理性的，因为他一如既往地吸烟。为了进行甄别或批判，我们不必知道潜在的因果机制的精确细节。我们关于非理性的判断可以简单地是我们对某些行为所采取的先定规范性立场的一种表达。在每一个可能的描述或解释层面上，非理性与悖论性之间在不可理解这一点上似乎并无必然联系。

第二，非理性乃理性之殿内部的一个失败。② 即是说，如果一个人从不进行任何相关的推理，他就不可能被判定为非理性；我们至多只能称他为无理性（nonrational）。尽管非理性不能完全落在理性的疆界之外，但也不能完全落于其内。"完全在内"意味着，被推定的非理性行为中涉及的一切元素皆有一个或

---

① Donald Davidson, "Paradoxes of Irrationality," p. 303.

② Ibid. p. 289.

显或隐的合理解释,这种合理的解释看起来是如此之好,以至于会"将其转变成理性的一种隐蔽的形式";或者换句话说,能动者他自己可能会运用这种合理解释去辩护其按外在标准显得不理性的行为。

第三,"不能自制的特殊之处在于,行为者不能理解他自身:他在自己的意向行为中发现某种荒唐难解的东西"。[①] 这一刻画所呈现出的挑战是,我们如何在对某类非理性行为给出一种圆满解释的同时不因此而把它们变成"主观上合理的"——也就是说,从能动者自身的角度来看,即便有此解释,他的行动也仍然是非理性的。所以,该行为中必须有某种至少部分地落于理性范围之外的东西使之成为非理性。换言之,在非理性行动的内核之中,一定会包含一个理性(即运用理由)的成分和一个无理性(亦即理由之外的支配)的成分,二者任缺其一我们都将难以拥有非理性。

当戴维森开始采用一种有关心智区域的分隔模型并声称理性不具备跨域性司法权力时,他似乎就在遵循上述思路。[②] 然而,一些理论家试图指出,戴维森将不能自制的行为与他关于推理和行动之间关系的原理进行调和的做法是不成功的[③],并且太唯智主义了[④]。然而,这些批评者并未触及非理性悖论这一内核。[⑤] 这里的问题是:当一个人试图去辨识非理性时,悖论处于何处?

构成戴维森式非理性悖论的双角可重述如下:其一,如果我们对于意志薄弱如何产生解释得太好——即是说,如果我们在因果上和心智上找到了一个对

① Donald Davidson, "How is Weakness of the Will Possible?" p. 113.

② Donald Davidson, "Deception and Division," In *The Multiple Self*, Jon Elster (ed.), Cambridge: Cambridge University Press, 1986.

③ 例如,参见 Joseph Margolis, "Rationality and Weakness of Will," *Journal of Chinese Philosophy*,8 (1981):9 - 27.

④ 例如,参见 Kirk Robinson, "Reason, Desire, and Weakness of Will," *American Philosophical Quarterly*, 28(1991):295 - 296;Robert Audi, "Weakness of Will and Rational Action," *Australasian Journal of Philosophy*,68(1990):276 - 281。相反,罗伯特·奥迪(Robert Audi)提出了一个更宽泛的、整体性的和非理智主义的理性行动概念。

⑤ 我在一定程度上触及这个悖论,采用的方法是,使用一个动态的超微观经济模型(a dynamic pico-economic model)去解释产生不能自制现象的因果机制,以及解释一个人对其自身进行非理性批判而形成/保持的判断。(参见 Yujian Zheng, "Akrasia, Picoeconomics, and a Rational Reconstruction of Judgment Formation in Dynamic Choice," *Philosophical Studies*,104(2001):227 - 251.)我尚未察觉到其他学者对戴维森悖论所产生的兴趣和足够重视。

它而言十分融贯的图像，那么我们就会将其转变成理性的一种隐蔽的形式；其二，如果我们太轻易地把某种不一致归于行为主体，即是说，如果我们轻易地将意志薄弱从可理解的现象类别中排除出去，那么我们等于是将本来在理性上可诊断的某些人类行为神秘化了，从而给人类交往中成功地阐释他者的可能之径设置了人为障碍。

这第二个方面似乎是比较容易理解的。如果某人由于他自身懒惰或能力不足而导致未能理解某个复杂的现象，并且他通过将问题转移到对象本身的不融贯上来为自己开脱，那么这显然不是什么困境，只不过是我们须加杜绝的委过做法。但是，就第一个方面来说，我们可以问：在恰当的解释和解释得"太好"之间的界限在哪里？倘若融贯一致性是我们解释的目标，"太一致"之讥评从何谈起？

于我而言，若要反对上述人造的"隐蔽形式的合理性"，首先需要对如下关系提供一种可取的说明：一个因果解释如何能够在正常或标准的情况下与理性的归属(rational ascription)产生关联？这种说明有希望在个人的(而非亚个人的)层面上给出一个必要的背景原理，即一个意向行为的恰当因果解释能够合法地将被解释的行为转化为某种形式的合理性。只有当这一背景图像确立之后，人们才能谈论在一些可能的情境中，因果解释可能会出现偏差，包括"太好"，以致不合法地将该行为转变成一种确定的理性形式。

背景原理的一个版本，可称之为 P1："对一个行动而言，任何因果的解释理由(作为一个因果前件)都能够使该行动(作为这个原因的后果)合理化。"①现在我们可以重建无自制力的行动，以不同于事先辩护理由的解释理由来重建。原则上可以保证的一点是，在任何已经发生的行动中都可以找到一个确定的解释理由，尽管在能动者的最佳判断中所表明的解释理由与事先的辩护理由之间

① 我在这里提到的"理由"一词指的正是为大家所普遍接受的用法，即是说，在能动者行动前的心理层面，"理由"主要是由欲求或信念构成的。这种理由并不总是意味着任一相关类的合理化(rationalization)；否则 P1 或者它的缩写"理由合理化"将只是一个同义反复。比如，人们会说，在任一情境中，一个特定的行动会具备一个次要的理由和一个主要的理由，主要的理由在因果上直接表现为对该行动负责，而次要的理由作为因果上无效的理由不会使之合理化。本文所涉及的范围有限，不会去讨论这一原则的其他呈现形式，也不会去讨论不同形式间可能存在的联结，甚至对戴维森行动理论中更好的建构原则(称之为 P2)也不会展开讨论。P2 作为 P1 的反面，它主张一个行动的(基本的)辩护理由就是它的原因。详见戴维森在"How Is Weakness of the Will Possible?"中对 P2 的创发和辩护。

的分歧已经被隐含在无自制力行动的定义中了。在典型的无自制力的情境中，这样一种有分歧的、解释性的理由不难找到：它通常就是一种欲求、感受等诸如此类的东西，或者与这些东西相对应，它们朝向次要选择而非最佳判断的某些吸引人的特征。甚至在辨识一个人实际意识当中这样一个因果上有效的个项变得异常困难时，也仍然很容易想象有一个因果项（尽管对于能动者自己来说，他不可能对之产生任何一种清晰的理由形式）潜藏于其脑（或身体）中。

有了P1，人们就能相对容易地设想这样一种可能性：为使一种古怪的行为（即有待解释项）更加地融贯一致，解释者会冒不合理的合理化的危险；解释者可能将某些凭空想象的因果个项（即解释项）放入有目的的解释当中。如果这个想象的个项被当作是一个理由——不一定是一个足够好的理由——持此理由的能动者就会在有关这个行动的因果充分解释中弥合间隙，那么根据P1，这个想象的解释理由将会在某种相关的意义上合理化该行动。因此，真正的危险在于，错误地或武断地将某种样式上的合理性归于原本非理性的行动（即，将其转变成"理性的一种隐蔽的形式"）。

沿着这条线索，令人疑惑的是，一个人如何能够确信一个特定的解释项是想象的而非真正运作着的（比如，以某种尚未认识到的方式运作）。虽然在解释一些自然现象时这种疑惑也会产生，但是当人们面对的是一个典型的包含诸多心理属性的人类现象时，它会变得更为紧要。一个心理事件可以同时是因果事件和心智事件，亦即它可以用神经生理学（根本上是物理学）的术语来描述，同时也可以按照它的命题内容进行描述。心灵（心智）的特殊性在于，它不仅可以创造和理解意义，即是说，它拥有某些带有命题内容的心智状态或事件，而且也在于，能够描述这种心智状态的日常心理学（folk psychology）意义上的术语本身并没有清晰的概念边界。典型的日常心理学术语包括信念、欲求、理由、判断、愿望、意图、意志、决心、情感等等；通常情况下，它们相互重叠、相互交织、相互转化，并且它们在诸多语境下可能是变化不定的。人们并不能轻易地看到这一点，我将引用下述段落（类似的文章不在少数）来稍作阐释：

> 我们的日常心智术语展现了盘根错节的交叠状态，引人侧目的模糊性，范畴的模棱两可，以及丰富多样的细微差别……例如，我们通常会将一个信念归向一段记忆、一种选择、一种假设、一个偏见，以此代

替将一个信念归之于一个能动者；或者说我们理应知晓或记起某事……我拥有两只手是一个信念吗，或者它应该被视为理所当然吗？当一只狗正在树下狂吠时，我们能够说它相信有只猫在树上吗？……我们的精神生活似乎是赫拉克利特流变说（Heraclitean flux）的一个极佳范例（参阅威廉·詹姆斯："意识不是粘连的，而是流动的。"），我们可以随心所欲地去划分它，但这不等于建议或规定唯一的范畴划分方式。①

这一事实意味着，就辨识非理性的问题来说，当我们发现在特定的实践情境中情况紧要时，我们通常还是会有足够大的概念操作空间去解释（因而也是某种意义上的合理化，当 P1 是给定的时候）或者拒斥（排除）令人疑惑的现象。

准确来说，由于这种难以避免的概念松弛性，在将融贯性的这一层面或那一层面归于心灵的这一部分或那一部分（带有相应的命题内容或逻辑关系）时，我们几乎总是有，且总是要做出一个选择。这意味着，在理论中有多种方式可以获得想要的整体解释上的融贯性。因而完全可以设想，可能存在一个确定的获得整体融贯性的方式，它比其他方式更能保持规范性原则的完整性，而我们可将这种规范性原则的完整性接受为我们推理和行动的基本原则。② 例如，当我们说一个能动者被假定的某心智个项是不存在的时候，当我们拒绝将我们的批判性辨识奠定在有关行动者的"杜撰"部分之上时，我们通常不应武断行事，而应尽可能地遵守相关规则。

其至当我们在正常情况下谈论简单的和自然的行为时，我们也会遵守许多种类的规则；并且我们遵守的规则，或运用规则的方式有可能在语境上是错误的，而对此我们并不自知。这里永远有一个问题，即以某种特定方式来定位有待解释的心灵：也就是说，我们是否已经获得下述两方面的最佳平衡状态，一

---

① K. V. Wilkes, "Functionalism, Psychology, and the Philosophy of Mind," *Philosophical Topics*, 12 (1981): 152.

② 有理性的人除了会遵从纯粹的逻辑规则之外，很可能也会接受一些其他类型的规则。例如，卡尔纳普和亨普尔曾提到，所有人都接受的一条原则竟然不属于归纳逻辑。归纳推理要求完整的证据：你所相信的假设在很大程度上是由一切可获得的相关证据来支持的。参见 Davidson, "How Is Weakness of the Will Possible?" p. 112. 另一个例子是，我们一开始就表明的柏拉图原则，我稍后再转回这一原则。

方面是,使个人的某心智个项与全部的可观察行为模式相适应①;另一方面是,在遵守规则的情况下保持我们的批判能力,这些规则包括那些基本的理性规则,它们构成了我们理解事物的基本背景。

但话说回来,除了在上述达致最佳平衡的问题中涉及到的可能的张力之外,悖论到底栖身何处? 在几乎每个人类实践领域里,似乎都存在着这样一些张力,它们与获得某种最佳平衡状态有关。我们通常不会称这些张力为"悖论"。与其说悖论的元素来自于行动解释中套用某些规则去排除虚构个项时存在的困难,毋宁说悖论的元素植根于解释非理性行动所无法回避的一种规范必然性(对某种推定的不可辨识的不融贯性进行理性批判的规范必然性)。

一个人在行为表现中所具备的理性程度似乎是他自身的某种内在特性——不可能取决于第三者怎么看他。至少在他生命中的一些特定时刻,他的心智能力或倾向应当是既定的事实,他可以展现出某些一般性的思维和意欲驱动模式。若对此没有争议,我们又该如何理解如下主张呢,即阐释者有权将一定程度上的融贯性/合理性归于被阐释者?② 难道可以说关于某个心灵的独立而既定的客观事实反倒依赖于另一个心灵是否决定及如何决定去理解它,这种说法本身难道不正是一个悖论吗?

对这个问题的一个简明回答是,只要我们在概念上区分存在论(本体论)的独立性和认识论的独立性,上述所谓的悖论就会迎刃而解。质言之,一个心灵在存在论上独立于阐释者并不与关于它的"事实"(这个"事实"的构建是通过阐释者的概念工具和阐释策略来完成的)在认识论上依赖于阐释者相矛盾。我们可以毫无矛盾地说,关于一个对象的任何"事实"陈述无非是来自某个解释者的特定理解的一种描述形式;这个解释者无需否认该对象在存在论上的独立性和(因果)一致性。此处所关涉的存在论假设是,任何自然事物或自然事件因果上都是融贯一致的,由于心灵也是一个自然事物(或者心智事件本身也是物理事件),因而心灵也一定是因果机制上融贯一致的。③ 这一假设独立于或者说优先于任何人对心灵的理解(包括诠释学意义上的理解)。

---

① 从理论上来说,在我们的阐释中所获得的最佳平衡可能不一定是能动者在行为时深思熟虑所达到的平衡点或平衡状态。

② 在这种表达中,有一种可能性会凸显出来:阐释者和阐释对象正是同一个人,即一个人想要理解自身。

③ 本文的目标并不在于去论证这不是一个纯粹的假定,或者去论证我们具有好的理由去相信它。

当我们判断某种行为是内在地或主观上非理性的时候,也就是说,该能动者在意向上违背了他自愿采纳的标准时,我们是在将某种自然的不一致性归于他吗(好像那是他自然构成上的一种根本缺陷)?如果答案是肯定的,则会产生一个误解:我们用仅有认识论相关性的理由僭越入存在论的领地。在另一方面,如果我们说我们"归之于"对象的并非存在论上的不一致性而是解释上的不一致性,即一个解释性框架内部的这种不一致是建立在一个被假设的能动者的心智个项、其他或多或少已经确立下来的心智部分,以及某些被广为接受的行动/思维原则之间,那么接下来的问题就是,为什么我们应该把这解释上的困难之源头归于对象而不是归于我们自己(比如我们在认识上的不完善或不胜任等等)?进一步的问题是,把某些行为判断为内在非理性而不是暂不可解的,这有助于达到何种目的呢?

在此,有一条进路似乎提供了比较合理的答案。不管在阐释者一方有多少可能的解释上的不一致来源,在能动者一方至少永远存在如下可能性:即在他自己关于行动的有意识的理由与别的有关底层(或许尚未了解的)行动机制的其他心智个项之间具有某种真实的不一致性。因此,对阐释者来说,可以考虑把任何解释的"剩余物"归于能动者一方,而这永远是(或者原则上是)一个默认的、后备的策略。至于何时、何地这种策略的使用可以得到充分的证明,这本身也是一个规范性问题,它取决于许多经验的、语境的因素,以及某些一般的规范性方法,比如在彻底翻译中涉及到的"施惠原则"(the principle of charity)[1]。

阐释者必须非常仔细,以避免对于非理性的不成熟指控,即是说,须将这样的两方面区别开来:一方面是,将不融贯性的浅层次根源归入本文第 2 节所列举的 6 种现象;另一方面是,能动者一侧不融贯性的深层次根源,而且仅仅只有后者才能为批判非理性提供可能的理由。当我说"浅层次"的时候,我所指的是,这些根源一经辨识,消除或规避它们就变得相对容易了;相对照

规范性问题和中西哲学

---

[1] 奎因在考虑彻底翻译时首次提到"施惠原则";但戴维森确是这一原则的最重要的支持者,他用该原则来阐释语言和行动。这一原则的基本信念是,不认可非理性的判断。参见 W. V. Quine, *Word and Object*, Cambridge, MA: MIT Press, 1960, pp. 26 - 79。又可参见 Donald Davidson, *Inquiries into Truth and Interpretation*, Oxford: Clarendon Press, 1984。关于不同程度的施惠原则的比较性讨论,参见 Paul Thagard and Richard E. Nisbett, "Rationality and Charity," *Philosophy of Science*, 50(1983): 250 - 267。

地,所谓的"深层次根源"指的是,无论是辨识那些根源还是消除它们都更为困难。

　　尽管我们对这些不一致性的可能的深层次根源(这可能会产生所谓的"内在非理性的"行动)尚未进入任何细节性讨论,但是我更感兴趣的是,探索规范性阐释的一个更加细微的层面。让我们回到柏拉图原则,本文伊始我们便提到它,它是我们进行施惠型阐释(charitable interpretation)的一个重要原则。柏拉图原则讲的是,无人愿意与其所知(且所能)的最好选项背道而驰。十分有趣的是,这一原则的表述方式看起来像是对自然事实的一个纯粹描述,换言之,每个人出于本性都会根据他自己认为是最好的(或正确的)选项来行动(或推理)。然而,这一原则不太可能为真,除非你在这里把"自己认为是最好的"定义为,无论即时的心灵状态是什么,它都可以由他随附的、外显的行为揭示出来。而一旦这样定义,柏拉图原则所陈述的内容就是琐碎的真。

　　关于柏拉图原则一个可取的观点似乎是:尽管它看上去像是描述性命题,但实际上是一个规范性原则,其正当功能不是描述或预言,而是命令、指导或教化。由此,我们不难领悟将一不自制行为判定为非理性的真正用意:这是因为它未能达到它本应达到的规范标准,这一标准是能动者本人自然(自发)地采纳且无法合理地拒斥的;同时,也因为我们相信这个行为是能够按照这一规范标准来改正的。但另一方面,我们不必假设这个非理性行为在存在论上是不融贯的。从而我们总是保有这样一种可能性,即有一天我们能够在所有的因果细节上充分地解释这个行为的自然发生过程;但即使到了那一天,我们也并未"将其转变成理性的一种隐蔽的形式",因为我们仍然在规范层面上将它视为是不融贯的,即不合规范。当然,若我们到时已根据新发现的心理学事实而部分地修改或放弃了我们现在使用的规范原则,则另当别论。

　　一言以蔽之,只要我们充分意识到这些基本原则或要求在我们有效的人类实践中的规范本性,那么戴维森的非理性悖论的暗影似已就此烟消云散。[①]

---

① 然而,我关于戴维森悖论的解决方案不同于大卫·亨德森(David Henderson)提供的比较类似的方案。我的进路是,接受所有对可解释的非理性进行的归因,甚至对之没有一个充分的因果解释;而亨德森的方案并未强调非理性归因的规范性本质,也没有在不同层面的非理性之间做出区分。(David Henderson, "A Solution to Davidson's Paradox of Irrationality," *Erkenntnis*, 27(1987): 359 - 369.)

4. 当成真（holding true）和做成真（making true）之间的关系：揭示一个儒家—孟子式范例

甚至在人们已经认可柏拉图原则的规范性基础之后，他们仍想知道为什么我们应当采用这个而不是那个特定的原则来作为一个阐释的（与之相对的，例如，教育的）规范性原则。我们创制及贯彻这样一个规范性原则的自由度有没有任何自然而终极的约束？如果有约束的话，那么这种约束是否应当来自人们现有的平均心智状态或其一般水平？换句话说，就一个规范性原则而言，是否存在一个描述上的准确性或似真性问题？

我们很容易想到一些规范性的规则，其唯一的目的只是要求服从和遵守。比如，一种有关工作制服的规则。规则制定者不必在意那些被要求服从规则者是否，或者在很大程度上，已经具有规则所要求的行为；在此唯一需要关心的是此后这些行为的出现，不论他们为了遵守规则要付出多大努力。很明显，在这些规则中不存在描述的精确性问题，即这些规则的应用对象的现状（status quo）或常规状况对规则本身的成立与否并不构成约束。但值得注意的是，任何规则制定者必须假定，规则的应用对象能够达到规则的要求①，或者是他们能够朝着那个尚未达到的方向去改变自身；否则的话，制定这样一个规则就没有意义。简言之，除了潜能性或（一种狭义上的）"可完善性"乃其必要条件之外，人们的现状并不是这类规则的考虑因素。

然而，当谈及阐释领域时，事情就变得大为不同了。由于阐释的目标在于搞清某个现存和既定的现象，它的内核自然是以真相为依归的描述性。那么，在一个关乎客体实质的阐释当中，对于一个以遵守服从为导向的规范性内容而言，哪里还为客观描述留下空间呢？因而，"阐释的规范性原则"的提法不免会产生某种悖论感：一方面阐释要求关于被阐释之人现状的真实陈述，另一方面该原则的规范性则要求阐释对象对某一标准的适应或服从。这后一方面所对应的特殊的（即批判的）规范性要求预设着阐释对象作出改变的潜能性。人们如何能够无矛盾地将这两个对立的要求并置一处呢？

---

① 与这一假定相对应的一条被普遍接受的原则是，"应当蕴含着能够"。

理论上说,对某一对象进行客观阐释的尝试应与对同一(所谓非理性)对象进行理性批判的尝试分开来。倘若这两种尝试在人类实践的现实中是互相分离的,则无必要去讨论批判性阐释及由此产生的任何悖论。然而不幸的是,现实的诠释学境况与此理论图景相去甚远。在戴维森关于非理性悖论的表述中,以及他在别处的一些饶富辩证意味的评论中,他对辨识非理性的理性背景之必然性的强调似乎产生于一个直觉:即不大可能将阐释从整体理性背景下对非理性的规范性批判中分离出来。这种观点是,如果没有将大量的理性属性归之于阐释对象,就不会有任何有意义的批判性阐释凸显出来。

在某些层面上,也许仅仅只有一种可能的理解模式——这种批判式理解是由基本的理性规则建构和规定的,对于这些基本的理性规则,我们别无选择,只能将其作为具有思想的必要前提条件。正如戴维森自己提及的那样,"把至少某些非理性确认为内在不融贯……并不是去解释,甚至很难说在多大程度上是去描述这些心理状态;相反,它使描述和解释的难题变得几乎没有可能解决"[1]。在这里,"描述和解释"指的是那些欲摆脱像柏拉图原则这类理性规则而在理解上做出的努力。

对于人类行为的一些有意义的理解来说,如果某些理性规则和原则是必要的根据或不可或缺的成分,那么一个明显的暗示是,它们接近正常人或其潜能得以实现的正常条件,或者说至少不会偏离得太远。[2] 然而另一方面,若要问这些规则和原则于现实描述的精确性要达到何种程度才会对整体的人类规范性实践最完美或长远最有利,则似乎没什么实际意义。因为更可信的事实是,大多数这类原则不是任何个人刻意设计或自觉选择的产物,而是长期进化过程中人类适应种种环境(包括自然变化,以及文化与自然的相互影响)的某种"社会积淀物"。

这里还有另外一层意思,谈论基本理性规则的个人选择或重新制定是令人难以置信的。因为这些规则长期以来就是我们交流、阐释和相互批判的社会实

---

① Donald Davidson, "Incoherence and Irrationality," *Dialectica*, 39 (1985): 346.

② 倘若尚未清晰,那么就有必要强调一下,"人类行为",以及理解人类行为的"规则和原则"并不是特定领域的行为,比如道德或法律的行为;应当说,我们正在谈论的是最一般的、共同的,或者最低层次上的可理解行为。那就是说,存在着这样一种与这一主张并不矛盾的可能性,即一个道德上不正常的人在绝大部分时间里都缺乏正常的伦理条件。

践生活之不可或缺的一个构成性部分,长期以来也在我们的行为和思想中占据很大比例(如果不是全部的话),包括行为和思想的模式、习惯、倾向等等,而所有这些社会实践生活、行为和思想在某种程度上都必须总是由这些规则来塑造,在这里任何整体性变化或彻底背离都是不可想象的。总之,理性批判通常会拥有效力,因为建立在规则之上的理性批判被认为具有某种程度上的自然真实性(natural veracity),对它们的完全背离被认为是违反常情的、荒唐的或不自然的。这些规则的外衣看起来越是"先天的"或描述上完善的,那么它们所拥有或产生的规范性—构成性力量就越强。我认为,这是对戴维森非理性悖论进行反思所引出的一个洞见——即关于当成真(与之相对应的是上述所谓"描述性的外衣")和做成真(与之相对应的是上述所谓"规范性—构成性力量")之间的某种有趣的关联。

基于此洞见,现在让我们对儒家经典的一些耳熟能详的篇章重新进行一番考察,希望我们由此可对上述关系及相关问题获得某种更加深入的理解。孟子最为独到和著名的性善论(idea about the goodness of human nature)不仅是儒家天人关系(the Confucian picture of Heaven and Man)的一个基础性部分,也是对后世儒家的道德实践或方向的深刻启发。在孟子著名的"乍见孺子入井"的篇章中,他评论道:"无恻隐之心,非人也;无羞恶之心,非人也;无辞让之心,非人也;无是非之心,非人也……人之有四端也,犹其有四体也。"[1]

正是通过这些表述所具有的清晰的语言形式,可以明显看出它们是描述性的而非规范性的(即未含"应"或"当"这类词)。即使这些表述潜在的或根本的意义(至少部分地)是规范性的,它们的描述性外观也在获得或引出道德目的方面起到了某种独特的、难以替代的作用。孟子这种范例性评论与上面所阐明的柏拉图原则在形式上具有明显的相似性,这一点绝非偶然。为此,申论如下。

孟子似乎将羞恶之心视为重中之重:"耻之于人大矣……不耻不若人,何若人有?"[2]如果羞恶之心是人性深处的一种原初倾向,孟子的如下主张会是相当融贯的:人之本性会由于他缺乏其他人所具有的尽责或克制的行为而感到羞愧,这些尽责或克制的行为展现出(规范性的)人性本身的典型特征,同时(在描

---

① D. C. Lau (trans.), *Mencius*, Hong Kong: The Chinese University Press, 2003, 2A6. 此处的和之后的《孟子》英译文皆出自 Lau, 2003,以下凡引该文献仅标注简要信息。

② D. C. Lau, 2003, 7A7.

18

规范性问题和中西哲学

述上）"人之所以异于禽兽者几希"①。一方面，人禽之别实际上很微小，没有人（也许除了圣人）能被自动地保证总是或在通常情况下展现出道德的／理性的行为；然而在另一方面，每个人都有潜能和抱负去成为一个道德上更好的人，或者努力按此标准去行事。道德上更好的人作为一种理想类型（由圣人所例示）对于成为一个真正的人来说是定义性的。这后一方面意味着，把一个君子成熟的、全面发展的状态描述为，而非单纯地希望，宇宙中人的自然的（有别于人为的或古怪的）状态，这对于孟子而言，绝不是武断的、不切实际的，或模糊不清的文学修辞。②

无论相关表述的描述性形式是否，抑或在何种程度上，与一个规范性—构成性的意义或成分等同，一个难以否认的道德心理学事实似乎是，没有人能够真正接受或忍受这样一种意识，即自己内在地劣于他人，自己具有较少的"人类"品性，或者自己与禽兽同列。一个人也许会出于多种理由对这种"低劣"的可能证据不了解或产生自欺。正如孟子观察，"指不若人，则知恶之；心不若人，则不知恶，此之谓不知类也"③。但准确地说，如果一个人已经有了清晰的证据证明他自己在道德上的低劣，并面临一个难以避免的指责时，他自然会萌发修正该行为以对令人生厌的情境作出改变的动机。因而这也是道德进步的可能性来源。④

同样的说法可用于戴维森意义上的理性低下或主观非理性，这些东西也都可纳入孟子"心不若人"这个一般性范畴之下。更为贴切地来说，我们最好还是使用孟子关于心的原初倾向当中的一种特定类型，即"是非之心"，以凸显理性评价中的一个独异特征（即内置于理性评价的批判意向）。接下来让我们跟随刘殿爵先生一道去关注认知判断和意动认可（conative sanction）之间的一个重要联系，关于这一点，我们似乎在孟子的人性论中可以看到：

> "是非之心"有双重重要性。首先，它指辨明是非的心之能力。其

---

① D. C. Lau, 2003, 4B19.

② 人们可能会说，孟子在此处对人的自然状态的理解可以与亚里士多德意义上的"第二自然"相比较。

③ D. C. Lau, 2003, 6A12.

④ 在实验心理学当中可能已经有了充分的经验证据来证明我的假设，换言之，人类行动运用的原则的描述性形式或者隐含的规范性形式往往比直接的规定或清晰的诫命在动机上更为有效。

次，它指的是心里对是非对错的认可和不认可。现在这种心的能力与理由的理解有关，因为孟子主张性善论。甚至当我们未行正确之事时，我们也忍不住想弄明白我们为何未行正确之事，并且我们会对我们已经选择的行动路线表示不认可，同时也有羞恶感。如此来说，人性本善的陈述在一个特定的意义上是完全独立于人类的实际行为的。①

这里的要旨是，强调孟子关于人性的隐含的规范性观点在逻辑上独立于人们行为表现或道德/理性发展的事实层面，尽管这样一种规范性所意味着的东西原则上不会超越人性的范围，即是说，人类潜在的能力自然地是由上天赋予的②，或者进化而来的（如果按照现代自然科学的说法）。

孟子关于人性的特殊规范性地位在与荀子所努力建构的理论图景的对照中似乎变得更加清晰。荀子在性（人性，人生而有之的）与伪（审慎的努力，或者只有通过学习、培养或深思熟虑的实践才能实现出来者）之间做出了明确区分。③ 尽管性伪之区分所具备的分析性和描述性功用明显加强了荀子对孟子关于人性评价问题的批判力度，但是它绝没能关闭孟子所展示的这另一种可能性，即以不受该区分限制的方式来定义人性。

孟子阐发人性的进路是，挑选出少量而独特的得到全面发展的人类代表（例如，圣人）作为事实证据去使人确信，其所体现的这些特征在原则上是每一个人都可以达到的；对于人类的每一位成员来说，他们为了实现圣人所做之事就必须拥有同样的端，否则即使圣人也不可能将之实现。潜能性，而不是现实性或实现的概率大小，必须内在于或者代表着一个特定的物种。与之相对，荀子进路背后的逻辑是，一个人生命伊始便完成了的和准备充分的（所以说是天生的）东西（因而任何后天审慎的努力都无法改变）仅仅只属于性。从这个角度来看，潜能性无法作为性，因为在定义上潜能性对于任何不涉及"积伪"就实现不了的特定道德结果来说既不是完成的，也不是指标性的。"今将以礼义积伪

---

① D. C. Lau, 2003, xix-xx.

② 刘殿爵先生在此处的解释并不是唯一的，例如，张岱年先生似乎也分享了关于孟子的这样一种解释。

③ 在这里，我在很大程度上沿袭了张岱年先生关于荀子和孟子之争的简明扼要的评注。

为人之性邪?""故圣人之所以同于众,其不异于众者,性也;所以异而过众者,伪也。"①所以,顺着这个逻辑,荀子必会否认,某个圣人的任何特定成就会蕴含着道德之端作为既定人性之一部分是普遍存在的。

这里无法对荀子和孟子之争进行全面衡量和裁定。我们现在的目的之特别引人关注和相关之处在于,将这一争论与有关"隐含的规范性"的论点进行联结。此论点似只能与孟子的进路发生关联。让我在此稍作阐发。

自不待言,孟子和荀子共享了儒家的根本理想,实现每一个人的仁、义、礼、智。即是说,他们都承认这一理想的可实现性。人们可以认为,他们的主要差异是实现理想的道路或方法不同。给定荀子关于性的观念,在这个理想的指引之下,道德行为或理性行为的实现必须对我们被赋予的性进行重塑,我们是根据某些清晰的规范程序进行重塑的。与之相反,孟子从关于性的一种隐含的规范性观念出发,把某些符合该理想的现实的目的-结果当作证据来证明性对于该理想来说的适切性或同质性,从而将理想的元素或其端与性绑缚在一起。那么,每一个人的道德任务仅仅是去丰富和扩大性的潜能性,包括克服一切外在逆境或厄运,以此来实现性之终极归宿(即命,或该理想的实现)。这是绑缚一个过程之两端的历时整体性运作,也就是说,某种目的论结果作为一端,而某种初始条件的一个特定状态作为另一端。这种操作揭示出一种动态(或者进化)规范性的独特形式,不管孟子或其他人在何种程度上或何种形式下对它获得清晰的自我意识。② 为了在不同风格之下理解这同样的绑缚两端的思想运作,让我们进一步考察孟子另一篇引人关注的文章:

> 口之于味也,目之于色也,耳之于声也,鼻之于臭也,四肢之于安佚也,性也,有命焉,君子不谓性也。仁之于父子也,义之于君臣也,礼之于宾主也,智之于贤者也,圣人之于天道也,命也,有性焉,君子不谓命也。③

---

① John Knoblock, *Xunzi: A Translation and Study of the Complete Work*, 3 vols, Stanford: Stanford University Press, 1988–1994, [Ⅲ] p. 153.

② 顺带提一下,有必要注意一下这样一种可能性,即中文中表示品质的"端"(duan)作为上述所引文章(也就是 *Mencius* 2A6)之中的一个关键词通常可以被译为"terminal"和"germ"。

③ D. C. Lau, 2003, 7A24.

当孟子清楚地表明我们感官的倾向或功能属于人性时,为什么君子不将它归为人性,而是将其归向某种规范性的命(Decree)? 相应地,当孟子清晰地表明道德性质属于命时,为什么君子不将之归于命,而是指向某种描述性的人性? 很显然,孟子并非故意混淆性与命之间的概念区分,或者说他并不赞成君子在这样一种混淆之上进行任意归因。

我以为,更为合理的答案与上述绑缚观念相关,它关乎先天禀赋与命所规定的道德命运之间某种更深刻的联系。说得更具体点,先天禀赋的适当运用指向着某种特定的规范性命运,而规范性理想的可能实现则需要某些根源于本性的潜能性。倘若我们被赋予的天性没有受到规范性的限制,则君子和小人(道德上未得到发展的人)之间的差异就不会出现;倘若仅仅高唱着某些规范性高调(而从未留意我们先天的局限),则所有人之间的自然相似性,又甚至说人和进化上相近起源的动物之间的相似性就会被一概忽略掉——换言之,奠基于自然主义之上成为道德之人的普遍可能性路径就会很难获得深刻的揭示。这一绑缚观念是对当成真和做成真之间隐蔽的辩证关系的一种反思和揭示。

我之所以称孟子深刻的规范性进路是"隐含的",有一个特殊的理由,即该进路不会认为终极的道德理想是某种外部嵌入的东西,好比从某种独断的外在权威那里获得一个明确的规则,而该种权威对接受该规则的臣民之自然禀赋的发展而言则是漠不关心或毫不相干的。相反,这种终极的道德理想对于这些臣民应该成为的那种类型的存在者来说是一个核心的、构成性的方面。说得再具体点,这种规范性的假设在双重意义上是"隐含的":第一,这种关于"端"的隐喻表明,主体已经禀具能被恰当地发展的本质成分;第二,对于主体而言,实现理想的规范性力量最好是来自内部,即来自其动态性动机结构的激励,而不是来自某种荀子好像十分热衷的与某些心灵工程相关的强制性重塑。

这种孟子式的规范性所具有的两个隐含的方面显然也会适应和支持上面提到的那种洞见,即当成真和做成真之间在实践上具有十分重要的关系。第一个隐含的方面与孟子关于"端"的隐喻的描述性外衣有关,它具有的一个作用是,树立人们对未来可预想的结果之可能实现的基本信心。而第二个隐含的方面具有改变或更正的内生性来源,它具有的一个作用是,调动与"羞恶之心"这一类东西相关的隐藏的能量。

因为本文的主要目的不是围绕道德教育/培养,故我不会对当成真和做成真的实践性面向进行探寻。相反,我要对这层关系的理论性面向进行一番新的考察。也就是说,考察这样一个问题,从我们对这层关系的反思中清晰地浮现出的优越视角出发,在解释意志薄弱时,孟子式的规范性进路具有什么可能的优势。

由上所述,我们可以更好地看出塞尔的断言中缺少了什么。塞尔断言,尘世间几乎无处不在的意志薄弱问题足以证伪戴维森对意志薄弱的可能性所陷入的迷思。对于塞尔的指责,持孟子进路的学者将如是回复:对意志薄弱之可能性的问题产生困惑再正常不过了,我们关于人性的善/理性所固有的基本信念乃是某种描述性真理(这意味着意志薄弱在存在论上是成问题的)。但与此同时,作为理论家的我们则不应该忘记信念的深层次的隐含规范性,以及这种信念在整个宇宙进程中具有某种自然的必然性,以及它在充满着各种各样偶然性的现实生活中时时面临的脆弱性。换言之,当我们为了实现人必须是道德的这一天命而认识到这种理性的需要和实际的机会或前景时,我们不应该对人禽之别是细微的这个恒久的背景性事实视而不见。这两个方面的张力,或者说瞬变着的事实性与永恒而隐蔽的规范性之间所存在的无法根除的差距,是对意志薄弱如何可能的这一问题的根本性说明。

简言之,孟子基本的洞见如下:人类不仅仅与动物有着类似的或同质的自然根源,而且十分重要的是,人类有一个自然使命,就是成为完全有理性和有道德的存在者;换句话说,明确的或隐含的规范性在一个独特的儒家-孟子意义上也是自然的。① 无论它是否,或在何种程度上,会将某种悖论的弦外之音传入彻底的还原主义者或物理主义者的耳朵里,这都是我们不得不在自然世界里发现的一种宿命。

5. 结论

本文的主要抱负体现为下述两点:第一,它从一个比较哲学的新视角出发,结合对戴维森广受忽视的非理性悖论的关注,批判性地介入那些围绕古老而备受争议的意志薄弱问题的大量现存工作。第二,它致力于从根本上建立一

① 可以说,它也是对亚里士多德意义上人被视作"有理性的动物"的重新解释。

个关乎动态规范性的统一的论点,这是一种特定的隐含类型的规范性,据我所知,这种规范性类型还从未被明确而充分地阐述过。①

有此抱负,本文几乎难以避免地是不完整的(部分地是由篇幅所限),这并不奇怪。一方面,这种不完整是由于它对儒家(特别是新儒家)资源的处理显然是不充分的,这些儒家资源很明显对于此处所涉及的主要问题有直接或间接的关系。② 另一方面,这种不完整是由于它未能展开一个极其重要的思路,关于这一思路的讨论在这里只是个开头而已,换言之,上面所呈现的历时整体论的孟子式洞见仅仅是该思路的一个(卓越)代表。

尽管在余下的短小篇幅之中难以弥补这种不完整,但我还是想大致概括一下本文的主要观点,以使这些观点之间的某些结构关系或逻辑上的递进关系能变得更为明晰。第一个观点是,隐含的规范性这种观点很显然可以以不同方式进行揭示。最引人关注的是,它能将自身揭示或显露为一种动态的过程,这是通过先见之明与后见之明可能的混合,一种特定的可被描述的潜能以规范性方式获得实现。尽管描述性元素和规范性元素在概念上是不同的,但是它们通常相互混合、相互渗透。第二个观点是,在对戴维森非理性悖论的理解中,关键是要把握其批判性阐释观。此观念的核心是,描述性方面和规范性方面的相互作用及交融。第三个观点是,从(深层次的规范性解决方法出发)这种非理性悖论到当成真和做成真之间的关系的转移是独特的。这似乎可以含括柏拉图原则和孟子的某些范例性原则的描述性外衣的非偶然性。第四个观点涉及的是,在某种宽容的解读之下,孟子进路的历时整体论倾向(或其底层范式)如何能够为塞尔、戴维森关于意志薄弱的争论提供一个恰当的解决方案,该方案实际上也正是对戴维森非理性悖论的一个合理的、在实践上重要的解决方案。最后一个观点是,比较哲学中存在着相互依赖的两个方向(无论本文中关于它们的例示是如何地不完整):以本文为例,一个方向上,我沿着戴

---

① 我称这种论点为"历时整体论",并且最近也重新分析了戴维森著名的"沼泽人"思想实验,以此对"历时整体论"进行一些尝试性的表达。

② 例如,戴震(著名清代学者)对宋代新儒家代表者的一些富有洞见的批判,戴震批判他们对孟子—荀子在人性方面的争论存在误解,戴震的工作似乎就能够与我正在处理的问题相匹配。(参见 Zhen Dai 戴震,*Annotation and Interpretation of the Mencius* 孟子字义疏证, 2nd ed., Beijing:Zhonghua Shuju 中华书局,1982, pp. 25 - 38。)

维森的思路阐释孟子,同时在另一个方向上,我按照历时整体论的中国式思路去阐释(与戴维森式悖论相关的)柏拉图原则。总而言之,这里的重点并不在于有多详尽或准确地忠实于"原初的"思想材料,而是融贯的、富有启发性的新的综合。

意志薄弱对于人类自身在自然中的独特地位或者我们关于它的概念意识来说既是一种实践的挑战,亦是一种理论的挑战。我们对这一挑战的成功回应尽管不甚完美,但是在最深的意义上揭示了我们自己作为规范性存在无可逃避的、基础性的本质。我愿以孔子的一句名言来结束本文,希望它可藉由上述讨论之助而彰显出某种新的意蕴。"仁远乎哉? 我欲仁,斯仁至矣。"

Interpretational Paradox, Implicit Normativity, and Human Nature: Revisiting Weakness of Will from a Perspective of Comparative Philosophy

Zheng Yujian

Abstract: This essay critiques or engages a wide range of existing works on the ancient and well-contested issue of weakness of will, from a new perspective of comparative philosophy combined with a focus on a largely neglected Davidsonian paradox of irrationality. It aims at revealing the interplay between the descriptive and the normative in the very notion of critical interpretation, as well as a special relation between holding-true and making-true which helps to explain the non-accidentalness of the descriptive coat of the Plato Principle and some of the Mencian paradigmatic tenets. By the same token, it also sheds light on some holistic picture about a certain implicit type of dynamic normativity, which seems evidently applicable to, for example, the Mencius-Xunzi(孟子—荀子)dispute on human nature, but scarcely noticed or articulated in contemporary contexts of comparative philosophy.

Keywords: weakness of will, paradox of irrationality, critical interpretation, implicit normativity

"天人合一"：现实抑或神话？[①]

[德]罗哲海(*Heiner Roetz*) 著 陈 聚 译 刘建芳 校[*]

[摘 要] 中国是面临生态威胁最为严重的地区之一。有人主张，这场生态灾难主要源于西方现代性的入侵，以及由其一并带来的工具理性的释放。为求出路，中国必须重寻往日的生态智慧。本文并不质疑西方对此应负的具体责任，而是指出，在生态问题上并不存在一种文化的二分。诚然，中国已经拥有从道家哲学生出的天人感应思想。然而，儒家经典却又时常提及，人为自然之主宰乃是一方文化必要的先决条件，这使得中国的自然环境在古代便已遭到严重破坏。以上事实表明，这场环境危机并非由某一特定文化传统所酝酿，而是整个人类文明的产物，是"独断的"人类长期以来偏常定位

---

① Heiner Roetz, "Chinese 'Unity of Man and Nature'：Reality or Myth?" *Nature*, *Environment and Culture in East Asia*：*Challenge of Climate Change*, Carmen Meinert（ed.）, Brill, 2013, pp. 23 - 40. 原文未分节。

* 罗哲海（Heiner Roetz, 1950— ），男，德国著名汉学家，德国波鸿大学中国历史与哲学研究部主任，德国汉学协会主席。陈聚（1994— ），女，云南昆明人，中国人民大学哲学学院硕士研究生，研究方向为实验哲学。刘建芳（1984— ），女，浙江永嘉人，上海师范大学哲学系硕士研究生，研究方向为中国哲学。

的结果。

[**关键词**]　天人合一；生态智慧；儒家；道家；东西方

一

毫无疑问，由于中国幅员辽阔，它充当了当今环境问题的大部头，同时也在这些环境问题的可能解决办法中起重要作用。过去短短几十年间，中国展开了一味追求经济效益的大规模工业革命，一跃成为了地球上污染的重灾区。

然而，把世界的环境危机全部归咎于中国显然有失公正。从历史上看，工业化的西方在破坏地球生物圈方面负有更大的责任。若撇开总额，单看人均数量，西方仍然是罪魁祸首，并且也是中国环境问题上的共犯。概言之，我们对中国目前的境况负有共同的罪责。

显然，西方即便算不上中国生态灾难的元凶，也是幕后推手。杜维明是本文将要提到的一位儒家环保主义的杰出拥护者，他代表了很多相似的呼声，甚至是汉学研究[①]的主流观点。杜维明认为，在西方现代性大肆传播的过程中，"启蒙精神"的散布、工具理性与自然工具化态度的释放，已将现代中国的思维模式塑造成形，并将它本来的"天人合一"传统连根拔起。他征引宋明儒学来说明这一传统，王阳明（1472—1529）是其首要来源。王阳明曰：

> 大人者，以天地万物为一体者也，其视天下犹一家，中国犹一人焉。……是故见孺子之入井而必有怵惕恻隐之心焉，是其仁之与孺子而为一体也；孺子犹同类者也，见鸟兽之哀鸣觳觫而必有不忍之心焉，是其仁之与鸟兽而为一体也；鸟兽犹有知觉者也，见草木之摧折而必有怜悯之心焉，是其仁之与草木而为一体也；草木犹有生意者也，见瓦

---

① Samuel Snyder, "Chinese Traditions and Ecology: Survey Article," *Worldviews* Vol. 10 No. 1 (2006):
   100 - 134.

石之毁坏而必有顾惜之心焉，是其仁之与瓦石而为一体也。①

据杜维明的观点，阳明思想中的生态暗示是"很明显的"。他说：

> 人类作为宇宙秩序的共同创造者，不仅要对自己负责，也要对天地万物负责。……我们就根植于这个世界，根植于我们的家园之中。我们不可能在大地之外、身体之外、家庭和社群之外造就精神的避难所，我们就在其中。不离其外这一点使我们能够与孺子、鸟兽、草木、瓦石成为一体，……作为天的同伴，我们个人和全体都被赋予了神圣的使命。……承认大地、身体、家庭和社群的神圣性是转化的第一步，通过改变观念，外部世界就从"客观的集合体"转化为"主体的共同体"了。这种神圣的宇宙观奠基在天人相应的观念之上。②

阳明哲学中的生态意识，通常不限于宋代新儒学，如张载（1020—1077）的《西铭》③与周敦颐（1017—1073）的宇宙论④，而是可以一直上溯至先秦经典，如《易经》、《中庸》和《孟子》，创立出一种人与自然和谐关系的绵延。"从古代开始，"杜维明写道，"儒家就关注与自然保持和谐，接受自然的适当限度和范围。"⑤与此

① 王阳明：《大学问》，《王阳明全集》卷一，台北：正中书局，1976 年，第 119 页；Tu Weiming, "The Ecological Turn in New Confucian Humanism: Implications for China and the World," *Confucian Spiritually*, vol. 2, Tu Weiming and Mary Evelyn Tucker（eds.），New York：Crossroad, 2004, pp. 492 - 493.

② 杜维明：《新儒家人文主义的生态转向：对中国和世界的启发》，陈静译，《中国哲学史》，2002 年第 2 期，第 14 页；参见 Tu Weiming, "The Ecological Turn in New Confucian Humanism," pp. 493 - 494。

③ Wing-tist Chan, *A Source Book of Chinese Philosophy*, Princeton：Princeton University Press, 1963, p. 497 - 498.

④ Joseph A. Adler, "Response and Responsibility: Chou Tun-I and Neo-Confucian Resources for Environmental Ethics," *Confucianism and Ecology: The Interrelation of Heaven, Earth, and Humans*, Mary Evelyn Tucker and John Berthrong（eds.），Cambrige, Mass.：Havard Univerisity Press, 1998.

⑤ 杜维明：《超越启蒙心态》，雷洪德、张珉译，《哲学译丛》，2001 年第 2 期，第 55 页；参见 Tu, Weiming, "Beyond the Enlightenment Mentality," *Confucianism and Ecology: The Interrelation of Heaven, Earth, and Humans*, Mary Evelyn Tucker and John Berthrong（eds.），Cambrige, Mass.：Havard University Press, 1998, p. 18.

相应,现代西方征服自然的精神,可追溯至笛卡尔①、培根②等人,其源始文本之一是《创世纪》(*Book of Genesis*,1.28),上帝授命人类征服地球。可是,将东西方与自然的关系刻画为相容与不和的对立,未免过于简单了。

其实,阳明思想是在先秦哲学的基础上形成的。有意思的是,本文题中的"天人合一",并非出自儒家文献,而是来自道家经典《庄子》。从中,我们也能找到"一体"的论述。③ 然而,"大人者,以天地万物为一体者也"的两个例证,即"见孺子之入井"与"见鸟兽之哀鸣觳觫"的反应,皆引于《孟子》④。这本典籍对王阳明产生了强烈影响。其中,有这样一段文字:

> 尽其心者,知其性也,知其性者,则知天矣。存其心,养其性,所以事天也,夭寿不贰,修身以俟之,所以立命也。⑤

「天人合一」:现实抑或神话?

---

① René Descartes, *Discourse on the Method of Rightly Conducting the Reason*, *and Seeking the Truth in the Sciences*, John Veitch (trans.), Edinburgh: Sutherland and Knox, 1850, pp. 102 – 103: "[…] I perceived it to be possible to arrive at knowledge highly useful in life; and in room of the speculative philosophy usually taught in the schools, to discover a practical, by means of which, knowing the force and action of fire, water, air, the stars, the heavens, and all the other bodies that surround us, as distinctly as we know the various crafts of our artisans, we might also apply them in the same way to all the uses to which they are adapted, and thus render ourselves the lords and possessors of nature."

② Francis Bacon, *The Novum Organon*: *Or, a True Guide to the Interpretation of Nature*, G. W. Kitchin (trans.), Oxford: Oxford University Press, 1855, pp. 8, 12: The interpretatio naturae leads to "overcoming nature in production" (opere naturam vincere), and "nature is conquered by obedience" (natura parendo vincitur).

③ 以《庄子》两处为例。Zhuangzi, *The Complete Works of Chuang-tzu* Burton Watson (trans.), New York: Columbia University Press, 1968, pp. 240 – 241:"东郭子问于庄子曰:'所谓道,恶乎在?'庄子曰:'无所不在。'东郭子曰:'期而后可。'庄子曰:'在蝼蚁。'曰:'何其下邪?'曰:'在稊稗。'曰:'何其愈下邪?'曰:'在瓦甓。'曰:'何其愈甚邪?'曰:'在屎溺。'" Zhuangzi, *Zhuangzi*, Burton Watson (trans), p. 375 (a maxim of Hui Shi):"泛爱万物,天地一体也。" Zhuangzi, ch. 6,116,22,333; translation in: Burton Watson, *The complete Works of Chuang-tzu*, 84, 245 – 246 (life and death as a single body), and Zhuangzi, ch. 25,380; translation in: Burton Watson, *The complete Works of Chuang-tzu*, 281.

④《孟子·公孙丑上》第六章。参见 Heiner Roetz, *Confucian Ethics of the Axial Age*, Albany: SUNY Press, 1993, pp. 200, 210。

⑤ 杜维明:《新儒家人文主义的生态转向:对中国和世界的启发》,陈静译,《中国哲学史》,2002年第2期,第16页;参见 Tu Weiming, "The Ecological Turn in New Confucian Humanism," p. 498。

在这里，人的自我实现与"事天"相沟通。这种人与自然的联结、人对宇宙的同化是一种生态意识吗？孟子的阐述与《中庸·第二十二》的一处相应，杜维明受此启发，把人理解为宇宙秩序的"共同创造者"，他这样引述：

> 惟天下至诚，为能尽其性；能尽其性，则能尽人之性，则能尽物之性；能尽物之性，则可以赞天地之化育；可以赞天地之化育，则可以与天地参矣。[1]

杜维明认为，这些儒家经典的文段，表明了人"与自然的和谐关系"和"互动"的意识，"根本不同于人类征服自然的欲望，也不是把人的意志强加于上天"。[2] "天、地、人三才同德"是与自然建立共事关系而非竞争关系的宇宙论基础。孟子提倡的"数罟不入洿池，斧斤以时入山林"[3]，可以解读为一种根植于整体宇宙论的生态计划的落实。

二

儒学是否体现了一种有别于西方"普罗米修斯反抗与浮士德躁动"[4]的生态智慧，至今仍能发挥治愈此二者的效用？它是否是"东亚思想所珍视的，作为社会目标和宇宙理想的和谐价值观"[5]，代表着中国人根深蒂固的面向自然的态度？那么，这是否意味着，中国的环境问题果真"大多祸起西方"，正如卡利特(Callicott)与安乐哲(Ames)[6]所断言的那样？我认为对这些疑问需要更谨慎地作答。无论如何，一些在我看来应当规避的隐忧，时常为中国本土的环保主义者所

---

[1] 杜维明：《新儒家人文主义的生态转向：对中国和世界的启发》，陈静译，《中国哲学史》，2002 年第 2 期，第 8 页；参见 Tu Weiming, "The Ecological Turn in New Confucian Humanism," p. 484。

[2] 同上，第 16 页；参见 Tu Weiming, "The Ecological Turn in New Confucian Humanism," p. 498。

[3] 《孟子·梁惠王上》。

[4] 参见 Tu Weiming, "The 'Moral Universal' from the Perspective of East Asian Thought," *Philosophy East and West* 31 (1981)：261。

[5] 参见 Tu Weiming, "The 'Moral Universal' from the Perspective of East Asian Thought," *Philosophy East and West* 31 (1981)：261。

[6] J. Baird Callicott, Roger T. Ames (eds.), *Nature in Asian Traditions of Thought：Essays in Environmental Philosophy*, Albany：SUNY Press, 1989, p. 16. 也可参见 Tucker, Berthrong, 1998, p. 3。

忽视：

  ——把理论等同于实践，

  ——把宇宙论等同于生态论，

  ——把人类中心主义等同于自然中心主义，

  ——为中国与西方划清界线，而不是对两者分别采取不同的立场。①

  现在，我将带着这些隐忧，检视更多相关的中国式定则。

  中国哲学文献中确实存在着自然资源可持续发展的思想，不限于前文提到的《孟子》。《荀子》、《礼记》和《管子》，皆有文段倡导人们节制以时地伐木捕鱼。②《礼记》通过"大孝不匮，博施备物"的伦理论证，体现了"断一树，杀一兽，不以其时，非孝也"③的思想。此外，和所有古代伦理学一样，这里也包含了避免极端、履于中道的教诲，告诫人们节制激情，勿因逐利而捕猎。最后，"天地"之间相互关联、相互依存、相互契合的过程，在阴阳和"五行"④宇宙观中展现。总之，从这里诞生出了对生态一致性的意识与敏觉。

  可是上述思想并未证实，在如何负责地使用自然资源上，中国选择了一条比西方更为深思熟虑的道路。从浪漫化的角度看⑤，所有这些表述，很快被视

---

① 本文不会讨论西方相关的复杂历史。但至少有一点须明确，面对世界的整体性、同情感的观念，在西方历史上并不是无名的。参见 Heiner Roetz, *Mensch und Natur im atlen China*, Frankfurt/Main：Lang, 1984, chap. 6，他们与生态意识的关系和亚洲相应的关系模式一样模糊。

② *Mengzi* 1a3；cf. also *Xunzi*, ch. 9，105；Burton Watson, *Hsün-tzu*：Basic Writings（New York：Columbia University Press, 1963），pp. 46 - 47；cf. also *Zhouli*, ch. 4，171 - 173；cf. also *Guanzi*, ch. 41, pp. 242, 243；W. Allyn Rickett, *Guanzi*：*Political, Economic and Philosophical Essays from Early China*, Princeton：Princeton University Press, 1985, vol. 2, p. 125；*Guanzi*, ch. 85, p. 418；W. Allyn Rrickett, *Guanzi*, vol 2, pp. 513，515；*Guanzi*, ch. 14, p. 75；W. Allyn Rickett, *Guanzi*, vol. 1, p. 237.

③ 《礼记·祭义第二十四》。*Liji* 24, vol. 2, 621；cf. also *Dadai Liji*, ch. 52，181；Heiner Roetz, *Confucian Ethics of the Axial Age*, p. 211.

④ Angus C. Graham, *Disputers of the Tao*, La Salle：Open Court, 1989, pp. 315 - 369.

⑤ 最早反对浪漫化的声音，也是如今最好切入本文主题的：Tuan Yi-Fu, "Discrepancies between Environmental Attitude and Behavior：Examples from Europe and China," *The Canadian Geographer* 12 (1968)：176 - 191。

为描述中国人与自然环境的和谐关系的证词,仿佛这层关系只是由于西方的介入才戛然而止。

其实,中国与西方都早就知晓,一种更广阔意义上的,对待自然的理论和实践态度。较之欧洲的穷耕,也并没好多少,其腹地三千年来一直是世界上最为竭尽开发的地区之一。① 我们必须注意,早在工业现代性降临中国之前,中国的环境已因其自身的经济发展而遭破坏,而工业现代性不过是加剧了这种局势。那幅颇具吸引力的、古代中国对环境关怀的图景,未能揭露泛行于中国历史长河中的将自然工具化的立场。这种"泛行"意味着,中华文明与其他文明并无二致,它同样转化和改造环境,使得自然适应于人类的需求。

公元前五百年前,过度耕种便改变了中国的景观,引发了一场关于人类文明的漫长反思与争论,即自然应当保持原样,还是顺从人类意图,在实践中发生改变。在这场争论中,有多种不同的相互反对的立场,尤其是建议存养的道家,和与儒家传统有着紧密联系的一种"现代主义者"相对。事实上,我们不仅要区分道家与儒家思想,还须在二者的传统之内,区分其哲学中的生态品质。粗略言之,这两种中国古典思想的不同走向,虽展现了两种不同的范式——批判的与肯定的——却都是对人类文化世界逐渐从自然世界中脱离的一种回应。②

甚至,一些在今日看来似乎是适用于一门环境伦理学的生态定则,最初也是在完全不同的背景下提出的,它们在对待自然的实际问题上可以说是采取了漠不关心的立场。宋明理学中,这种背景是关于"成圣"的个人修养。因为理学的伦理学内容是其宇宙论的延伸,所以成圣的理想便成形于"感应"这样整体性、生物性的语言之下,如阿德勒(Joseph A. Adler)所言,以现代的角度来看,它"发挥的作用在功能上等同于对自然世界负责"。即便如此,这也无法说明儒家切实地建立起了一门环境伦理学,"传统儒学中,环境关怀从来不是一个突出的议题"。③ 用威乐(Robert P. Weller)和博尔(Peter K. Bol)的话说,既然"宋

---

① Mark Elvin, *The Retreat of the Elephants*:*An Environmental History of China*, New York:Yale University Press, 2004.

② 一些作者暗示了道家的这种矛盾心理,见 N. J. Girardot, James Miller and Liu Xiaogan(ed.), *Daoism and Ecology*:*Ways within a Cosmic Landscape*, Cambridge, Mass.:Harvard University Press, 2001。如 Joanne D. Birdwhistell 曾在他的文章("Ecological Questions for Daoist Thought:Contemporary Issues and Ancient Texts")中指出道家流露的人类中心主义与大男子主义。

③ Joseph A. Adler, "Response and Responsibility," pp. 123 - 124.

明理学并不关心环境的生态状况", 那么, 自然世界所传达的, 乃是一种"人类社会联结融贯为一体"的"隐喻"。[1] 强调理学中"自然"的功能不限于隐喻, 还能用于本体论建设的欧阳博(Wolfgang Ommerborn), 也同样认为理学谈论"自然"是出于伦理学的目的, 而非生态学的关注。甚至可以不客气地说, 宋明理学的成圣理想, 同样也可导致自然周遭的毁灭。

再者, 一些"自然"有可能传递出的隐喻与类比, 将会推动与环保关怀截然相反的政治步伐, 它可能意味着一种构想, 即以天的秩序叠加于大地。譬如, 长安城比照日月星辰布其错落之局, 毁坏了它原有的自然地貌与植被。[2]

宇宙论思想中的"宇宙", 并不和生态学意义上的"宇宙"具有同等的维度。[3] "风水"是中国环保主义者极为看重的一项辩护, 气化宇宙论可能蕴涵了环境保护的功能, 但却不是必然能引出的。它同样可以要求清理山林、改迁河道, 以确保"气"的畅通无阻。梅绮雯(Marion Eggert)基于对中国和韩国相关案例的研究, 提出风水并不为求索"某人与其周身的和谐……却是穷尽手段, 作掌控命运之用"。[4] 并不是所有"自然与人的感应"都切实地符合生态逻辑, 是去"增进与自然之亲"的。[5]

同理, 也可见诸中国的医学传统。中医大量地需求熊胆、虎牙、犀角等动物

① Weller Robert P., Peter K. Bol, "From Heaven-and-Earth to Nature: Chinese Concepts of the Environment and Their Influence on Policy Implementation," *Confucianism and Ecology: The Interrelation of Heaven, Earth, and Humans*, Mary Evelyn Tucker and John Berthrong (eds.), Cambridge, Mass.: Harvard University Press, 1998, pp. 322 - 323.

② 笔者所指的是隋唐时期的长安城。参见 Tuan Yi-Fu, "Discrepancies between Environmental Attitude and Behavior," p. 185。

③ 佛教同样如此。现象之间的亲密联系, 皆喻示着"因陀罗之网", 它被看作佛教生态思维的典型。然而, 因陀罗之网却同样不关涉, 一个二氧化碳分子是森林的一部分, 还是森林焚烧之后属于大气的那一部分。佛教相关, 参见 Lambert Schmithausen, "Buddhismus und Natur," *Die Verantwortung des Menschen für eine bewohnbare Welt in Christentum, Hinduismus und Buddhismus*, R. Panikkar and W. Strolz (eds.), Freiburg, Basel, Wien: Herder, 1985; 还可参见 Holmes Rolston, "Can the East help the West to Value Nature?" *Philosophy East and West*, 37 (1987): 172 - 190; 还可参见 Ian Harris, "How Environmentalist is Buddhism?" *Religion*, Vol. 21 No. 2 (1991): 103 - 104。

④ Marion Eggert, "P'ungsu: Korean Geomancy in Traditional Intellectual Perspective," *Bochumer Jahrbuch zur Ostasienforschung*, 2002, p. 255.

⑤ 杜维明:《新儒家人文主义的生态转向: 对中国和世界的启发》, 陈静,《中国哲学史》, 2002 年第 2 期, 第 16 页; Tu Weiming, "The Ecological Turn in New Confucian Humanism," p. 498.

产品,使许多珍稀物种濒临灭绝。[1] 于是,自然成了满足人欲的牺牲品。人类必须征服自然,令其合衬于己需。这俨然是一位消费者的工具主义心态。

中国园林也是其中一例。毫无疑问,它是中国"天人合一"理想更深层次的印证。为避免一家之言,笔者将再次引入段义孚(Tuan Yi-Fu)的观点,他指出,中国园林以"人为"当道。他写道:"东方式的终极成就,通过'小型园林'呈现。"在那里,"丛木由人的技艺修剪折枝"[2],桎梏于器皿之中。始于中国汉朝的盆栽、盆景,远渡东瀛为"ぼんさい"(bonsai),漂洋过海到西方,被视作弘扬东方和谐宇宙论的典型。[3] 然其赏心悦目之景,却使得草木残缺。毋宁说这种审美,只是人类中心主义下的"自然",是被规定好的样例。日本 10 世纪的文学作品《空穗物语》(宇津保物语)中有这样一句话:"野生之木,形表糙劣,匠心巧裁,方露美态。"[4]

这种人类中心主义的立场甚至在前文中提到的,用于描述人与自然和谐之态的《中庸》文段里,亦有所显现。人"赞天地之化育"、"与天地参矣"的能力,其实可作两面解读,它并不必然要求人与自然的真正共事,而是开启了另一种可能性。这种可能性在李瑞全(Li Ruiquan)的解读中显露出来。李瑞全是当代儒家生物伦理学的领军人物,他十分强调现代科学生活的前路与可能。其中包括,把克隆技术视为一种更好地满足"与天地参矣"的长期的理想的手段。人类不再需要探索上帝所造的万物,他们将"自立为王",成为宇宙的"共同创造者",以"修缮自然的匮缺"。[5] 要理解这种言论的骇人之处,我们须考虑韦伯的主

① 关于中医对虎类保护产生消极影响的近期案例举隅,参见:"Year of the Tiger: India Raises Poaching Alarm," *Indian Express*, August 31, 2009, accessed February 15, 2012. http://www.indianexpress.com/news/year-of-the-tiger-india-raises-poaching-alarm-beijing-cool/509236/。

② Tuan Yi-Fu, "Discrepancies between Environmental Attitude and Behavior," p. 177.

③ 一例为:Bernd-Michael Klagemann, *Bonsai – Harmonie zwischen Mensch und Natur*, Hopferau: bioverlag gesundleben, 1983.

④ Nippon Bonsai Association, *Classic Bonsai of Japan*, Tokyo: Kodansha International, 1989, p. 140. 从中,我们也能找到相似的内容,"It is clear from this, that the idea was already established: natural beauty becomes true beauty only when modified in accordance with a human ideal. This view was not restricted solely to the nobility of those days; a similar sensibility, a similar ideal, makes itself felt throughout the subsequent history of garden design, horticulture, and bonsai."

⑤ 李瑞全:《儒家生命伦理学》,台北:鹅湖出版社,1999 年,第 130—132 页。

规范性问题和中西哲学

张,韦伯认为,中国人缺乏改造世界的"精神基础"①,因为他们没有关于"上帝"的超验观念。而在李瑞全的生物伦理学里,韦伯的这种主张却经由《中庸》被完全颠覆了:恰恰是没有关于"上帝"的超验观念,给了中国超越"基督教式"的西方在要害的技术操作层面上更大的发展优势。

由此,与自然"共事"的理想,就变成了思想中一种人类中心主义转向不可或缺的一部分:它不再将"人"视为与自然同质的一部分,而是拔高人类及其自主创造性的地位。如此解读"三才",并不一定是那些对中国传统不甚了了的现代主义者们的歪曲谬造。《荀子》确证了这种观点。《荀子》中,"三才"发展为一种自然征服论。荀子以为,人与禽兽相反,是一种有缺憾的存在,是自然未完成的作品。在一些中西文本中,我们也常能看到这种被赋予"继母"(stepmother)角色的自然。② 人类须通过"为"以弥补自身内在的不足,"为"意味着以某种程度上"尽其用"的方式重塑自然。道家批判人类文明,认为自然不宜以价值衡量,它仅是人类生存的物质基础。人"成"天之所"生"③,天只事"生"耳,人是"参于天地"的世界铸造者。④ 西学中,弗朗西斯·培根提出相反的观点⑤——一种新的人类中心主义,要求自身进入现成而恒定的自然秩序中去,人类在其之下,慎微利用,而无法加以改造。⑥

荀子对自然强加干涉的哲学,由《天论》的一段律文体现得淋漓尽致,它称颂人是宇宙的真正主宰:

> 大天而思之,孰与物畜而制之!
> 从天而颂之,孰与制天命而用之!

① Max Weber, *Gesammelte Aufsätze zur Religionssoziologie I*, Tübingen:Mohr, 1972, p. 395.

② Heiner Roetz, *Confucian Ethics of the Axial Age*, pp. 333 – 334, note 174.

③ *Xunzi*, ch. 17, p. 212.

④ 同上 ch. 8, p. 8I; ch. 9, p. 105; ch. 17, p. 206. 参见 Heiner Roetz, *Mensch und Natur im atlen China*, p. 333。

⑤ 关于培根,参见 note 9. 关于荀子思想更细节的讨论,参见 Heiner Roetz, *Mensch und Natur im atlen China*, pp. 284 – 383;还可参见 Heiner Roetz, "On Nature and Culture in Zhou China," *Concepts of Nature:A Chinese-European Cross-Cultural Perspective*, Günter Dux and Hans Ulrich Vogel (eds.), leiden:Brill, 2010, pp. 209 – 214。

⑥ Heiner Roetz, *Mensch und Natur im atlen China*, pp. 331 – 333。

望时而待之,孰与应时而使之!

因物而多之,孰与骋能而化之!

思物而物之,孰与理物而勿失之也!

愿于物之所以生,孰与有物之所以成!

故错人而思天,则失万物之情。①

"至人",非谓与自然合一,而是"明于天人之分"。② 为正确地理解荀子,我们应当牢记,荀子是从伦理角度加以论证的。天为人所制,不仅出于人类外在的生存目的,更是出于改善人自身内在生物之性、调节其"好利"③本能的缘故。我们所见证的西方与"中国现代性"中工具理性的倾巢,以荀子的观点看来,乃是人之性恶的流出。然则,荀子的理论,却也赞成了一种物化自然,甚至制自然而用之的态度。事实上他所谓的"人群胜物"④,从消极意义上来说,已然推动着前现代的中国发展出一套技艺、经济皆领先于世界的文明。但人类的璀璨文明是与野蛮荒芜的自然条件斗争的结果,荀子思想更应被看作这一信条的系统性理论化表述,而不是一个反面教材。

发起这场斗争——埃尔文(Mark Elvin)甚至称其为"战争"⑤——的第一批英雄是早期的文化统治者,他们代表了中国文明的自我认知,至今仍有影响,而他们同时也是征服自然的先驱:皇帝"童山竭泽",舜"烧曾薮,斩群害"(驱除瘟疫)⑥,益执行舜的命令,"列山泽而焚之,禽兽逃匿"⑦。孟子称赞舜的壮举,认为是舜使得人们得以在大地上繁衍生息。夏朝的建立者禹,"随山刊木";周朝的祖先之一"大王",因开辟山林,建立周朝新都岐山,而为《诗经》

① 参见《荀子·天论》,ch. 17, 212;Heiner Roetz, *Mensch und Natur im atlen China*, pp. 316 – 346.

② 参见《荀子·天论》,ch. 17, 205。

③ 参见《荀子·性恶》,ch. 23, 289。

④ 参见《荀子·王制》,ch. 9;Heiner Roetz, *Mensch und Natur im atlen China*, pp. 309 – 310.

⑤ 参见 Mark Elvin, *The Retreat of the Elephants*, II。

⑥ 参见《管子·轻重戊》,ch. 84, 414。

⑦ 参见《孟子·滕文公上》。黄帝和舜都是公元前三千年的人物。还可参见 *Mengzi*, 3b9, quoted in Mark Elvin, *The Retreat of the Elephants*, ii。

所歌颂。①

三

　　早在中国古代，人类文明的传播已对环境造成严重破坏，至少是殃及了
当时居民栖息地的四周水土，以及中国腹地中那脆弱的半干旱地区。周朝文
献描绘了森林的退化。② 《庄子》中，枝繁叶茂的"大木"，其命运是受木匠砍
伐，它昭示了"材之患"。③ 公元前 712 年，《左传》引"周谚"曰："山有木，工则
度之。"④

　　而那些在周朝的文献中找到的，首次呼吁应考虑自然资源可持续利用的声
音——正如我在一些文段中提到过的——它们反映的是现实中环境问题的迫
在眉睫，而不是一种所谓的本不应该让这些问题发生的"东方智慧"。

　　倘若要寻找对这些现象的批判及其理论来源，那么，比起儒家，我们通常更
倾向于道家哲学。早期的道家，是唯一一支声讨人类征服自然之罪的队伍。世
界本是"至正"的，在那里，"性长非所断，性短非所续"，"曲者不以鉤，直者不以
绳"。⑤ 在"撄"⑥人心（工具理性）的算计过程中，人类规则与人类意志的压迫不
仅导致了自然状态的毁坏，还造成了对"原始一体"不可挽回的损失。《淮南
子·本经》⑦（公元前 139 年）生动地摹状了这一灾难性的过程。《本经》开头，承
袭道家惯例，首先展示了一副太清之初、未有机械诈伪的闲静景象，阴阳之力与
造化者相雌雄，以有序的节奏运行变化，万物和平共生。但是，到了人类所造的
"衰世"，一切黯然失色。其文如下：

　　　　逮至衰世，镌山石，锲金玉，擿蚌蜃，消铜铁，而万物不滋，刳胎杀

---

① 参见《尚书·禹贡》、《诗经·大雅·皇矣》："启之辟之，其柽其椐。攘之剔之，其檿其柘。帝迁明德，串夷
　载路。天立厥配，受命既固。帝省其山，柞棫斯拔，松柏斯兑。帝作邦作对，自大伯王季。"
② 参见《孟子·告子》："牛山之木尝美矣，以其郊于大国也，斧斤伐之，可以为美乎？"
③ 《庄子·内篇·人间世》。
④ 《左传·隐公》。
⑤ 《庄子·外篇·骈拇》。
⑥ 《庄子·外篇·在宥》。
⑦ 还可参见《庄子·内篇·应帝王》中的"浑沌"寓言，"浑沌"开出七窍后就死了。

天，麒麟不游；覆巢毁卵，凤凰不翔；钻燧取火，构木为台；焚林而田，竭泽而渔；人械不足，畜藏有馀，而万物不繁兆萌牙，卵、胎而不成者，处之太半矣。积壤而丘处，粪田而种谷，掘地而井饮，疏川而为利，筑城而为固，拘兽以为畜，则阴阳缪戾，四时失叙，雷霆毁折，电霰降虐，氛雾霜雪不霁，而万物燋夭。菅蒢秽，聚埒亩；芟野菼，长苗秀；草木之句萌、衔华、戴实而死者，不可胜数。①

　　该文本继续讲述人们如何自作主宰、走向毁灭：美轮美奂的亭台楼阁上，雕梁画栋再现花草鸟兽之美；生民之苦却也随之而来，灾难横肆，哀鸿遍野。最后，暴虐的压迫工具指向自然，以求索取更多。《淮南子》紧跟早期道家经典，也呼唤一种返璞归真的"无为""无欲"状态。

　　《淮南子》所描写的过程，某种程度上来讲，是当时业已存在千年之久的高级文明的产物，更也许是大规模侵占自然的开端，它最终导致现今中国年复一年交替不绝的水患与旱灾。有趣的是，《淮南子》无意中提及了这些灾难的起因之一：人口增长伴随着资源短缺。②

　　《淮南子》以那神话般的图景所展现的，更像是对当代全球维度的灾难性未来与黑暗政治的预言。如若在中国盛行的是一种与自然的和谐关系，那我们便不会无缘无故地哀叹"衰世"。西方现代性的入侵不过加速了这一进程，却并非它的始作俑者。即便是毛泽东主义者的口号"主观战胜客观"，也是有着它前现代的先例。中国案例所启发我们的是，当我们言说某一生态危机时，并非在纯粹地言说现代西方文化全球性传播过程中的某一具体现象，而是谈及了整个人类文化。任何一种加剧地球毁灭的行动都没有借口开脱。它们中的每一个，总会以确凿的名分担起责任，其中有太多太多来自于西方。然而，潜在的破坏性却不单单来自某一特定文化，而是藏身于整个人类文化。③

　　问题的要害——"人类文明"的特征究竟是什么呢？也许是人类相较于其他自然现象的"偏常定位"（eccentric positionality）打破了纯粹的生物演化规

---

① 参见《淮南子·本经》。

② 参见《淮南子·本经》。

③ 相似的观点可参见 Paul R. Goldin, "Why Daoism is not Environmentalism," *Journal of Chinese Philosophy*, Vol. 32 No. 1 (2005): 75－87。

律，它是"作为中介者的直接性"（imdiated immediacy），是人类"天性的造作"。[1]
中国先秦时期与古希腊[2]几乎都发现、质疑并断言了这一点。有别于植物和动物，人类是"第一个获得自由的造物"[3]，他们无法再把自己视为处于自然界的某一支物种，只能并且必须去亲手创造，通过发展他们的"造作之材"[4]，即他们的理性，来弥补自然资质的不足。人类不断超越着一道自然的界线——这道界线的一边，是人们接收感官信息的周遭环境，即知觉世界；另一边，则是从中分离出的造作世界，后者要让诸如温室气体排放之类的行为，具有可操作性与有效性。[5] 这两重"世界"分别指向"反馈"与"行动"，它们之间的平衡由"循环功能"所保障。但这层保障，早在石器时代便已经被打破了。据环境历史学家吕宁（Jens Lüning）的观点，"人类已处在接连不断的危机之中"[6]。对其他物种而言，循环功能的损坏将引致物种的灭绝，然而人类却企图通过提升人工智能来逃避这一生物学机制：他们建立起一系列假说来寻找出路，然后又让这些假说中的事物代替他们死亡。[7] 他们发明常新的假体，以稳固他们所构建的、日益脆弱的楼阁。如是"代神造物"[8]之心时至今日仍在运作，地质工程师们思索着发射杂质粒子到大气层，以反射太阳光线；或让水体富营养化，以培育出茂盛的浮游植物。所有这些措施，不过是出于短期利益的选择——即不停地想办法抵抗气候变化的原因。中国与西方并无不同，也不停地在这两者之间搅缠：一方面是迫切想往前推进，"官人"（释放人们的能力）[9]；另一方面又警告世人应当

---

[1] Helmut Plessner, *"Die Stufen des Organischen und der Mensch,"* *Philosophische Anthropologie*, Berlin: de Gruyter, 1975.

[2] 就古希腊而言，参见索福克勒斯《安提戈涅》第三卷第六节。

[3] Johann Gottfried Herder, "Auch eine Philosophie zur Geschichte der Bildung der Menschheit," *Johann Gottfried von Herders sämmtliche Werke zur Philosophie und Geschichte*, dritter theil, Stuttgart: Cotta, 1827, pp. 170 - 171.

[4] 同上，p. 173.

[5] Jakob von Uexkuell, "Bausteine zu einer biologischen Weltanschauung," *Gesammelte Aufsätz*, München: Bruckmann, 1913, p. 72.

[6] Jens Lüning, "Mensch und Umwelt in der steinzeit," *Forschung Frankfurt* 5, 1983；也可参见 Goldin, "Why Daoism," p. 77.

[7] 参见波普尔：《客观知识：一个进化论的研究》。

[8] 参见弗洛伊德：《文明及其缺憾》。

[9] 参见《荀子·天论》。

因"末日审判"而"知止"①。中国俗语"人定胜天",也暗含着一种人类乃"独断"存在体的意味。②

　　在探索环境危机的起因与它的解决之道上,比起把东西方截然相对的二分法,我们应当拥有一种更加差别化、复杂化的视角。没有什么简单的"东方"要训指导着我们怎样克服人类面临的难题。如何留存人类文明的价值,乃是对所有文化的挑战。人类呀,不论你们今后去往何方,"迷途的进化"③都仍需找寻它正确的道路。

Chinese "Unity of Man and Nature": Reality or Myth?

Heiner Roetz

Abstract: China is one of the ecologically most threatened regions on earth. It has been argued that the ecological disaster is mainly due to the incursion of Western modernity with its unleashing of instrumental reason. In order to find a way out, China would have to rediscover its ecological wisdom of the past. Without calling into question the specific responsibility of the West, this article argues that in fact there is no cultural dichotomy of this kind. It is true that China has known the idea of a sympathetic relationship between man and nature, which was developed above all in Daoist philosophy. But it has also known the idea of the subjugation of nature by man as a necessary precondition of culture, which has typically been brought forward in the Confucian literature. And it has done severe damage to the natural environment already in antiquity. These facts suggest that the environmental crisis is not the product of a specific cultural tradition but of human culture in general and the long-term result of the eccentric positionality of the 'thetic' human being.

Keywords: unity of Man and Nature, ecological wisdom, Confucianism, Daoism, East vs. West

---

① 参见《道德经・三十二章》。

② 这一表达抓住了荀子的精神,但不意味着它的意义就是明确的。

③ "Der Mensch als Irrläufer der Evolution" (Man as the stray of evolution)是亚瑟・库斯勒的著作 *A Summing Up* 的德文译本的标题。参见 Arthur Koestler, *Der Mensch als Irrläufer der Evolution*: *Eine Anatomie der menschlichen Vernunft und Unvernunft*, Bern und München: scherz, 1978.

论伽达默尔的"对话"概念

张鹏骞*

[摘　要]　"对话"(Dialogue)概念是伽达默尔诠释学理论中的核心概念之一。伽达默尔把"理解"看作是一个谈话式的事件,对历史流传物的理解,就是流传物与解释者之间的一场对话。在对语言的讨论中,伽达默尔强调语言的"对话性",把平等进行的对话看作是揭示语言功能的条件。在其后期思想中,伽达默尔用"对话"与德里达的"书写"相对抗,从而捍卫了自柏拉图以来的语音中心论的传统。对伽达默尔的"对话"概念和以此概念为基础的"对话理论"的探讨,有助于深入了解和剖析伽达默尔的整个的诠释学思想的发展。

[关键词]　对话;问答逻辑;视域融合;效果历史

"对话"(Dialogue)概念在伽达默尔的整个诠释学理论中占有重要的地位。在伽达默尔看来,人们参与对话就是要在相互的对话中建立起对所讨论问题的一个共同的看法。对话

---

* 张鹏骞(1979—　),男,山西沁源人,华东师范大学心理与认知科学学院任职,华东师范大学哲学系博士研究生,主要研究领域为外国哲学、诠释学。

的目的并不是要用一方的观点反对另一方的观点,或是把一方的观点强加于另一方,而是要在对话中改变双方的观点。这样,对话所产生的观点既不是我的也不是你的,而是一个更为全面、更新的观点。真正的对话所蕴含的是一种"我—你"的伙伴关系,对话的双方是平等的。"我"与"你"之间是一种直接的联结。"我"要善待"你",而不是把"你"作为一个客观的"物"来看待。为了能够使对话进行,就要通过倾听,向对方开放自身,而不是固执己见。

伽达默尔将"对话"的形式应用于对"理解"的研究之中,把理解活动看作是解释者和文本之间的一场对话,文本只有通过解释者才能表现出来,并在理解中显示出意义。解释者的视域参与了文本意义的再现,依靠共同的对象,解释者和文本都向对方敞开自己的视域,实现双方视域的融合,从而实现对文本的理解。

"Dialogue"概念的词源学分析

"dialogue"[①]一词的主要意思是:对话,交谈,思想或意见的交换。它是由"dia"和"logue"两部分组合而成的。"dia"的意思是"through",即通过,分离;"logue"的意思是谈话。两者相结合,就是"在两人之间的谈话",即对话的意思。[②]

从词源学上分析,"dialogue"来源于希腊语的"δίαλεγω"这个动词,而"δίαλεγω"又是由"λέγω"加前缀"διά"组成的。"λέγω"的原意为"摘取"、"收集",经过不断的演化,它的主要意思变为了"言说";前缀"διά"原是一个介词(和副词),有两个意思:一为"通过"、"贯彻"(through),一为"分开"(asunder)。在阿提卡语中,"διά"也能表示比赛,或更确切地说,多人参与一件事情,在这一过程中他们互相影响的意思。"δίαλεγω"这个词第一次出现在赫西俄德的《神谱》中,意思是"讨论",于是"相互讨论"、"对话"就成了这个词的基本意思。[③]

将"λέγω"的意思从"摘取"、"收集"转换成"言说",表面看来意思相差很

---

① "dialogue"在中古英语中写作"dialog",它源自于古法语中的"dialogue"和拉丁语中的"dialogus"。可参见 T. F. Hoad(编):《牛津英语词源词典》,上海:上海外语教育出版社,2000 年,第 123 页。

② 参见《新英汉词典》编写组:《新英汉词典(增补本)》,上海:上海译文出版社,1985 年,第 324 页。

③ 参见叶秀山:《苏格拉底及其哲学思想》,北京:人民出版社,1986 年,第 162 页。

大,似乎没有什么联系,但从人类思维的特点来考虑,它们之间就有很多重要的联系了。人"言说",就是利用一整套的符号结构系统来进行表达,以便反映出客观的事物。而这样的符号系统是从相对简单的表情、手势开始,然后再到有一定规律的音节、图画,最后成为有语法规则的话语和文字。在这样的一个过程中,人通过特有的抽象能力,对客观事物进行了抽象、概括。这就是通过"采集"、"取舍(抽象)"从而形成一种概念化的"言说"。而把"λέγω"加上前缀"διά",是因为人们发现我们的语言和思想,即人们对客观事物的认识,不但要反复再三地深入推进,而且在这个过程中,会遇到矛盾的命题,两个对立的命题,孤立地就其本身而言,竟然都是可"通"的,因此不仅要"反复"考察,而且要"分开"考察。[①] 由此可见,"dialogue"是一种通过相互言说,从而进行思想交流的过程。

在古希腊哲学中,苏格拉底把"对话"(dialogue)发展成一种进行哲学思考的方法,并把这种方法比作思想的"助产术"。在谈话中,苏格拉底并不宣布问题的正确答案,而是在一问一答的过程中,逐渐否定对话者对此问题的既有成见,从而让对话者本人在自己的内心中发现问题所蕴含的真理。这就如同一个助产士帮助产妇克服临产的痛苦,顺利地使产妇从自己体内产生出新的生命。

柏拉图继承了苏格拉底的"对话"方法,并从"dialogue"发展出"dialectic"即辩证法,一种哲学思辨的推理方法。前期的柏拉图还继续着苏格拉底的"对话"方法,但到了后期,他已经开始转向一种理性的"独白"。"逃入逻各斯"的提出表现出柏拉图已经开始转入一种理性的思辨和逻辑推理。紧随其后的亚里士多德更是完全放弃了对话体的写作方式,用学术化的书面语取而代之。"逻各斯"也由"对话"变成了"陈述"。由此开始,"对话"的辩证方法逐渐被理性思辨的辩证法所取代。直到黑格尔,哲学的语言完全变成了一种"独白"式的、结构精巧的思辨推理,"对话"的概念几乎已经消亡。

德国浪漫主义时期的诠释学家,如施莱尔马赫,通过翻译和注释柏拉图的对话录,又重新发现了"对话"的方法,并将其引入了诠释学领域的研究。到了伽达默尔那里,"对话"又被给予了新的重视;伽达默尔把"对话"的形式结构扩大到整个理解领域中。"对话"这一概念再次成为哲学研究中的重要概念。

---

① 参见叶秀山:《苏格拉底及其哲学思想》,第163页。

倾听的哲学

对话就是一种言说。当对话的双方试图言说某事时，也就是要将此事显示在彼此的面前时，他们首先要"倾听"（Hören）。倾听发生在言说过程中，我们不能在某事被言说之前就听到它。因此，如果我们倾听，那么我们就是让某事向着我们被言说出来，以至于我们能言说它。

这种"听"先于"说"的情形，在西方哲学中形成了一种"倾听"的传统。此传统基于西方的语音中心论，并把"听"置于"说"之前，强调"倾听"对于"言说"的优先性。

在古希腊哲学中，赫拉克利特已经把"听"放到一个十分重要的位置上。在他看来，"逻各斯"（λογός）是被倾听到的，人们可以听到它，却不能言说它。"这道[λογός]虽然万古长存，可是人们在听到它之前，以及刚刚听到它的时候，却对它理解不了。一切都遵循着这个道，然而人们试图像我告诉他们的那样，对某些言语和行为按本性一一加以分析，说出它们与道的关系时，却立刻显得毫无经验。"[①]

伽达默尔在《真理与方法》的第三版后记中记述了亚里士多德对于"倾听"的看法："当黑格尔认识到，语言性同其他艺术'材料'的区别就在于整体性时，他就已经认识到这根本观点。这是一个曾经促使亚里士多德把某种特有的优势归于倾听的洞见——尽管注视在自然意义上具有许多优势，因为倾听接纳了语言并因此而接纳了一切而不仅仅是可见物。"[②]由此可以看出，在亚里士多德那里，"观看"和"倾听"是两种不同的感觉，当一个人观看时，可以通过看另一方而不看对方，而倾听却不管你是否愿意，都必须要听，由此，倾听优先于观看。

海德格尔继承了这种"听"的传统。在《存在与时间》中，海德格尔把话语作为此在的展开状态的生存论建构，而把"听"看作了话语自身所包含的一种生存论的可能性。"听把话语同领会、理解和可理解性的联系摆得清清楚楚了。如果我们'听'得不对，我们就没懂，就没'领会'；这种说法不是偶然的。听对话语

① 北京大学哲学系外国哲学史教研室：《西方哲学原著选读》（上卷），北京：商务印书馆，1981年，第22页。
② 汉斯-格奥尔格·伽达默尔：《真理与方法（下卷）》，洪汉鼎译，上海：上海译文出版社，1999年，第762页。

具有构成作用。语言上的发音奠基于话语；同样，声学上的收音奠基于听。……此在听，因为它领会。"①这里，海德格尔指出了听与理解的密切联系。由于听对话语有一种构成的作用，那么要想真正地理解说出的话，就要认真地听。倾听与理解密不可分，"言与听皆奠基于领会。唯有所领会者能聆听。"②

在"言说"和"倾听"的关系上，通常人们总是把"说"和"听"对立起来，一个人"说"，另一个人"听"。而在海德格尔看来，"说"首先就是一种"听"。有所"听"才能有所"说"。在《在通向语言的途中》中，海氏明确地表明了这一点，

> 人们把说话视为人借助于说话器官对思想的分音节表达。但说同时也是听。……说与听的同时性有着更多的意味，作为道说，说从自身而来就是一种听。说乃是顺从我们所说的语言的听。所以，说并非同时是一种听，而是首先就是一种听。此种顺从语言的听也先于一切通常以最不起眼的方式发生的听。我们不仅是说这种语言，我们从这种语言而来说话。只是由于我们一向已经顺从语言而有所听了，我们才能从语言而来说话。在此我们听什么呢？我们听语言之说话。③

我们首先是在语言中"听"语言，后才能有所"说"。这就像一个学习说话的儿童，他一定是先在一种语言环境中去"听"他人的言说，而后才能模仿着有所"说"。

海德格尔倡导"倾听"。那么"听"是什么呢？海德格尔认为，从解剖学和生理学上，去研究作为感觉器官的耳朵是不能领会"听"的，同时，从物理学的角度，把"听"理解为某种频率的周期性气压变动也是不得要领的。在他看来，"听就是这样一种自行聚集，即留神于要求和呼声的自行聚集。听首先是被聚集起来的倾听（Horchen）。所听（das Gehör）在倾听中显身而出"④。这里，海氏将听归于一种"自行聚集"，是源于他对 λογός 的理解。在海德格尔看来，λογός 来源于它的动词形式 λέγειν，而 λέγειν 的基本意思是"置放"，即让一同在场者聚集

---

① 海德格尔：《存在与时间》，陈嘉映、王庆节译，北京：生活·读书·新知三联书店，1999 年，第 191 页。

② 海德格尔：《存在与时间》，陈嘉映、王庆节译，第 192 页。

③ 海德格尔：《在通向语言的途中》，孙周兴译，北京：商务印书馆，2004 年，第 253—254 页。

④ 海德格尔：《演讲与论文集》，孙周兴译，北京：生活·读书·新知三联书店，2005 年，第 227 页。

于自身而呈放于眼前。由此，海德格尔就把λογός所代表的道说理解成被聚集起来，又有聚集作用的，让事物一起呈放于眼前。正因为λογός（言说）是λέγειν（置放），所以在海德格尔那里，言说就不是从有声表达方面被规定的，从而与言说相应的"听"也不是被简单地看作是一种耳朵对声音的接受，而是被看作一种对"呈放于眼前"的东西的自行聚集。①

那么，什么时候就可以说我们真正地"听"到了呢？海德格尔说："当我们归属于(gehören)被传呼者时，我们就听到(gehört)了。"②这里海氏利用了"归属"(zugehören)和"听"(hören)这两个德语词在字面上的联系，将"听"理解为一种"归属"。"听"归属于什么呢？"本真的听归属于Λόγος"③，本真的"听"即是"听"语言之说。我们听Λόγος，因为我们就在言说之中。我们归属于Λόγος的语言，我们以让语言向我们显示的方式而顺从语言去"听"。

另一方面，"归属于被传呼者"，不仅指归属于Λόγος，也指一种对于他人的归属。之所以说归属于他人是真正的听到，是因为，"此在作为共在对他人是敞开的，向某某东西听就是这种敞开之在。……此在'听命'(hörig)于他人和它自己，且因听命而属于(gehören)他人和它自己。共在是在相互闻听中形成的"。④ 由于此在的存在本身就是与他人一起的共在，作为此在存在的一种生存论的组成部分，共在是在生存状态上与他人所打的一切交道的生存论上的条件。没有共在，一切对话和交往都不会成为可能。所以，此在要向他人敞开，要通过"听"归属于他人，从而在相互闻听中形成共在，展开自己的此在。这也是对话得以进行的基本条件，伽达默尔多次指出了对话要求双方有一种"开放性"，也就是一种"归属于他人"。只有通过"倾听"，才能"敞开"，从而"归属"。

作为海德格尔的学生，伽达默尔的"倾听哲学"深受海氏的影响。伽达默尔同样强调"倾听"与"理解"之间的密不可分的关系。"倾听"和"理解"何以关系密切？在伽达默尔看来，声音使语言得以实现。语言通过一种言说的声音把某物传递给我们，使之展现在我们的面前。伽达默尔将其称之为"语言的形象性"(Anschaulichkeit)，并指出"这种形象性，较之于'观'，更多地是倾听的内在关

---

① 参见海德格尔：《演讲与论文集》，孙周兴译，第225—227页。

② 海德格尔：《演讲与论文集》，孙周兴译，第228页。

③ 海德格尔：《演讲与论文集》，孙周兴译，第230页。

④ 海德格尔：《存在与时间》，陈嘉映、王庆节译，第191页。

联性、倾听、理解以及对我所说"。① 只有专注地"倾听",才能对言说所呈现在我们面前的东西有深入的理解。"倾听与理解是不可分割的,以至于整个语言的发音也在一同说出什么。……不存在某种没有倾听的理解。……听者必须在倾听中理解,言说是在倾听的无声回答中被接受。"②这里,伽达默尔把理解言说的途径归结于声音,并把"倾听"置于"言说"之前,将"言说"归属于"倾听"。"我们惟通过音调里所说出的意义,才能理解言说的语言。然而最重要的是,言说语言已不再属于我自己的了,而是属于倾听。"③

可见,对话的双方,若想让对话顺利地进行下去,就要"倾听"对方的话语。

"我"与"你"的关系

作为一种主体间相互交流的方式,对话的过程涉及了主体间性的问题,即对话者之间的"我"与"你"的关系问题。

自笛卡儿以来,西方近代理性主义哲学传统主要突出的是人的主体性,强调主客之间的二元对立关系。到了现当代哲学时期,西方主要的思想家关注的焦点从主体性转向主体间性,从主客关系转向主主关系,从"我—它"关系转向"我—你"关系。在诠释学传统的视野中,人与人之间的主体间性问题更是一个焦点问题,因为"诠释学就起源于主体间性的断裂"④。

伽达默尔之前的诠释学家对"我—你"关系已经有了很多的讨论。在一直追求"比作者更好地理解作品"的施莱尔马赫那里,理解一个文本就像理解一个他者,即一个"你"。在他看来,每一个文本就是一个"你",理解的过程就是对文本作者的精神创作过程进行重构,这种重构的基础就是一切个性都是普遍生命的表现。每一个人在自身内与其他任何人都有一点关系,以致预感可以通过与自身相比较而引发出来。在施莱尔马赫那里,解释者把"自身"转换成了"他

---

① 伽达默尔:《论倾听》,潘德荣译,《安徽师范大学学报(人文社会科学版)》,2001年第1期。

② 伽达默尔:《论倾听》,潘德荣译。

③ 伽达默尔:《论倾听》,潘德荣译。

④ 伽达默尔:《哲学解释学》,夏镇平译,上海:上海译文出版社,1994年,第1页。

人"，从而使作者的个性能够被解释者直接地把握到。①

　　狄尔泰追随了施莱尔马赫的思想，并在后者的思想上又前进了一步。狄尔泰区分了"经验"和"体验"两个概念：把"经验"归于自然科学，它所表现的是主—客关系，即"我—它"关系；把"体验"归于精神科学，它所表现的是主—主关系，即"我—你"关系。在狄尔泰看来，要理解他人就必须在理解者自身心灵中设身处地去"重构"他人的经验，即理解者"再经历"作者经历的经验。理解活动的发生就在于理解者从人自身生命体验出发，去重新发现"你"曾经历的生命体验。由于我不能直接进入到他人的经验或体验中去，所以理解就只是在你中重新发现我。这种"在你中重新发现我"的基础，就在于人类有一种共同性或共同的本质存在，即人与人之间有一共同的生命结构。在理解的过程中，"我"要将我的体验通过"移情"转变成"你"，你与我融为一体，我通过"你"感受到客观化的人类共同具有的客观精神，把握到我与你共同具有的生命结构，从而达到对"你"的理解。

　　著名的犹太哲学家马丁·布伯对"我—你"关系问题做了深入的研究，并发展出一种关系哲学或对话哲学。伽达默尔对"我—你"关系的思考受到了马丁·布伯的深刻影响。②

　　马丁·布伯在其名著《我与你》中指出了世界的二重性与人生的二重性，即"你"的世界与"它"的世界的对立，"我—你"人生与"我—它"人生的对立。

　　马丁·布伯把"我—你"（I—Thou）与"我—它"（I—It）看作两个原初词。在他看来"我—它"关系本质上不是一种真正的关系，而只是一种经验和利用的关系。在这种关系中，"经验世界屈从于原初词'我—它'"③。"我"是世界的中心，"我"去感知世界，去认识他者，接下来便是如何利用和改造它，使其为我服务。"我—它"之间是一种对立，而不是一种交融的关系。此外，"我—它"的关系是不平等的，"我"是主动者，"它"是被动接受者；"我"是经验"它"，是利用"它"的主体。"我"具有对象化的能力，而"它"不过是对象而已。并且"我"对

① 参见汉斯-格奥尔格·伽达默尔：《真理与方法（上卷）》，洪汉鼎译，上海：上海译文出版社，1999年，第245页。

② 参见汉斯-格奥尔格·伽达默尔：《真理与方法（下卷）》，洪汉鼎译，第629—654页。其中，伽达默尔提到马丁·布伯等人对他者问题的探讨对他产生了很大的吸引。

③ 马丁·布伯：《我与你》，陈维刚译，北京：生活·读书·新知三联书店，2002年，第4页。

"它"的态度,取决于"我"此时此地的需要,取决于"它"的具体性状。而且,"我—它"也不是一种直接的关系,无论"我"对"它"的认识还是利用,都需要借助中介手段,这就削弱了"我"与"它"之间的亲密关系。

与原初词"我—它"相对,"原初词'我—你'则创造出关系世界"①。在马丁·布伯看来,"我—你"的关系才是一种真正的关系。在"我—你"关系中,"我"和"你"不是一种机械的组合,而是一个作为"我—你"的整体,"'我—你'本质上先在于'我'"。②与笛卡儿先还原一个主体,然后再去讨论主体与客体的关系不同,马丁·布伯把关系看作一个本体的东西,它先于主体而存在着。"泰初即有关系。它为存在之范畴,欣然之作为,领悟之形式,灵魂之原本。"③只有在这种关系中,一切才是活生生的、现实的。

在"我—你"的关系中,"我"与"你"的关系是具有"直接性"的。马丁·布伯说:"与'你'的关系直接无间,没有任何概念体系、天赋良知、梦幻想象横亘于'我'与'你'之间……一切中介皆为阻碍。"④强调"直接性",就是要否定"关系"中的"中介"。因为中介是一种达到目的的手段。在"我—它"的关系中,我就视"它"为达到"我"的目的的手段,从而使"我"与"它"相对立。这里马丁·布伯要求舍弃一切中介,以求达到一种真正的直接关系,使我们不会迷失于中介中,而忘记了"我"与"你"原本即有的密切关系。

除"直接性"外,"我—你"关系还具有"相互性"。"关系是相互的,我的'你'作用我,正如我影响他。"⑤我们就生活于一种"相互性"中。就像海德格尔所提出的此在通过共在展开自身一样,在布伯看来,"人通过'你'而成为'我'"⑥。"我—你"的相互性不仅表现于人与人,同时也包括人与物,人与神。

马丁·布伯把"我—你"的关系描述成一种面对面的"相遇"。人们进入一种关系的领域,也就是"我"与"你"的相遇。布伯说:"凡真实的人生皆是相遇。"⑦在相遇中,"我"与"你"共同走近,相互靠拢,只有这样才是相互平等的,才

---

① 马丁·布伯:《我与你》,陈维刚译,第4页。

② 马丁·布伯:《我与你》,陈维刚译,第10页。

③ 马丁·布伯:《我与你》,陈维刚译,第24页。

④ 马丁·布伯:《我与你》,陈维刚译,第10页。

⑤ 马丁·布伯:《我与你》,陈维刚译,第13页。

⑥ 马丁·布伯:《我与你》,陈维刚译,第24页。

⑦ 马丁·布伯:《我与你》,陈维刚译,第9页。

能相互看到对方;"相遇"还是相互性的保障,是相互沟通的保障。在"相遇"中,异在的东西与"我"相遇,这就使"我"超出自身,处于世界关系之中,而非固守内在的自我。"相遇"使"我"向世界敞开。

可以看出,马丁·布伯所描述的"相遇"的"我—你"关系是一种平等的关系,它倡导"我"与世界的"相遇"从而向他者开放自身。在"我—你"的关系中,"你"告谓"我","我"对"你"的告谓做出回答,这就形成了一种"对话"。但在布伯的"对话"中,"你"无处不在,"我"领受"你"的告谓就是在"我"所发生的一切当中,通过"我"的所见所闻,而告谓的符号也就是"我"所发生的一切。对于"你"的告谓,"我"必须以"我"的全身心即全部存在作出回应。

与马丁·布伯的"我—你"关系相类似,伽达默尔在诠释学经验中也发现了一种"我—你"关系。但伽氏所理解的"你"与马丁·布伯的并不完全相同,而是比布伯理解的"你"更加宽泛。"你"在布伯那里总是立足于保持着与"我"的一种平等对话关系,而在伽达默尔那里,"你"不仅被具体化为一切对话的直接的"你",还可以是一个群体的"你",也可以指一种文化传统的"声音"之整体。①

从诠释学的角度,伽达默尔把解释者与流传物之间的关系看作是一种"我—你"关系。在他看来,对流传物的理解和解释不应是一种主体与客体间的认识论的关系,用马丁·布伯的话来说,就是不应看作是"我—它"关系,而应该看作是"我—你"关系。伽达默尔指出:"诠释学经验与流传物有关。流传物就是可被我们经验之物。但流传物并不只是一种我们通过经验所认识和支配的事件(Geschehen),而是语言(Sprache),也就是说,流传物像一个'你'那样自行讲话。一个'你'不是对象,而是我们发生关系。……流传物是一个真正的交往伙伴(Kommunikationspartner),我们与它的关系,正如'我'和'你'的伙伴关系。"②这里的"伙伴关系"就是一种"我—你"关系。与马丁·布伯所强调的"我—你"先于"我"和"你"相似,伽达默尔所指出的"伙伴关系"也是先于"我"和"你"的一种关系的总体。伽氏指出:"理解和理解对象之间的关系优先于理解和理解对象,正如说话者和被述说对象之间的关系是指一种运动实现的过程,

---

① 参见何卫平:《通向解释学辩证法之途》,上海:上海三联书店,2001年,第239—240页。

② 汉斯-格奥尔格·伽达默尔:《真理与方法(上卷)》,洪汉鼎译,第460页。

这个过程不可能在关系的任何一方成员中具有坚固的基础。"①

伽达默尔分析了"我—你"关系在诠释学中的三种类型,其中每一种类型都体现了一种对于流传物的不同的态度。

第一种"我"和"你"的关系是"你"被经验为一个类的成员,"你"被期望按照"我"通过经验学会的规则去行动。也就是指,把"你"当成对象,用一种科学的态度来加以考察和把握,从同类的行为中概括出典型的规律性的认识,以便能够以此类推,对人的行为作出某种预见。这里所得到的是一种普遍的关于"人的性质的认识"。在这种"我—你"关系中,"你"只是一个让"我"达到"我"的目的的手段。然而,正像康德所指出的,"我们不应把其他人只作为工具来使用,而应当经常承认他们本身就是目的"②。伽达默尔反对将这种类型的"我—你"关系应用于诠释学现象中。因为,如果把诠释的对象作为工具,并以对方法的信仰为基础,那么为了获得一种普遍客观的知识,我们就必须尽力排除解释流传物过程中的任何主观的因素,包括历史传统的影响。但在伽达默尔看来,这种"遵循 18 世纪方法论思想和休谟对此所作的纲领性表述的社会科学方法,其实是一种模仿自然科学方法论的陈词滥调"③。这种用纯科学的态度和方法对历史的流传物作客观的理解和解释的看法,"使诠释学经验的本质失去了固有的光泽"④。

"我"和"你"之间的第二种关系是,"我"承认"你"是另外一个主体,不是一个客观的对象。在这种关系中,"我"不是把"你"看作一物,而是一个人,但"我"和"你"都固守自己的意见和观点,都要求对方接受自己的立场。这样的"'我—你'关系不是一种直接关系,而是一种反思关系"⑤。"我"和"你"都是从自身出发去认识对方,甚至要求比对方自身的理解还要更好地理解对方。这样的"你"就失去了对"我"提出要求的直接性。"你"永远是从"我"的观点出发被理解的。

第二种"我—你"关系比第一种好,因为"你"被看作是一个人而不是一个客

---

① 伽达默尔:《诠释学Ⅱ:真理与方法——补充和索引》,洪汉鼎译,台中:台湾文化时报出版公司,1995 年,第 140 页。

② 转引自汉斯-格奥尔格·伽达默尔:《真理与方法(上卷)》,洪汉鼎译,第 461 页。

③ 汉斯-格奥尔格·伽达默尔:《真理与方法(上卷)》,洪汉鼎译,第 461 页。

④ 汉斯-格奥尔格·伽达默尔:《真理与方法(上卷)》,洪汉鼎译,第 461 页。

⑤ 汉斯-格奥尔格·伽达默尔:《真理与方法(上卷)》,洪汉鼎译,第 461 页。

观的物,或是一种为了达到某种目的的工具。但"我"只是肯定自身并从自我出发去认识"你"的态度,使"我"与"你"之间总有一段距离,失去"我—你"关系的直接性和相互性。伽达默尔把历史意识的诠释学方法看作是这种"我—你"关系在诠释学上的表现形式。这种"历史意识知道他物的他性(Andersheit),知道在他物他性中的过去,正如对'你'的理解知道'你'为一个人。历史意识在过去的他物中并不找寻某种普遍规律性的事件,而是找寻某种历史一度性的东西"①。这种历史意识的诠释学方法要求解释者必须摆脱"前见",纯客观地了解过去,不让流传物在"前见"中被理解,而只让它存在于过去之中。这样的方法所关注和追求的只是流传物的历史性而忽视了解释者自身的历史性,限制了理解的自由。伽达默尔反对这样的历史意识,他指出:"这种情况正如'我'和'你'之间的关系一样。谁在这样一种关系的交互性之外反思自己,谁就改变了这种关系,并破坏了其道德的制约性。同样,谁在与传统的生命关系之外来反思自己,谁就破坏了这种传统的真实意义。"②伽达默尔强调历史意识必须考虑到自己的历史性,立于传统之中并没有限制认识的自由,而是使这种自由变得可能了。

以上两种"我—你"关系实际上都是马丁·布伯理论中的"我—它"关系,而不是真正的"我—你"关系。因为它们都缺乏"我—你"关系的平等性、直接性和相互性。

基于以上两种伪"我—你"关系,伽达默尔提出了"我"和"你"的第三种类型的关系,也是真正的"我—你"关系。这种关系要求"我"以完全开放的态度承认"你"是一个主体,真正地把"你"作为"你"来经验,"我"不仅不能忽视"你"的意见和要求,而且"我"还要倾听"你"对"我"所说的话。与第二种"我—你"关系不同,在第三种类型的"我—你"关系中,"我"、"你"双方都不固守自己的意见,而是彼此相互开放;不是试图把自己的观点强加于对方,而是真正地倾听对方对自己所言说的话。伽达默尔说:"谁想听取什么,谁就要彻底是开放的。如果没有这样一种彼此的开放性,就不能有真正的人类关系。"③对他人的开放就意味着,"我"必须接受某些反对"我"的东西,并且这种接受不是在一种被迫的情况

---

① 汉斯-格奥尔格·伽达默尔:《真理与方法(上卷)》,洪汉鼎译,第463页。

② 汉斯-格奥尔格·伽达默尔:《真理与方法(上卷)》,洪汉鼎译,第463页。

③ 汉斯-格奥尔格·伽达默尔:《真理与方法(上卷)》,洪汉鼎译,第464页。

下的接受,而是一种真心诚意的接受。同时,伽达默尔也指出,对他人开放、听取他人的意见,并不是"我"要无条件地接受他人的意见,谁这样做,谁就成为了奴隶。"我"和"你"应该是一种平等、对话的关系。

伽达默尔所倡导的"我—你"关系的平等性、开放性和相互性同样适用于"对话"双方的关系。

"我"与"你"关系的平等性是对话存在的基础。如果谈话的一方绝对相信自己优越于别人,对对方采取一种居高临下的说话方式,那么对话的气氛就会被破坏掉,谁这样做谁就会使自己陷入一种偏执的境况中。如果谈话的一方不给对方以平等自由的说话权利,那么自由的对话就不可能产生,从而使要通过对话达到真正的一致和共识的目的无法达到。最终的结果只能是谈话一方的意见或意志得到扩张,另一方的意见被忽视或被压迫从而屈就于对方。这就失去了对话的意义。

同时,对于对话来说,双方相互理解的前提就是在我与你之间有一种直接的联结,要善待对方,把对方看作一个"你"而不是一个客观的"物"。为了使谈话得以进行,首先就要通过倾听向对方开放自身,不是固执己见,从自己的角度去认识对方,而是认真地听对方所说的东西,让自己归属于对方。对话的双方都向对方敞开自身,以达到一种相互的理解和交融。

效果历史意识与对话

对话的过程就是一种相互理解的过程。通过对话,使对话双方的不同"视域"相互融合,成为一种更大的"视域",从而达到共识。这一理解的过程体现了伽达默尔的"效果历史意识"。

(1) 前见(Vorurteil)、权威(Autoritaet)和传统(Tradition)

在《存在与时间》中,海德格尔分析了理解的循环结构,他认为:"解释理解到它的首要的经常的和最终的任务始终是不让向来就有的前有、前见和前把握以偶发奇想和流俗之见的方式出现,而是从事情本身出发处理这些前有(Vorhabe)、前见(Vorsicht)和前把握(Vorgriff),从而确保论题的科学性。"[1]伽

---

[1] 转引自汉斯-格奥尔格·伽达默尔:《真理与方法(上卷)》,洪汉鼎译,第342页。

达默尔继承了海德格尔关于理解循环中的前结构的思想，并且把前见、权威和传统看作构成这种前结构的三大要素。

"前见"自启蒙运动以来，一直是一个否定性、具有消极意义的概念。如培根的"四假相说"和笛卡儿的"普遍怀疑原则"，都强调理性而把前见看作批判的对象。受理性主义的影响，启蒙运动时期的诠释学家都把摆脱前见看作达到真正理解的前提，特别是在历史研究方面。伽达默尔根本反对这样的关于前见的看法。他认为，启蒙运动反对前见的观点本身就是一种前见。在伽达默尔看来："一切理解都必然包含某种前见……概念史的分析可以表明，正是由于启蒙运动，前见概念才具有了那种我们所熟悉的否定意义。实际上前见就是一种判断，它是在一切对于事物具有决定性作用的要素被最后考察之前被给予的。"①同时，伽达默尔又指出，前见本身不是错误的判断，他说："'前见'其实并不意味着一种错误的判断。它的概念包含它可以具有肯定的和否定的价值。"②从这里可以看出，在伽达默尔那里，前见具有一种在先性，而它并没有表达出一种对或错的判断。一个前见可能是正确的，它可以使一个具有前见的人直接达到完全的理解；而一个错误的前见，也可以使他达到一种间接的理解。在启蒙时代被看作是必须被摒弃的前见，在伽达默尔看来，成为了达到理解的不可或缺的条件。"前见是人类理解的真正条件，无前见则无理解。"③

为了反对启蒙运动者对前见的偏见，伽达默尔通过为权威和传统正名的方式，进一步论证了前见的合法性。启蒙运动者将权威看作是前见的一个源泉，并把权威与理性严格地对立起来，他们的普遍的要求是不承认任何的权威，把一切都放在理性的审判台前。伽达默尔对此提出了不同的看法，他说："启蒙运动所提出的权威信仰和使用自己理性之间的对立，本身是合理的。如果权威的威望取代了我们自身的判断，那么权威事实上就是一种偏见的源泉。但是，这并不排除权威也是一种真理源泉的可能性。"④伽达默尔进一步指出，权威的本质不是去抛弃理性，相反地，它是对理性的一种承认。"人的权威最终不是基于某种服从或抛弃理性的行动，而是基于某种承认和认可的行为——即承认和认

---

① 汉斯-格奥尔格·伽达默尔：《真理与方法（上卷）》，洪汉鼎译，第347页。

② 汉斯-格奥尔格·伽达默尔：《真理与方法（上卷）》，洪汉鼎译，第347页。

③ P. A. 约翰逊：《伽达默尔》，何卫平译，北京：中华书局，2003年，第37页。

④ 汉斯-格奥尔格·伽达默尔：《真理与方法（上卷）》，洪汉鼎译，第358页。

可他人在判断和见解方面超出自己,因而他的判断领先,即他的判断对我们自己的判断具有优先性。……权威不是现成被给予的,而是要我们去争取和必须去争取的。……权威依赖于承认,因而依赖于一种理性本身的行动,理性知觉到它自己的局限性,因而承认他人具有更好的见解。……权威根本就与服从毫无直接关系,而是与认可有关系。"①由此可以看出,服从于权威并不是一种非理性的行为,"权威的真正基础也是一种自由和理性的行动,因为上级更全面了解情况或具有更多的信息,也就是说,因为上级具有更完善的认识,所以理性才从根本上认可上级有权威"②。这一点也可以从教师与学生的关系中看出,教师的权威就在于,在某一个问题上,他们比学生拥有更多的、更全面的认识,学生会认可老师的这种在学识上的权威。"老师所教授的东西是正确的"这种判断可以使学生学习和掌握到丰富的知识。道德知识的学习也与此相似,孩子们的良好表现常常是因为相信父母关于在某些场合下如何行为的教诲的权威性,认可父母的道德价值可以很好地帮助孩子为人处世。

可以看出,权威并非与理性相对立,而且也不是那种对于我们的理解和认识有害的东西。认可权威同样是一种具有理性的行动。

作为一种人类生活中的更大的"权威","传统"在我们的社会历史发展过程中对我们的思想和行动有巨大的影响。然而,和权威一样,传统同样遭到了启蒙运动的抛弃,并被与理性对立起来。伽达默尔同样反对启蒙运动者抛弃传统的观念,他认为传统和理性之间没有绝对的对立存在。伽达默尔写道:"传统经常是自由和历史本身的一个要素。甚至最真实最坚固的传统也并不因为以前存在的东西的惰性就自然而然地实现自身,而是需要肯定、掌握和培养。传统按其本质就是保存(Bewahrung),尽管在历史的一切变迁中它一直是积极活动的。但是,保存是一种理性的活动,当然也是这样一种难以觉察的不显眼的理性活动。正是因为这一理由,新的东西、被计划的东西才表现为理性的唯一的活动和行为。"③

从伽达默尔为权威和传统的正名可以看出,启蒙运动者所贬斥的前见、权威和传统并不是与理性绝对对立的,它们在理解的过程中并不是一定起消极作

55

论伽达默尔的「对话」概念

---

① 汉斯-格奥尔格·伽达默尔:《真理与方法(上卷)》,洪汉鼎译,第358页。

② 汉斯-格奥尔格·伽达默尔:《真理与方法(上卷)》,洪汉鼎译,第359页。

③ 汉斯-格奥尔格·伽达默尔:《真理与方法(上卷)》,洪汉鼎译,第361页。

用的；它们也可能产生正确的知识，导致正确的结果。

（2）视域融合（Horizontverschmelzung）

"视域"（Horizont）概念的本义指地平线或视野。自尼采和胡塞尔以来，这个词被用作哲学术语，用来表示思想与其有限规定性的联系，以及扩展看视范围的步骤规则。在胡塞尔的现象学中，视域是一个核心概念，它与"晕圈"或"背景"联系在一起，是一种"不确定的确定"。对于胡塞尔来讲，一切意识都是视域意识，视域是流动着的、活的，具有时间性，涉及过去与未来，它属于一种"经验之流"。如果没有这种视域，我们甚至连一个简单的知觉也不能说明。在胡塞尔那里，视域中的世界与科学意义上的客观外在世界无关，它是由作为主体的人从其特殊的观点中所体验到的世界，具有主观性和相对性的特点。[①]

伽达默尔继承了"视域"这一概念，并作了进一步的说明："一切有限的现在都有它的局限。我们可以这样来规定处境概念，即它表现了一种限制视觉可能性的立足点。因此视域概念本质上就属于处境概念。视域就是看视的区域，这个区域囊括和包容了从某个立足点出发所能看到的一切。"[②]被引入诠释学的"视域"概念表示了一个人的视力所能达到的最大范围和界限。同时，这样的范围和界限并不是固定的，它会随着主体的运动而不断地扩展。一个人的视域虽然是有限的，但在本质上是开放的，它不是一个真正封闭的视域。

诠释学视野下的"视域"，强调超越最近的边界，融入一个更大的理解范围，从而使一个人能够更好地理解。如果视域非常地有限，人就会只重视视线以内的东西，而看不到一定距离之外的事物的价值。伽达默尔说："一个根本没有视域的人，就是一个不能充分登高远望的人，从而就是过高估价近在咫尺的东西的人。反之，'具有视域'，就意味着，不局限于近在眼前的东西，而能够超出这种东西向外去观看。谁具有视域，谁就知道按照近和远、大和小去正确评价这个视域内的一切东西的意义。"[③]

伽达默尔把理解的过程看作一种不同的、独立存在的视域的融合过程。他用"自身置入"（Sichversetzen）概念描述了这一视域的融合过程：

---

① 参见何卫平：《通向解释学辩证法之途》，第195页。

② 汉斯-格奥尔格·伽达默尔：《真理与方法（上卷）》，洪汉鼎译，第388页。

③ 汉斯-格奥尔格·伽达默尔：《真理与方法（上卷）》，洪汉鼎译，第388页。

理解一种传统无疑需要一种历史视域。但这并不是说，我们是靠着把自身置入一种历史处境中而获得这种视域的。情况正相反，我们为了能这样把自身置入一种处境里，我们总是必须已经具有一种视域。……这不是丢弃自己。当然，就我们必须真正设想其他处境而言，这种丢弃是必要的。但是，我们必须也把自身一起带到这个其他的处境中。只有这样，才实现了自我置入的意义。……这样一种自身置入，既不是一个个性移入另一个个性中，也不是使另一个人受制于我们自己的标准，而总是意味着向一个更高的普遍性的提升，这种普遍性不仅克服了我们自己的个别性，而且也克服了那个他人的个别性。"视域"这一个概念本身就表示了这一点。因为它表达了进行理解的人必须要有的卓越的宽广视界。获得一个视域，这总意味着，我们学会了超出近在咫尺的东西去观看，但这不是为了避而不见这种东西，而是为了在一个更大的整体中按照一个更正确的尺度去更好地观看这种东西。[1]

由上文可以看出，我们在理解一个文本、一个传统或一个谈话的对象前，就已经具有了一个视域，这种视域是由我们的理解的前结构所构成的，它提供了理解的条件。在理解者与被理解者之间存在着两种视域的差异，伽达默尔的"视域融合"不是要以牺牲一方而保全另一方的方式来解决这种差异，他所强调的是，把这个与理解者不同的另一个视域连同理解者自身的视域一起移置到一个更广阔的视域中去，这个更广阔的视域包含了被理解者的视域和理解者的视域。当我们把自己的视域和被理解者的视域置入一个更大的视域时，我们的视域不会被取消，而是将原来的视域的界限拓展，构成了一个更为广阔的视域，使我们能在一个整体的视域中去理解。这样就可以使原来视域中不合理的东西在这个更大的视域中得到调整和修正，进而使我们能够达到更为全面的理解。

视域的融合是一个动态发展的过程。视域是理解的一个起点。理解者总是在不断地扩大并修正自己原有的视域，通过与不同视域的融合，从而形成一种新的、更大的视域，这种新的视域并不是理解的终点，它又会成为更

---

① 汉斯-格奥尔格·伽达默尔：《真理与方法（上卷）》，洪汉鼎译，第391—392页。

新、更大一轮理解的起点。这样，理解者的视域将会不断地拓展，不仅包括了原来的视域，而且超越了原来的视域，达到了一种更加全面、完善的理解。

(3) 效果历史(Wirkungsgeschichite)

理解是在"视域融合"中不断地形成和发展的，而不同时代、不同条件下的"诠释学处境"(hermeneutische situation)是有所不同的，所以，理解不是僵死的，而是一种活跃的流动的过程。对一种意义的理解就是指关于这种意义理解的过程性。由此，伽达默尔提出了"效果历史"(Wirkungsgeschichite)这一核心概念。虽然它不是伽达默尔的首创，但它被伽达默尔赋予了新的意义。什么是"效果历史"呢？伽达默尔说："真正的历史对象根本就不是对象，而是自己和他者的统一体，或一种关系，在这种关系中同时存在着历史的实在以及历史理解的实在。一种名副其实的诠释学必须在理解本身中显示历史的实在性。因此我就把所需要的这样一种东西称之为'效果历史'。理解按其本性乃是一种效果历史事件。"[1]

"效果历史"(Wirkungsgeschichite)，从字面上来分析的话，"效果"(Wirkung)涉及作用或影响(wirken)，涉及实现(verwirklichen)以及实在(Wirklichkeit)。效果历史就是历史实在，因为它是实现的历史。实在的东西在活动或起作用(wirken)，也就是说，它进行实现自身和产生自身的活动。某物如何产生历史，或进行实现它自身活动的历史，就是效果历史。[2] 历史是效果历史，那么历史本身就存在于关系之中，即与它的效果的关系，与后来的历史、事件过程的关系。一个历史事件的后果和效果的历史，不是某种不同于事件的历史的东西，而是事件本身的历史。在伽达默尔看来，"当我们力图从对我们的诠释学处境具有根本性意义的历史距离出发去理解某个历史现象时，我们总是已经受到效果历史的种种影响"[3]。效果历史假定了历史是一没有中断过的连续体，过去历史的效果都使对现在的理解拥有一个前见，任何时代能够理解其他的时代是因为有过去时代传承下来的前见。

在"效果历史"概念的基础上，伽达默尔又提出了"效果历史意识"

① 汉斯-格奥尔格·伽达默尔：《真理与方法(上卷)》，洪汉鼎译，第384—385页。

② 参见洪汉鼎：《理解的真理》，济南：山东人民出版社，2001年，第217页。

③ 汉斯-格奥尔格·伽达默尔：《真理与方法(上卷)》，洪汉鼎译，第386页。

(Wirkungsgeschichitliches Bewusstsein)概念。并且，伽达默尔认为，"我们所有历史理解都受到一种效果历史意识的规定"。他进一步解释说：

> 我们本身并不能和事件本身相分离，也不能与它相对立，从而把过去变成我们的客体。如果我们真的这样想，就难以认识到真正的历史经验。我们总是已经处在历史之中。用赫尔德的话来讲，我们不仅本身就是这种环环相扣的长链中的一环，而且我们每时每刻都可能从这里源自过去，迎面走来并流传给我们的东西中理解自己。我把这叫作"效果历史意识"，因为我想用这个概念一方面说明，我们的意识受到效果历史的规定，受到现实事件的规定，这种事件不可能像与过去遥相对峙那样与我们的意识相分离。另一方面我还想说明，它还能在我们心中不断重新制造出这种产生的意识——就像所有我们经验到的过去必然使我们能以某种方式获悉它的真理。①

这里，伽达默尔认为，历史客观主义所坚持的纯客观性理解历史的理想，把历史意识本身包容于效果历史之中这一点遮盖了。而对历史的理解者来说，他们已经被卷入了"效果历史"之中。当我们力图理解一个与我们有一定历史距离的文本时，我们总是服从于效果历史的各种"效果"。因为我们总是在一定的历史条件下理解，要受制于我们的前见、视域的不断变换和融合，所以，理解总是一个不断进行的过程而不会最终地完成。

"前见"、"视域"和"效果历史"作为理解过程中的要素同样对"对话"起着作用，因为对话的过程就是一个不断相互理解的过程。在对话的过程中，对话者必然是带着自己对某一话题的前见参与到了对话之中，这实际上就在对话之前决定了对话者自身拥有一个"视域"，也就是说，对话者总是带着自己的视域来参与对话的。对话是对话者之间的一种关系活动，对话的双方都有自己的视域，可以说，对话的过程就是对话双方的两种视域相互交融的过程，即"视域融合"。对话者在保留各自视域的基础之上形成一种综合的新的视域。新的视域构成了对话者对于论题的新的理解。对话的过程就是在对话者的视域的不断

① 伽达默尔：《诠释学Ⅱ：真理与方法——补充和索引》，洪汉鼎译，第158页。

融合、不断拓展中无限地向前进行的。这也就决定了对话是一种开放的、无限的、永无止境的过程。每一个新的视域不仅是对论题理解的新突破，而且它还会成为更新的视域融合的基础。对话中的"我"已不再是原来的"我"，而是一个"新我"，即一个比原来扩大了的"我"。伽达默尔说："理解其实总是这样一些被误认为是独自存在的视域的融合过程。"①那么同样的，对话就是对话者的视域在对话中不断融合的过程：对话、融合、再对话、再融合，不断循环，这一过程将无限地发展下去。伴随着视域的不断转换、更新和提高，对话者对话题的理解也将不断地深入下去。

"对话"概念在理解中的实践意义

伽达默尔将对话中的"问—答"结构应用到了理解中，把一切对"文本"的理解都看作是文本与解释者的问答过程。在这种问和答的结构中，提问具有优先性，但解释者与文本之间的提问却是相互的：一开始可能出现的是文本向解释者提出问题，由此使解释者的意见处于开放状态。为了回答这个问题，被提问的解释者必须着手去提出问题；正是通过这种提问，解释者寻求对文本所提问题的回答。②"提问、被问、回答"构成了这种问与答结构的基本环节，它们不仅使解释者与文本相连接，而且使二者处于一种对话、交流状态。从这一角度来看，"提问、被问、回答"乃是解释者与文本之间问答结构的对话链。由于同一文本可能有无数的解释者，这种"提问、被问、回答"的对话链就不只是双向度的，而必然是多向度的；多向度的对话链彼此连接，相互支撑，从而构成了一张对话之网。正是在这种问答结构或者说对话之网中，一些历史文本或流传物经过无数解释者的反复解释而成为经典，或者既有的经典借助重新解释而展示出新的意义形态。

（1）参与文本。文本通过文字得以流传。而作品一旦变成了文字，它就已经为解释者的出场预留了位置，为理解和解释开放了空间。因为"通过文字固定下来的东西已经同它的起源和原作者的关系相脱离，并向新的关系积极开放。像作者的意见或原来读者的理解这样的规范概念实际上只代表一种空位

---

① 汉斯-格奥尔格·伽达默尔：《真理与方法（上卷）》，洪汉鼎译，第 393 页。

② 参见汉斯-格奥尔格·伽达默尔：《真理与方法（上卷）》，洪汉鼎译，第 480 页。

(eine leere Stelle)，而这空位需要不断地由具体理解场合所填补"①。正是这种"空位"使解释者获得了"参与"文本的机会：解释者有可能以其对文本的理解和解释来填补这种"空位"。这种"参与"和"填补"意味着解释者不把文本当做单纯的历史流传物，而是把它视为意义的载体，从而极力地理解和解释它，以彰显其意义或真理。这样，"凡是在我们致力于理解——例如对《圣经》或古典文学进行理解——的地方，我们总是要间接地涉及到隐藏在原文里的真理问题，并且要把这种真理揭示出来"②。因此，参与文本乃是解释者塑造或重构经典的基础。

（2）筹划意义。解释者要到达对文本的正确理解和解释，必须避免随心所欲的偶发奇想和难以觉察的思想习惯的局限性，但"解释者无需丢弃他内心已有的前见解而直接地接触文本，而是只要明确地考察他内心所有的前见解的正当性，也就是说，考察其根源和有效性"③。因为这种"前见解"乃是解释者"前理解"的一部分，它是解释者理解文本的必要条件，解释者对文本的解释不可避免地受其引导。所以，解释者为了根本理解文本，必须根据"前理解"构造一个意义整体，只有根据这个意义整体，才能评判文本。这意味着解释者在理解文本之前必须进行一种对文本意义的筹划："谁想理解某个文本，谁总是在完成一种筹划。一当某个最初的意义在文本中出现了，那么解释者就为整个文本预先筹划了某种意义。一种这样的最初意义之所以又出现，只是因为我们带着对某种特殊意义的期待去读文本。作出这样一种预先的筹划——这当然不断地根据继续进入意义而出现的东西被修改——就是对这里存在的东西的理解。"④解释者在开始理解文本之前对文本预先的意义筹划，不仅体现了解释者与文本之间的互动，而且清楚地展示了解释者塑造和重构文本的功能。

（3）问答问题。由于解释者与被解释的文本构成了一种问和答的结构，因而解释者对文本的理解和解释在很大程度上是一个回答问题的过程："某个流传下来的文本成为解释的对象，这已经意味着该文本对解释者提出了一个问

---

① 汉斯-格奥尔格·伽达默尔：《真理与方法（下卷）》，洪汉鼎译，第 505 页。

② 汉斯-格奥尔格·伽达默尔：《真理与方法（上卷）》，洪汉鼎译，第 240 页。

③ 汉斯-格奥尔格·伽达默尔：《真理与方法（上卷）》，洪汉鼎译，第 343 页。

④ 汉斯-格奥尔格·伽达默尔：《真理与方法（上卷）》，洪汉鼎译，第 343 页。

题。所以,解释经常包含着与提给我们的问题的本质关联。理解一个文本,就是理解这个问题。"①文本没有向我们直接提出问题,它首先是作为一种回答而存在的,即作为对以前所提出问题的回答。所以我们在此所回答的问题,乃是我们自己提出的,但这样的提问并不是随心所欲的,而只是在重构应以文本为其回答的问题。我们是在继续回答着文本所回答的问题。对文本所回答问题的"重构"是解释者自己在重构,也就意味着,重构的问题并不是处于文本原来的视域之中,由于视域的不同,重构的问题必定与原初的问题有所不同,这种不同表明了一切对文本问题的重构都变成了在解释者自己视域中的提问。所以,解释者对文本意义的理解,作为对重构问题的回答,都打上了解释者自身的烙印。

(4) 创造文本。通过参与文本、筹划意义、问答问题,解释者对文本的理解和解释最终使文本的意义超越了它的作者。"文本的意义超越它的作者,这并不只是暂时的,而是永远如此的。因此,理解就不只是一种复制的行为,而始终是一种创造性的行为。"②不过,理解作为一种创造性的行为之所以可能则有赖于"时间距离"。正是时间距离,一方面使解释者不可能与作者处于同一位置去原汁原味地复制原作品,另一方面,时间距离促成了一种过滤过程。这种过滤过程不仅使真正的意义从一切混杂的东西中过滤出来,而且也使新的理解源泉不断产生,使得意想不到的意义关系展现出来。在此意义上,需要"把时间距离看成是理解的一种积极的创造性的可能性。时间距离不是一个张着大口的鸿沟,而是由习俗和传统的连续性所填满,正是由于这种连续性,一切留传物才向我们呈现了出来。在这里,无论怎么讲一种事件的真正创造性也不过分"③。这样,由于漫长的时间距离、反复的过滤过程,在解释者富有创造性的理解和解释中,文本最终得以产生或者在新的条件下获得新生。

---

① 汉斯-格奥尔格·伽达默尔:《真理与方法(上卷)》,洪汉鼎译,第475页。

② 汉斯-格奥尔格·伽达默尔:《真理与方法(上卷)》,洪汉鼎译,第380页。

③ 汉斯-格奥尔格·伽达默尔:《真理与方法(上卷)》,洪汉鼎译,第381页。

Question and Answer: On Gadamer's Dialogue Theory

Zhang Pengqian

Abstract: The conception of dialogue is one of the core conceptions of hermeneutics by Gadamer. From his perspective, understanding is an event of dialogue, and the understanding of historical event is the dialogue between historical event and the interpreter. In the debate on language, Gadamer emphasizes the dialogue nature of language, and considers "dialogue" carried out equally as the condition to reveal linguistic function. In his later theories, Gadamer employed "dialogue" to withstand "writing" by Derrida, thereby defends the tradition of Phonologism after Plato. Therefore, the exploration of Gadamer's conception of dialogue and the dialogue theory based on this conception contributes to profound understanding and analysis of the overall development of Gadamer's hermeneutics.

Keywords: dialogue, logic of question and answer, Horizontverschmelzung, Wirkungsgeschichite

论伽达默尔的「对话」概念

经验与语言

——以罗蒂和舒斯特曼为中心对实用主义美学的一个考察 [*]

黄家光 [**]

[摘 要] 舒斯特曼的身体实用主义的逻辑起点是对罗蒂的语言实用主义的批评,其实质是经验与语言之争。舒斯特曼认为存在非语言的经验,并以之超越罗蒂。舒斯特曼的批评建立在对罗蒂的误解之上,首先是在翻译上错失了Auslegen的本义,其次舒斯特曼从自己狭义的命题语言观出发,误解了罗蒂广义的范式语言观,其非语言经验并不是非语言的。舒斯特曼并未完成对罗蒂的超越,语言实用主义美学依旧是活的传统。

[关键词] 语言;经验;罗蒂;舒斯特曼;实用主义美学

在近几十年来的英语世界中,新实用主义美学展开为两大阵营的对峙,即经验主义(experientialist)与文本主义

* 基金项目:本文为国家社科基金项目"新实用主义文论研究"(18BZW011)、山东省社科规划项目"语言转向及其范式研究"(17CZXJ07)阶段性成果。
** 黄家光(1991—),浙江遂昌人,华东师范大学哲学系博士生,目前研究方向为新实用主义美学。

（textualist）的对峙①，按维西奥（Vescio）理解，这一对峙实质上是经验（experiences）与语汇（vocabularies）之间的对峙。本文主要聚焦舒斯特曼，尤其是他在身体美学立场上对罗蒂的批评。舒斯特曼所说的经验，尤指身体经验，所以我们将之刻画为身体美学（Somaesthetics），这也是舒斯特曼用以刻画自己的术语，在实用主义脉络中，即身体实用主义。文本主义是罗蒂曾用来刻画自己立场的术语，语汇也是罗蒂后期的一个重要概念，本文在更广泛的语言转向脉络中理解罗蒂的工作，且语汇是一类语言，故本文将罗蒂的立场刻画为语言实用主义。②

在推进实用主义美学研究的过程中，舒斯特曼发展了一门被他命名为"身体美学"的学科，并认为"一种实用主义美学必然要回归身体本身"③，他试图提供一个后罗蒂的实用主义美学类型，因此，对罗蒂的批评构成了舒斯特曼版本的实用主义美学的起点。用舒斯特曼自己的话说，这是一个从文本主义到身体美学的过程，既承认了罗蒂对他的重要性，也暗示其对罗蒂的超越。④ 其中理解与解释之争，具有根本重要性，其实质就是经验与语言之争。本文将说明，在这一问题上，舒斯特曼对罗蒂的批评并不成功。⑤

---

① Bryan Vescio, *Reconstruction in Literary Studies：An Informalist Approach*, Palgrave Macmillan, 2014, p. 49.

② M. 吉海勒也使用身体实用主义和语言实用主义刻画舒斯特曼与罗蒂。参见 M. 吉海勒：《拓展经验：论舒斯特曼在当前实用主义中的地位》，王辉译，《世界哲学》，2011 年第 6 期。

③ 舒斯特曼、张再林：《东西方美学的邂逅——中西学者对话身体美学》，《光明日报》，2010 年 9 月 28 日。

④ R. Shusterman, "Pragmatism and Cultural Politics：From Rortian Textualism to Somaesthetics," *New Literary History*, Vol. 41 No. 1 (winter, 2010)：69 - 94.

⑤ 舒斯特曼对罗蒂的批评是多方面的，除了指责其诠释学普遍主义之外，他还指责罗蒂是精英主义，混淆偶然性和任意性等。但在笔者看来，这些指责都不成立，这需要另文处理。罗蒂亦曾简洁地回应舒斯特曼在语言观、公私领域区分等问题上的批评。就语言问题而言，罗蒂认为，他并未在语言的审美维度和理性维度间建立不必要的二元论；对于语言的不同使用，只是出于不同实践目的的需要，并没有在这些语言使用中排序，进而陷入认识论或本体论上的基础主义。关于非推论经验，他只简单地反问肉身的愉悦和阅读的愉悦之间可有什么有趣的区分？见 Matthew Feststein and Simon Thompson (eds.), *Richard Rorty：Critical Dialogues*, Blackwell Publishers Inc., 2001, pp. 153 - 157。

一、从语言到经验：舒斯特曼的方案

如果说，罗蒂的《哲学与自然之镜》(1979)宣告了实用主义哲学开始复兴[1]，那么舒斯特曼的《实用主义美学》(1992)则宣告实用主义美学正式走上前台。舒斯特曼的身体实用主义美学以对罗蒂的语言实用主义之批评开始自己的建构。[2] 对于舒斯特曼和罗蒂的关系，吉海勒认为，舒斯特曼的身体实用主义美学完成了对语言实用主义美学的超越[3]，国内学者普遍接受这一立场[4]。另一些研究者则认为舒斯特曼的工作并不成功，保罗·泰勒(Paul Taylor)指出，舒斯特曼混淆了审美经验概念的直接性和非推论性、非语言性[5]；莱博尔特(G. Leypoldt)认为舒斯特曼对罗蒂公私领域的区分的批评是不得要领的[6]；维西奥

---

[1] 伯恩斯坦并不认可有所谓实用主义复兴一说，他认为，实用主义一直都在，其精神弥散在二十世纪后半叶的美国哲学实践之中。R. Bernstein, "The Resurgence of Pragmatism," *Social Research*, Vol. 59 No. 4 (1992)：813 – 840.

[2] 就美学或文学理论研究而言，国内学界倾向于舒斯特曼身体美学立场的似乎更多，代表性的如彭锋、陆扬、张再林等，支持罗蒂语言实用主义立场的似乎更少，代表性的如汤拥华等。

[3] M. 吉海勒：《拓展经验：论舒斯特曼在当前实用主义中的地位》，王辉译，《世界哲学》，2011 年第 6 期。

[4] 支持此图景的，如彭锋：《舒斯特曼与实用主义美学》，《哲学动态》，2003 年第 4 期；彭锋：《实用主义与生活美学——舒斯特曼美学述评》，《文艺争鸣》，2010 年第 5 期；陆扬：《走向一种新实用主义美学？——舒斯特曼美学与中国的"生活"热情》，《文艺争鸣》，2010 年第 5 期；刘德林：《舒斯特曼新实用主义美学研究》，第二章第四节，山东大学出版社，2012 年；韦拴喜：《论舒斯特曼新实用主义的建构路径》，《中国石油大学学报(社会科学版)》，2015 年第 1 期；韦拴喜：《身体转向与美学的改造：舒斯特曼身体美学思想论纲》，第二章第二节，中国社会科学出版社，2016 年，等等。当然也存在一些不同意见，就目前所见，主要有姬志闯：《经验、语言与身体：美学的实用主义变奏及其当代面向》，《哲学研究》，2017 年第 6 期。此文在语言与经验问题上，从古德曼角度批评了舒斯特曼。王伟：《解释学转向：价值与争论》，《理论与现代化》，2014 年第 4 期。此文逐条批驳了舒斯特曼对诠释学普遍主义的批评，但未深入到语言观的差异。霍桂桓：《是研究者还是参与者？——对 R. 舒斯特曼身体美学的学术起点的一个批评》，《党政干部学刊》，2015 年第 2 期。此文批评舒斯特曼对二元论等基础问题的讨论缺乏根基。

[5] Paul Taylor, "The Two-Dewey Thesis, Continued: Shusterman's Pragmatist Aesthetics," *The Journal of Speculative Philosophy*, New Series, Vol. 16 No. 1 (2002)：17 – 25.

[6] Günter Leypoldt, "Richard Rorty's Literary Criticism and the Poetics of World-Making," *New Literary History*, Vol. 39 No. 1, *Remembering Richard Rorty* (winter, 2008)：145 – 163.

从审美教育角度出发,认为语言实用主义更有优势①。本文赞同后一立场,但认为之前研究者并未对舒斯特曼的具体文本展开深入分析,论及理解与解释问题,也未将焦点放在语言与经验这一更为根本的问题上,这正是本文的出发点。

　　舒斯特曼为何聚焦于理解与解释、经验与语言问题?笔者认为起码有如下两点:第一,从当代美学史角度看,实用主义美学作为实用主义哲学的分支或一种形态,其复兴和走上哲学、美学之前台,离不开罗蒂的鼓吹,他在建构实用主义哲学时提出了"从认识论到诠释学"的方案。伯恩斯坦同样试图以诠释学和实用主义沟通分析哲学和大陆哲学。罗蒂、伯恩斯坦等人,一开始就把诠释学和实用主义联系起来,在此背景下,被归入实用主义美学的学者,普遍都关注理解和解释问题,这构成了舒斯特曼美学思考的当代背景。第二,从舒斯特曼美学建构的哲学逻辑上看,诠释学,特别是伽达默尔意义上的语言诠释学(在舒斯特曼的论述中,罗蒂亦在此脉络中),以语言为轴心建构的美学体系,与舒斯特曼所提议的经验(尤其是身体经验)美学相对立。对其的理解与批判,是舒斯特曼美学体系必须完成的工作,甚至说,这部分工作的成功与否,是其理论立足点。

　　舒斯特曼对理解与解释问题的讨论,通过对诠释学普遍主义的批评而展开,最后落实为语言和经验问题。他认为诠释学普遍主义是这样一种立场:"简单地以任何方式理智地去感知、阅读、理解或行为,已经是且必须要一直去解释。他们坚持只要我们有意义地经验什么,这种有意义的经验总已是一种解释的事情和产物。"②在此基础上,他进一步推论说,诠释学普遍主义认为,"我们不只是透过解释看每一件事物,而是每一件事物事实上都是由解释构成"③。舒斯特曼将罗蒂和尼采、伽达默尔捆绑归入其中。他将此线索放在反本质主义的脉络里考察,认为在传统基础主义中,理解被视为是基础的(不变的),解释被视为是非基础的(可变的),而一旦持反本质主义立场,就容易将理解看作是无

① Bryan Vescio, *Reconstruction in Literary Studies: An Informalist Approach*, Palgrave Macmillan, 2014, pp. 49 - 73.

② 舒斯特曼:《实用主义美学》,彭锋译,北京:商务印书馆,2002 年,第 158 页。译文参照原文有所改动,下同。另参见 Richard Shusterman, *Pragmatism Aesthetics: Living Beauty, Rethinking Art* (2nd ed.), Rowman & Littlefield Publishers, 2000。

③ 舒斯特曼:《实用主义美学》,第 158 页。

基础的，因而就是解释，从而导致把"没有理解是基础的"和"所有理解都是解释"混淆。他的工作就是要论证这一混淆在理论上的错误，提出并论证一种非基础的理解，即非解释的理解、非语言的经验。

舒斯特曼对诠释学普遍主义的批评，是由对伽达默尔名言"所有理解都是解释"的批评而展开的。从其叙述中可见，罗蒂是其标靶。其批判可重构如下：

（1）舒斯特曼认为，理解是可变的，不必将之等同于解释而后才是可变的，这一理解的可变性，表现为（2）和（3）。

（2）理解本身的视界是多元性的和局部性的。

（3）理解总是有偏见的，不是中立透明的。这种可变性表现在行动过程中，即（4）。

（4）所有理解都是选择性的。

（4*）有些理解是无意识的、非反思的；解释总是有意识的、自觉的。

（5）诠释学普遍主义视理解为积极主动的（即有意识的、自觉的），进而将感知视为主动选择的或建构的，因而必然包含解释。这背后更深层次的预设是，因为

（6）诠释学普遍主义认为，所有理解都是语言的，因为所有理解都包括要求语言的概念。

（6*）舒斯特曼认为，语言的理解，总是一种通过意义和句法规则对约定符号的解码、翻译或解释，因而语言的解释是极度形式化和理智化的图像。他区分"直接和简单的理解"和"解码、翻译及解释"。只有后者与语言相关，前者可以是非语言的。这种非语言的直接理解，在舒斯特曼那里指向身体经验，即：

（6**）舒斯特曼认为，即使我们承认语言的理解都是解释，亦不能推论出所有理解都是解释。这假设了另一个前提：所有理解的经验和有意义的经验都是语言经验。但身体的意识或理解形式的存在是事实，它们本质上是非语言的，动作不需要翻译成概念化的语言就能被理解。

我们看到，理解和解释问题，最后被落实到了语言和经验问题，并表现为

（a）理解/经验可以是无意识的、非反思的（4*）。

（b）理解可以是非语言的（6**）。

二、何谓语言？舒斯特曼语言观辨析

在直接考察语言和经验问题之前，作为出发点，考察"理解"与"解释"概念是必要的。舒斯特曼对诠释学普遍主义批评的出发点，是伽达默尔的名言：All understanding is interpretation。[①] 中译为："一切理解都是解释。"[②]要阐明其中的意蕴，我们得回到德语原文：Alles Verstehen ist Auslegen。[③] 就我们在此所关注的理解与解释问题而言，这里涉及德语词 Verstehen、Auslegen。将 Verstehen 译为 understanding 和"理解"在此并无争议。而英译本将 Auslegen 译为 interpretation，中译本对译为"解释"。问题在于，与英文词 interpretation 对译的应该是德文词 Interpretation。Auslegen 一词，在英文中并无固定的对译词，或译为 explanation、interpretation，都存在偏差。当汉语学界说到"解释"时，一般就指 interpretation，就诠释学而言，实际上遮蔽了 Auslegen 和 Interpretation 两者的区别，为示区别，潘德荣将 Auslegen、Interpretation 分别译为"解释"、"诠释（阐释）"[④]。当舒斯特曼用 understanding、interpretation 来理解"理解与解释"时，实际上已经混淆了 Auslegen 和 Interpretation，而这两个词是存在重要区别的。陈嘉映、王庆节对这一区分做了说明："Auslegen……与另一个常用概念 Interpretation、interpretieren［阐释］相近。但比较起来，Auslegen 常常在'解开而释放'的意义上使用，而 Interpretation 所指的解释更具体系性和专题性，所以我们将前者译为'解释'，而将后者译为'阐释'。"[⑤]我们看到，舒斯特曼对英文词 interpretation 的使用更接近于德文词 Interpretation。

---

① Hans-Georg Gadamer, *Truth and Method*（Revised Edition）Joel Weinsheimer and Donald G. Marsh（trans.），Continuum，2006，p. 390.

② 伽达默尔：《诠释学 I：真理与方法》，洪汉鼎译，北京：商务印书馆，2007 年，第 525 页。

③ Hans-Georg Gadamer, *Hermeneutik I：Wahrheit und Methode*，J. C. B. Mohr（Paul Siebeck）Tübingen，1990，p. 392.

④ 据潘德荣：《西方诠释学史》，北京：北京大学出版社，2013 年，余论第五、六节；潘德荣：《走向理解之路》，合肥：安徽人民出版社，2014 年；潘德荣：《现代诠释学及其重建之我见》（《哲学研究》1993 年第 3 期）、《认知与诠释》（《中国社会科学》2005 年第 4 期）、《理解、解释与实践》（《中国社会科学》1994 年第 1 期）。

⑤ 海德格尔：《存在与时间》，陈嘉映、王庆节译，熊伟校，北京：生活·读书·新知三联书店，2006 年，第 173 页。

当他说语言的理解是"一种通过意义和句法规则对约定符号的解码、翻译或解释"①时，就是此意，而这对于海德格尔到伽达默尔一脉的"Auslegen"，则有所遮蔽。

上文主要就词语翻译而言，若抛开翻译问题，从义理上说，其问题何在？回到上文已经提及的舒斯特曼对理解的两个界定：即理解的无意识性和非语言性，在舒斯特曼处，两者是相互关联的，一种经验如果经过语言中介，就是有意识的、反思的，反之亦然。这里的关键是如何理解语言：舒斯特曼是如何理解语言的？罗蒂又是如何理解语言的？

舒斯特曼在回应伽达默尔"人类对世界的所有经验根本上是语言化的"②这一观点时，表达了自己对语言的看法。为使讨论得以顺利展开，我们要先明确他们共享的观念，以此作为我们下面考察的前提。如果说，对于理解是否是语言性的存在争议的话，那么，对于解释必然是语言性的，舒斯特曼与罗蒂、伽达默尔等人并无争议。舒斯特曼说："理解——甚至高级的智力理解——经常是非反省、非思想，甚至是无意义的（即使总是有目的的），而真正的解释包含了有意识的、深思熟虑的思想：某些晦涩或含糊的东西的澄清、符号的译解、矛盾的解决，先前未言述的诸要素之间的形式和符号关系的清晰表达。"③与之相似，他区分了"直接和简单的理解"与"解码、翻译及解释"。前者是非推论的、非反省的、无意识的，因而是非语言的，后者则是语言的。这幅语言图景中，语言整个和认识联系在一起，虽然舒斯特曼亦批评传统知识论，但在此他共享了传统知识论的语言观。在传统知识论那里，只有与语言相联系的认识或命题性知识才是认识论上有价值的或有意义的，在舒斯特曼这里，语言的价值和意义也同样被局限在这一领域。一种非认知的语言几乎是不可想象的，这一点表现在其行文中几乎不加区别地使用非反思的、非推论的、非认知的、无意识的等词汇上。语言就是有意识的、反省的、使用推论的命题。④ 这种语言观，可以称之为

---

① 舒斯特曼：《实用主义美学》，第 172 页。

② 罗蒂认同伽达默尔此一观点，见 R. Rorty, "Being that can be Understood is Language," *Gadamer's Repercussions: Reconsidering Philosophical Hermeneutics*, Bruce Krajewski (ed.), University of California Press, 2004, pp. 21 - 29。

③ 舒斯特曼：《实用主义美学》，第 181 页。

④ 舒斯特曼认为，在正常情况下，母语使用是无意识的，而外语使用才是有意识的，这两者是理解与解释的区别。参见舒斯特曼：《实用主义美学》，第 172 页。

命题语言观。当舒斯特曼承认认知领域、知识领域完全是语言性的时候,这一点表现得尤为明显。[1] 并且对舒斯特曼来说,对"所与神话"的批评,即对非语言的基础主义的批评,并不构成对他的反驳,因为"所与神话"仅限于认识论,而哲学的范围远大于认识论。虽然在认识论上,经验必然是推论性的,因而是语言的,但在认识论领域之外,比如在审美领域中,非推论的经验是可能的。而罗蒂的语言实用主义,强调语言的无所不在,"鼓励一种不健康的唯心主义:将在世界中存在的人等同于语言行为,从而倾向于忽视非推论的身体经验,或将它彻底文本化"。[2] 更进一步,他还将罗蒂的语言理解为柏拉图意义上的逻各斯、理性,将罗蒂等人对语言的推崇视为对非语言、非理性的压制。

> 解释典型地旨在语言的系统阐述,旨在将一个有意义的表达翻译为另一个有意义的表达。有关某些言说或事件的一个解释的标准,就是能用某种明确、清晰的形式去表达所解释的东西。……相反,理解不要求语言的清晰表达;一个适当的反应,一个耸肩或一个抖动,就足以表明人们已经理解了。我们经验或理解的某些东西,从来没有被语言捕获,不仅因为它们的独特感觉拒绝被语言充分表达,而且因为我们甚至都没觉察到它们是可以描述的"东西"。它们是我们开始清晰表达或解释时所预设的感觉背景。[3]

首先,舒斯特曼将他的命题语言观表现得淋漓尽致,理解和解释的区别在于语言,这种语言是"系统阐述"(formulation)、"清晰表达"(articulation)的陈述。正如我们上文已提及的,这一"解释",对应于德文词"Interpretation","解释"是更具体系性和专题性的,当舒斯特曼说语言的理解是"解释典型地旨在语言的系统阐述……就是能用某种明确、清晰的形式去表达所解释的东

---

① 舒斯特曼:《哲学实践》,彭锋等译,北京:北京大学出版社,2002年,第183页。

② 舒斯特曼:《哲学实践》,第199页。又,伽达默尔认为:"如果人们援引世界的自在存在来反对唯心主义——不管是先验唯心主义还是'唯心主义的'语言哲学,那就纯属误解。因为他们认错了唯心主义的方法意义,而其形而上学形态自康德以来就已经被克服了"。见伽达默尔:《真理与方法》,第630页。

③ 舒斯特曼:《实用主义美学》,第182页。

西"时,这对于海德格尔到伽达默尔一脉的"Auslegen",有所遮蔽。按照这一严格的命题语言观,舒斯特曼自然不会认为耸肩是一种语言性的行为。甚至音乐、舞蹈等,也自然被排除在外,这也表现在他对古德曼认知主义符号学立场的艺术概念的批评上。

其次,这段话蕴含几个重要的混淆,表明其语言观和非语言经验概念的含混。郁振华区分了:1. "可以表达的东西和不可以表达的东西";2. "原则上可以用语言手段来充分表达的知识和不能用语言手段来充分表达的知识";3. "事实上被言说的知识和未被言说的知识"[1],与之相关的结论是,默会知识关注后两者,分别涉及强的默会知识和弱的默会知识。强的默会知识认为默会知识并非命题性知识所能把握;弱的默会知识,只是说,有些知识未被命题表达,不论是"格式塔式的默会知识论的意义上的被了解,还是在认知局域主义论的意义上被了解"[2]。借助上面的概念工具,我们再来审视舒斯特曼这段话。当舒斯特曼说"理解不要求语言的清晰表达"时,可以指尚未被清晰表达,也可以指不能被清晰表达。这涉及对上面第2、3点的混淆。当他说"从来没有被语言捕获,不仅因为它们的独特感觉拒绝被语言充分表达,而且因为我们甚至都没觉察到它们是可以描述的'东西'"时,"拒绝被语言充分表达",似乎是说不能被语言完全清晰表达,而非不能被表达;"没有察觉到它们可以描述",似乎既可以指它们原则上不能被语言表述,也可以指尚未被语言表述。这涉及对上面第1、2、3点的混淆。舒斯特曼若要证明非语言经验,则应证明1,但其刻画几乎都游弋在2、3之间,这表明舒斯特曼对于语言和经验(理解)之间界限何在的立场是模糊的。一方面他声称,理解是外在于语言的;一方面,又不能使自己实质上区别于弱的默会知识论,这种立场认为原则上只存在已被明述的知识和未被明述的知识。他一直视为典范的"亚历山大技法"的身体修炼技术,要求一种背景性知识作为展开的前提,能够在弱的默会知识论中得到定位。由此可见舒斯特曼的语言观,既是狭隘的,也是不融贯的。

---

① 郁振华:《人类知识的默会维度》,北京:北京大学出版社,2012 年,第 42 页。

② 郁振华:《人类知识的默会维度》,第 42 页。

三、何谓语言？罗蒂语言观辨析

罗蒂并没有陷入舒斯特曼狭隘的命题语言观中。[①] 但是罗蒂的语言观同样是含混的，需要我们辨析。陈亚军区分了罗蒂的两种语言观：(1)从实践的角度来理解语言，语言是我们与世界打交道的工具，使用语言的活动是人类的生存-实践活动，在此活动中，"语言既是敞开世界的方式，也是世界自身的内容。在实践活动中，语言和世界融为一体"。(2)强调语言的自我融贯，无意中又滑入了传统哲学的陷阱之中，在那里，"语言"和"世界"再度被打作两段，我们只能谈论语言，而不能谈论世界。[②] 如果我们做同情的理解，可以说，罗蒂抛弃的是康德意义上的作为物自体的世界，而在语言哲学中，我们能够有意义地讨论的世界，是已经在推论语义关系中的世界。布兰顿对"做"和"使用"的区别，可以作为一个概念工具，来帮助理解罗蒂的语言观。借助维特根斯坦的工作，布兰顿区分了"做"(do)与"使用"(use)：任何行动都是一种"做"，但只有在一定语言游戏之中的行动，才可被称之为"使用"，"使用"是在语言游戏之中被界定的。一个人只有知道必须做什么和不能做什么，才知道如何"使用"，人类的理解只有在一定的语言游戏之中才是可能的，语言之外的理解，就如私人语言一样不可设想。[③]

沿此思路，从广义上理解罗蒂的语言，它类似于语言框架或语言游戏规则。康乃尔·韦斯特对之有精彩刻画。[④] 他认为，罗蒂所谓语言转向从来不是说，除了语言我们一无所有，罗蒂不至于倒退到传统唯心论上去，认为语言构成了

---

① 罗蒂的学生，巴里·艾伦，曾指责罗蒂陷入命题性语言观。他认为，罗蒂虽批评传统的符合论知识观，即 knowing-of，却认同了 knowing-that，即陈述句，有真假的命题；罗蒂终结 knowing-of 的时候，认同了 knowing-that，因而仍然落入窠臼之中，即命题性知识。见 Barry Allen, "What was Epistemology,"*Rorty and His Critics*, Robert B. Brandom(ed.), Blackwell Publishers Ltd., 2000. 但罗蒂的 knowing-that 似乎是广义的命题，即语言。郁振华在批评艾伦的时候，也指出了这一点，见《人类知识默会维度》，第 365 页。

② 陈亚军：《"世界"的失而复得——新实用主义三大家的理论主题转换》，《中国社会科学》，2012 年第 1 期，第 28—32 页。

③ 陈亚军：《将分析哲学奠定在实用主义的基础上——布兰顿的语言实用主义述评》，《哲学研究》，2012 年第 1 期，第 69 页。

④ 有关此段论证更细致的展开，见黄家光：《康乃尔·韦斯特的"预言实用主义"及其限度》，《中国图书评论》，2018 年第 5 期，第 76—77 页。

世界,而是说,我们无法离开语言与世界打交道。在此,有必要回到塞拉斯对"所与神话"的批评,这种神话认为,有一种我们可以直接感知,而不需要经过语言的直接经验(所与),它构成了我们知识的基础。塞拉斯正确地指出,人们混淆了理由的逻辑空间和自然的逻辑空间、因果关系和证明关系,实际上"所与"是语言事件,也是社会实践问题,忽视这一区分,导致了"所与神话"。在此,韦斯特恰当地指出了这一语言与维特根斯坦"舞台-背景"的相似性,这一"舞台-背景"是"对非推论性现象的性质做出可靠'观察'所必须的东西"①。韦斯特的这一理解,在讨论罗蒂时得以延续:"总是存在大量的解释规则或为事物命名的潜在方式。……这种潜在的东西不需要(也不能)完全地被实现出来,或被排除。"②在此作为知识背景的语言、语言规则,就不是单纯的命题性语言了,而是一种库恩意义上的范式。③ 没有范式,社会实践、运作是无法理解的。

四、非语言经验之困境

在考察了罗蒂与舒斯特曼的语言观之后,我们面对的是舒斯特曼批评罗蒂时的核心概念"非语言经验"。在此概念中,语言与经验的对立被直接呈现出来。舒斯特曼认为,非语言经验是一种感性的、直接的非推论经验,它"存在于主题化的意识和语言之下"④。他认为,有语言经验,也有非语言经验,而所谓的语言经验,是指"思考、谈论、写作"⑤,这些都是可以用命题化语言来表述的语言行为。而且,在他看来,这些都是局限在认识论领域里的合法哲学,即都是在推论中,在理由的逻辑空间中通过语言来决定位置的语言活动。这种哲学对"前阐释反思地拒斥,一个理智主义者对普通经验中非反省、非推论的维度是盲目的,是高傲的精英主义和狭隘的不加鉴别的偏见"⑥。而非语言经验,尤其是

---

① 康乃尔·韦斯特:《美国人对哲学的逃避:实用主义的谱系》,董山民译,南京:南京大学出版社,2016年,第292页。

② 康乃尔·韦斯特:《美国人对哲学的逃避》,第295页。

③ 有学者认为,罗蒂的"语言"或"语汇"是库恩范式概念之发展。见吉尼翁、希利:《理查德·罗蒂和当代哲学》,载吉尼翁、希利(编):《理查德·罗蒂》,朱新民译,上海:复旦大学出版社,2011年,第16—17页。

④ 舒斯特曼:《哲学实践》,第186页。

⑤ 舒斯特曼:《实用主义美学》,第174页。

⑥ 舒斯特曼:《实用主义美学》,第180页。

身体经验，比如说舞蹈，"在本质上是非语言的，实际上拒绝被语言充分描绘……(人们)不需要将它翻译成概念化的语言术语，就能理解一个动作或姿势的意义和适当性"[1]。我们可以清楚地看到，上文我们已经辨析过的狭隘的命题化语言观如何限定了舒斯特曼对于非语言经验的理解，在这样的概念图景中，塞拉斯、伽达默尔、罗蒂、德里达都因为提倡语言的首要性而被认为是理智主义者，压制非推论、非语言、非理性的经验。[2]

问题在于，舒斯特曼狭隘的语言观中的非语言经验，在罗蒂的广义语言观之下，是否是非语言的。正如舒斯特曼已经提及的，在罗蒂那里，语言有非推论的应用，例如语言创造的实践[3]，但舒斯特曼认为这种语言创造的实践与语言无关，他认为学习语言使用是"对有效参与一种生活形式中的反应的驾驭"，而语言则是"对一个解释记号的符号规则系统的驾驭"[4]。但若我们接受布兰顿在"使用"和"做"之间的区分，看到的则是另一番景象。语言实践活动要在语言游戏之中才能被理解，不论你是否有意识或自觉反思。实际上，大部分人是不加反思地接受、使用一套语言游戏规则的，因此，这些规则常常是隐含着的。

同样，我们理解一个身体活动，并非如舒斯特曼以为的那样是直接的。泰勒指出，舒斯特曼混淆了直接性与非推论性。舒斯特曼所借用的杜威的经验直接性概念，其本意或者是与理智主义相对，指我们应该就近选择语境来理解经验，而不能用最远端的科学概念来解释；或者是指心理学意义上的直接性，这种感知是有理论负载的，就算是无意识的，也不是非推论的。就此而言，直接性不等于非推论性，即非语言性。[5] 舒斯特曼的另一个批评对象，古德曼，也曾批评那些看似直接的理解，比如说动作"在某种程度上也是习俗和文化塑造的结果"，而对于舒斯特曼所依仗的舞蹈的例子，古德曼直接说"思想狭隘的和业余的观看者可能当作本能和不变的东西，专业演员或导演却知道是学来的和可变的"[6]。舒斯特曼当然不会认为本能是不可变的，但古德曼提示我们，所谓的人

---

① 舒斯特曼：《实用主义美学》，第173页。

② 舒斯特曼：《哲学实践》，第199—200页。

③ 舒斯特曼：《哲学实践》，第198页。

④ 舒斯特曼：《实用主义美学》，第172页。

⑤ Paul Taylor, "The Two-Dewey Thesis, Continued: Shusterman's Pragmatist Aesthetics," *The Journal of Speculative Philosophy*, New Series, Vol. 16 No. 1 (2002): 22.

⑥ 古德曼：《艺术的语言》，彭锋译，北京：北京大学出版社，2013年，第40页。

类本能,已经是语言化的经验,就算有时候太过临近未经反思的使用,也不能认为它是非语言的,它是人类的第二天性,是一种语言化了的经验或本能,与动物式本能并不相同。这一点,对古德曼基本持认同态度的罗蒂也会同意。以上的分析,亦可视为人与动物之别。舒斯特曼在证明身体经验的优先性时,不断强调人与动物具有连续性,认为在动物性的理解中不需要解释,在人的理解中,同样存在非语言的理解。但是如果我们接受伽达默尔对于世界和环境的区分[1],我们就会看到,动物的理解是属于环境的,而人的理解则是在世界之中完成的,虽然在外在形式上具有相似性,但究其实,是不同类型的理解。舒斯特曼的类比是一种范畴错置。从上面的分析中可以看出,舒斯特曼只看到了人与动物的相似性,因此强调人与动物的连续性,而对其中的差异估计不足,即对人类理解中的隐含的规范性、语言性维度的基础性作用估计不足。罗蒂在回应舒斯特曼的批评时,也曾提到承认生活大于理解和承认伽达默尔的"所有理解都是语言"并不矛盾,那些非推论的东西并不构成人类之于动物的独特之处,有意义的人类活动或愉悦,已经是语言的。[2]

舒斯特曼要反驳罗蒂,所需要做出的证明应当是存在一种非语言的经验,这种经验是在人类语言游戏之外,且直接作用于人类的理解的,因为一旦进入语言游戏中,就已经语言化了。说舞蹈、手势是非语言的,在罗蒂这里是不得要领的,因为这些只有在语言文化共同体之中才可被理解。因而非语言经验要么成了一个物自体式的概念,重新陷入语言与经验的二元对立,要么非语言经验仅指暂时未被语言表达的经验或未被语言充分表达的经验,但这实际上不是非语言的。

五、余论

舒斯特曼的身体美学作为一种实用主义美学类型,是从批评罗蒂的"文本主义"美学(语言实用主义美学)出发的,这是其自我身份和合法性的根基。但是经过本文的考察,我们看到舒斯特曼的批评并不成功,他试图通过罗蒂而超

① 见伽达默尔:《诠释学Ⅰ:真理与方法》,第623—624页。

② Matthew Feststein and Simon Thompson (eds.), *Richard Rorty: Critical Dialogues*, Blackwell Publishers Inc. 2001, pp. 155-157. 我认为,只有在人禽之辨的框架里,才能适当安置罗蒂所谓的语言本质主义,其背后是人道主义。

过罗蒂,走向一种"后罗蒂的实用主义美学"的努力,并没有成功。语言实用主义美学,并未被舒斯特曼超越,不仅在罗蒂的案例上如此,在古德曼的案例上同样如此。姬志闯从语言与身体之关系入手,比较了古德曼和舒斯特曼的美学,聚焦点同样落在了舒斯特曼所推崇的"非语言性的身体经验"这一概念上,分析其内在困境,而得出舒斯特曼并未超越古德曼的结论。在此意义上,本文同意其结论,一种语言化的美学,"能为实用主义美学的未来面向和路径选择提供一个审慎而又可能的视域"①。基于此,我们不是将以罗蒂、古德曼为代表的语言实用主义美学作为一个已经死去的美学-哲学传统进行研究,而是当作仍然具有生命力的美学-哲学与之展开对话。与之相应的结论是,经验实用主义美学也许是一条可行的方案,但是舒斯特曼并未为其提供可靠根基。

77

Experience and Language: A Study of Pragmatic Aesthetics Centered on Rorty and Schusterman

Huang Jiaguang

Abstract: The logical starting point of Shusterman's bodily pragmatism is the criticism of Rorty's linguistic pragmatism, and the essence is the dispute between experience and language. Shusterman believes that there are non-linguistic experiences and thinks that this idea goes beyond Rorty's. Shusterman's criticism is based on the misunderstanding of rorty. Firstly, he missed the original meaning of *Auslegen* in translation. Secondly, Schusterman, from his own narrow concept of propositional language, misunderstood Rorty's general paradigm language view. Schusterman did not complete the transcendence of rorty, the pragmatic aesthetics of language is still alive tradition.
Keywords: language, experience, Rorty, Shusterman, pragmatic aesthetics

---

① 姬志闯:《经验、语言与身体:美学的实用主义变奏及其当代面向》,《哲学研究》,2017 年第 6 期,第 119 页。

金岳霖对休谟问题的回应的再思考
——与陈波和崔治忠商榷

安　谧[*]

[摘　要]　近年,学界对金岳霖在休谟问题上的诘难主要涉及以下几方面:"大概"在金岳霖相关论证里的地位、运用反证法出现循环论证、归纳推理的前提不稳固、归纳原则永真不成立,以及金岳霖取消而非回应休谟问题。分析金岳霖对归纳原则和休谟问题的相关论述,上述诘难基本可得澄清。"大概"对金岳霖所谈归纳问题和休谟问题都不重要。金岳霖没有使用反证法,无需面对证伪主义根本方法中无法克服的循环论证问题。他把归纳原则和自然齐一原则视为归纳推理的前提,因果律却不是。金岳霖讨论时间一则为了突出有、无反例的推理过程各自独立,二则为了排除任指词模糊性带来的麻烦。他认为休谟问题是秩序而不是归纳问题,其哲学体系致力于回应此种意义上的休谟问题。

[关键词]　金岳霖;休谟问题;归纳原则;自然齐一;接受

* 安谧(1985—　),辽宁鞍山人,华东师范大学哲学系博士研究生,研究方向为中西哲学比较、中国近现代哲学。

总则;秩序;永真;大概

　　休谟问题是重要哲学问题,学界对休谟问题的概括经历了一个过程:由于休谟本人只讨论因果,并没有把因果与归纳直接相联系①,所以康德把回应因果问题等同于回应休谟问题。分析哲学家、科学哲学家根据自己对因果与归纳间的关系的理解,把休谟问题概括为归纳问题,他们认为回应了归纳问题就回应了因果问题。在新康德主义那里,休谟问题被理解为事实与价值的关系问题而得到重视。同时,元语言哲学视角下"是"与"应该"的区别和联系也被冠以休谟问题之名。② 一如金岳霖自述所言,是休谟问题引导他进行深入的哲学思考,但对什么是休谟问题,金岳霖有不同于他人的看法。

　　针对"金岳霖是否成功地回应了休谟问题?",学界时有讨论。先以褒扬为主,新世纪伊始,逻辑学界发出反省质疑的声音,到 2015 年前后还有非逻辑学专业的青年学者加入质疑批判的行列。本文作者选择陈波和崔治忠这两位有代表性的人物的批评来加以分析,提出反驳意见。应该说他们的论证中包含很多合理的成分,特别是陈波对那些涉及逻辑方面的技术性问题的论述。但是,正因为本文作者的专业背景和所思的着眼点不限于逻辑学,才在此问题上得出与他们十分不同的结论。本文作者与崔治忠在两个至关重要的方面有共识,即本文作者同样认为秩序问题才是金岳霖概括的休谟问题,且同样发现在金岳霖那里归纳原则和自然齐一原则均是归纳推理的前提。但是,金岳霖在形式化地表述归纳推理的过程中究竟在强调什么? 金岳霖说"归纳原则底永真"时究竟指什么? 归纳原则是否可以与归纳推理过程不加区分地捆绑着受到质疑或得到辩护? 在这些重要问题上,本文作者与崔治忠有严重分歧。特别遗憾的是,他没有以自己已正确意识到的金岳霖之休谟问题为标准,去评价金岳霖相应的回应方案,仍旧严重地受到演绎逻辑规范思路的禁锢。为方便读者把握讨论的来龙去脉,笔者将先简单勾勒两位商榷对象对金岳霖讨论相关问题之内容的重

① 休谟在《人性论》中论知识和概然推断,该章第 2—6 节比较集中地提出了对因果的怀疑,并给出自己对因果的解释,然而在这些论述中都未提及归纳。参见休谟:《人性论》,关文运译,北京:商务印书馆,2014年,第 95—108 页。

② 王刚:《休谟问题研究述评》,《自然辩证法研究》,2008 年第 3 期;张守夫:《"休谟问题"的原貌及其实质》,《学术交流》,2008 年第 9 期。

构,以及他们提出的质疑和论证。尔后,本文作者将澄清金岳霖有关归纳问题和休谟问题的论证,加以分析整合,提出有针对性的反驳和论述。

一、近年来学界比较典型的两种批评

陈波在休谟问题是归纳问题的预设下展开讨论。他认为金岳霖用两个分论点支持对归纳推理的论证。其一,因果关系的可靠性被当作金岳霖为归纳辩护的基础。然而他认为金岳霖没有给出关于因果关系的可靠性的有力证明,"理有固然"在金岳霖那里仅仅是一种断言。[1] 其二,归纳原则的永真被看作归纳推理的另一个支撑点。此处归纳原则的永真又被理解为"以往和将来不可能否证归纳"。然而,他指控金岳霖对归纳原则永真的论证犯了严重的逻辑错误:首先,金岳霖改变了休谟对归纳推理的质疑的对象。"休谟所质疑的归纳推理是从一些个别性例证得出一个全称概括命题,而金岳霖所谓的'归纳原则'是从一些个别性例证得出一个语气不确定的概括命题'(大概)所有 A 都是 B'"[2],因此金岳霖的论证被认为根本不是针对休谟问题的。其次,金岳霖给论证附加"大概"的做法并不能使结论的必然性得到支持。"归纳结论是涉及潜无穷对象的全称陈述,而为观察证实的归纳例证不论数量多么大,总是有限的,当以无限做底数去除不管多大的数量时,所得到的商即概率总是零。"[3]再次,金岳霖的论证过程被视为运用了反证法:"当否定归纳原则的结论时,也必然否证该原则的前提,因此前件真、后件假的情况不会出现,那么归纳原则恒成立。这就是他所谓的否证归纳原则结论的反例并不是该原则本身的反例,而是它的正例。"[4]陈波指出这个论证是无效的,其原因是上述论证过程运用了"否定后件式"的反证法,它的前提是作为充分条件假言命题的归纳原则必须成立,然而此证明过程的目标恰恰正是归纳原则永真,因此这是典型的循环论证。最后,金岳霖被陈波指控在论证过程中偷换时间:"若在$_{m+i}$时发现归纳原则后件的反例,就把

① 陈波:《休谟问题和金岳霖的回答——兼论归纳的实践必然性和归纳逻辑的重建》,《中国社会科学》,2001年第5期。
② 同上。
③ 同上。
④ 同上。

在 t_n 时做出的归纳概括说成是在 $t_{n+i}(i \geqslant 1)$ 时做出的,于是该反例就不成为归纳原则本身的反例。"[1]这种时间点的变化也被认为是不合法的。

崔治忠先从理论合理性方面指出金岳霖论证的内在问题,并针对金岳霖关于归纳原则永真的论证之有效性提出质疑。[2] 他所谓的内在问题一方面指金岳霖区分"如果——则(大概)"和"如果大概——则"的用意不明确;另一方面指金岳霖把归纳原则的应用视为演绎推理,在其前件中"特殊事例证实与证伪归纳结论时的效力不一样"[3],即相似事例出现仅证明结论为真的可能性高,而仅出现一个反例便可以直接否定结论。反例少,正例多,所以归纳推理总会大概率地得到真结论。然而金岳霖忽略对"大概"的讨论,因此与归纳推理的概率论失之交臂。就论证的有效性而言,崔治忠提出金岳霖对归纳原则永真性的证明是失败的。分论点一共有五个:第一,归纳原则根本没有所谓的真假也就不会有永真一说。归纳推理活动是从特殊到一般的抽象活动,活动本身不是命题,无所谓真假。第二,金岳霖以归纳所得结论的真值情况说明归纳原则永真,但归纳结论的得出已蕴涵了归纳原则的永真,这是循环论证。第三,"特殊事例证实与证伪归纳结论时的效力不一样"。崔治忠第二次运用此观点是为了提出可追溯到波普尔的一个结论:出现否定结论时的归纳原则没有"大概"的问题,一个反例足以帮助我们必然地得到不同于原结论的一个确定性更高的结论。这是反证法的魅力所在。然而反证也有自身不能克服的困难,即"证伪主义所使用的根本方法'假设——演绎'本身就是归纳推理的产物,因为它不可能由其他任何前提演绎地推导出来"[4]。第四,在金岳霖的话语系统中,时间不会打住和归纳原则能够继续使用是同语反复,时间不打住不构成对归纳原则的证明。"在假设时间打住的情形下,金岳霖对归纳原则为假的论证是多余的。这是因

① 陈波:《休谟问题和金岳霖的回答——兼论归纳的实践必然性和归纳逻辑的重建》,《中国社会科学》,2001年第5期。

② 崔治忠:《金岳霖是否解决了休谟问题》,《西安建筑科技大学学报(社会科学版)》,2015年第5期。

③ 同上。

④ 崔治忠:《金岳霖知识论比较研究》,北京:知识产权出版社,2015年,第254页。崔治忠所著《金岳霖是否解决了休谟问题》一文的内容基本与其所著《金岳霖知识论比较研究》之第五章"归纳原则"相同。本文作者与崔治忠商榷时多参考《金岳霖是否解决了休谟问题》一文,此处换一文献征引主要因为这是他为数不多的表述上有差异之处,而且所引《金岳霖知识论比较研究》一书中的表述对他给出的观点的支撑更有力一些。

为按照他对归纳原则的理解就排除了时间打住这一可能。"[1]第五，金岳霖通过肯定有秩序和有知识排除了而不是解决了休谟问题。

二、澄清金岳霖对归纳问题和休谟问题的相关论述

（一）归纳问题和休谟问题是两个问题

金岳霖延用了罗素对归纳原则的表述：（甲）甲种事物和乙种事物相联的事例越多，则甲和乙永远相联的或然性就越大。（乙）在同样的情况下，甲和乙相联的事例次数足够多到几乎使人确信它们永远相联，这个普遍规律无限地接近必然。[2]金岳霖把归纳原则形式化地表示为：如果 a_1—b_1、a_2—b_2、a_3—b_3……a_n—b_n，则（大概）A——B。然而，罗素所注重之处却不尽然是金岳霖所注重之处。罗素注重归纳原则中"大概"的成分，因此给概率的介入留下空间，最终导向与概然相关的归纳原则有效性辩护策略。[3]金岳霖则明确表示他讨论归纳原则注重的是归纳原则之为接受总则，"大概"问题并不那么重要，甚至可以撇开。[4] 在上述形式化的表示中，金岳霖想要强调的是我们已经用 A、B 这样的意念去接受了所与，因此特殊事例在我们眼中才是 a_1、a_2、a_3 等或 b_1、b_2、b_3 等。就用意念接受所与而言，涉及的是外物的性质，就其间有"——"而言，涉及的是外物的关系。这突出了归纳原则在推理中的接受功能。

"休谟问题，是将来会不会推翻已往底问题，是我们有没有把握保障将来不会推翻已往底问题。这问题引用到归纳原则情形同样。"[5]这段话说明在金岳霖看来，休谟问题和归纳问题是两个问题。休谟问题被金岳霖概括为秩序问题，其中所涉及的秩序究竟指什么样的秩序呢？金岳霖大致把通常我们能够接

① 崔治忠：《金岳霖知识论比较研究》，第 236 页。

② 罗素：《哲学问题》，何兆武译，北京：商务印书馆，2015 年，第 53 页。

③ 这种倾向很明显地体现在罗素后期著作《人类的知识——其范围与限度》中。

④ 金岳霖多次强调"大概"与他所讨论的归纳原则的侧重点毫不相关。参见金岳霖：《知识论》，《金岳霖全集》（第三卷），北京：人民出版社，2013 年，第 462、467 页。笔者重视他的这个强调，质言之，金岳霖讨论归纳原则时的侧重点不是所谓必然的得出，即不是逻辑的、先天的方面。这是金岳霖区别于罗素、卡尔纳普、波普尔等人的特点，明确他的侧重点对理解他对休谟问题的回应，乃至理解他的哲学体系之建构都是非常关键的。

⑤ 金岳霖：《知识论》，第 483 页。

受到的秩序分为三类：第一类是历史上特殊事例相续发生的秩序，这种秩序不过是以编年体形式呈现的历史总结，它不是知识论有兴趣的秩序。第二类是金岳霖承认其固然性的自然律所代表的秩序，它是一般意义上的客观世界本来所固有的秩序。这是休谟哲学中因缺少抽象工具而不可能有的秩序。第三类是我们以为是秩序的秩序，这秩序通常得自于从个别到一般的推论，它是休谟问题所涉及的秩序。这三种秩序中的前两种秩序都没有所谓"以后"被"推翻"与否的问题在。历史总结被金岳霖看作一种描述某时段、某地域内所具有的共同情形的普通命题，以 t_n 为总结的结点，t_{n+1} 的任何情况都不影响它的真假。它不包含推论的成分，不存在以后能否被推翻的问题。金岳霖对自然律的定义里包含了它是客观世界本来所固有的意思，"固有"无所谓可推翻或不可推翻。[①] 休谟既然提出了关于秩序会不会被推翻的问题，当然针对的是我们以为是秩序的秩序。

虽然休谟问题和归纳问题是两个问题，但金岳霖分析说，它们出现问题的关键原因是相同的：模糊地或错误地引用归纳原则，且混同了引用归纳原则所得结论的真值和引用归纳原则的推理前件和后件之间的真值蕴涵关系。

（二）归纳总则被正确引用可保障归纳推理得到真结论

引用归纳原则以为推论可得到"如果——则"式的普遍命题。金岳霖曾特意分析了可以用"如果——则"表示的不同种类的命题，并区别了它们与时间的关系。"如果——则"可以表示纯粹的逻辑命题，这样它就与时间不发生任何关系。逻辑推论中的前件后件中的"前后"不是时间上的"先后"。当"如果——则"表示引用归纳原则的归纳推理时，既整体地涉及逻辑上的先后，更在前件所举的具体事例中涉及时间上的"先后"。而归纳问题的关键点之一恰恰在于，应该把与时间相关的经验领域和与时间不相关的逻辑领域分层次分析，而不是混同在一起加以谈论。

为了明确时间在推论前件中的作用和排除时间对归纳结论真值的影响，金岳霖对表示引用归纳原则的归纳推理的"如果——则"进行了改写。[②] 而为了澄清金岳霖改写的意图，笔者对他的改写又补充了部分必要的解释，表示如下：

---

① 金岳霖：《知识论》，第 477 页。

② 金岳霖：《知识论》，第 484 页。

第一前提　引用归纳原则：即用 A、B 接受所与，用 T 接受具体时间。

第二前提　具体事例：　　$a_1 t_1$——$b_1 t_1$、$a_2 t_2$——$b_2 t_2$、$a_3 t_3$——$b_3 t_3$……$a_n t_n$——$b_n t_n$

　　　　　　　　　　　（再次引用归纳原则）

结论　　　普遍命题：　　A——B

在这个表示中，结论 A——B 是恒真的普遍命题吗？金岳霖当然知道此结论不恒真。结论不恒真意味着引用归纳原则可能得到假命题。当结论是一个假命题的时候，是不是意味着归纳原则是错误的呢？金岳霖认为不是。他给出的理由是归纳原则总被引用，但是引用归纳原则者可能错误地引用此原则。这种错误既可能源自在前提一中错误地用 A、B 接受性质所与，也可能源自于在前提二中错误地用"——"接受关系所与。金岳霖特意区分前提一和前提二，并详细地分析时间究竟影响什么不影响什么，其目的一方面在于凸显归纳原则始终被引用，在质疑归纳原则甚至于在休谟的提问中也已包含了对归纳原则的引用；另一方面在于揭示结论有真假、前件可能改变，而归纳原则本身无所谓改变，只有引用正确与否的问题。尽管罗素以句子的形式陈述了归纳原则，金岳霖也采用了他的陈述，但不是所有的陈述句都在严格地运用概念下判断，不是所有的陈述句都是严格意义上的命题。对命题我们有硬性的真假方面的要求，而且以真假作为最重要的评价标准。不难发现，在金岳霖眼中相较于严格的命题，归纳原则更类似待赋值的公式。对于公式，人们更注重它的工具性。对工具进行评价，当然涉及运用工具所得结论的真假，也涉及上述强调的真用或假用、正确地引用或错误地引用等意义上的真假。所以当金岳霖说"归纳原则恒真"的时候，他的意思首先是说归纳原则真的被引用、一直被引用，甚至质疑它的时候都不得不引用它，而怀疑论式的质疑恰恰反过来加强了对"归纳原则作为接受总则总是要被引用这件事是真的"这个观点的辩护。

对归纳原则的质疑很可能一方面源自于模糊地引用归纳原则，如在时间上模糊地以任指词"过去"、"现在"和"将来"来发问。过去、现在和将来，都是任指词，很模糊，正确引用归纳原则排斥这种模糊。对时间引用归纳原则，就是用 T 接受某一特殊时间，表示为 t_{-n}……t_{-2}、t_{-1}、t_0、t_1、t_2、t_3、t_4……t_n。过去、现在和将来是相对而言的。如果 t_1 为"引用归纳原则者底现在"，t_0、t_{-1}、t_{-2}……t_{-n} 为过去，t_2、t_3、t_4……t_n 为将来；如果 t_2 为"引用归纳原则者底现在"，则 t_1、t_0、t_{-1}……t_{-n} 为过去，t_3、t_4……t_n 为将来。但具体推论是有时间节点的，n 会得到赋值。

对归纳原则提出质疑另一方面可能源于错误地引用归纳原则。金岳霖认为除却存在于前提一和前提二中的错误,还有第三种错误,即当归纳原则在两个前提中都被正确引用时,依然否定必然地得到作为结论的真命题。这种必然得出涉及的是演绎逻辑,所以金岳霖以逻辑形式详论之。

命题 A——B 的具体形式为 $(1)(a, b)\phi(a, b)$,A——B 是抽象的普遍命题,不考虑时空问题,但(1)可以等值于 $(2)\phi(at_1, bt_1) \cdot (at_2, bt_2) \cdots \phi(at_n, bt_n) \cdots \phi(at_{n+\infty}, bt_{n+\infty})$。归纳原则的前件是在任一具体时刻 t_n 对事例的综合,所以它只是 $(3)\phi(at_1, bt_1) \cdot (at_2, bt_2) \cdots \phi(at_n, bt_n)$。当无反例出现时:$(3)\phi(at_1, bt_1) \cdot (at_2, bt_2) \cdots \phi(at_n, bt_n)$ 蕴涵 $(1)(a, b)\phi(a, b)$,即如果(3)为真,总是可以断定(1)为真。当有反例出现时:$(4)\phi(at_1, bt_1) \cdot (at_2, bt_2) \cdots \phi(at_n, bt_n) \cdot \sim\phi(at_{n+1}, bt_{n+1})$ 蕴涵 $(5)\sim(a, b)\phi(a, b)$,即如果(4)为真,则(5)为真也总是可以断定的。[①] 以上两种情况均说明归纳原则之成立不受反例的影响。以反例质疑归纳原则者,其问题在于错误地引用归纳原则接受性质或关系所与,削足适履。同时(2)和(3)显然不等值,(2)所体现的是完全枚举,而金岳霖从来不把完全枚举看作归纳,完全枚举的结论在金岳霖那里仅算历史总结。历史总结描述某时段、某地域内所具有的共同情形,它只描述而并不包含推论的成分,因此它就不是推论所得的结论。如果一个历史总结是 t_n 时做出的,t_{n+1} 时的任何情况都不影响它的真假。(3)和(4)所表示的非完全枚举才是归纳原则的前件,不完全枚举才有推论一说,才有后件(1)或(5)那样作为结论的普遍命题。而作为前件的(3)和(4)和作为后件的(1)和(5)之间既然是真值蕴涵关系,毫无疑问地是必然的关系。而且需要明白的是"如果(3)为真,总是可以断定(1)为真"与"如果(4)为真,总是可以断定(5)为真"是以不同的时间为节点进行推论的两个具体而独立的推理过程。就其中任何一个归纳推理而言,它总是从特殊的事例推论得到一个普遍的结论。"普遍的"意味着超出特殊时空的,因此一旦得到结论,之后特殊的时间和地点的情形不影响该

---

① 金岳霖在《归纳原则和先验性》中,在《归纳总则与将来》兼《知识论》第八章"归纳总则"中都讨论了这样的问题。只是后者比较繁琐。此处笔者采纳了《归纳原则和先验性》中比较简单明了的论证方式,并认为它可以担当把此处所论问题讲述清楚的责任。见金岳霖:《归纳原则与先验性》,《金岳霖全集》(第六卷),北京:人民出版社,2013 年,第 368 页。

普遍命题的真假。

（三）归纳原则和自然齐一原则统一于所与

罗素在谈归纳原则时没有特别关注那个被休谟质疑而在穆勒看来却必须作为前提被无条件接受的自然齐一原则。罗素和穆勒各自秉持一个单一原则，很容易遇到所谓独木难支的困境。金岳霖则兼顾归纳原则和自然齐一原则，并因两者在论证上可以共享类似的证成理由，而把它们放在相互支撑的关系中，这种做法无形中加强了对两者的论证。

在兼顾两者的前提下，金岳霖再次排除了"大概"问题。他认为"大概"注重的是特殊例证的代表性。当罗素说大概程度低时，意味着例证不十分代表普遍的情形；当罗素说大概程度高时，意味着例证十分代表普遍的情形。如果我们彻底否定自然齐一原则，则特殊例证几乎毫无代表性，这种情况下是否有代表性这个问题根本不成其为问题，那也就没有讨论概然性本身以及它能否趋近必然性的必要了。可是究竟什么是自然齐一呢？显然，自然齐一不是说世界是不变的，穆勒也不是在这个意义上提出自然齐一原则的。人尽皆知，世界老是在变化。金岳霖认为自然齐一仅仅指自然有一定的秩序，且归纳原则作为接受总则保证着"我们以为是秩序的秩序"。

"我们以为是秩序的秩序"究竟指什么呢？金岳霖说这是"化所与为事实这一可能底最低限度底秩序"，金岳霖假设"所谓自然齐一底问题就是所与底秩序问题"[1]。他认为所与本来就有秩序，更简单一点的表述是"能觉的秩序"或"事实的秩序"[2]。什么是能觉的秩序或事实的秩序呢？

一方面，所与有能觉的秩序，这是就知识者而言的。当金岳霖说"所与的秩序是能觉底秩序"[3]的时候，其实是指我们总有办法用意念去接受所与，得到意念与运用意念去接受所与都说明引用了归纳原则。无论我们的意念是精且多还是粗且少，归纳原则作为接受总则使得我们总有办法给所与以意念上的安排。意念精且多接受所与当然不在话下，即便粗且少也会因新经验而增加意念、增强应付的能力。归根结底，归纳原则作为接受总则决定了我们在接受上

---

[1] 金岳霖：《知识论》，第 512 页。

[2] 金岳霖：《知识论》，第 510 页。

[3] 金岳霖：《知识论》，第 512 页。

的秩序。在这个意义上,归纳原则和休谟的秩序问题与自然齐一原则的"在我者"方面是重合的。

另一方面,如果了解金岳霖所用的"所与"这个概念的含义就会清楚,所与也有硬性的秩序。这恰恰是休谟哲学体系自身的缺陷导致他不能获得的秩序。所与是正常官能者在正觉中对外物或外物的一部分的客观呈现。世界上的个体被金岳霖分为官能类和非官能类,有官能的个体又被分为不同官能类。所谓正常的官能者是指具有"所属类底类型的官能者"①。正觉指"正常的官能者在官能活动中正常地官能到外物或外物的一部分"②,正常的标准是相对于所属类的类型而言的。而正觉的呈现被金岳霖称为所与。③ 作为正觉的呈现,所与是对象和内容的统一。作为对象它是外物或外物的一部分,作为内容它是官能个体的呈现。就所与是每个官能个体的呈现来说,它当然是特殊的。但金岳霖同时说所与又是客观的呈现。特殊与客观是否矛盾呢? 这取决于如何定义客观。如果客观指普遍的,那么说所与既特殊又客观当然矛盾。可是,在金岳霖的话语体系中,客观的是指类型性的,它是类观不是个体观,用以区别于个体观(千差万别的主观)。客观的还是一官觉类正觉中一致的呈现。一致与完全一样有差别。前文提到过,就所与是每个官能个体的呈现,它当然是特殊的,这说明所与对外物的呈现可能有差异。对正常的官能活动而言,造成差异的原因往往是官觉者受外在条件的影响。尽管对外物的呈现可能不同,但却可以一致。这一致指的是同类官能者在同样的情形下对外物或外物的一部分的呈现相同。

三、从四个方面概括"失败论"并依次反驳之

综合起来看,本文作者与断言"金岳霖在休谟问题上的回应是失败的"那些论者的争论焦点主要在以下几个方面:就所谓"大概"问题而言,它在金岳霖关于归纳推理和推理原则的论证里究竟重要不重要? 就反证法而言,时间偷换一说是否成立? 能不能认为金岳霖使用了证伪主义那种反证,从而出现循环论证的问题? 就归纳推理和推理原则而言,归纳推理的前提是什么? 前提是否稳

---

① 金岳霖:《知识论》,第 144 页。

② 金岳霖:《知识论》,第 141 页。

③ 金岳霖:《知识论》,第 147 页。

固？前提和归纳推理之间的关系如何？何为归纳原则永真？就休谟问题而言，金岳霖有没有取消问题或对该问题避而不答？

（一）"大概"问题不重要

在《知识论》中，金岳霖把讨论归纳推理和归纳原则的那个章节命名为"接受总则"，内容相同的一篇文章被命名为《归纳总则与将来》，这显示他的侧重点在于说明归纳原则作为接受总则不可避免地被引用于知识经验的形成过程中。金岳霖再三强调，"大概"对自己所讨论的问题并不重要，可以束之高阁。正如本文商榷对象所分析的那样，"大概"问题与由特定推理过程能否得到接近必然性的结论相关，这的确是后期罗素[①]、卡尔纳普和波普尔等人一致的关怀，但不能强求金岳霖有同样的关怀。部分学者忽视了金岳霖本人对"大概"问题的排除，而以"概率再大也不能等同于必然性"等概率论方面的问题去攻击金岳霖，实在是无的放矢。还有部分学者为金岳霖与概率论失之交臂而扼腕，然而针对金岳霖所要说明的问题，笔者实在看不出有何遗憾。概率小不代表我们能够不引用或少引用归纳原则，概率大也不代表我们就因此选择多引用归纳原则。引用归纳原则与否不是我们理性判断或经过仔细权衡做出的选择。对求知者而言，经验中实在充满着对归纳原则的引用，这不仅仅是证明与证否的问题，实在是经验中证实着的现象。当然，这样说的时候，不意味着本文作者完全否定在理论上探讨归纳原则的可能性。然而，无论如何笔者反对仅依靠理论上或者说逻辑上的证明去讨论归纳原则。而且，即便要对归纳原则展开理论讨论，也不必非与"大概"问题相联系。

（二）无需面对证伪主义根本方法中的循环论证问题

对于金岳霖在论证归纳推理时运用了反证法一说，本文作者持不同意见。在金岳霖的论述过程中有对"下一刻出现反例"这种情况的考量，当金岳霖给出没有反例出现和有反例出现这两种情况时，他把这两种情况看作是两个独立的推理过程。但是，后来的评论者基本把这两种情况放在同一个推理程序中看待。金岳霖的做法是想在对照中揭示无论在哪个推理过程中，归纳原则均仍然被引用。且如果我们正确引用归纳原则，所得推理结论必然不假。之所以有部

---

① 参见罗素所著《人类的知识——其范围与限度》中第五部分对概率性的讨论。罗素：《人类的知识——其范围与限度》，《罗素文集》（第九卷），张金言译，北京：商务印书馆，2012年，第411页。

分学者会认为金岳霖这里运用了反证法,是因为他们把金岳霖的反例出现并不影响归纳原则的思路,等同于否定了归纳原则的后件也必然否证该原则的前件,而前件真则后件不可能假。他们的错误一方面源自于未把没有反例的推理和有反例的推理作为两个独立的推理过程看待。另一方面在于,他们没有重视金岳霖在作为推理结论的命题的真值与所谓归纳原则的真值这两者间所做的明确区分。归纳推理的前件不是归纳原则而是具体事例,后件也不是用来证明归纳原则的真假的。推理结论如何,不影响推理过程对归纳原则的引用。金岳霖并没有要用部分归纳推理可能必然地得到真结论去证明表述归纳原则的命题是真命题,而只是说正确引用了归纳原则的归纳推理的前件和后件间有蕴涵关系。而且,就归纳原则而言,与其说它是由"如果——则"表示的命题,还不如说它是待填入变元(具体事例)的类似函数的公式。由于内容的残缺,它算不上严格意义上的命题,用命题的真假值去谈论它,说它永真与否都是不合理的。①当金岳霖说"归纳原则恒真"的时候,他的意思首先是说归纳原则真的被引用、一直被引用;其次是说正确引用归纳原则的归纳推论,其前件和后件间有真值蕴涵关系,保证在推理时能够由正确的前件(系列具体事例)推论得到作为后件(带有普遍性的命题)的真结论。当我们把没有反例出现和有反例出现两个推理过程看作是相互独立的推理时,就不存在后者是前者的反例的问题,也就算不上在论证过程中使用了反证法。波普尔所遭遇的为证伪主义根本方法辩护必然会陷入循环论证的困难也就不是金岳霖所要克服的困难了。

(三)归纳原则和自然齐一是归纳推理的前提

不同于部分学者的概括,金岳霖并没有把固然的理或因果律作为归纳推理的前提,相反,金岳霖更愿意把它们视为通过归纳推理达到的认知成果。金岳霖明确承认的归纳推理的前提是归纳原则和自然齐一原则。归纳原则总被运用于归纳推理,这是可以经验证实的。而正确引用归纳原则的演绎推理形式的前件和后件间有真值蕴涵关系,在理论上可证明归纳原则作为接受总则是有效的。自然齐一原则不表示世界是不变的,仅表示世界有秩序,且并非仅有单一秩序。金岳霖列举了至少三种秩序,历史总结中的秩序、世界本来所固有的秩

---

① 对这个问题崔治忠也有相似的看法,只是他没有同情地理解,当金岳霖在说"归纳原则恒真"时其实是什么意思。

序、能觉的秩序或事实的秩序。"所谓自然齐一底问题就是所与底秩序问题。"[1]他认为所与本来就有秩序。一方面，所与有能觉的秩序，这其实是指我们总有办法用意念去接受所与，得到意念与运用意念去接受所与都说明引用了归纳原则。另一方面，了解金岳霖所用的"所与"这个概念的含义的人都该清楚，所与也有硬性的秩序，它源自特殊的外物或外物的一部分的性质和关系。假设有人说这是预设了外物或外物的一部分有某些客观的性质和关系，并且等于间接预设了因果律的客观存在性；而因果律作为自然齐一的一部分，如果它是预设的、未经证明的，就削弱了自然齐一原则，是不是意味着归纳推理的根基就不稳了？笔者要问，对因果律的怀疑是怎么来的？休谟发现，事实上因果可能不现实而对因果律产生了怀疑，然而金岳霖区分了事实因果和理论因果。因果律是一条一条的，不是唯一的，不现实某一条因果律不代表不现实其它任何一条因果律。而且，当人们因反例的出现而质疑因果律，论断说因果律不存在时，才真是使用了证伪主义的方法，这种质疑反而需要面对为证伪主义的根本方法辩护必然会陷入循环论证的这一困难。[2]而且，在金岳霖那里，归纳原则和自然齐一原则彼此之间相互支撑，因而相较于依靠单一原则论证归纳推理那种独木难支的困境而言，双前提的论证根基更加稳定。

（四）未曾消解休谟问题

指责金岳霖偷换时间概念的说法，一部分问题也在于没有把无反例出现和有反例出现的两种情况看作两个独立的推理过程；与此密切相关的另一部分问题是没有注意到"过去"、"现在"和"将来"都是任指词。也就是说任何具体的归纳推理，都是以特定的时间节点为止的归纳，这个时间点是明确的、不具有可转移性的。以另一时间为节点的归纳是另一个归纳推理过程。以 t_n 为时间节点得出 A——B 是一个独立的推理，以 t_{n+1} 为时间节点得出 A—\—B 也是一个独立的推理，这不是在同一推理中偷换时间概念的问题。"过去"、"现在"和"将来"不仅都是任指词，而且还都是相对的。我们用 t_n 表示现在，用 t_{n+1} 表示将来，再用 t_{n-1} 表示过去，其中 n 仍然是变元，一旦我们开始具体的推理了，n 就得到具体的赋值，相关于一个推理的过去、现在和将来就都确定下来了。对具体

---

① 金岳霖：《知识论》，第 512 页。

② 崔治忠：《金岳霖知识论比较研究》，第 254 页。

推理使用模糊意义上的将来向以往发难所导致的问题根本不是真问题。如果这被理解为金岳霖在消解休谟问题，也是不对的。因为在金岳霖眼中，休谟问题不是归纳问题而是秩序问题，即世界有无秩序和我们能否认知秩序。金岳霖建构了一个完整的哲学体系来回应以秩序问题为内核的休谟问题。

结论

历史上对休谟问题的诠释至少包含因果问题、归纳问题、事实与价值的关系问题以及"是"与"应该"的关系问题这相互关联的四个方面。对休谟问题的发散性诠释揭示了休谟问题不是单一的逻辑学、认识论、本体论、道德哲学或伦理学的问题，回应这个问题很可能会导向某套哲学体系的建构。是以不能凭"归纳不可能得到成功的演绎主义辩护"[①]，断言金岳霖对休谟问题的回应彻底失败。不可否认，在金岳霖的体系建构和论证中的确有先验的成分在，可是存在不预设任何前提的推理和理论建构吗？包括怀疑主义在内，任何提问和推理恐怕都有作为出发方式的预设。完全脱离经验当然不可取，完全没有先验预设恐怕也不可能。然而，经验和先验不是二选一的关系，没有必要苛责对先验论证方式的使用。

Rethinking Jin Yuelin's
Response to Hume's Question

An Mi

Abstract：The academic community's martyrdom on the issue of Hume's question mainly involves the following aspects："Probably" in the status of Jin Yuelin's relevant argument；Using of counter-evidence to appear circular argument；Insufficient preconditions for inductive reasoning；Inductive principle is never established and Jin Yuelin canceled instead of responding to the Hume issue. Analysis of Jin Yuelin's

---

① 陈波：《逻辑哲学研究》，北京：人民出版社，2013 年，第 295 页。

remarks on the principle of induction and Hume's question, the above questions can basically be clarified. "Probably" is not important for Jin Yuelin to talk about induction and rest issues. Jin Yuelin did not use counter-evidence law and did not have to face the problem of circular argumentation that could not be overcome in the fundamental methods of Falsificationism. He considers the principle of induction and the principle of harmony as the precondition for inductive reasoning not Causality. Jin Yuelin's discussion on time, in one hand, is to highlight the independence of no counterexample inference process and counterexample inference process; on the one hand in order to rule out the thinking confusion of total noun. What he called the Hume issue is order rather than induction, he's philosophical system is dedicated to responding to the Hume issue.

Keywords: JinYuelin, Hume's question, the principle of induction, naturally consistent, general principle of accepting, order, necessarily true, probably

规范性问题和中西哲学

从性情、道器到体用
——中国现代化的一项"未竟事业"

何松旭*

[摘　要]　金岳霖通过重新诠释"性情"和"体用",主张"性得于天",而"天""实现于个体与个体之间"。这一论断为中国的现代化下了一个"转语"。但他并未将这一洞见以逻辑和历史的方式展开。通过"道器"这一中介,"性情"最终过渡为"体用"。牟宗三的"良知坎陷说"和李泽厚的"西体中用论"是两种不同的"道器"关系。到了近代,"体用"关系落实到社会政治领域,才真正具有了现代意义。事实上,马克思曾为这一"落实"提供过一条批判性的现代之路。因此,本文最后讨论了李大钊所提供的中国化马克思主义方案。

[关键词]　性情;道器;体用;中国现代化

　　"性情"、"道器"和"体用"是中国古代思想中几对重要的哲学范畴。概念运用总不外乎解决一些共同的寻常问题。比

---

*　何松旭(1982—　),男,浙江奉化人,哲学博士,华东师范大学马克思主义学院讲师,主要研究领域为认识论、马克思主义哲学和中西比较哲学。

如牟宗三说："良知、道德的动机在本质上即要求知识作为传达的一种工具。例如见人重病哀号，有好心救之，然却束手无策，空有存心何用？要有办法，就得有知识。……要想贯彻其内在的目的，都得要求科学、肯定科学。"[①]就此事而言，见人重病而欲救之可谓之"情"，工具方法可谓之"器"，有救治知识可谓之"用"，而"性"、"道"、"体"则可分别依此而显——实情而尽性、循器而见道、由用而出体。此说固然不错，然而一般人或囿于旧说，或耽于新说，读之难免颟顸笼统。本文无意梳理出一条思想史脉络，仅以中国近代以来的谋求现代化问题为触发点，清理出上述几对范畴在一定诠释范围内的曲折之处。

金岳霖在《论道》中就"性情"、"体用"之说有过一段自己的诠释。他认为，从"性质"来划分的"性情"，依赖于从个体之间"关系"来划分的"体用"。然而如果要理解两者之间的"依赖"，在逻辑上尚需补充"道器"这一环节。"道器"关系是我们打开"现代性"这一潘多拉盒子遭遇的第一个问题：当"体用"落入到价值-工具层面上时，产生了两种非此即彼的"道器"关系——"道体器用"抑或"器体道用"？这两种关系成为我们理解中国现代化进程的两幅图像。童世骏曾提出，"只是到了近代，才有对'体用不二'的第三种理解"[②]，也就是说，只有落实到社会政治领域，"体用"才真正具有了现代意义。事实上，在黑格尔和马克思的传统中，已经为这一"落实"提供了丰富的理论和现实经验。李大钊作为中国马克思主义者的先驱，就其最初援引并接受马克思主义而言，亦可视为第三种理解的一个示例。但是"性情"、"道器"之说进入社会政治领域，究竟如何"十字打开"，成为第三种理解的"体用"？这些讨论构成了我们第三部分的主题。

一、性与情

金岳霖从"势无必至"的休谟问题引入性情、体用的讨论。他把共相存于个

---

① 牟宗三：《从儒家的当前使命说中国文化的现代意义》，载郑家栋编：《道德理想主义的重建——牟宗三新儒学论著辑要》，北京：中国广播电视出版社，1992年，第14—15页。

② 童世骏：《中西对话中的现代性问题》，上海：学林出版社，2010年，第198页。

体者称为"性"①,把殊相存于个体者称为"情"。"性"和"情"是个体的两种不同的现实,一者现实为普遍之共相,一者现实为特殊之殊相。比如,x 是桌子,那么"是桌子"、"桌子性"就是 x 的一个"性"。如果以"桌子性"来定义 x,那么此属性本身会关联到许多其他的概念或共相。金岳霖认为,共相底关联决定了某个共相的位置,也就是所谓的"性得于天"。就此时此地这张特殊的桌子 x 来说,x 之所以"是桌子",关键在于 x"历史上的生生灭灭底背景使它满足桌子底定义之所要求",如此这般是这张桌子的"情"。因此,这张特殊的桌子并"不完全地满足"桌子的定义,"不完全地美满地决定地是桌子"。总之,"是桌子"是 x 的共相,而"是此时此地的这张桌子"是 x 的殊相。对于两者之间的关系,金岳霖说:"x 是桌子……同时也表示 x 有桌子殊相。"

"同时也表示"并不是说,两者是一样的,因为殊相之情生生灭灭,并不能完全满足共相之性。这也就是为什么说"势无必至"。顺着这一点金岳霖才可以说,"情总是求尽性"。这张桌子虽然蹩脚,当然还是可以把它叫做桌子,但是那张被劈了打算当柴烧的,就不能叫做桌子。前者有桌子性,而后者没有。就每一张被称为桌子的具体的桌子来说,不管在程度上有多少的蹩脚,都在一定程度上表现了桌子性,而不可能表现出非桌子性。同理,人有人性也有动物性。有人性可以理解为人具备仁义礼智的德性,或者也可以理解为有理性,但并不意味着每个具体的人都已经完全实现了这个人性,虽然每个具体的人都在表现人性。有动物性意味着为生命的欲求需要得到满足,但并不意味着每个具体的人的口腹之欲都可以得到满足,虽然每次满足都在表现人的动物性。因此,没有共相之性,殊相之情就没有根据,没有殊相之情,就没法表现共相之性。正是在这个意义上,金岳霖认为:"无共不殊,无殊亦不共,无性不能明情,无情也不能表性。"②

这种"根据"和"表现"之间的关系就是金岳霖所诠释的"性情"关系。如果从这个层面上来讲"体用不二",两者的关系颇类似于《易传》中"寂然不动,感而遂通天下之故"的"寂感"关系。殊相之情虽然本身源于个体之经验,但却有着

---

① 金岳霖区分了宽义的性质(quality)和狭义的性质(nature)。前者也称为属性,后者更为根本,金岳霖称之为主性。比如纸的主性(nature)有"有性"、"颜色",但我前面的这张纸有"长方形"、"白色"等性质(quality)。见《金岳霖全集》(第 2 卷),北京:人民出版社,2013 年,第 102—103 页。

② 《金岳霖全集》(第 2 卷),第 241—245 页。

先验的理性根据,无一不在共相之性统摄之下——情无性者盲;共相之性虽然是抽象的,但却需要在殊相中表现出来——性无情则空。

与上述"性情"之间的内在关系不同,在中国传统思想讨论中,两者之间还有另一种外在关系。比如,"已发之情,未必中节",尚有待于工具意义上的外在道德规约。我们把这种关系归并到"价值"和"工具"的关系之中。不过在传统儒家看来,道德是"由仁义行,而非行仁义",也即并不在工具意义上来理解道德。因此,童世骏认为,"正因为'体''用'范畴的传统理解并不包含价值与工具的含义,所以,近代主张'中体西用'的思想家常把'体''用'关系等同于'道器'关系。"①金岳霖在论述体用关系的时候,并没有提到价值与工具的关系。他可能认为就"理有固然"而言,价值-工具层面上的"道器"关系不足与谈。但不管怎样,这种关系却是近代以来,特别是洋务派提出"中体西用"以来,最令人关注的一种体用关系。

二、道与器

在中国传统哲学中,不同的思想家对于"形而上者谓之道"和"形而下者谓之器"已经提出了多方面的诠释。② 但是,进入近代以来,当"体用"落入到价值-工具层面上时,产生了两种新的关系。第一种关系可称为"道体器用"。这种关系虽在宋代理学家的论辩中已初具雏形,但直到洋务派提出"中体西用"论才彻底明确起来,最后蜕变为牟宗三的"良知坎陷说"。这条路径以中学之体作为形而上之"道",以西学之用作为形而下之"器"。此路径之关键在于道之运作虽然自成一体,但仍需在工具意义上考虑如何安置"器",也就是"老内圣开出新外王",仍需考虑如何安置西方近代以来的科学、制度、民主、自由等启蒙遗产。第二种关系可称为"器体道用"。这种关系虽可溯源至阳明后学,但直到维新派的谭嗣同才做了集中的表述。按照童世骏的解读,李大钊等中国早期马克思主义者对中体西用论的批判亦导源于此。而较为清晰自觉的表述或可归于当代李

---

① 童世骏:《中西对话中的现代性问题》,第 195 页。

② 可见蒙培元:《理学范畴系统》,北京:人民出版社,1998 年,第 34—54 页。实际上,古代哲学家在运用范畴的时候,并没有事先做过很明确的限定,比如"道器"既可以诠释为根据和表现的关系,也可以诠释为价值和工具的关系。

泽厚的"西体中用"论。此路径之关键在于现实的"器"世界之运作力量自成机理,原本处于道体地位的价值被剥去了超越的形上趣味而被寓于现实世界之中,道德、文化等被视为人为"做出"的一种意识形态而从属于前者。

洋务派"中学为体、西学为用"的提出直接源于当时西方近代工业文明的冲击。这里的中学指传统文化中的孔孟之道,西学则指科学技术、学校、地理等器物制度。依金岳霖的诠释,"道"具有普遍性,不限于孔孟之道。个体的两种现实——"殊相底生灭、共相底关联"——莫不为道。但他并未处理"道"与"器"的关系,可能在他看来,形而下的"器物制度"最多只能作为一种现实工具。对此关系的处理最具创造力的莫过于牟宗三的"良知坎陷说"。这个说法已远非之前外在的"中体西用"论。良知是具有普遍意义的道德主体,而"坎陷"之后"开出"了知性主体和政治主体。因此,"良知坎陷说"与其说是一种"中体西用"论,不如说更像是一种中体"坎陷"为西体之论。此说之重要性毋庸置疑。罗义俊曾概括:"这个意蕴丰富的观念,在他老先生是几十年念兹在兹、殚精竭虑,步步推进,不断说明,而由最初的认识心的根源上溯中提出'自我坎陷'的概念、与由上而下开抉厘清良知与知识的关系……并以此处理了统摄科学和民主的外王问题。"[1]从最初的《认识心之批判》直至最后的《圆善论》等著作,牟宗三几乎在自己的每本论著中都不同程度提过这个说法。

按照牟宗三的判断,中国文化长于"道统",弱于"学统",独缺"政统"。作为学统的知性主体是西方科学知识之体,而作为政统的政治主体是西方国家法律之体。如果说当代新儒家的任务是"内圣之学开出民主与科学"[2],那么牟宗三对于这一任务的创见就在于"坎陷"。"坎陷"一词原出于《周易》坎卦《序卦传》中"坎者,陷也"一句,依照罗义俊的解读,"其象为水不停息地流满一个又一个陷坑而往前去",一方面"以险为用",而另一方面"德性……不失其位"。

对牟宗三的"坎陷"说,我们可以大致区分出消极、中性和积极三义。消极义在于,自道体而观之,道德良知"让开一步"而"下落"陷于主客体相对的认识心以及具有普遍精神的主体自由。道德良知本身是类似西方上帝神心的直觉圆智,既不是感性知觉,也不是知性概念心灵。但道德良知作为"道体",未尝不

① 罗义俊:《中国文化问题解困的划时代理论》,载江日新主编:《牟宗三哲学与唐君毅哲学论》,台北:文津出版社,1997年,第101页。

② 李明辉:《当代儒学的自我转化》,北京:中国社会科学出版社,2001年,第15—16页。

可以"转折一下"开出知性主体。消极义旨在说明"坎陷"具有可能性。中性义在于，自道器关系而观之，两者并非"直接开出"的关系，而是有一类似黑格尔绝对精神自我否定的"辩证的曲折"。这段"曲折"不仅在逻辑上是必然的，也是现实所要求的。所谓的"以险为用"正是对当前我们处于现代社会这一现实的体现，由此而引申出"坎陷"的第三义。

"坎陷"的积极义在于，自科学民主而观之，道德良知在现代社会中必然只有依赖于民主科学的保障才能得到客观的发展。牟宗三特别重视但也被众人广为质疑的就是"坎陷"的第三义——"学统"和"政统"的建立不仅是可能的，也是道德良知所必然要求的。回到本文开头的那个例子："见人重病哀号，有好心救之，然却束手无策，空有存心何用？要有办法，就得有知识。"我们认为，牟宗三的"良知"不是处于一定因果序列中的事件，而是时时呈现的一个"即存有即活动"的存在物。良知发用则是一个行动事件，而该行动之实现必然依赖"知识"这一工具，由此而构成性地成为了良知发用的一部分。

或许有人仍然可以很朴素地质疑"坎陷"究竟是良知的"即存有即活动"，还是良知的"发用"？良知如何发用？如果良知发用依赖于当下的现实状况，那么为了在经验世界中找到满足条件，就会陷入无穷后退之中。如果良知坎陷是必然的，又何须空悬一良知于行动事件之背后。维新派等人对洋务派"中体西用"的反驳也大抵如此。比如，谭嗣同虽然从体上认为，"天地间仁而已矣"，但此仁体已不限于传统儒家的孔孟之道。谭嗣同把仁体等同于西方科学的"以太、电、光"等"实物"。这番转化之后，原本"中体"和"西用"之间的难题被消解了，"知不知之辨，於其仁不仁"①。另一方面，传统儒家所宣扬的天理人欲善恶等观念，都是"非实之名"，也即仁体之用。仁体由于人为、习俗等缘故而"即用徵之"。他说："名，名也，非实也；用，亦名也，非实也。名于何起？用于何始？人名名，而人名用，则皆人之为也，犹名中之名也。"②因此，就具体的事件而言，不论是中学孔孟之道，还是西学洋务之科技，都不能被名束缚，而治世之道在于实事，有利于治世者皆应该用之。

如果在上述意义上把谭嗣同的思想理解为第二条路径的"器体道用"，那么

① 谭嗣同：《谭嗣同全集》(下册)，北京：中华书局，1981年，第297页。

② 同上，第301页。

李泽厚"西体中用"论的提出看起来更为明确地延续了这条路径。早在上世纪八十年代,李泽厚在《漫说西体中用》一文中就对这一问题做了详细论述,这一说法被"救亡压倒启蒙"、"乐感文化"、"情本体论"等各种主题所分享。李泽厚近年关于伦理和道德的讨论使得这一说法变得更为精妙,尤其值得我们关注。[①] 按照李泽厚的划分,"伦理是指外在的风俗、习惯、秩序、制度,而道德是个体的行为和心理。道德心理也要表现在行为中。"[②]道德心理有三种:情感、意志和观念,三者构成了具有普遍稳定性的心理结构——情理结构。这个结构中一端是爱、恨等情感,另一端是理性,包括意志和观念。观念是指对错、善恶,意志能力则具有一种激发行动的力量。外在的伦理制度培养道德上的内在情理结构——正面的情感、意志,以及对错、善恶观念。但另一方面,这一情理结构在道德领域的实现依赖于"情感作为助力,理性作为动力"。就后者的实现或"发用"而言,我们把李泽厚的讨论分为两个层面。

第一个层面,道德的特征在于理性主宰情感。在这个层面,李泽厚认为自己是"康德派、理性派"。"真正的道德特点恰恰是理性压制了自己感性的幸福、快乐,甚至牺牲自己的生命,而且是自觉的,这才是道德。"[③]这里的压制,一方面依赖于善恶、对错的观念,另一方面则更依赖于意志力量。这里李泽厚并不打算如康德那样为道德法则和意志自由提供某种意义上的先验演绎。他不仅把康德的道德法则改造为具有绝对稳定性的情理结构,而且还认为这个结构是可以通过人的训练培养出来的。第二个层面,意志是中性的,但善恶和对错的观念是相对的、可变的。这里仍然有一个区分。李泽厚常举一个例子,他说"救火队员和恐怖分子"都有自由意志,但没有善恶之分,善恶的观念依赖于不同的地区或国家,不具有普遍性。也就是说,两者的行动是否为善,依赖于两者所处环境的外在伦理和体制。李泽厚认为,这是一种"自我牺牲"的宗教性道德。就其特定的自身状况而言,两者都具有自由意志,是先验的,也是善的。但是两者有对错或者正当与否之分,我们认为前者对而后者错,因为对错的观念依赖于

---

① 李泽厚近年来颇为重视伦理学,特别是道德心理学的讨论。他自己也认为:"我讲伦理学比我讲美学对今天来讲更为重要"。见童世骏:《当代中国的精神挑战》,上海:上海人民出版社,2017年,第176页。

② 李泽厚:《什么是道德?》,上海:华东师范大学出版社,2015年,第146页。

③ 同上,第77页。

"具有当前人类的普遍必然性"①的现代社会性道德。李泽厚特别提醒这种普遍性是"现代"的，而"我们"自身的存在本来已经是"现代"的一部分，因此如果对错观念的普遍性是有限的，归根到底仍然是相对的，那么，这里的相对性已经全然不同于宗教性道德的相对性。②

如果我们将上述实现归为"道用"，那么李泽厚以往所强调的"情本体"又在何处呢？2014年，李泽厚在华东师范大学伦理学讨论班最后一课对最后一个问题——至善问题——的讨论中，回应了有些人对他"吃饭哲学"的嘲笑。他说："和我刚才讲'我为什么要道德'相联系，即'我为什么要活着'……吃饭是为了活着。"③随后他援引海德格尔的观点并提出了自己的理解："本真的世界就是我自己对自己生命的这种体验，我就是要冲，但是冲到哪里去是不清楚的……只有一个上帝能够拯救我们。"④在最后总结中，他认为牟宗三对"天地之大德曰生，生生之谓易"的解读讲的是精神生命，而自己的生命哲学就是人的物质存在。因此他说："我说我是一元论者、唯物论者。"⑤

李泽厚认为，情本身是有价值的，人的情感中不仅有动物本能、情感，而且有人的"情理结构"。虽然本能的力量被理性压制了，但理性中的观念却依赖于不同的时代和社会，从而是相对的。因此理性对本能的压制是不究竟的。李泽厚更重视外在的风俗习惯对人正面情感的培养。正面情感包含了同情心、恻隐

---

① 李泽厚：《什么是道德？》，第128页。

② 特别要感谢童世骏教授在评论此处时提供的一个观点。他从"内容"和"形式"的区分中评论了李泽厚的观点："他（李泽厚）所谓的'社会性道德'和'宗教性道德'，在这里都属于相对于先验道德而言的经验伦理；即使'社会性道德'也是由现代社会的语境决定的，像'宗教性道德'一样属于'内容'的范畴。"另外，我们注意到，李泽厚在华东师范大学讨论班第三课讨论这个问题的时候，当他把话题引向"救火队员和恐怖分子"所遵循的"社会性道德"不同的时候，陈嘉映表达了一种"碰运气"的观点："一个人接受这种规范就会这么做，接受那种规范就会那么做……我并非在否定的、完全相对主义的意义上，这就像碰运气。"李泽厚并没有否认这个准"相对主义"的观点，而是表示"我们不要过渡得太快"。见《什么是道德？》，第106页。因此，我在这里区分了两种相对性。宗教性道德的相对性是指一定时代、习俗、环境的产物，不具有普遍性，而社会性道德的相对性并不是指"否定的、完全相对主义"，而且尽管李泽厚在《伦理学纲要》中曾多次提到前者对于后者的"范导"作用，但后来更强调两者之间的区别。童世骏在这里提醒，不管怎样，两者都是"相对于先验德而言的经验伦理"，而真正的道德或可在更为康德的超越意义上来理解，是"为了'大我'（绝对普遍的原则）牺牲'小我'，则是属于形式的范围（先验道德）"。

③ 李泽厚：《什么是道德？》，第155页。

④ 同上，第157页。

⑤ 同上，第169页。

之心等方面,但究其根本,我们可将其理解为他自己对海德格尔的解读:"往前冲"的"士兵哲学"。不论是"救火队员"还是"恐怖分子",都是特定社会时代下具有特定身份的一个人,而且不管是"救火"还是"杀人",都是具体的行动事件。因此,用"善恶"和"对错"观念进行判断的时候,不仅取决于培养这些观念的土壤,也取决于具体行动事件本身。由此,道德观念虽然有责无旁贷的权威性,但道德的先验性最终旁落为作为工具的第二义上。李泽厚虽然致力于从有价值的情提升出一个具有普遍稳定性的情理结构,但情与理的区分仍然是一个心理上的事实。两者的关联只能"曲折"地诉诸于外在伦理制度的培养。作为一个内在道德心理的情理结构,始终需要在一个具体的道德行动中实现出来。

三、体与用

金岳霖把性质共相称为"性",把性质殊相称为"情"。与之对照,他又极富创造力地把关系共相称为"体",把关系殊相称为"用"。他说:"从关系方面着想,从共相之相对于其他个体者这一方面着想,一个性是一个'体'。……相当于关系的殊相本条叫作'用'。"[①]"体用"之间的关系类似于"性情",两者最大的区别在于,"体用"这对范畴所运用的对象是个体与个体之间的"关系",而非"性质"。与一般的形而上学家强调两者之间的区别不同,金岳霖在《知识论》中不止一次谈到"性质"依赖于个体之间的"关系",尽管对于个体的知识而言,他说:"从我们底习惯说,也许关系底重要隐,而性质底重要显。"[②]前面说过,"性得于天",也就是性质共相是依赖于"共相底关联"的。共相与共相之间的关联是内在的,"至当不移"[③]的。金岳霖认为,这些内在关联可以被个体与个体之间的内在关系所代表,而没有代表这种关联的就是个体与个体之间的外在关系。个体之间的关系共相,也就是金岳霖在《论道》中所谓的"体用"之"体","此对象潜伏于共相之间即为关联,此对象实现于个体与个体之间即为关系或关联"。因此,我们不妨在"性得于天"后面再加上一句话:"天""实现于个体与个体之间"。

---

① 金岳霖:《金岳霖全集》(第2卷),第242页。

② 金岳霖:《知识论》,北京:商务印书馆,1983年,第267—268页。

③ 同上,第599页。

在金岳霖看来,知识论的主旨在于"得自所与者还治所与",最终成就知识的客观性。"所与"也即个体经验,就性质而言,本来就有殊相之情,凭借所得之意念还治所与,从而对不同的个体经验进行概念区分。同样,就关系而言,所与本身本来就有关系殊相,亦有所得之关系意念。金岳霖说:"所与之所呈现的关系为关系殊相,其所显示而为官觉者所得而又以为应付底工具的是关系共相。"①这里"所显示"就是指关系共相,"所得"就是关系意念。关系意念一部分来自于官觉者运用感官的能力,另一部分则源于关系共相。就前者而言,不可避免会受到官觉者的经验、外在的社会、教育等各方面的影响,因此关系意念之间会有冲突,但并不妨碍关系本身具备客观性。"情总是求尽性",但"情"不见得一定"尽性";同样,"用总是求得体",但"用"不见得一定"得体"。通过上面的分析可以说,尽管金岳霖对"性情"和"体用"之间的区分突破了单一个体,也提出了个体之间的关系相对于性质的优先性,但对于如下这点,始终没有在逻辑上给出一个必然的说明:个体中本来就有的可知、可觉但不可思的关系殊相,如何凭借居间的"意念"作为工具"由用以得体",和不可知、不可觉但可思的关系共相统一起来?

我们认为,这要归因于金岳霖对意念冲突等问题没有给出逻辑上的说明,因而就没能给出一条从"觉"必然走向"思"的路径。黑格尔在《精神现象学》中有一段关于主奴辩证法的论述,直面不同个体之间的意欲冲突,并给出了一条晦涩的路径:以主体的自我意识作为出发点,通过两个不同主体以不同方式得到承认的辩证过程,最后走向具有普遍性的精神。真正明确把这段辩证法加以改造,并运用到政治经济学领域来处理个体与社会之关系的当属马克思。② 马克思把个体的劳动生产和生产过程中建立的各种关系结合起来,形成社会的经济结构,并以此来推动整个社会、历史不断朝向"自由人的联合体"发展。由于本文主题的范围限定在中国的现代化进程之中,因此,我们接下来仅简要考察马克思思想最初传入中国的一个方案——李大钊的中国化马克思主义。

在 1919 年发表的《我的马克思主义观》一文中,李大钊比较系统地阐释了自己对于马克思思想的理解。这篇文章中令人关注的是李大钊对于马克思的

① 金岳霖:《知识论》,第 257 页。

② 参见拙文:《交换和承认——马克思和黑格尔的隐匿对话》,《社会科学辑刊》,2018 年第 1 期。

一个纠偏："我们主张以人道主义改造人类精神,同时以社会主义改造经济组织。不改造经济组织,单求改造人类精神,必致没有效果。不改造人类精神,单等改造经济组织,也怕不能成功。我们主张物心两面的改造,灵肉一致的改造。"①这里的"人道主义"并非普通的理想主义,也是李大钊从马克思学说中汲取出来的社会主义伦理观念——"互助、博爱的理想"。只不过李大钊认为,这个理想的实现要到阶级斗争消亡的时候才得以可能。而经济结构中私有制的生产关系是建立于阶级对立的时期,因此在这个时期,这些人道主义理想会因为阶级斗争的经济结构而毁灭,"终至不能实现"。如果我们延续金岳霖的思路,从个体与个体之间的关系入手来讨论"体用"问题,那么按照李大钊的理解,马克思的"互助、博爱"的人道主义理想是马克思关于个体之间关系的"体",而经济结构中包含的生产关系的总和则可以理解为"用"。在阶级对立的时期,"体用"之间不仅不是"不二"的,而且还是一种需要相互补充的对立的外在关系。

这虽然是对于马克思的一个"误解",但却是一个"正确"的误解。一个原因是《巴黎手稿》在那时还没有被公开发表,大多数马克思主义者还没有关注劳动异化问题。另一个原因是,当时大多数人对于马克思的理解仅仅停留在《共产党宣言》和《〈政治经济学批判〉序言》中的唯物史观和《资本论》中的经济学之上。一切的社会、政治、法律、伦理、精神等上层建筑作为"表面构造",是建立在经济结构这一"基础构造"之上的,并随着后者的变化而发生变革。此外,李大钊把生产力视为经济结构变化的"最高动因":"表面构造常视基础构造为转移,而基础构造的变动,乃以其内部促他自己进化的最高动因,就是生产力为主动。"②但对于构成经济结构的两个要素——生产力和生产关系之间的关系,李

---

① 李大钊:《我的马克思主义观》,载《李大钊全集》(第3卷),北京:人民出版社,2006年,第35页。童世骏曾敏锐捕捉到李大钊在这篇文章中对马克思的纠偏,并且认为李大钊后来又改变了这个观点:"但过了不久,他似乎不再认为唯物史观和科学社会主义需要从外部补充以价值、理想、精神和人的自主活动的方面,而认为对人的理想和活动的重视本来就是唯物史观的内在成分,甚至最重要的成分。"(见童世骏:《中西对话中的现代性问题》,上海:学林出版社,2010年,第222页。)这个"过了不久"应该指的是1919年12月发表的《物质变动与道德变动》一文。在该文中,李大钊坚持了马克思所主张的道德是建基于经济结构之上的唯物史观。李大钊似乎后来并未再提"灵肉一致"的问题。一般认为,这是因为他已成为了成熟的马克思主义者。

② 《李大钊全集》(第3卷),第27页。

大钊似乎并没有理解为一个辩证的矛盾统一体，而直接翻译为"冲突"。他甚至认为作为"最高动因"的生产力是对于本能、道德心等的发展。

我们不妨沿着这个"正确"的误解，重新拾起李大钊后来避而不提的"人道主义理想"，简要援引马克思在政治经济学中对于劳动异化问题的分析，从新的视角来审视"体用"问题。马克思在《资本论》中指出，生产力特指"有用的具体劳动中的生产力"[①]。个体的劳动就是劳动者运用劳动工具改造自然的过程，而劳动的对象化就是劳动产品。随着生产力的提高，个体与个体之间的劳动分工日益发展，出现了生产资料的私有制。这是一个历史的事实，在马克思看来也是一个逻辑的必然。在商品经济条件下，个体劳动所产生的异化现象首先表现为劳动产品和劳动的分离，一部分劳动产品作为特殊商品在交换过程中被赋予了等价物的地位。在这个意义上，李大钊看到了问题所在，但他并没有进一步分析生产力发展过程中劳动异化的根源。马克思正是从这里入手，探究了私有制社会中劳动异化的真正原因。个体之间的意志冲突，需要通过双方共同一致的意志行为，比如契约，形成一个共同体来加以解决。在马克思看来，商品占有者之间的意志关系，只不过是经济关系的一个反映。商品本身的特性就已经是由"无差别人类劳动"所确立的具有普遍性的价值。人与人的关系变成了物与物之间的关系。随着生产力的进一步发展，在资本主义的生产关系条件下，劳动者也成为了一个商品，不仅劳动产品被异化，劳动者和劳动过程也被彻底异化。这种异化的直接体现被李大钊归为经济学的剩余价值理论。我们认为，这是马克思对于私有制社会紧扣着"人道主义理想"的一个诊断，只不过这种理想始终是以一种批判的姿态而出现的。

汉娜·阿伦特曾对康德的法权理论作过一个著名的毁灭性评论："康德晚年心智能力衰退"的产物。这个评论在我们看来，恰恰是康德自身面对"未来的人类史"无力的一个表现。不同之处在于，康德意识到了这份无力，并最终希冀"变得人道"、"渐次稀少"的战争把我们拖曳到不情愿去的地方。与黑格尔借助主体内部自我分裂而获得自身确定性的辩证法不同，马克思颠倒了这一辩证法。他沿着人类历史的足迹，考察了私有制社会中货币和资本的产生过程，为

---

① 马克思：《资本论》，北京：人民出版社，2004年，第59页。

人类发展提供了一条历史唯物主义的批判性的现代之路。如果说哈贝马斯承袭了康德启蒙之余绪,用"主体间"的交往理性重启了黑格尔和马克思以来的现代性讨论,那么,金岳霖对于"性得于天"而"天""实现于个体与个体之间"的论断则为中国的现代化下了一个"转语"。但金岳霖却在这里引而不发,并没有把这一洞见以逻辑和历史的方式展开,因此,中国化马克思主义者们的努力进入了我们的视线。虽然历史的迷雾常常障碍着我们的双眼——距离太接近了——但我们依然可以说:"批判理论的余烬则有待于我们去重新点燃。"

From Xing-Qing, Dao-Qi, to Ti-Yong
— Modernity in China: An Unfinished Project

He Songxu

Abstract: By re-interpreting Xing-Qing and Ti-Yong, Chin Yuehlin asserted that Xing comes from Nature and Nature is realized in relation between individuals. This assertion is a keyword of modernity in China. But he didn't unfold it in process logically and historically. Within Dao-Qi as a medium, Xing-Qing becomes into Ti-Yong. There are two different kinds of Dao-Qi, Mou Zongshan's Self-Denying of Conscience and Li Zehou's Western-Ti Chinese-Yong. Until in social and political fields, Ti-Yong has its modern significance. In fact, Karl Marx has already discovered a critical approach to modernity in these fields. As a consequence, the paper discusses a project provided by Li Dazhao, a Chinese Marxist.

Keywords: Xing-Qing, Dao-Qi, Ti-Yong, modernity in China

美德是否可教，如何教？[*]

黄 勇 著 崔雅琴 译^{**}

[内容提要]　孔子的教学内容既不是理论知识也不是技能，而是成德之方。尽管孔子充分认识到，一个人最终只能靠自己变成有德之士，但他确实认为，美德之人可以做很多事情去帮助别人成为有德之人，而其中最重要的是成为美德典范。任何一个有德之士当然都可以做到这一点，不过，孔子更加注重政治领袖，因为他们的影响更广更深。因此之故，在孔子的政治哲学中，政府的首要职能是对民众的道德教育，这与当代政治自由主义形成鲜明对照；此外，政府履行道德教育的职能主要不是通过法律和其他政治手段，而是通过统治者自身的道德典范作用，这又与亚里士多德的观点形成鲜明对照。在孔子看来，法律和惩罚还不能完全废除，但应该仅仅作为临时性的补救措施。即使这样的措施势在难免，一位有德的政治领袖在不得不使用这些措施时也会自然而然感到悲伤，一方

＊　原文为英文。

＊＊　黄勇（1957—　　），男，复旦大学哲学博士、哈佛大学神学博士，香港中文大学哲学系教授、华东师范大学紫江学者，主编英文学术刊物 Dao：A Journal of Comparative Philosophy，主要研究领域为政治哲学、伦理学、宗教哲学、中国哲学和中西比较哲学；崔雅琴，哲学硕士，华东政法大学校报编辑。

面因为恶人令人遗憾的状态，另一方面因为他自己未能通过其他措施改变恶人。

[关键词] 孔子；美德；教育；亚里士多德；政治自由主义

一、引言

人们普遍认为孔子是中国历史上第一位私人教师。这一看法未必正确。①尽管如此，但可以肯定的是，他作为私人教师的影响在中国历史上无人企及；弟子三千的说法可能有些夸张，但他的学生应该人数不少。是否每个人都能通过教育成为完美的人？孔子对这个问题的回答似乎并不一致，因此我们首先考察这个表面上不一致的回答（第二节）。为了理解这种表面的不一致，笔者将论证，孔子主要讲道德教育，旨在帮助学生成为有德之士。这让我们联想到美德是否可教的苏格拉底问题（第三节）。笔者认为，虽然孔子对这一问题的回答是肯定的，但他并不认为教美德就如同教理论知识或技术技能。孔子认为，教人成为有德之士，最有效的方法莫过于让自己成为道德典范（第四节）。个人和政治分离，这是当代政治自由主义的教条，而在孔子那里并没有这样的区分。在他看来，政府的主要职能是对民众进行道德教化，尤其是通过政治统治者的典范行为而非诉诸法律或者公共政策（第五节）。最后，笔者将以简短的结语绾结全文（第六节）。

二、孔子教育哲学中一个表面上的悖论

孔子有一名言，"有教无类"（《论语·卫灵公》；以下凡引《论语》只注篇名）。这一主张的意义，首先不在于人皆有平等的教育机会，而在于人皆有走向完美的可能性：一个人无论贫富、智愚、贵贱，教育都将对其产生影响。这一主张具有革命性，因为在孔子之前的时代及其所处的时代，官学和私学都只对贵族开

---

① 孔子之前，晋国的叔向也是一位私人教师；大约在孔子所处的时代，郑国邓析、鲁国少正卯、周王室老子、卫国蘧伯玉、齐国晏婴、楚国老莱子、郑国子产，以及鲁国的孟公绰皆以非官方的身份授徒。此处参见蔡尚思：《孔子思想体系》，上海：上海人民出版社，1982年，第177—178页。

放。尽管我们没有绝对可靠的资料①,但的确可以从《史记》、《吕氏春秋》及《论语》本身的其他章节中了解到,孔子的学生子路原本为"野人",子贡经商(一种被人轻视的职业),仲弓的父亲是"贱人",子张来自鲁国一个地位低微的家庭,而颜涿聚曾是强盗。② 事实上,孔子的学生鲜有出自富贵者。而且,这里提及的子路、子贡、仲弓名列孔子十位最卓越的学生(见《先进》),而孔子认为,仲弓甚至可以成为一国之君(见《雍也》)。因此,在当代著名儒家徐复观(1904—1982)看来,孔子对中国文化最重要的一个贡献,在于他打破人与人之间不合理的区分,倡导人皆平等,属于同一个类。

规范性问题和中西哲学

孔子认为每个人都能通过教育成为完美之人,这在一定程度上是基于他对人性的形上学看法:"性相近也,习相远也。"(《阳货》)孔子在《论语》中唯此一章论及人性。后世儒者激辩人性善恶,常常试图由此章弄清楚孔子究竟主张性善抑或性恶。显然,仅此章并不能提供明确的答案。它明白告诉我们的是,教育至关重要。不过,让我们感到困惑的是,孔子在下一章(有些版本将它与本章合为一章)的论述似乎与此相左:"唯上知与下愚不移。"(《阳货》)对此常见的解释是:"性相近也,习相远也"讲的是一般原则,"唯上知与下愚不移"则意在指出一种例外情形。例如,陈大齐认为,孔子主张人性分三等:上知(极少数)、下愚(也是极少数)和居中者(大多数)。因此,"性相近也,习相远也"讲的是居中的大多数人,对他们来说教育很重要;"唯上知与下愚不移"讲的是居于两端的"上知"和"下愚",对他们而言,教育要么无效,要么没有必要。③

为了有更好的理解,我们有必要看一看《论语》中相似的一章。看到自己的学生宰予昼寝,孔子言曰:"朽木不可雕也,粪土之墙不可杇也。于予与何诛?"(《公冶长》)显然,宰予必定属于顽愚不化之辈。倘若这样,孔子不会浪费时间继续教育他。然而,事实并非如此。宰予不仅继续留在孔门,而且最后还成为十位成就最高的学生之一。宰予因为在白天睡觉,被孔子比作不能雕刻的烂木头和不堪涂抹的由腐土垒成的墙。换言之,他不努力学习,因此属于那种虽困

---

① 胡适:《中国哲学史大纲》,《胡适学术文集:中国哲学史》,北京:中华书局,1998 年,第 87—88 页。

② 蔡尚思:《孔子思想体系》,第 192 页。

③ 最愚蠢的人不可能通过教育成为聪明的人,而最聪明的人既然生而知之,自然无需教育。此处参见陈大齐:《孔子学说》,台北:正中书局,1964 年,第 277 页。

而不知学的人。[①] 这样，当孔子说下愚不移的时候，他的意思是说那些不学习的人是不会变聪明的。只要愿意学习，任何人都可以变聪明。因此，孔子说，他从来没有见过一个人缺乏为学习所必要的理智能力。(《里仁》："吾未见力不足者。")他的学生冉求说："非不说子之道，力不足也。"孔子回曰："力不足者，中道而废。今女画。"(《雍也》)因此，孔子要求他的学生不要自以为能力不足而中途放弃。就此而言，学习"譬如为山，未成一篑，止，吾止也。譬如平地，虽覆一篑，进，吾往也"(《子罕》)。正是在这个意义上，笔者认为，宋儒程颐对这段文字的解读貌似激进，实则深达孔子之意：孔子讲上智下愚不移，"非谓不可移也，而有不可移之理。所以不移者，只有两般：为自暴自弃，不肯学也。使其肯学，不自暴自弃，安不可移哉？"[②]程颐所讲的不可移之理乃是：任何放弃自己的人都不会变聪明，任何努力的人都会变得聪明。

　　不过，如果以上理解不误，下面这段文字就变得令人费解了："民可使由之，不可使知之。"(《泰伯》)"可"字可能的意谓，包括"能够"与"被允许"，与之相应，其否定词"不可"则可能意谓"不能够"或"不被允许"。因此，传统对孔子上面这句话的解释主要有两种。按照其中的一种解释，"可"意谓"被允许"，因此孔子允许百姓做某些事情，但不允许他们知道这些事情。批判孔子和儒家的人(尤其是在 20 世纪 70 年代的反孔运动中)接受这种解释，以证明孔子有愚民的想法。不惟如此，一些对儒家抱有更多同情理解的注家也接受这种解释。例如，清儒颜习斋(1635—1704)在捍卫这种解释的同时，还论证"可"不应解为"能"。在他看来，人们要是知道了这些事情，"则离析其耳目，惑荡其心思，此不可使知也。后儒圣学失传，乃谓不能使之知，非不使之知，于是争寻使知之术，而学术治道俱坏矣"[③]。

　　大多数当代学者接受了另一种传统的解释，即以"能"释"可"，这样孔子之意在于，有办法让百姓做事，但没有办法让百姓知道事情。倘若如此，则关键的问题在于，为何无法让百姓知道某些事情。典型的回答是百姓缺乏知道这些事情的理智能力。例如，汉儒郑玄(127—200)认为，"民"实际上意谓着"冥"，即距

---

① 孔子认为这类人层次最低："生而知之者，上也；学而知之者，次也；困而学之，又其次也；困而不学，民斯为下矣。"(《季氏》)

② 程颢、程颐：《二程集》，北京：中华书局，1989 年，第 252 页。

③ 程树德：《论语集释》，北京：中华书局，1990 年，第 533 页。

人道甚远的顽愚之民。① 清儒赵佑虽然没有说百姓距人道甚远，但他也以百姓为愚："民性本愚，故不可使知之。王者为治便在议道自己，制法宜民，则自无不顺。"②

因此，一种解释认为孔子提倡愚民政策，另一种解释则认为孔子感慨民愚。然而，这两种解释看起来都是成问题的。第一种解释不可能是对的。诚如陈大齐所言：此与孔子思想相左；《论语》中有两处都提到，孔子认为有知的人不会被欺骗；依此，除非孔子希望让人永远处于被欺的状态，否则他不可能不想让人们从无知变成有知。③ 第二种解释也不可能是对的，因为这与本节曾论及的孔子观点直接对立：每个人都是通过教育达到完美的。为了更好地理解这一点，我们有必要了解，在孔子看来无法让百姓知道的是什么，以及为何如此。

三、作为道德教育家的孔子

孔子的教育目标是什么？孔子希望他的学生成为什么样的人？要回答这些问题，我们必须了解孔子的教学内容。我们可以从诸如"四科"、"四教"、"六经"得到解答这一问题的一些线索。

首先，《论语》中提到"四科"的文字如下："德行：颜渊，闵子骞，冉伯牛，仲弓；言语：宰我，子贡；政事：冉有，季路；文学：子游，子夏。"(《先进》)此即著名的"四科十哲"。司马迁《史记·仲尼弟子列传》言，孔子弟子超过三千，其中七十余人掌握了本节稍后即将论及的"六艺"。显然，《论语》所提及的十哲在七十名学生中最为出色，尤其是在孔子所教的四科中各自取得突出成就。虽然关于《论语》这一章的作者仍存在争论④，而孔子对四科的教法，与我们今天在大学

---

① 程树德：《论语集释》，第 532、533 页。

② 程树德：《论语集释》，第 532—533 页。

③ 陈大奇：《论语臆解》，台北：商务印书馆，1996 年，第 153 页。一些学者认为郭店简《尊德义》作于孔子同时代，其 31 简有一相关论述："民不可惑也。"此处见荆门市博物馆编：《郭店楚墓竹简》，北京：文物出版社，1998 年，第 174 页。

④ "德行"前并无他处习见的"子曰"二字，故有注家认为，此乃孔子门人之说。另一些注家则认为，此段文字紧接上章，也属于上章开头"子曰"的内容，故此乃孔子之说。见程树德：《论语集释》，第 742—744 页。因此，第一类注家将此段文字独立成章，而第二类则将之缀于上章之后。由于古代汉语没有标点符号，故不易判断孰是孰非。

里对英语、数学、物理学、社会学等科目的教法不太可能相同(尽管在汉代,官员的选拔以此四科为准),但是,此四科无疑是孔子教学最为重要的方面。

就四科而言,我们看到"德行"和"政事"显然系孔子的道德教育。人们通常认为,"文学"指的是"六经",系孔子在道德教育中使用的教科书,这点我们将在下文详加讨论。唯一有些麻烦的是第二科"言语",因为《论语》中多处记载孔子瞧不起善于言语的人。例如,有人告诉孔子,他的学生冉雍颇有仁德,可惜没有口才。孔子回答说,尽管他并不知道冉雍是否有仁德,但可以确定的是,"焉用佞?御人以口给,屡憎于人"(《公冶长》)。因此,他"恶夫佞者"(《先进》)。在他看来,"巧言令色鲜矣仁"(《学而》;亦可参见《公冶长》第二十五章,《子路》第二十七章,《阳货》第七章);相形之下,"仁者,其言也讱"(《颜渊》)。因此,那些在言语科取得很高成就的学生显然不同于今天在演讲课上取得好成绩的学生。

《论语》中的一些相关段落清楚地表明,孔子那些在言语科上出类拔萃的学生必有两种品质。其一,信。因此,孔子说"言而有信"可以视为已经学习过的标志(《学而》);"信近于义"(《学而》);"夫人不言,言必有中"(《先进》);"古者言之不出,耻躬之不逮也"(《里仁》)。其二,行之于言的优先性。例如,孔子说,君子"敏于事而慎于言"(《学而》),"先行其言而后从之"(《为政》),"讷于言而敏于行"(《里仁》),"言之必可行也"(《子路》),"耻其言而过其行"(《宪问》),"言忠信,行笃敬"(《卫灵公》)。上述两种品质都是道德品质,故而"言语"与其他三科同属于道德教育。①

其次,关于"四教",《论语》记弟子之言曰:"子以四教:文,行,忠,信。"(《述而》)文指"六经",将另加讨论。这里的问题是行、忠、信三者之间的关系。如元代学者陈天祥认为,"行为所行诸善之总称,忠与信特行中之两事":"存忠信便是修行,修行则存忠信在其中矣。既言修行,又言而存忠信,义不可解。"②因此一些学者怀疑,《论语》中的这段话一定是弟子记错了。③尽管无关本篇主旨,

---

① 此四科皆为道德教育的科目,对此钱穆论曰:"四科首德行,非谓不长言语,不通政事,不博文学,而别有德行一目……自德行言之,余三科皆其分支,皆当隶于德行之下……文学亦当包前三科,因前三科必由文学入门。"此处参见钱穆:《论语新解》,北京:三联书店,2005年,第278页。

② 见程树德:《论语集释》,第486—487页。

③ 陈大奇:《孔子学说》,第293—294页;李泽厚:《论语今读》,香港:天地图书出版社,1999年,第184—185页;匡亚明:《孔子评传》,南京:南京大学出版社,1990年,第300页。

我们还是可以注意到,长期以来已有诸多注家试图给出合理的解释。理学的集大成者朱熹提出的解释至为繁杂,它试图表明,文、行、忠、信四者实际上代表着由至易到至难、循序渐进的道德教育过程。① 不过,笔者认为晋代学者李充的解释最为合理。根据李充的说法,为人臣则忠,与朋友则信,因此,行必须理解为一种狭义的家庭之内的孝悌恭睦。② 不管此三教的确切含义如何,孔子教学的重点显然在于美德。

其三,如上所述,"六经"被列为"四科"之一的"文学",而作为"四教"之一的"文"则指孔子用来教学生的教科书。它们在孔子之前的官学中就被使用了。然而,在孔子的时代,"六经"出现了残缺、混杂、重复(多个版本)的情况。我们尚不清楚孔子对于我们所熟知的"六经"即《诗》、《书》、《礼》、《乐》、《易》、《春秋》所发挥的确切作用。有些人认为它们都是在孔子之后形成的,而另一些人则声称孔子著六经。③ 更有可能的情形是,孔子删订"六经",尽管流传至今的"五经"(《乐》不幸亡佚)在汉代被编辑过,但已非孔子时代之旧貌。

按照一种流传甚广的看法,"四教"中的"行,忠,信"及"四科"中的"德行,政事,言语"显然是道德教育,但"文"或"文学"既教以六经,则旨在为学生提供知性知识。④ 笔者认为这是一种误解。孔子教授六经,他的做法显然不同于今天的古典学教授:为好奇的学生提供古代文本知识。相反,孔子以六经为道德教育之具。例如,孔子论六经之用:

> 入其国,其教可知也。其为人也温柔敦厚,《诗》教也;疏通知远,《书》教也;广博易良,《乐》教也;洁净精微,《易》教也;恭俭庄敬,《礼》教也;属辞比事,《春秋》教也。(《礼记·经解》)

很显然,对孔子来说,我们学习经典,不是为了满足我们对于古人想法的好奇心,而是为了让我们自己成为更好的人。

据《论语》记载,六经中孔子谈得最多的是《诗》、《礼》、《乐》。《泰伯》很好地

规范性问题和中西哲学

---

① 见匡亚明:《孔子评传》,第341页。

② 见匡亚明:《孔子评传》,第341页。

③ 匡亚明:《孔子评传》,第341页。

④ 匡亚明:《孔子评传》,第303—307页;蔡尚思:《孔子思想体系》,第197页。

概括了三者在道德教育中的重要性："兴于《诗》,立于《礼》,成于《乐》。"如古汉语中的很多用例,这三句话没有主词。但人们通常认为其主词是美德,或有德之士,因此这段话说的是,一个人经由诗歌开始美德修养,进而通过礼仪把美德行为稳定下来,最后通过音乐成为自然不费力而有美德的人。很明显,对孔子来说,道德教育不是发出道德命令,而是激发一个人的道德情感。为此,孔子认为《诗》三百最有效。因此,他要求弟子学诗,诗"可以兴,可以观,可以群,可以怨,迩之事父,远之事君"(《阳货》),在孔子看来,"《诗》三百,一言以蔽之,曰'思无邪'"(《为政》)。孔子不赞成以其他方式读诗,这也清楚地表明孔子对诗歌的道德功能感兴趣:"诵《诗》三百,授之以政,不达;使于四方,不能专对;虽多,亦奚以为?"(《子路》)

然而,诗歌所激发的道德情感稍纵即逝。例如,在当代社会,看电影、读报纸,或者看到电视上的自然灾害都可能会引发我们的道德情感。然而,离开电影院,放下报纸,或者关掉电视,这些道德情感可能很快就烟消云散了。为了使诗歌所引发的道德情感稳固,孔子强调礼的重要性:"恭而无礼则劳,慎而无礼则葸,勇而无礼则乱,直而无礼则绞。"(《泰伯》)因此,他要求学生"非礼勿视,非礼勿听,非礼勿言,非礼勿动"(《颜渊》)。礼不同于刑法。倘若违礼,一个人不会受到惩罚,而是会感到羞愧,因为他会被人瞧不起。然而,在遵礼而行的道德行为中,人们依然会感到某种不自在,常常需要努力克服自己去违礼视、听、言、动的欲望。因此,孔子认为,道德教育必须通过音乐来完成。

上文提到,《乐》已亡佚,但现存的《礼记》中有一卷论乐,从中可以了解道德是如何成于乐的。"乐"字两读,也可以读作"快乐"之"乐"。故《礼记·乐记》云:"乐者,乐也。"听一段美妙的音乐,不禁"手之舞之,足之蹈之"。故乐常与礼对,礼指向外在行为,而乐针对内在情感:

> 致乐以治心,则易直子谅之心油然生矣。易直子谅之心生则乐,乐则安,安则久,久则天,天则神。天则不言而信,神则不怒而威,致乐以治心者也。(《礼记·乐记》)

简而言之,乐在道德教育中的作用在于,一个人做出道德行为时,不会被外在的礼所束缚;相反,这种行为是自发的、毫不费力的、快乐的。确实,这正是孔子所描述的自己在七十岁达到的境界:"从心所欲不逾矩。"(《为政》)

除"四科"、"四教"、"六经"之外,《论语》中尚有一段名言:"志于道,据于德,依于仁,游于艺。"(《述而》)人们通常认为这里的"艺"指的是孔子之前及当时的官学所授的"六艺",即礼、乐、射、御、书、数。然而,在笔者看来,除了通过"六经"之《礼》《乐》所传授的礼乐之外,孔子是否还传授其他四艺不得而知,尽管他的确精通此六艺。① 这一怀疑有几个理由。首先,"六经"有时也称"六艺",因此所谓"游于艺"也有可能说的其实是精熟"六经"。这是可能的,因为只有"六经"和道、德、仁处于同一层次。其次,即便在官学,"六艺"也被认为是教育初学者(儿童)的"小学",而"六经"则是随后教育高年级学生的"大学"。第三,《论语》没有提及"书"、"数",另一方面虽提及"射"、"御",评价却不甚高。比如《子罕》所记:"达巷党人曰:'大哉孔子! 博学而无所成名。'子闻之,谓门弟子曰:'吾何执? 执御乎? 执射乎? 吾执御矣。'"②这表明,在孔子看来,人之"大"既不是因为他在任何特定领域所拥有的特殊技能,也不是因为博学,而是因为他是仁者。根据蔡尚思的说法,军事领导人必须掌握射、御这两种技艺。③ 然而,有人问孔子军事,他却说:"军旅之事,未之学也。"(《卫灵公》)④

由此可见,孔子作为教育者的首要目标不是传授学生知识或技艺,而是教他们如何成为有德之士、成为真正的人。⑤ 当然,这并不意味着孔子反对理智或反对技术。事实上,孔子能文能武;他捷足以逮兔;他会钓鱼、打猎、养牛饲马,可以计账,可以主丧事。然而,孔子认为它们都不是成为君子的必要条件。这一点《论语》中讲得很清楚:

---

① 朱熹认为,前两种属于"文",后四种属于"术"。参见程树德:《论语集释》,第444页。

② 《论语》中,孔子仅在此处言及"御"。言"射"尚有几处,如:"君子无所争。必也射乎! 揖让而升,下而饮。其争也君子。"(《八佾》)"子钓而不纲,弋不射宿。"(《述而》)

③ 蔡尚思认为,六艺可分为三类,书、数是关于读写的基本知识,礼、乐是贵族政治、宗教行为所需要的基本知识,而射、御是军事行动中的主要技能(参见蔡尚思:《孔子思想体系》,第175页)。

④ 匡亚明走得更远。他比照当代中国的社会主义教育,认为孔子的教育也包括德育、智育和体育三个方面,而射御乃体育之事。

⑤ 陈大齐认为,孔子的教育哲学基于道德哲学,故而教育目标是理想人格,其焦点则是人格修养;孔子的理想人格是君子,故而孔子的教育旨在教育君子(参见陈大齐:《孔子学说》,第273页)。

太宰问于子贡曰:"夫子圣者与? 何其多能也?"子贡曰:"固天纵之将圣,又多能也。"子闻之,曰:"太宰知我乎! 吾少也贱,故多能鄙事。君子多乎哉? 不多也。"(《子罕》)

历代对于如何理解最后两句话("君子多乎哉? 不多也")素有争议。[①] 以下两种看法各居一端:其一,孔子认为君子不应该有那么多的技能;其二,孔子认为君子从不担心技多压身。[②] 前者认为多能和君子不可得兼,后者认为君子得多能。不过,笔者以为,从上下文来看,更好的理解是,多能之于成圣既非不相容亦非不可少。

倘与另一段文字对读,这一点就可以看得更清楚:"樊迟请学稼。子曰:'吾不如老农。'请学为圃。曰:'吾不如老圃。'樊迟出,子曰:'小人哉,樊须也! 上好礼,则民莫敢不敬;上好义,则民莫敢不服;上好信,则民莫敢不用情。'"(《子路》)考虑到上引《子罕》中孔子之所言,或许我们不能说孔子欠缺农业和园艺方面的技能。跟我们的讨论特别相关的是,它不仅告诉我们孔子没有教学生各种技能(即便他有这些技能),而且告诉我们他教学生的乃是礼、义、信。

《论语》中有一章极简,仅四字,却很难解:"君子不器。"(《颜渊》)最具影响力的解释莫过于汉儒包咸(6—68)之说:"器者各周其用,至于君子,无所不施。"[③]包括当代学者在内的诸多注家均接受此说。例如,钱穆说道:"器,各适其用而不能相通,今之所谓专家之学者近之。不器非谓无用,乃谓不专限于一材一艺之长,犹今之谓通才。"[④]笔者原先在美国就职的大学除了现有的传统专业学科之外,新设一本科生专业,名曰"通识教育"。如按包氏之说,"通识教育"专业的学生都是君子,或者至少是后备君子,而那些学习传统专业分科的学生只能至于"器"。此显非孔子之意。在笔者看来,朱熹的说法已触及孔子之真意:"器者,各适其用而不能通。成德之士,体无不具,故用无不周。"[⑤]这里重要的是,朱熹不是在一能和多能之间作出区分,而是在技能和美德之间作出区分。

---

① 参见程树德:《论语集释》,第583页。

② 陈大齐:《论语臆解》,第172页。

③ 程树德:《论语集释》,第96页。

④ 钱穆:《论语新解》,第38页。

⑤ 程树德:《论语集释》,第96页。

有德之士当然可以有一能或多能,但修德并非学习技能。有德之士不是"器",因为无论他是老师还是学生,是君还是臣,是父母还是孩子,是艺术家还是技师,是天文学家还是医生,有德之士所拥有的美德都可以展示出来。[①]

四、美德能教吗,如何教?

我们已经看到孔子的教育是道德教育。换言之,其教育目标主要不是为了让学生知识渊博或技艺纯熟,而是使他们成为有德之士。我们再来看一下另一令人困惑的陈述:"民可使由之,不可使知之。"(《泰伯》)这里的所"知"者显然既非理论知识,亦非技艺,而是作为美德的知识(knowledge as virtue)或作为知识的美德,后者有别于关于美德的知识(knowledge about virtue)。如果我们告诉某人,一个人应该有美德(如爱父母),他自然明白这是什么意思。这是关于美德的知识,一种知性理解。然而,孔子说"知德者鲜矣"(《卫灵公》),他所抱怨的,显然不是关于美德的知识,而是作为知识的美德或作为美德的知识。在孔子看来,作为美德的知识有两个特点。第一个特点和它的来源有关。关于美德的知识或一般的理智知识只依赖智力(mind),而作为美德的知识还依赖心(heart);它需要一个人"默而识之"(《述而》),即在知的过程中获得属己的内在体验。第二个特点与其功效有关。它不仅仅是对美德的一种冷静的理解。它还促使一个人行美德,成为有德之士。孔子说"民不可使知之",他的意思实际上是说,不能强迫人们成为善人。你可以强迫一个人去做事情(包括德行),但你不能强迫一个人成为有德之士。

这是否意味着,孔子对苏格拉底问题"美德是否可教?"的回答只能是否定的? 初看起来似乎如此,因为孔子强调道德自我修养的重要性。例如,他说:

[①] 因此,显然,尽管成为君子不是学会特定技能,但君子常常希望多能。如《卫灵公》篇所说:"君子病无能焉,不病人之不己知也。"(《宪问》篇亦曰:"不患人之不己知,患其不能也。")陈大齐引此章,说明多能乃是成为君子的必要品质(参见陈大齐:《孔子学说》,第172页)。然而,重要的是要注意到,孔子在上述一章中所讨论的是,君子究竟应该忧心自己无能,还是应该忧心别人不知道自己有能。此章没有涉及到,让人成为君子的,究竟是有能还是有德。君子固然可以多能、希望多能,常常实际上也做到了多能,但他之为君子并不是因为多能而是因为美德。例如,君子爱父母,此为德性之知;但要想找到爱父母的最佳方式,他必须学会一些技能(如冬温夏凊)。然而,如果一个人偶因天生智力缺陷而没有这些技能,相较于具有这些技能的人来说,他的孝心无损一分。

"为仁由己,而由人乎哉?"(《颜渊》)他对比了他所钦佩的古人和他所鄙视的今人:"古之学者为己,今之学者为人。"(《宪问》)他还要求"躬自厚而薄责于人"(《卫灵公》),"攻其恶,无攻人之恶"(《颜渊》)。所以,他对比君子和小人:"君子求诸己,小人求诸人。"(《卫灵公》)①

然而,这并不意味着孔子认为,有德之士只能对他人行善,却无能教他人行善。倘若如此,他的伦理学也就具有了所谓的自我中心问题。一些当代哲学家认为,这是任何美德伦理学都无法回避的问题。然而,孔子的伦理学虽然也是一种美德伦理学,但它显然没有这种意义上的自我中心问题。儒家教育的目的,就是要使人有德。在孔子看来,最重要的美德是仁,它包括或者至少引导所有其他美德。仁者爱子忠亲,爱弟忠兄,爱下忠上。然而,对于孔子来说,爱某人或忠某人并不仅仅是关心他们的外在幸福:"爱之,能勿劳乎?忠焉,能勿诲乎?"(《宪问》)劳者,劝勉行善也;诲者,进谏规诲也。

因此,孔子之意,并非不能使人成为有德之士,而是不能像使人做事那样使人成为有德之士;并非美德不可教,而是不能像教理论知识或技能那样教美德。陈来所言甚是:"关于美德教育,教师的基本责任是启发学生……并激发他们养成卓绝的品质。教师应该唤醒学生敬重君子并心向往之,希望自己也能成为如此完美之人。"②显然,这不能简单地通过发布道德命令甚或刑法来实现,它们至多驱使人们行仁义或避免做恶,但无论如何不能使人由仁义行而成为有德之士。

接下来的问题是美德如何教。我们已经触及孔子教人有德的两种方式。首先,由于无德之人的问题在于,他们没有成为善人的动力,而他们之所以无此动力,部分原因在于他们觉得成为善人是件苦事,因此,诚如库珀曼(Joel Kupperman)所言:"良好的教育也需要激发学生的动力,这样才能积极吸引学生,否则教育过程就会令人感到乏味沮丧。许诺一种至乐可以赋予学生十足的

---

① 正是在此意义上,陈来认为:"虽然不能断言'美德可教',我们可以肯定美德可学……因此,对于苏格拉底和柏拉图美德是否可教的问题,传统儒家倾向于把问题转化为'美德是否可学'的问题,后者才表达了儒家的问题意识。"(见 Chen Lai, "The Ideal of 'Educating' and 'Learning' in Confucian Thought," in Roger T. Ames and Peter Hersh(eds.), *Educations and Their Purposes*, Honolulu: University of Hawaii Press, 2008, p. 319.)对孔子来说,美德当然可学,但我们这里的问题更为困难:对孔子来说,美德是否也是可教的?

② Chen Lai, "The Ideal of 'Educating' and 'Learning' in Confucian Thought," p. 322.

动力。如孔子所指出,这种满足比较可靠,而认识到这一点可以增加人们获得德性的动机。"①因此,孔子反复强调成为有德之士的快乐,并把它跟道德教育中音乐的作用联系起来讨论。② 其次,既然无德之人并不缺乏对美德的知性理解,而是缺乏成为有德之士的情感或愿望,那么激发他们产生相应的情感或愿望就至关重要。我们已经看到,对于孔子来说,诗在道德教育中之所以重要,正是因为它有此之用。此用类似于罗蒂眼中记者或小说家讲述生动、悲伤、感人的故事所起的作用。罗蒂讲道:"波斯尼亚妇女的命运要看电视记者能否像斯托(Harriet Beecher Stowe)报道黑奴那样加以报道——要看这些记者能否让我们这些远远呆在安全国家的观众改变以往的感观,感受到这些妇女也跟我们一样是人。"③除此之外,还有另一种道德教育的办法,即劝谏,笔者将在别处详加讨论。下文将指出,道德教育主要由亲教子,或由君教民,不过孔子也意识到,有时亲与君也会有道德上的缺陷。在这些情况下,子与臣以劝谏的方式成为他们的道德老师,劝谏他们不做错事,或者纠正已经做过的错事。

规范性问题和中西哲学

不过,本节接下来及下一节将详细讨论对孔子来说最为重要的一种教人成德的方式,那就是让自己成为堪称典型的君子。这种方式有助于我们理解他说的一些话,那些话初听起来像是主张有德之士应当只关心自己是否有德。孔子说道:"君子笃于亲,则民兴于仁;故旧不遗,则民不偷。"(《泰伯》)"上好礼,则民莫敢不敬;上好义,则民莫敢不服;上好信,则民莫敢不用情。夫如是,则四方之民襁负其子而至矣。"(《子路》)④

---

① Joe L. Kupperman, "Fact and Value in the *Analects*: Education and Logic," In Roger T. Ames and Peter Hersh (eds.), *Educations and Their Purposes*, Honolulu: University of Hawaii Press, 2008, p. 408.

② 亦参见 Huang Yong, "Confucius and Mencius on the Motivation to be Moral," *Philosophy East and West* vol. 60 no. 1(2010): 65 - 87.

③ Richard Rorty, *Truth and Progress: Philosophical Papers*, Cambridge: Cambridge University Press, 1998, p. 180.

④ 库珀曼也认为,对孔子来说,通过典范而教非常重要。他说道:"正因为此,孔子强调无友不如己(《学而》)。就一个核心家庭而言,这意味着父母的举止至为重要,它在孩子早年生活中起到了关键的榜样作用。父母为孩子的人生定调。只要承认榜样在人们道德发展过程中的重要性,那么家庭内部的早期个人关系的品质就会极为要紧。"(Joe L. Kupperman, "Confucian Civility," *Dao: A Journal of Comparative Philosophy*, vol. 9 no. 1(2010): 19.)

孔子相信以个体典范设教的有效性。他说:"德不孤,必有邻。"(《里仁》)在他看来,有德之士的品性和行为可以感染人,所以他必然会有信从者。事实上,只有这样我们才能理解《论语》开头的三句话:"学而时习之,不亦说乎? 有朋自远方来,不亦说乎? 人不知而不愠,不亦君子乎?"(《学而》)通常的理解不仅忽略了孔子的要义,而且也模糊了这三句话之间的重要联系。孔子之所教与门人之所学乃是成人,而"习"乃是"实践"。所以,首句真正的意思为,把自己所学的关于如何成为有德之士的知识付诸实践真乐事也。① 这与孔子对相较于言语的行动的强调相契。我们已经看到,孔子批评那些诵《诗》三百却不会用诗的人(《子路》)。同时,这也反映了孔子德行带来快乐的观点。孔子说:"知之者不如好之者,好之者不如乐之者。"(《雍也》)虽然"之"的所指并不明确,但它显然指善事。这可以在如下一章中得到证实:"饭疏食饮水,曲肱而枕之,乐亦在其中矣。不义而富且贵,于我如浮云。"(《述而》)次句中的"朋"可以解作信从者。"朋""友"在现代汉语中是同义词,但它们在《论语》中却有不同的用法。"友"是相友善之人,而"朋"则是同志或信从者。因此,笔者同意朱熹的解释,他认为次句与首句紧密相联。首句说的是,把自己所学的关于如何成为有德之士的知识付诸实践是件乐事;次句说的是,以善及人而信从者众,故可乐。朱子进而说道,这里的乐并不是因为信从者众足以验己之有德:"己既有得,何待人之信从,始可为乐? 须知己之有得,亦欲他人之皆得……至于信之从之者众,则岂不可乐!"②这一解释与孔子的说法相契:有一位好的国君,则"近者说,远者来"(《子路》)。

在此我们可以看到孔子与亚里士多德(至少按照人们对他的一种解读)之间有一显著差异。亚氏的《尼各马可伦理学》中有一段语义模糊的文字:真正的自爱者,除了其他方面,还会"让朋友们去完成某项事业。因为,让朋友去做有时可能比自己去做更高尚。所以在所有值得称赞的事物中,好人都把高尚的东西给予了自己"。③ 有人说,亚里士多德在此回应了那种以美德伦理为自我

---

① 参见钱穆:《孔子和论语》,台北:兰台出版社,2001 年,第143—144 页。

② 朱熹:《朱子语类》,北京:中华书局,1986 年,第451 页。

③ Aristotle, *Nicomachean Ethics*,(trans.) W. D. Ross, In *The Works of Aristotle*, vol. 9, Oxford: Oxford University Press, 1963,1169a33 - 36.(中译参照亚里士多德:《尼各马可伦理学》,廖申白译,北京:商务印书馆,2003 年,第 277 页。——译者)

中心的反对意见。在他看来，有德之士，真正的自爱者关心他人的美德，所以把行美德的机会让给别人。托纳(Christopher Toner)设想以下情境来解释亚里士多德：我们俩是朋友，一起去执行危险的侦察任务。必须有一个人自愿首先穿过一片开阔地带。我想上前去，但马上想到这样会让你背上懦夫的恶名，而这对你来说是不公平的。为了避免给你带来恶名，于是我保持沉默，让你成为第一个冲上前去的人。① 克劳特(Richard Kraut)的解释与此相仿：我认为我的朋友有能力监督大型的市政项目，但他没有太多机会展示自己的价值；于是，我说服监督这些项目的政府官员为他争取机会。②

规范性问题和中西哲学

笔者曾在别处论及，且不管这是否就是亚里士多德的意思，有德之士不可能通过把行善的机会让给无德之人这样的方式而使他变得有德。③ 这里想强调的是，从我们上面的讨论来看，这显然不是孔子建议有德之士让其他人变得有德的方式。孔子认为，虽然一个人在面对外部利益的时候应当把机会让给别人，但是，"当仁，不让于师"(《卫灵公》)。依照清儒黄式三的解读，这是说，倘有践习美德的机会，则不应当逊让于众人。④ 孔子心中所想，并不是克劳特在讨论亚氏关于美德友谊的概念时所讲的"道德竞争"(在道德竞争中，所有竞争者都可能是赢家)。相反，正如朱熹注解"当仁，不让于师"云："盖仁者人所自有而自为之，非有争也，何逊之有？"⑤此外，亚里士多德的兴趣在于有德的朋友之间的关系，而孔子的主要关注点则在于有德之士与无德之人之间的关系。如果有德之士在这种情况下退让，那就没有人行善了，因为无德之人既为无德之人自然不会去行善的。相反，如果有德之士带头行善，那么无德之人就有可能在道德上被感动，从而变成有德之士。⑥

当然，有德之士之所以可以成为榜样，从而可以吸引信从者，即能让他人变

---

① 参见 Christopher Toner, "The Self-Centeredness Objection to Virtue Ethics," *Philosophy*, vol. 81 (2006)：595–617，611。

② 参见 Richard Kraut, *Aristotle on the Human Good*, Princeton：Princeton University Press, 1989, p. 126。

③ 参见 Huang Yong, "Confucius and Mencius on the Motivation to Be Moral"。

④ 参见程树德：《论语集释》，第1124页。钱穆先生亦采此说，言曰："师之与我，虽并世而有先后，当我学成德立之时，而师或不在"，故"师"字当训"众"。(参见钱穆：《论语新解》，第422页。)

⑤ 程树德：《论语集释》，第1124页。

⑥ 王庆节对道德感动有精彩的论述(参见 Wang Qingjie, "Virtue Ethics and Being Morally Moved," *Dao：A Journal of Comparative Philosophy* vol. 9 no. 3 (2010)：309–321)。

得有德,是因为他及其德行为他人所知。如果他不为人所知,因而没有信从者,那又会怎样呢? 这正是第三句话想要说的意思:一个卓越的人不会怨恨别人。这句话通常被理解为,对孔子来说,学习以自我修养为旨趣。因此,一个人只要有德,别人是否知道实在是无所谓的事。[1] 朱熹甚至以吃饭为喻。一个人吃饭是因为他想要吃饱,完全没有必要去问别人是否知道自己已经吃饱了。[2] 这是有道理的。然而,对孔子来说,一个人不仅要自己有德,而且还要帮助别人有德。事实上,除非一个人也想让别人有德,否则我们就不能认为他是有德的。因此,如果别人没有认识到我们的美德,那我们不能抱怨别人;相反,我们倒应该抱怨自己尚无完德足以感化无德之人。换而言之,有德之士应该提升自己,而不是责怪别人不知道、不信从自己。《论语》对此再三致意焉。孔子说:"躬自厚而薄责于人,则远怨矣。"(《卫灵公》;亦可参见《宪问》)又说:"不患无位,患所以立;不患莫己知,求为可知也。"(《里仁》)所有这些都与笔者在别处所强调的一个要点一致:在有德之士眼里,只要存在一个无德之人,就表明他还没有充分履行自己的职责。

五、政府在道德教育中的作用

孔子对政府职能的论述,最有名的莫过于下面这段话:"道之以政,齐之以刑,民免而无耻;道之以德,齐之以礼,有耻且格。"(《里仁》)必须指出的是,对孔子来说,问题不在于以刑(惩罚)、政(强制措施)治国没有效果。它们在阻止人们做不道德的事情方面颇有成效。孔子的关注点在于,如果以刑、政治国,普通民众尽管遵纪守法,却会变得无耻。以德、礼治国同样可以防止人们做坏事,但孔子提倡德、礼,因为用这种办法治国可以让人们有羞耻感。换言之,在孔子看来,政府的首要职能是对民众的道德教育。正是在这里,我们看到孔子和当代政治自由主义者对政府职能的理解形成了鲜明对比。

自由主义在当代政治哲学中的独特之处,至少部分归因于它严格区分政治之域和个人之域。这一区分有两个面向。其一,"个人之域不是政治的":政府

---

① 参见陈大奇:《孔子学说》,第 5 页。

② 参见朱熹:《朱子语类》,第 453 页。

的职能仅限于人们在公共领域的生活,而他们在私人领域的生活,尤其是在家庭内部的生活,是受到"保护"的,政府不能加以干预。许多女权主义思想家已经充分指出这一主张的问题之所在。女权主义者正确地主张,个人是政治的。当然,这并不意味着政府可以无孔不入地介入个人生活。然而,自由主义关于政治之域和个人之域的划分尚有第二层涵义,女权主义的口号"个人是政治的"并没有抓住它,它所带来的问题不但没有被女权主义所界定,而且还(将)进一步渗透到女权主义所提出的旨在减少个人之域的不公正的程序之中。在自由主义的传统中,不仅个人不是政治的,而且政治也不是个人的:政府的职能仅限于建立由法律和公共政策所规范的社会制度,而无关乎究竟什么样的人生活在这些制度之中。换句话说,政府的工作是改善社会制度,使它们公平对待生活在制度中的每一个人,但不是培养个人的德性,当然,也不是要让他们变成恶人。自由主义的这一看法是成问题的。

初看起来,既然自由主义传统坚持认为政治不是个人的,如果它没有援手培养个人的美德,我们可能会认为至少它不会引发恶习。它使人如其所是。它只是制定对每个游戏者来说都公平的游戏规则。实则不然。科恩(G. A. Cohen)批评自由主义尤其是罗尔斯的正义论,他指出,"社会结构广泛塑造了动机结构",因为人性在动机方面的"可塑性"相当强。[1] 在他看来,自由社会不仅没有改善人性,实际上还鼓励人们成为自私的人。他对罗尔斯的差异原则(第二个正义原则的一部分)尤为介怀,因为它试图证明社会与经济不平等是正当的:最有才的人,如果不多给他们一点东西,就不会充分发挥他们的才能,这样一来其他人也就处于更糟的境地。罗尔斯认为,让最有才的人适当多得一点,以激发他们充分发挥自己的才能,从而让社会上其他每一个人从中受益。在科恩看来,这一原则鼓励了最有才的人的自私心:如果不允许我们(最有才的人)获得比其他人更大的份额,我们就不作出最大的贡献;不仅如此,它也鼓励了最弱势者的自私心:如果我们不能从最有才的人的施展才华中获得更多的好处,我们就不允许他们拿到更大的份额。[2]

这已经表明,自由主义者认为政治不是个人的,这完全是错的。政治是个

---

[1] G. A. Cohen, *If You're an Egalitarian, How Come You're So Rich?* Cambridge, Mass: Harvard University Press, 2002, p. 119.

[2] 参见 G. A. Cohen, *If You're an Egalitarian, How Come You're So Rich?* 第八章。

人的：一种特定的政府不仅决定了将有何种社会，而且在很大程度上决定了将是何种人生活于社会之中。只有在这样的脉络之中，我们才能认识到孔子政治哲学的意义，因为它明确指出，政府的职能是对民众的道德教育。不惟如此，在孔子看来，政府实现这一职能主要通过君主的典范行为而不是通过君主所制定的规则。正是在这个意义上，孔子的观点也明显不同于亚里士多德的观点，有时人们认为我们可以拿后者替代今天的自由主义政治理论，因为亚氏认为，政府确实承担对公民进行道德教育的功能。然而，亚里士多德的理论有两个独特之处。其一，主张道德教育是专属于立法者的工作，个体公民(如父母和朋友)不得预于其间，即便立法者通常并不可能像父母了解子女或朋友了解朋友那么熟知公民，也并不必然贤于父母或朋友。这一点关联到亚氏理论的第二个特征：立法者实施道德教育，不是通过他们足以让民众模仿的典范行为，而是通过他们所制定的法律。在亚氏看来："如果一个人不是在健全的法律下成长的，就很难使他接受正确的德性。因为多数人，尤其是青年人，都觉得过节制的、忍耐的生活不快乐。所以，对青年人的哺育与教育要在法律指导下进行。"①他进而指出："大多数人都只知恐惧而不顾及荣誉，他们不去做坏事不是出于羞耻，而是因为惧怕惩罚。"②因此，亚里士多德和当代自由主义者都认为，政府的首要职能是制定刑法。差别在于，自由主义者认为，法律相对于人们的品性来说是中立的，它们不会让人变得高尚或邪恶，而亚里士多德则主张，刑法能够并且应该使人有德。

　　亚氏理论的以上两点，孔子均不会同意。孔子的确区分了有德的个体和政治领袖在道德教育中的作用。政治统治者可以在道德教育中发挥作用，恰恰因为普通的有德之士可以发挥这样的作用。因此，就像普通的有德之士只能通过自己典范性的道德行为来让别人成为有德的人，政治统治者也只能通过他们自己的典范性的道德行为来让民众成为有道德的人。孔子之所以强调政治统治者在道德教育中的重要性，主要并不是因为他们可以通过任何政治或法律措施(这是普通的有德之士所做不到的)实现道德教育，而只是因为他们的行为将被

① Aristotle, *Nicomachean Ethics* 1179b30 - 1180a2.(中译参照亚里士多德：《尼各马可伦理学》，廖申白译，第313页。——译者)

② Aristotle, *Nicomachean Ethics* 1179b11 - 13.(中译参照亚里士多德：《尼各马可伦理学》，廖申白译，第312页。——译者)

他们治下的所有民众所效仿,而普通有德之士的典范性善行只能影响到身边的小圈子。

正因为此,他在劝谏政治统治者的时候不断强调有德的重要性。例如,他说:"苟正其身矣,于从政乎何有? 不能正其身,如正人何?"(《子路》)"政"与"正"是同源字。因此,季康子问政,孔子回答说:"政者,正也。子帅以正,孰敢不正?"(《颜渊》)季康子患盗,孔子告诫他:"苟子之不欲,虽赏之不窃。"(《颜渊》)季康子进一步问:"如杀无道,以就有道,何如?"孔子回答道:"子为政,焉用杀? 子欲善,而民善矣。君子之德风,小人之德草。草上之风,必偃。"(《颜渊》)在孔子看来,如果统治者"其身正,不令而行;其身不正,虽令不从"(《子路》);"为政以德,譬如北辰,居其所而众星拱之"(《为政》)。①

当然,尽管孔子是位理想主义者,但并不是乌托邦主义者。他知道,完全放弃刑法还为时过早。他高度赞扬"善人为邦百年,亦可以胜残去杀矣"的说法(《子路》)。这表明,在很长一段时期内,即使一个国家由善人来统治,仍然需要有刑法。不过,孔子的理想是,这样的法律设而不用(《孔子家语·相鲁》)。因此,他说:"圣人之设防,贵其不犯也,制五刑而不用……是以上有制度,则民知所止,民知所止,则不犯。故虽有奸邪贼盗,靡法妄行之狱,而无陷刑之民。"(《孔子家语·五刑解》,《孔子家语·相鲁》)在孔子看来,刑法显然主要用以阻止坏人去做坏事,而非作为一种对付人的计谋。重要的一点在于,坏人被这些刑法阻止做坏事的同时,他们也应该被教导要有美德。孔子也许在反思自己作为大司寇的经历时说道:"听讼,吾犹人也。必也使无讼乎!"(《颜渊》)

当诉讼案件确实出现时,孔子也认为,尽可能寻求法律决定之外的解决方案很重要。孔子在鲁国担任大司寇时,曾发生过一起父讼子不孝的案件。孔子把他们关在同一间牢房里,关了三个月都没有做出判决。父亲最终请求撤诉,孔子便将他们俩都放走了。有人问,孔子本人一直强调孝对于治国的重要性,但为什么把儿子放了而不是惩罚他。孔子回答说:"上失其道而杀其下,非理也。不教以孝,而听其狱,是杀不辜。三军大败,不可斩也。狱犴不治,不可刑

规范性问题和中西哲学

---

① 《孔子家语·王言解》述之更详:"上敬老,则下益孝;上尊齿,则下益悌;上乐施,则下益宽;上亲贤,则下择友;上好德,则下不隐;上恶贪,则下耻争;上廉让,则下耻节。此之谓七教。七教者,治民之本也。……凡上者,民之表也。表正,则何物不正?"

也。何者？上教之不行，罪不在民故也。"(《孔子家语·始诛》,《孔子家语·五仪解》,亦参见《荀子·宥坐》)

孔子进而认为,在理想的古代社会,"威厉而不试,刑错而不用",而在他所生活的社会则相反,"乱其教,繁其刑,使民迷惑而陷焉,又从而制之,故刑弥繁,而盗不胜也"(《孔子家语·始诛》,《孔子家语·六本》)。当然,孔子并不想完全放弃刑罚,而是主张惩罚必须在道德教育之后。在他看来,"既陈道德以先服之,而犹不可,尚贤以劝之,又不可,即废之,又不可,而后以威惮之,若是三年,而百姓正矣,其有邪民不从化者,然后待之以刑,则民咸知罪矣"(《孔子家语·始诛》)。

然而,即使作为最后手段的刑罚是必要的,政治领导人仍必须牢记两件重要之事。首先,惩罚主要不应该是报复性的,即将罪犯对他人造成的伤害返还给罪犯,而是应该作为一种改造罪犯的措施。由此,孔子更加认同古代社会而不是自己身处其中的社会:"古之知法者,能省刑,本也;今之知法者,不失有罪,末矣";而"今之听民者,求所以杀之;古之听民者,求所以生之"(《孔子集语·论政》)。其次,更重要的是,法官当然应该尽其所能做出正确的司法裁决。不过,即使他们判定一个人确实犯了所指控的罪行,孔子也劝他们"哀矜勿喜"(《子张》)。[1] 孔子在别处也有类似的说法:"听讼虽得其指,必哀矜之。死者不可复生,断者不可复续也。《书》曰:'哀矜折狱。'"(《孔子集语·论政》)一个人之所以应该有这样一种哀矜之情,原因在于他应该认识到,如果他教育这个人很成功,就没有必要动用惩罚了,但他现在不得不求助于刑罚作为最后的手段。这是赫斯特豪斯(Rosalind Hursthouse)所讲的"道德残余"(moral remainder or residue):一位有道德的人做了一件不得不做且是最好的事,但在理想状态下他不必做这样的事,这时他就会感到某种内疚、自责或后悔。[2] 这与老子关于战争的说法相似。总体而言,老子是反战的。如果一位明君发现战争不可避免并打了胜仗,他不会认为这值得称赞,而是以丧礼处之,不仅为那些为他而战死的人,也为死去的敌人(《老子》第三十一章)。

这种悲伤、内疚、悔恨或自责之情本身也是值得称赞的,因为一个人的美

---

[1] "哀矜勿喜"已经用作成语,描述我们发现别人做错事之时当持的恰当态度。

[2] 参见 Rosalind Hursthouse, *On Virtue Ethics*, Oxford: Oxford University Press, 1999, pp. 75-76。

德不仅表现在行为上，也体现在情感上。同时，这种"道德残余"也可能具有道德转化的力量。在《孔子家语》中，有个故事很好地说明了这一点。卫国宫廷政变引发混乱。担任卫国刑官的季羔正逃离都城寻找安全之所，这时他意识到守门人曾受过他的惩罚。守门人让季羔从残破的矮墙逃走；季羔拒绝了，说君子不会翻墙。守门人又说走墙下的地道；季羔再次拒绝，说君子不钻地道。最后，他又被告知有一密室。季羔获得藏身之处，从而在混乱中得以保全。当政变结束，季羔出来时，他问守门人："亲刖子之足矣，今吾在难，此正子之报怨之时，而逃我者三，何故哉？"答曰："断足，固我之罪；……临当论刑，君愀然不乐，见于颜色，臣又知之。"孔子闻之，曰："善哉！为吏，其用法一也，思仁恕则树德，加严暴则树怨。"（《孔子家语·致思》，《孔子家语·本姓解》）

六、结语

孔子经常被认为是中国历史上第一位私人教师。然而，如上文所分析，他并不是通常意义上的教师，因为他的教学内容既不是理论知识也不是技能，而是成德之方。尽管孔子充分认识到，一个人最终只能靠自己变成有德之士，但他确实认为，美德之人可以做很多事情去帮助别人成为有德之人，而其中最重要的是成为美德典范。任何一个有德之士当然都可以做到这一点，不过，孔子更加注重政治领袖，因为他们的影响更广更深。因此之故，在孔子的政治哲学中，政府的首要职能是对民众的道德教育，这与当代政治自由主义形成鲜明对照。此外，政府履行道德教育的职能主要不是通过法律和其他政治手段，而是通过统治者自身的道德典范作用，这又与亚里士多德的观点形成鲜明对照。在孔子看来，法律和惩罚还不能完全废除，但应该仅仅作为临时性的补救措施。即使这样的措施势在难免，一位有德的政治领袖也会自然而然感到悲伤，一方面因为恶人令人遗憾的状态，另一方面因为他自己未能通过其他措施改变恶人。

Can Virtue Be Taught and How?

Huang Yong

Abstract: Confucius was not a teacher in the conventional sense, as the content of his teaching is neither intellectual knowledge nor technical skills but the way to become a virtuous person. While Confucius fully realizes that a person can become virtuous ultimately only by himself or herself, he does think that there are a number of things that a virtuous person can do to help others become virtuous, the most important of which is to be a virtuous exemplar. Such a function can of course be performed by any individual virtuous person, but Confucius pays more attention to political leaders, as their influence is much wider and deeper. For this reason, in Confucius's political philosophy, the primary function of government is the moral education of its people, which stands in stark contrast to contemporary political liberalism; moreover, the government performs this function of moral education primarily not through laws and other political measures but through the rulers' being moral exemplars themselves, which is in sharp contrast with Aristotle's vision. In Confucius's view, while laws and punishment cannot yet be entirely thrown out, they should be used merely as temporary and supplementary measures. Even when such measures become inevitable, a virtuous political leader will exhibit a natural feeling of sadness, no less about the leader's own inability to transform the vicious person through other measures than about the regrettable status of the vicious person.

Keywords: Confucius, virtue, education, Aristotle, political liberalism

美德是否可教，如何教？

儒家的自我修养与孟子的扩充概念[*]

[美]艾文贺(*Philip J. Ivanhoe*) 著　陈志伟 译[**]

[摘　要]　在儒家伦理思想中,自我修养是一个重要的工夫论问题,这个问题关涉到作为个体的我们能否通过一种确定的方式在日常伦理生活中改善自己,从而培育完善的德性。艾文贺从《孟子·梁惠王上》第七章孟子与齐宣王的一场对话出发,借助孟子的"扩充"概念来理解儒家的自我修养问题。这场对话以齐宣王所面对的两个案例为中心,即关于衅钟之牛被齐宣王换成羊,以及齐宣王无视人民疾苦。结合其他汉学家对此段文字的解读,艾文贺希望通过一种精致的分析,找到由前一个关于牛换羊的例子类推到后一个关于人民

---

*　当从其他材料中引用资料时,我通篇使用汉语拼音,并将罗马书写转化成拼音。然而,所有的引用都出现在它们最初的罗马字体书写中。我想要感谢 Mark Berkson, Mark Csikszentmihalyi, Eric L. Hutton, Craig K. Ihara, T. C. Kline, III,万白安(Bryan W. Van Norden),以及黄百锐(David Wong)对这篇文章较早的草稿所给出的极为有益的评论和建议。(本文原载:*Essays on the Moral Philosophy of Mengzi*, Liu Xiusheng and Philip J. Ivanhoe (eds.), Indianapolis/Cambridge:Hackett Publishing Company, Inc, 2002, pp. 221–241.内容摘要为译者所撰。)

**　艾文贺(Philip J. Ivanhoe, 1954—　),著名汉学家,斯坦福大学哲学博士,香港城市大学东亚与比较哲学、宗教学讲座教授。陈志伟(1975—　),男,山东莒南人,哲学博士,西安电子科技大学人文学院哲学系副教授。

疾苦例子的途径,他认为在这两个案例之间存在一种叫做"类比共鸣"的特征。孟子正是借助于这种特征在不同的实例之间进行类推,从而得出他的"扩充"概念,并完成从自己身边之事到天下事务的扩充过程。

[**关键词**] 儒家;自我修养;孟子;类比共鸣;扩充

导论

当代道德哲学家,甚至是那些主要关注德性伦理学的哲学家,都不会花太多时间或提供很多细节去关注自我修养问题。然而在道德上改善自我的能力恰恰是他们所提方案的核心。我们能够改善我们自己,并且在某些情况下确实设法改善了我们自己,这种印象是我们的普遍经验,也是我们关于自己与他人的道德生活概念的重要组成部分。①

中国的哲学家们,尤其是处于儒家传统中的那些哲学家们,已经对道德的自我修养问题给予了大量关注。绝大多数哲学家将他们有关自我修养的观点与一种相应的人性论联系起来,而这些理论极大地影响了这些思想家如何看待道德上自我修养的必要性,或者如何看待这种自我提高的最有效方法。然而,所有哲学家都相信道德自我修养不仅是可能的,而且还是好生活的关键性构成部分,并且它也是他们的大量伦理反思的主要焦点。

这篇文章关注一位早期中国儒家思想家孟子(公元前390—前305年)的思想。首先对他有关自我修养过程的一般结构的观点作一简短描述,但是我的主要关切点是孟子在如下问题上的看法,即一个人应当如何开始"扩充"

---

① 对这一问题的一种现代亚里士多德主义进路,参见由 Brad K. Wilburn 撰写的尚未发表的博士论文:*Moral Self Improvement*, Stanford University, Department of Philosophy (February, 1992)。另参见 Myles Burnyeat, "Aristotle on Learning to Be Good," in *Essays on Aristotle's Ethics*, Amelie Oksenberg Rorty (ed.), Berkeley, CA: University of California Press, 1980: 69 - 92。

(extending)本身固有的道德情感过程？① 我将考察《孟子·梁惠王上》第七章，这段文字展示了这种扩充的一个著名实例。我将从我自己所知的哲学上最具重要性的一些解读来展开分析，并继续提供我自己的一个新解读。在结论中，我提出了一些方法，依据这些方法，从事于自我修养的早期中国人就能够被赋予有关道德生活的更加精确更为丰富的说明。

由于我的主要兴趣是对孟子扩充概念的初始阶段提供看起来最具合理性的解释，因此在文章开篇和最后部分我所提供的只是一个梗概，而不是一幅完整的画面。然而，我相信这些部分的内容能使主要的计划更多地面向那些不太熟悉孟子哲学的人。我还希望它们将证明，研究这种能使人获得更宽广的伦理领域的问题，其兴趣和价值是有启发性的。

孟子有关人性和道德自我修养的观点

孟子首先论证我们所有人都天生拥有端芽般的道德倾向或道德感（nascent moral inclinations or senses）。他称这些是我们的"端"——"道德上的萌芽"（moral sprouts），这一意象是极其重要的。② 像其他的萌芽一样，这些道德倾向是自我的幼小柔弱而非成熟强大的部分。它们极易被忽略、被践踏或被

---

① 西方哲学对孟子道德扩充概念的研究肇始于倪德卫影响深远的文章，"Mencius and Motivation," in Henry Rosemont, Jr. (ed.), *Journal of the American Academy of Religion*, Thematic Issue S, Vol. 47 No. 3 (1980)：417-432。他在那个时候的立场由下文所讨论的第一篇信广来的文章所发展，并被随后的万白安的文章所批评。我们要考虑的下一篇文章，由黄百锐撰写，在很大程度上也是受倪德卫早期工作的启发。在他的被收进上述文集的文章中，黄百锐提供了对其观点的一个新解释，它显示出与我在此处所考虑的解释极大的不同，而似乎与我所提供并捍卫的解释更加接近得多。近来，倪德卫又再次回到这个主题上。在一篇经过重大修订和扩充的文章中，他展示了他的新解释，见"Motivation and Moral Action in Mengzi," in Bryan W. Van Norden, (ed.), *The Ways of Confucianism* (Chicago：Open Court Press, forthcoming)。他的最新立场似乎更加接近于此处所维护的观点，尽管他对扩充的理解在细节上仍然是不清晰的。

② 孟子在《孟子·公孙丑上》第六章反复使用了"端"这个词。但是他也用其他词来揭示这一相同观念。例如，他在《告子上》第八章中使用了"蘖"和"萌"，以及在《告子上》第九章单独使用了"萌"这个词。他还使用其他的比喻来描述相同的一般观点。对孟子思想这一方面的讨论，参见我的 *Ethics in the Confucian Tradition：The Thought of Mengzi and Wang Yang-ming*, Revised 2nd Edition (Indianapolis：Hackett Publishing Company, 2001)：pp. 15-28。

连根拔除。它们也像初生的嫩芽那样充满活力,引人注目——不是潜伏的和隐藏着的——而且要是我们保护并供养它们,它们也会像嫩芽般成长和繁荣。这些相关的信念构成了孟子"人性善"主张的核心。他并没有做出我们已然是善的这样一种单调乏味且明显是错误的主张,而是认为我们生而好善,拥有一种向善的倾向性(a tendency toward the good)。

在这个阶段上,孟子的主张是相当谦逊的:他只是表明,作为其本性的一部分,人们拥有某种道德敏感性(moral sensitivity)。这并不会给我们太大启示。一个人可以承认这样一种感觉是存在的,并且还可主张它对于行动而言是如此微弱的一种动机,以致它几乎从不引导我们的行动。然而,在我们进一步考察孟子如何继续论证之前,牢牢记住两件事是非常重要的。第一件事是早期中国人相信,心,"心智"(heart and mind),是这样一个器官,它包含认知(比如推理)能力、情感(比如情绪)能力——包括特定的道德敏感性——还有我们的意志力(volitional abilities,某种类似于但却不同于我们通常的意志概念的能力)。① 孟子论述道,正是这个器官必定引导着我们的生活道路。为什么呢? 因为只有这个"心智"拥有思考、衡量和判断我们所面对的各种抉择的能力。这是它的自然功能。如果想要了解我们真实的本性(nature),我们必须依据其自然功能运用我们的每一部分。② 我们必须反思我们做出的选择和我们完成的行为,并准许心灵引导我们。

第二件需要记住的事情是,孟子有关所有人都拥有道德端芽的主张是一个"普泛的"(generic)主张。③ 也就是说,它是一个有关我们称为人的这一类生物的正常、健全的典型主张。它并不意味着可被运用于在生物学意义上是人的每一个体之上。那些天生就有某种内在缺陷的人,抑或那些遭受某种外在伤害事件或在孩童时期就受到系统性虐待,结果在其行为中一向反社会的人,不能代

---

① 孟子没有以任何令人满意的方式对这些能力加以分类,而且关于他的道德心理学的重要方面,例如像心灵受好的倾向所影响或牵制那样,其能够受坏的倾向影响或牵制到何种程度这一点也不清楚。他有关意志力的观点很粗糙,即我们拥有掌控心智的不同部分并集中注意力于其上的能力,从而在自我之内约束(或释放)不同的情感和意识因素。

② 参见《孟子·告子上》第十四章和第十五章对这一论证的一个简明陈述。关于孟子思想的这个方面的更为完整的说明,参见我的 *Ethics in the Confucian Tradition*,pp. 19 - 20。

③ Julius E. Moravcsik, "Genericity and Linguistic Competence," *Theorie des Lexikons*, *Arbeiten des Sonderforschungsbereichs* 282, No. 54 (Dusseldorf: Heinrich Heine Universitat, 1994).

表孟子主张的反例。这样的人并不是正常、健全人类的代表性范例。考虑一下像这样的主张:"海狸建造水坝"或"海狸在危险时就用尾巴拍击海水"。这些就是有关正常、健全的海狸在它们的自然环境中倾向于做什么的普泛性主张。如果你指出一只天生就没有尾巴或在某次事故中失去尾巴的海狸,抑或你指出一只生病的海狸,或者指出一只正处于沙漠环境中的海狸,而你又主张,这些是关于海狸"依其本性"倾向于去做的事情的两个较早主张的反例,那么你就恰恰误解了这种普泛性表达的特征和力量。孟子的如下主张,即要是突然看到一个快掉进井里去的小孩,所有人都会感到惊恐和担心,即是关于人的本性的一个普泛性主张。① 如果我们同意正常的人拥有这种善的端芽,并赞成孟子的功能论证(function argument)——这种论证把心智确立为自我的自然主宰——那么他只需更进一步为他的"人类显示了一种向善的自然倾向"这一主张举出一个貌似合理的实例即可。这个更进一步的主张关涉到道德行为的喜悦(joy)。孟子论证到,如果我们运用心智,依据有关我们行为的当前和更长距离的后果的充足知识,去对我们所做的事情进行衡量和判断,那么我们就会发现,每当做了一件善事,我们就能体验到一种特殊种类的喜悦和满足。反之,在相同条件下,每当我们反思自己干了一件不道德的事,我们将会体验到一种厌恶和羞耻的感情。孟子相信这种道德行为的喜悦将会滋养我们的道德端芽。如果我们用这种方式来培育它们,随着其不断成长,它们就会授权我们去做越来越困难的善行。② 因此,通过遵循本性,我们就倾向于善。

需要注意的是,正是对我们实际上所做的善事的沉思导致道德端芽的增长。仅仅思索善好的思想并不有助于它们的发展,尽管那可能会帮助我们搞清并领会在特定情形下我们应该做的事。同样的区别对于身体锻炼或掌握一种像拉小提琴这样的技巧也是真实的。思考俯卧撑永远也不可能使一个人更强壮,思考练习音阶也永远不可能使一个人成为鉴赏力高超的小提琴手。一个人必须去从事这些练习以便体认并领会它们的善好价值。就一种高水平的有判断力的意识是成功的必要条件而言,道德行动的情况在这方面更接近于演奏小提琴而不是做俯卧撑。一个人必须不仅要恰巧做得好,他还必须认识到他正很

① 孺子入井的例子,参见《孟子·公孙丑上》第六章。

② 例如,参见《孟子·离娄上》第二十七章和《孟子·告子上》第七章。

好地在做,以便感受道德行动的特殊喜悦。① 我们的理解、实践和满足感与另一个人的一起发展。我们还必须要把一个区分牢记在心中。孟子说,对道德行动的沉思产生了一种复杂的喜悦(joy)感觉——不是快乐(pleasure)。在做正确的事情时,我可以感受到深深的喜悦、成就和满足,而发觉不到稍稍的快乐。比如,如果我的一个妹妹需要做一个肾移植,我想到我会有勇气捐献一个肾给她。考虑这一行动,在知道我做了正确的事情时,我会感受到一种特殊的喜悦。然而,我不会强调这是令人愉快的(pleasant)。孟子认为善好的生活(the good life)引起喜悦和满足——而不必是愉快(pleasure)。有时候做正确的事情要求严峻的艰苦和令人极其不愉快的牺牲;偶尔它还可能号召我们奉献生命。然而,善好的生活是体验了解一个人生活得好的喜悦的唯一方式。

　　注意到如下一点也是很重要的,即孟子并不是在说做正确之事的喜悦和满足就是使得一个给定行为正确的东西。使其正确的是它依据于我们的本性并体察到了天道(Heaven's plan)。一个给定行为的喜悦令其显得正确,而正是这种情感使自我修养成为一种实践的可能性。这后一点对于有关自我修养的所有伦理学都是真实的,至少对那些并不依赖于某种未来生活或彼岸奖赏的人来说是真实的。自我修养必定以某种清晰而又当下直接的方式产生满足,因为这就是让我们得以提升的动力。如果善好的行为经常让我们变得丑陋、悲惨或恶心,就不会有任何神志正常的人去追求或劝谏它们了。

　　孟子从未主张我们内在的道德倾向性自身就将导致道德的发育。这些只是德性的发端(the beginnings of virtue),它们需要我们的关注和努力以使其成长为真正的德性。孟子将人们引向自我修养道路的方法是由从他们之中激发出他们的自发道德行动开始的。② 对孟子来说,认识到我们拥有道德端芽是道

---

① 正如我们将要看到的,知道一个人正很好地在做,其确切的本质是什么,这是一个存在争议的问题。我的观点是,它在最低限度上需要这样一种认知,即认识到一个人的行为与其内在道德感相关联,并受这种道德感所激发。然而,对一个人之运用其道德感及其对这种道德感之理解的通盘把握,认为它是人性最好面向的一种表现,这也是"知道"一个人正很好地在做所意指的方面。我将此看作是仅仅在道德自我修养的更高层面上的发展。

② 伦理学的绝大多数当代进路倾向于聚焦道德两难事例和两难抉择的时刻,这些进路专心于人类生活的时间切片或道德片断。中国人却倾向于根据实践和某种步骤来处理伦理问题,这种步骤需要我们以某种被设计出来的反思和行为举止经常性地加以践行,以改变我们的能力、态度和习惯。他们感兴趣的不是抉择的时刻,而是使人们朝向特定的方向,让他们处于(正确之)"道"(the *dao* or Way)上。在下面的结论处我还将返回到这一问题。

德自我修养过程的第一步。正如我在下面将要论述的那样,对合宜的道德反应事例的沉思在道德施为者中激发了合宜的情感反应,并帮助她识别出道德关切的突出特征。

当我们逐渐意识到并开始理解我们的道德感时,孟子又敦促我们发展这些情感,并将之运用于其他合适的关切对象上。做到这一点的一个方法是通过对来自于历史的典型范例的学习。① 这些范例,为我们思考那些让我们领会到道德生活的形式特征(例如,一种运用的普遍一贯性也允许有特例)和适宜情感(例如,对他人的关切)的人,提供了道德上具有教化意义的榜样。② 这样的范例也为我们的生活提供了新的可能性和方向;它们给我们提供道德"脚本"(scripts),并鼓励我们尝试这些脚本。③ 这种学习让我们开始从事于认知、情感和实践的层面。④ 中国人更喜欢从历史中鉴古知今,而不是从虚构中借取榜样。尽管后者经常为儒家提供(尤其是)在伦理叙述中所重视的那种细节描述和微小差别,但它也可能提供不切实际、过度夸张的理想。⑤ 另外,从中国人的

① 例如,参见《孟子·公孙丑上》第二章中孟子对勇敢和圣人形象的讨论,或者他在《公孙丑上》第九章对"圣"(sageliness)的讨论。他运用这些讨论开始了日益精细的区分,并对这些卓越品质提供了一种更为细致入微的感知。应该注意历史上的典型范例也有助于阐发即兴创作并做出例外的需要。比如,参见《孟子·万章上》第二章。

② 这些范例是向那些可能会扭曲和破坏道德发展的解释开放的。孟子通过坚持需要在某人的经典解释中加以引导的方式尝试巧妙地处理这一问题。例如,参见《孟子·尽心下》第三章。

③ 我从 K. Anthony Appiah 那里借来"脚本(scripts)"一词。参见他的 "Identity, Authenticity, Survival: Multicultural Societies and Social Reproduction," In *Multiculturalism*, Amy Gutmann (ed.), Princeton: Princeton University Press, 1994, p. 160. Appiah 用这一术语来形容"人们能用来形成其生活计划并用来讲述其生活故事的叙述"。这是一个虽然相关但在某种意义上又比我心目中所想的稍有夸大的概念。他还担心这样的脚本如何能够约束一个人的自主性,特别是当他们与这样一种观点相关涉时,这种观点即:一个特殊性别或种族的人们"被期望"应该做什么。

④ 对于道德自我完善的这三个方面以及它们如何相互作用的讨论,参见 Brad K. Wilburn, *Moral Self Improvement*.

⑤ 对历史的学习在儒家的道德教育中总是发挥着核心作用,并可凭此将儒家从其他思想学派如道家和法家中区分出来。早期儒家对待历史及其在道德自我修养中的作用的态度不同于休谟。玛莎·C. 纳斯鲍姆(Martha C. Nussbaum)曾论证道,文学以及尤其是小说在我们的伦理生活中扮演了关键性的角色。参见她的 *Love's Knowledge: Essays on Philosophy and Literature* (New York: Oxford University Press, 1990),尤其参见第 5 章"'良知良能':文学与道德想象"("'Finely Aware and Richly Responsible': Literature and the Moral Imagination")。

观点来看,虚构小说中的人物角色在如下意义上是抽象的,即他们与任何现实的人都没什么关系。相反,历史榜样却被认为是文化上和道德上的祖先(ancestors)。有人可能会争辩道,这种对历史的偏好恰恰是另一种表现,即一个普通的中国人更喜欢从现实的具体榜样向更广泛的目标和理想提升,而不是从某套抽象、理想的原则下降到特殊的实例中。无论这些榜样是历史上的还是虚构的,在我们自己有关合宜的"角色榜样"(role models)的概念中可以发现这种一般敏感性在发挥作用。

孟子又提出了另一种方法来发展我们的道德敏感性,这种敏感性在被称之为"礼"(rites)的实践中处于核心位置。儒家的礼包括从大型国家宗教仪式到我们会称之为礼节(etiquette)的一切。在我们的文化中,这些可能会由某位总统的国家葬礼、阵亡将士纪念日的仪式或会见和迎接到访者的实践礼仪来表现。在儒家传统中,这种倾向性必定会将这些实践视为赫伯特·芬格莱特(Herbert Fingarette)在他那富有卓识的著作《孔子:即凡而圣》(*Confucius: The Secular as Sacred*)中所称的"神圣礼仪"(Holy Rite)的不同方面。① 我会称"礼"为"社交仪式"(social ritual)。

社交仪式提供了另外一种我们能够发展我们的道德敏感性的方式。比如,欢迎的规范仪式,带着一种对它们能促进友好关系的功能的正确意识来加以实践,就能为我们提供绝好的时机来发展和理解对我们人类同伴的关切之情以及与他们团结一致的情感。一种令人印象更为深刻的榜样是葬礼仪式,它提供深切的时机,不仅使我们能够缅怀失去的亲人,而且还会让我们反思与他人的关系和对他人的需要,以及我们自己生命的过程和意义。②

孟子所主张的我们能够发展道德敏感性的另一个方法是在类似的、道德上

---

① Herbert Fingarette, *Confucius: The Secular as Sacred*, New York: Harper and Row, 1972. 尤其参见第1章"作为神圣礼仪的人类群体",芬格莱特对礼的向心性的讨论不仅是正确的,它还标志着对儒家思想的现代哲学研究的一个重要时刻。他分析的其他方面存在更多争议,并且与此处所展示的理解有所差异。

② 葬礼仪式,尤其是一个人父母的葬仪,对孟子和所有儒家人物来说都是极其重要的。例如,参见《孟子·滕文公上》第五章。要再次注意孟子展示的不仅是那些精心编排、规范标准行为的案例,而且还有那些在其中普通礼节实践由于例外情形而被修正或被抛弃的例子。例如参见《孟子·离娄上》第十七章和《孟子·万章上》第二章。

具有重要意义的事例之间做出或注意去做出恰当的类比。① 例如,在我们下面将要考察的段落中,一位正要沿着道德的道路迈出他极不情愿的第一步的君主表现出如下一点,即他对一个苦难事例具有一种恰当的情感反应,但在另一个同样清晰的苦难事例上却又无法具有这种反应了。这暗示着一种对两个事例都甚为了解的意识以某种方式有助于影响对第二个事例的恰当反应,也就是说,"扩充"(extending)君主的道德敏感性。某些解读者曾提出这两个事例之间的认知相似性(cognitive similarity)在扩充过程中将发挥直接而又重要的作用。然而,我将证明,在道德自我修养的这一早期阶段上,这两个事例之间我称之为"类比共鸣"(analogical resonance)的东西包揽了绝大部分的工作。这并不是说随着一个人的道德能力和理解力的增长,这种类比性的认知方面不会发挥越来越重要的作用。相反,我会表明一个人的道德能力的增长,当其发展到一定层次时,在很大程度上就会由这个人对道德生活的此种特征的理解力所决定。我的观点是在与一个极端观点相对照之下提出的,这个极端观点认为,一种对这两个事例之间类比性的认知理解力在第二个事例中保证了或产生了一种相应的情感反应。尽管我将要讨论的解释中没有任何一个解释提倡这样的极端观点,但它们却是倾向于它的,而更为重要的是,它们并不赞成在我将要考察的那段话中孟子强调的是情感共鸣,而不是认知类比的作用。

《孟子·梁惠王上》第七章事例中孟子的扩充概念

我要分析的这段话对于那些熟悉《孟子》文本的人来说是烂熟于心的:《梁惠王上》第七章中孟子与齐宣王的讨论。一番公开的交流之后,齐宣王触及本质地问孟子,某个像他自己这样的人能否成为一个真正的王,以及需要拥有何种条件才能成为那样的王,即一个能统一整个天下,将天下置于他的统治之下

---

① 提出孟子运用类比问题的第一个人是刘殿爵。参见其文章,"On Mencius' Use of the Method of Analogy in Argument," reprinted in D. C. Lau (trans.), *Mencius*, London: Penguin, 1970, pp. 235 - 263。然而,尽管刘殿爵确实讨论了孟子运用各种类比以澄清重要伦理观念的诸多案例,他却没有考察类比在涉及典型道德反应的案例中的运用。这后一种案例是由倪德卫在他对孟子的扩充所作分析中第一次加以讨论的。参见本文上面的注释。另参见 David B. Wong, "Reasons and Analogical Reasoning in *Mengzi*," in *Essays on the Moral Philosophy of Mengzi*, Liu Xiusheng and Philip J. Ivanhoe (eds.), Indianapolis/Cambridge: Hackett Publishing Company, Inc, 2002, pp. 187 - 220.

的王。齐宣王知道孟子相信只有在道德上善好的人才能成为这样一个真正的王,而齐宣王的问题隐含着他自己的怀疑,即他并不拥有这种必要的能力。

孟子回答说,王确实拥有这样的条件,并且说他知道这一点是因为他从别人那里听到的一件事情。根据这一报道,齐宣王最近舍不得一头牛,他注意到这头牛正要被牵去宰杀以用于祭礼,他命令用一只羊来代替。齐宣王确认这件事确实发生过。经过进一步的讨论,孟子使王相信他吝惜这头牛的唯一理由是他对它表示怜悯。正如齐宣王所说:"我不忍心看到它害怕地颤抖的样子,就像一个清白无辜的人正走向死刑之地一样(吾不忍其觳觫,若无罪而就死地)。"①

孟子继续说,这件事表明齐宣王拥有成为一个真正的王的基本能力,也就是说,他具备一种道德心智(a moral heart and mind)。因此,"之所以没有给人民带来和平,是因为你没有践履仁慈……你不能成为一个真正的王,是由于拒绝去做,而不是因为没有能力去做(百姓之不见保,为不用恩焉……故王之不王,不为也,非不能也)"。② 更进一步地,孟子解释道:"你需要做的就是将此心(或敏感性)运用于那个地方而已。以这种方式,一个扩充其仁慈的人就能为四海之内带来和平……古代人超越于其他人的一个方面只不过就是善于扩充他们的所作所为罢了。现在你的仁慈足以达及动物身上,而你的努力却还没有扩充到人民那里。这是为何呢?(言举斯心加诸彼而已。故推恩足以保四海……古之人所以大过人者无他焉,善推其所为而已矣。今恩足以及禽兽,而功不至于百姓者,独何与?)"③

确切地说,孟子要齐宣王做什么? 很显然,孟子的最终目的是让齐宣王成为一个好人,或至少是一个更好的人。这样的一个结果将是他会更加仁慈地对待他的人民。但是怎么能认为这个吝惜牛的例子会促成这样的目的呢? 在一篇谨慎论证的重要文章里,信广来(Shun Kwong-loi)④指出孟子将此事件作为一个案例提供出来,在其中齐宣王的道德感成功地激发了合宜的行动:也就是说,它是一个齐宣王为之感到同情而遭受心灵痛苦并恰当地行动予以缓解之的

① 参考刘殿爵《孟子》英译本,*Mencius*,London,Penguin Group,1970,p. 9。

② 同上,第10页。

③ 同上,第10页。

④ Shun Kwong-loi, "Moral Reasons in Confucian Ethics," in *Journal of Chinese Philosophy*, Vol. 16 No. 3 - 4 (1989): 317 - 343.

案例。表明这一点之后,孟子又指向人民,他们的处境代表另一种遭受痛苦的清晰案例。齐宣王将会看到他在这两个案例之间缺乏一致性,那么这一认识就开启了某种程度上在第二个案例中产生恰当情感反应的进程。然后齐宣王就会成功地将他的富有同情心的反应从动物的案例扩充到人民的案例中。正如信广来所说:"他同情牛是对牛所遭受痛苦的一种反应。知道这一点,并且还了解他的人民所遭受的痛苦,齐宣王应该明白他也要对他的人民抱以同情。明白了这一点,他就应该在实际上逐渐拥有了这种同情,从而也就完成了扩充的过程。"①

然而,正如万白安(Bryan W. Van Norden)所表明的,对齐宣王来说,在消除了其对牛的同情时,一种同样的一致反应也将起作用。② 实际上,根据以下事实来看,他对牛的吝惜看起来有点愚蠢,这个事实就是他只是用另一只生物(羊)替代了正遭受痛苦的生物。万白安令人信服地表明,一致性并不支持巩固孟子所诉求的东西;它似乎并没有在扩充的这一案例中扮演任何重要的、具有因果关系的角色。孟子也没有清楚地主张对不一致性的认识就是引起针对人民怜悯感情的那个东西。万白安指出,孟子试图让齐宣王将其注意力集中到在民众痛苦的案例中表现出来的他的道德感上:"他正将宣王的注意力引到现实(民众痛苦)的那一面和宣王自己的意向结构上去,相信这种注意力的集中将会增强宣王意向结构的那个方面。"③

这是一个明显更好的解释。在其诸多优点中,这一解读看到了孟子目标在牛和民众的两个案例中更大的相似性。因为在每一个案例中孟子都没有为宣王提供道德地(也就是诉诸一致性和合理性)行动的理由。然而,尽管万白安的批评是决定性的,他的说明也是正确的,他的分析并没有充分地解释在扩充的行动中被认为发生了什么。因为正如万白安所主张的,如果孟子只是"将宣王的注意力引到现实(民众痛苦)的那一面",那似乎无需先前那个牛的例子他就能做到这一点。在万白安的说明中,牛的案例所扮演的唯一角色就是确定宣王

---

① Shun Kwong-loi, "Moral Reasons in Confucian Ethics," pp. 322 – 3.

② Bryan W. Van Norden, "Kwong-loi Shun on Moral Reasons in Mencius," in *Journal of Chinese Philosophy*, Vol. 18 No. 4 (1991): 355. 万白安提出了其他反对意见,并且提供了他自己的富有洞见和原创性的解释。我当前的工作与万白安的绝大多数分析相一致。

③ Bryan W. Van Norden, "Kwong-loi Shun on Moral Reasons in Mencius," p. 365.

确实拥有感受同情的能力。他已经确定,这个例子很明显要达成这个目标,并且也确实实现了这个目标,但我相信它也实现了其他目标,对于随后的扩充行动而言是决定性的那些目标。

黄百锐(David Wong)提供了有关《孟子·梁惠王上》第七章那段文字的另外一种引人关注且颇富启发的说明。[1] 他指出那种特定的情感,尤其是那些我们称为道德情感的特定情感,显示出拥有相当精密复杂的认知维度。这些维度不仅解决了由苏隆德(Ronald de Sousa)如此予人启发地讨论过了的框架性(framing)或突出经验(salience)问题[2],而且它们也证明,为什么道德情感为那些并不能被归属于行为者自己的欲望,而是要依赖于另外一个人的处境或状态的显著特征的行动提供理由。比如,关于怜悯(compassion)的情感,黄百锐说:"怜悯由于某种对它所针对的情境构想出来的特征而与其他种类的情感区别开来。怜悯的意向对象使一个有情者(a sentient being)正遭受的、现实的或即将来临的情境之特征变得突出显著。"[3]

我想集中于黄百锐对这种道德情感解释的另一个方面,即他的有关像怜悯之类情感的内在普遍性的主张,因为这一点直接与孟子的扩充问题有关。黄百锐说:"在将怜悯解释为包含一种认知维度时,由于如下事实,即另一个人的苦难被直接识别为行动的理由,那就存在一种应用的普遍性含义。将一种情境特征识别为以某种方式行动的一个理由,伴随着如下假设,即一种相关的情境特征将会构成相同的行动理由。"[4]

克雷格·井原(Craig Ihara)提供了对黄百锐分析的富有洞见的评论和某些批评。[5] 他用这样一些话来总结黄的立场:"黄的主要论点是,情感,包括怜

① David B. Wong, "Is There a Distinction between Reason and Emotion in Mencius?" in *Philosophy East & West*, Vol. 41 No. 1 (January 1991): 31 - 44.

② Ronald de Sousa, *The Rationality of Emotion*, Cambridge: MIT Press, 1987. 尤其参见他在第七章对 "salience"的讨论,等等。另参见 Nancy Shermand 在其著中关于亚里士多德的特殊例子对这一问题的讨论: *Making a Necessity of Virtue: Aristotle and Kant on Virtue*, Cambridge: Cambridge University Press, 1997, pp. 39 - 52。

③ David B. Wong, "Is There a Distinction between Reason and Emotion in Mencius?" p. 32.

④ Ibid. , p. 34.

⑤ Craig K. lhara, "David Wong on Emotions in Mencius," *Philosophy East & West*, Vol. 41 No. 1 (1991): 45 - 53.

悯,并不仅仅是情感性的(affective),而且在两个重要层面上还是认知性的(cognitive)：⑴它们影响了一种情境中表现突出的那些特征,以及⑵它们识别出作为行动理由的突出特征。"①井原接受了第一个主张,即上面提到的框架性问题,但却拒斥了后一个主张,不仅作为孟子观点的一种描述,而且也作为对普遍道德情感的一项说明都加以拒绝。由于在这里我的主要兴趣是发展出对《孟子·梁惠王上》第七章中所发生的事情的最具合理性的解释,我将不去回顾井原反驳黄百锐作为对道德情感之普遍说明的第二个主张的论证(尽管一般而言,我与井原共享这方面的观点)。相反,我将指出他之反对这一主张的论证,作为对孟子的一种解释,主要是揭示了单纯证据的缺乏。他说："就一个人所能确定的而言,……对齐宣王来说所必需的一切就是察觉到民众的苦难,而那就将自然而然地唤起怜悯的情感。没有迹象表明,在他能够做到这一点之前,他必定或明确或含蓄地拥有了那种认知,即所有有情众生的苦难是付诸行动的一个理由。"②

我同意井原对黄百锐在这个问题上的分析。当他声称将苦难看作是付诸行动的一个理由,就使如下信念成为必要,即所有有情众生的苦难是付诸行动的理由,他可能稍微夸大了这个案例,但是他的如下观点是对黄百锐立场看似合理的表述,即有必要以这样的理由识别出某些相当高层次的一般性,如果不是普遍性的话。然而,就像在先前的解释中一样,这一分析给我们留下了有关本性(the nature)和扩充地位(status of extension)的疑惑。因为要是为了唤起齐宣王的怜悯之情,"对宣王来说所必需的一切就是察觉到民众的苦难",对于孟子关于牛的案例的讨论就没有给我们留下任何清晰的目的。我们可以将井原看作是提供了齐宣王可能会意识到并发展他的道德感的另一种方式——当面临真正的苦难事件时,注意到它(道德感)的表现——但是这并没有解释我们在《孟子·梁惠王上》第七章文字中所发现的扩充范例。

在他更早的评论中,井原似乎说,在齐宣王与孟子的对话过程中,扩充的行动真实发生过："看上去最多不过是如下情况,即齐宣王慢慢理解了正是怜悯之

---

① Craig K. lhara, "David Wong on Emotions in Mencius," *Philosophy East* & *West*, Vol. 41 No. 1 (1991)：45.

② Ibid. , p. 52.

心在牛的事例中触动了他,由于牛与一个清白无辜的人的相似性……"①我认为井原说的是,当齐宣王把牛比作"一个被引向死刑之地的清白无辜之人"的时候,他已经感受到(或许甚至意识到了他的感受)对无辜民众苦难的怜悯之情,并且这就引起(或触发)了他对牛的怜悯。他之将牛类比为"一个被引向死刑之地的无辜之人"是一个颇富想象力的联想,寄生在他已经拥有的两种情感反应上,即对某个过去的无辜者和对当下的牛的情感。在这两种反应中我根本看不到任何因果性的联系(井原的话也并不意指这一点)。不管怎样,我们仍然需要追问的是对如下问题的一个解释,即在牛的事例中的情感如何能被扩充到齐宣王的民众事例中。

我回顾这两个较早的解释以及对它们的回应的理由现在可能更为清晰了。我将这两个解释者看作是以一种类似的方式进行论证,就孟子的观点来看,这就形成了一种相似的错误。无论是信广来还是黄百锐,他们都在不同程度上把《孟子·梁惠王上》第七章中孟子的扩充视为涉及到为道德行动提供抽象、普遍的理由这个层面上。对于信广来而言,这一点就在于在两个相关的类似事例之间要求情感的一致性。对于黄百锐来说,齐宣王应该将他的同情心在民众的事例中加以扩充的理由,已经展现于任何真正的同情行动中了,因为在某种程度上,任何这样的行动都将包含于对减轻痛苦的一种普遍要求的认知之中。我所讨论的两种回应则展示了我认为是对这些企图的重要批评的内容,并指向我在这里将要提出的解释,但是这两者都没有为我们提供对《孟子·梁惠王上》第七章中出现的孟子扩充概念的合理说明。

在这段话中,孟子所关注的主要是使齐宣王以某种特定的方式对其民众有所感。齐宣王正被引向道德生活,成为这种生活的一个极不情愿的生手。他是一个麻木不仁的家伙,甚至可以说是一个禽兽一样的家伙。孟子正尝试使他迈出第一步,企图使齐宣王明白他拥有一种道德感,感受到其力量,并将它扩充到他的民众身上。我们必须体会孟子这样一种方式是多么独特。与孟子不同,亚里士多德并未意识到如下情况有任何必要,即为了发展一种道德人格就必须从一开始就要辨认并保证我们的道德感。可能更令人震惊的是,没有任何理由认

---

① Ibid., p.50.我说井原"似乎"是在说这一点,理由是他自己在这句话上所作的限定性条件,以及我所看到的在这句话和我紧接着上面引用的几句话之间的张力。

为,儒家传统的创始人孔子,或先秦最后一位伟大的儒者荀子,在这一事件上与孟子拥有同样的看法。

在《孟子·梁惠王上》第七章中,孟子并没有试图使齐宣王接受一种关于道义理由的观点,而且这样的理由在实现其主要目标方面也不能起到任何直接的作用。正如万白安所指出的,被设计出来的孟子关于牛的事例的原初讨论是要表明,齐宣王确实具备孟子断言的道德感,他被要求成为一个真正的王。除了确认齐宣王确实拥有这样一种道德感之外,孟子与他的对话使他明白(1)这种道德感感觉起来像什么,(2)它的某些普遍特征是什么,以及(3)如何着手去寻求它,关注它,并鉴别它。通过回想牛的事例并让他发挥想象力回忆他的领会及其对这种领会的反应,孟子给齐宣王上了第一堂课。这种对此事件的自觉回想不同于齐宣王所经历的原始情感。回想要求运用想象力,从而开始一个解释的过程,并且对于这个扩充过程而言,理解是至关重要的。通过让齐宣王为其行为思量可供选择的解释,并让他谈论有关牛的事例中是什么打动了他,令他如此去做,孟子给他上了第二堂课。齐宣王对这头牛的遭遇产生的那种联想,即"一个清白无辜的人正走向死刑之地",正是这种对其真正动机的处于发展中的理解的一部分。最后,通过指导齐宣王如何去反思他的动机,孟子又给他上了第三堂课。他引导齐宣王集中精力于怜悯的特殊情感上,将其与其他情感相区别,并鉴别出与这种情感相关联的特殊满足。一旦齐宣王被引导着理解并识别出他的真正动机,他就"高兴(说)"起来,引用《诗经》:"别人有什么心思,我能揣度出其真实的意思(他人有心,予忖度之)。"然后说,"这正是你所说的意思啊(夫子之谓也)。"[1]

有了这些课程在手,孟子之后又引导齐宣王关注民众的事例,一个在道德感知上更其复杂、更为困难的事例,并敦促他重申他在这种新情况下所学到的东西。他希望齐宣王在这第二个事例中也能体验到一种相似的恻隐之情,不是因为某种一致性的内在需要,或者考虑到对减轻痛苦的普遍要求的某种认可,而是因为他相信齐宣王在这个事例中必定将体验到一种类似的反应——只要他能拿出一点努力。早先的体验已经教会他恻隐感觉起来像什

---

[1] 参见刘殿爵,第9页。刘殿爵没能将这行《诗经》引文之前的具有决定性意义的"说"字译为"高兴"(pleasing)。

么,它的某些一般特征是什么,以及如何着手去追寻它,关注它并识别出这样一种情感反应。有了这样的体验和反应之后,齐宣王现在就对恻隐有了期待。这种预期就是,在这两个事例之间的类比性共鸣将引导齐宣王去寻求、关注并识别出第二个事例中的道德反应。如果他这样做了,他就将成功地扩充他的恻隐之心。

在另外几段同样著名的文字里,孟子把道德感比作我们对美味的食物和动听的音乐的喜爱。① 他相信一个道德上的行家或圣人就像是一位伟大的厨师或音乐鉴赏师一样,对于我们每个人都具备的某些能力和感觉的事物拥有更加敏锐和精确的鉴赏力。② 让我们从这些相关的艺术中考察两个例子以解释《孟子·梁惠王上》第七章中所发生的事情。第一个例子,教一个学生明白一个大七和弦听起来像什么。③ 这个和弦被用一个主音孤立地演奏给她听。它又以同样的主音与其他和弦相对照,并用不同的更为复杂的和弦进程演奏出来。这个过程被重复了好几遍,直至她能够经常地鉴别出这个大七和弦为止。她完全能够做到这一切,而不用知道她的和弦的名字,不用知道它与在跟它相比照时弹奏的其他音和弦之间的确切关系,也无需关于音阶、和声或和弦的任何理论性掌握。到目前为止,我们的类比捕捉到了我认为孟子在他与齐宣王讨论牛的事例中所做的事情。他让齐宣王体验到了这个和弦(比如,恻隐之情),理解了它与其他和弦(比如可能会引发这种反应的其他情感以及过去打动过他的类似情感)的不同并发展了鉴别并关注它的能力(例如,集中精力于它,熟悉它,并识别出与它相关联的那种满足)。

现在我们的学生又移到了一个新音节上。各种各样的不同和弦都被演奏给她听,包括她已经学会辨别的那个和弦在内,然后要求她辨认出她的和弦。她在想象中回忆她的和弦的感觉,它与她所听到的其他和弦的差别,以及她是如何找出单独属于她的和弦的那个熟悉而又独特的品质的。需要注意为了做

---

① 比如说,参见《孟子·告子上》第七章。

② 关于孟子思想中道德鉴赏力观念的敏锐而富有洞见的考察,参见何艾克(Eric L. Hutton)的文章"《孟子》中的道德鉴赏力"(Moral Connoisseurship in Mencius)。[译者按]何艾克的文章参见刘秀生、艾文贺主编:《孟子道德哲学论文集》,第163页以下。

③ 这样一种和弦竟然出乎意料地在瓦格纳(Wagner)的名曲《特里斯坦和伊索尔德》(Tristan and Isolde)的前奏曲中听到了。感谢肯达尔·沃尔顿(Kendall L. Walton)为我提供了这个例子。

到这一点,她必须像齐宣王在牛的事例中所做的那样,发挥想象力重构并再次体验原初的感觉。正是这种富于想象力的重构,因其更加精确和精力更为集中,才与她产生共鸣并帮助她,在她当前的听觉刺激范围内鉴别出她的和弦。这两个例子显然是相类似的,但是单独对这种类似性的识别并不是在第二个事例中带来恰当情感的那种东西。正是这两个事例之间的共鸣才产生了所渴望的结果。以这种方式,她再次成功地挑选出她的和弦。而且,如果她把自己的课程学得够好,她就变得能够在一片互相干扰的杂乱声音里觉察到她的和弦。以同样的方式,孟子希望齐宣王也能从其他强烈的情感(如他对征服、情欲、财富和权力的渴望)中抉择出他的恻隐之情来,正是那些欲望阻止他关心他的民众。

　　如果齐宣王能够理解这些基本课程,他就会经常运用他的道德感。假如他确实这样做了,那就会有这样的运用足够刺激他采取行动的时机。对这种成功行动进行反思,反过来又会以我对孟子的自我修养的公开说明中所描述的方式加强他的道德倾向性。要是他坚持并持续停留于此道之上,他那刚刚涌现出来的倾向就将最终成长为完满的道德德性。他可能会适时地达到孟子的层次并显示出一种闻知并集中于其道德感上的教养能力,即使当它极其模糊微弱,几乎被干扰所淹没。此外,他将有能力辨别它是如何能够通过不同键盘的多样性,适应多种和弦的连续前进和组合(如其他的情感)的,以及这些又是如何以数不胜数的方法被安排以产生和谐的旋律的。在这些专门知识的更高阶段上,齐宣王可能会更加意识到这种情感的各种实例之间的一致性,并逐渐对道德生活拥有一种复杂和精致的抽象理解。确实,正如应该明确的那样,我将论证需要这种知识以便成为一个道德行家或圣人。然而,齐宣王并不需要这个以完成《孟子·梁惠王上》第七章中所描述的类比共鸣。①

　　一个人能很容易地了解在烹调敏感性中也确实可能并经常会发生同样的过程。为了培养某人的味觉,他就要去接触像苦或甜之类的味道,像杏仁或牛

---

① 尚不清楚的是,孟子认为一个人要成为圣人,需要多少理论性的知识。与亚里士多德不同,他似乎曾在相当高的程度上相信自然的美德(natural morality)。某些极其稀有的个体似乎天生就拥有敏锐而又强烈的道德感,正如有些人天生就在辨别口味和味道上具备突出的完美感觉或超强的能力和敏感性。比如参见《孟子·尽心下》第三十章和《孟子·尽心下》第三十三章。

至之类的口味,以及像在一杯红酒当中,在那些典型的、"唾手可得的"事物中的错杂的印象。[①] 与一位鉴赏师(或至少是一位好的厨师)讨论这些体验的特点,并学着去识别、孤立和品尝它们,即使当它们的存在极轻微,或者发现它们被混杂在更为复杂、压倒性的组合之中时。一个人通过类似的共鸣扩展这种敏感性,并且伴随着每一次练习,他做到这一点的能力就会得到发展和精细化。然而,在学习的早期阶段上,体验和教师的引导通常是导演和驱动此过程的因素。当然,在一种给定的味道或口味的两种不同体验之间存在着通常的一致性,并且比如说,某种我们称之为"杏仁味道"的东西将这些与其他体验这一味道的事例混合在一起,但是这些抽象的概念并不领先于也并不生成第二种以及随后的体验,这显然是真实的。如果有什么区别的话,那是相反的情况,它们起源于这些连续不断的体验,并构成了另一种更富理论水平的理解。

根据孟子,我们以发展和扩充其他敏感性——比如美食和美酒的味道或对爵士乐的欣赏——的同样方式发展和扩充了我们的道德敏感性。上述这些,以及其他的艺术激起了人的本性中内在固有的能力和倾向。然而,将它们之中的任何一种发展成为适当水平的教养就要求高尚品质的齐心协力。这种努力需要认知、情感和实践的一种联合。成功地培养这些敏感性要求我们接受高尚品质的影响;拥有良好品质的环境和好的教师经常会从根本上决定常人能否成功地培养这些品味。孟子承认几乎每一个人在能够去关心任何道德发展之前都需要基本的生活必须品。[②] 另外,他相信我们大多数人至少在刚开始道德理解的过程时,都需要君子典范的激励和榜样作用,以及实践的规范——礼。当然我们也必须关注完善自我的目标并朝该目标努力。

在自我完善的过程中,将存在这样的时刻,即认知识别、引导情感和行为元素:一个人领会并指向各种事例之间的相似性,被鼓励去寻求相应的情

---

① 彼得·雷尔顿(Peter Railton)在他的《审美价值、道德价值与自然主义的野心》("Aesthetic Value, Moral Value, and the Ambitions of Naturalism")一文的开始部分提供了一个有关酒类鉴赏的卓越例子,此文载于 *Aesthetics and Ethics: Essays at the Intersection*, Jerrold Levinson (ed.), New York: Cambridge University Press, 1998, pp. 59-105。他的文章对与人们在几个早期中国儒家思想家中发现的东西相类似的审美和道德价值提供了一个说明。

② 例如,参见《孟子·告子上》第七章。

感。在其他时刻,情感反应将先于并鼓舞认知和行为元素:一个人在看到其父母未被掩埋时感到恶心憎恶,或对一个将要掉进井里去的小孩感到惊心并表示关切,而这些反应引导他考虑如何处理这些困难的情境。还有另一些的时候,行为元素将导引认知和情感元素:一个人在他完全领会或在情感上欣然接受这种行为是正确的以前,就学会了以礼仪向他人致敬并服从于老年人。[①]

孟子不同于其他的道德自我修养者,例如亚里士多德,他主张道德发展发端于对某种前反思的道德倾向性的意识。如果我们的道德发展取得了成功,这些初期的道德情感必须被保留在道德发展的核心,因为按照孟子的观点,要是我们不从事于它们,我们就不可能完善自我。尽管道德自我修养的过程涉及论证、类比、想象、学习和反思,但这个过程却是围绕对我们的道德端芽的识别、承诺和培育而展开的。

在《孟子·梁惠王上》第七章中,我们看到孟子教人去确认、关注并鉴别他初期的道德感。孟子首先通过详叙牛的故事来做到这一点,这是一个有关齐宣王在行动中的前反思的恻隐之情的清晰例子。然后孟子又通过我称之为类比共鸣(analogical resonance)的东西力图引导齐宣王将这种情感扩充到他那正遭受苦难的民众那里。我将这一过程看作是被设计出来以增强齐宣王的敏感性和认识的一种治疗,而不是将其看作是由对行动之道德理性的本性的抽象理解所驱动,我的立场不同于我曾讨论过的那些论者。当人们沿着伦理之道("Way")前进时,他们将在不同程度上发展黄百锐和信广来所描述的那种理解。这种发展了的道德端芽将会识别出激起道德行动之关切的通常本性和某种程度上的一致性的需要。[②] 当然存在道德的一种普遍性,但是根据孟子,它

---

① 一个认知识别、引导情感和行为的例子,参见《孟子·梁惠王上》第四章。(对于这个例子,我要感谢何艾克。)情感反应起导引作用的例子,参见《孟子·滕文公上》第五章和《孟子·公孙丑上》第六章。(这两段文字描述了上述关于未埋葬的父母和将要掉到井里去的孩子的相关情节。)行为引导认知和情感的例子,参见《孟子·告子下》第二章。《孟子·离娄上》第十七章开始于我们第三种类型的事例——反对男女授受的通常禁忌——但是却用我们的第二种类型的例子——人的情感反应——颠覆了这一禁忌。

② 我所关注的仅仅是在《孟子·梁惠王上》第七章中所阐述的"扩充"(extension)的特殊形式。在其他段落里(例如《公孙丑上》第六章和《尽心下》第三十一章等),孟子描绘了可能应该被认为是道德生活的这一通常特征的其他形式,而这些形式或许与黄百锐或信广来的说明更为一致。孟子的扩充是一种复杂现象,我并不会宣称在当前的研究中提供了一种完全的分析。

的普遍本性并非来源于有关一致性或可普化性（universalizability）①的概念。毋宁说它涌起于一系列先天固有的道德感，孟子相信这种道德感是被所有人共同拥有，并且它们构成了人们独特的、与众不同的天资禀赋。因此我们发现，他的道德主张的终极基础诉诸于人性，并遵循和实现为这种人性的恰当发展而作的天道设计。

结论

通过持久的努力和反思，一个人能够把自己转变成更好的人，这个观点已经不仅是中国人而且也是很多其他东亚人所坚持的强烈关注。这种兴趣绝不是儒家所专有的；它也被其他伟大的东亚传统如道家和佛家所共同分享。尽管很明显这不是每一东亚思想家的特征，但是同样明显的是，它是一个被广泛坚持和具有深刻重要性的关注。它还鼓舞了拥有东亚古代血统的许多人的大量有意识的自我形象和潜意识的内在动机。此外，这种关注似乎成为大多数人常识性的道德思考的一部分。无论我们意识到还是没有意识到它，我们都认为伴随着对高尚品质的充分思考和努力，我们能够变得比我们所是的更好。我们确实相信，坚定地去做，并期待这种完善不仅是为了我们自己，而且还是为了我们所珍惜的孩子和其他人。正如很久以前亚里士多德所指出的，这种设计正是所有伦理探究的真正目标。② 然而，我们大多数人并不系统地思考——如果真有人系统思考的话——如何实现这一点。我们如何才能逐渐变得比我们之所是更好？早期中国人给予这一主题以大量细致的思考，而我们能够从这些反思中不仅学到有关他们的重要实事，而且还能了解我们自身的伦理生活。

将道德自我修养视为道德哲学的一个核心特征和重要主题在当代西方伦理学中争议很大。虽然也有某些重大例外，但今天大多数哲学家倾向于把道德生活看作或者是关于依附于某种道德义务的，或者是关于扩大人类的公共善

儒家的自我修养与孟子的扩充概念

---

① ［译按］译者采纳了沈清松先生对 universalizability 一词的使用方法而将之译为"可普化"，参见沈清松：《海外新儒家与西方哲学如何沟通？》，http://blog.sina.com.cn/s/blog_12ca105410102vfsa.html。

② "因为我们所要寻求的不是想要知道德性是什么，而是为了要变得好。"见《尼各马可伦理学》，1103b25—30。

(the general good of human beings)的。① 众所周知,这两种进路能受到完全不同且势不两立的行为过程的欢迎。无论这两个通向人所选择的伦理观的进路中的哪一个,遵循义务或扩大效用,他的慎思过程都会从抽象的范畴(例如,一个像扩大公共善这样的给定的规则或原则),下降到实际事务和具体情境。不管怎样,这并不是绝大多数中国思想家的进路(也不是某些西方思想家如亚里士多德关于此点的进路)。他们都倾向于在相反的方向上非常努力地工作,从具体的、典范的实例出发进行推论,直到普遍的规则、模式和践习。他们依靠历史事例和典范性的君子人格而不是抽象的原则。总之,中国思想家较少相信抽象的推理是通达道德真理的最好途径,或是促使另一个人以某种方式行动的最好途径。② 在他们寻找道德指引的过程中,他们宁愿回顾历史而不是从事于抽象化的工作。

正如埃德蒙德·平科夫斯(Edmund Pincoffs)曾经指出的,由规则或原则引导而通向伦理生活的进路倾向于把精力集中于两难事例,而这些事例是重要的,且揭示出需要考虑的典型。③ 然而,他们宁愿将我们的思考集中于伦理学专有情形的选择时刻,以及诸规则之中调和冲突的问题;他们专注于人类生活的时间切片或道德片断。与道德片断通向伦理生活的途径同样重要的是,假如我们单单致力于它,我们就会扭曲我们伦理生活的本质。因为伦理生活更像是一场演奏,而不是任何给定的场景,更像是一个故事,而不是任何单独的行动或处境。构成我们大部分伦理生活的人伦关系和义务承担要求我们自身和我们

---

① 近来这一概括的绝大多数例外在德性伦理学的提倡者中被发现。这种著作的一个最近的参考书目,参见 R. Kruschwitz and R. Roberts (eds.), *The Virtues*:*Contemporary Essays on Moral Character*, Belmont, CA:Wadsworth, 1987, pp. 237 - 63。See also P. French, T. Uehling and H. Wettstein (eds.) *Ethical Theory*:*Character and Virtue - Volume XIII*, Midwest Studies in Philosophy, South Bend, IN:University of Notre Dame Press, 1988. 近来有两项关于德性伦理学的研究颇有价值,见 Michael Slote, *From Morality to Virtue* (Oxford:Oxford University Press, 1992) and Rosiland Hursthouse, *On Virtue Ethics* (Oxford:Oxford University Press, 1999)。另可参看两本颇有助益的选集,见 Roger Crisp and Michael Slote (eds.), *Virtue Ethics* (Oxford:Oxford University Press, 1997) and Roger Crisp (ed.), *How Should One Live?*:*Essays on the Virtues* (Oxford:Oxford University Press, 1998)。

② 对于这一主张,即使在先秦思想家当中也有重要的例外。例如杨朱、墨子及其后继者们都展示了更多抽象的道德理论。

③ 参见 Edmund Pincoffs, *Quandaries and Virtues*:*Against Reductionism in Ethics*, Lawrence, KS:University of Kansas Press, 1986。

所重视之物的历时性概念。①

再考虑一下如下类比，即在成为一个更好的人这一目标与学习演奏小提琴或获得好的体形之类的目标之间的类比。首先，我们应该承认，这些被看作是合理的和普遍的人类之善，并不是由于某种共同的形式特征，而是因为它们与我们的本性相一致，并能实现我们的本性。在追求这些目标时，将会有一些重要的决断时刻，但是这些目标都不能化约为这样的时刻。它们是这样的一些过程，这种过程要求我们经常参与改变我们的能力、态度和习惯的实践。如果我们的目标是获得美好的形体，我们并不需要一种关于健康或运动的非常复杂精致的理论，就像我们需要通过直接地体验它们而经常践行并学习鉴别这样一种生活的好处一样。我们的方法所需要的更多是治疗性的（目标是获得好的结果），而非理论性的（目标是达到正确严格的分析）。这就是孟子倾向于在其道德教诲中运用的那种方法，尤其是在开始的阶段。我已经论证，这就是他在《孟子·梁惠王上》第七章的例子中所做的事，在那里他运用了一种我称之为类比共鸣（analogical resonance）的方法，以便帮助齐宣王识别、领会并扩展他的恻隐之心（heart of compassion）。

如果一个人主要依据两难事例来看待道德生活，那么他就将关注像行动的理由（reasons for action）和可普化（universalizability）之类的问题，因为两个事例是否应该被同等对待以及如何这样做就是在此种观念之内的核心问题。然而，这种两难事例并不是孟子的核心关注。他认为他的首要任务是，让人们认识到基本的道德责任，并践行之，使他们正确地朝向道（the *Dao* or Way），并始终如一地行走于此道上。所以，在从事于最初使人们识别并承担他们自己的道德自我修养的工作时，他没有理由以某些现代诠释者所建议的方式去关心一致性和可普化的观念。

---

① 关于在我们的道德生活概念中需要某种敏感性和历时性扩充观念（a temporally-extended perspective），乔尔·考普曼（Joel Kupperman）曾给出过一个清晰而又富有洞见的说明。参见他的"Character and Ethical Theory," in *Volume XIII*, *Midwest Studies in Philosophy*, pp. 115 – 25。

Confucian Self Cultivation and
Mengzi's Notion of Extension

Philip J. Ivanhoe

Abstract: In Confucian ethics, self-cultivation is a significant question of "Gong Fu". This question concerns whether we as individuals improve ourselves in our daily ethical life in a certain way, and cultivate perfect virtue. Starting from a dialogue between Mengzi and King Xuan of Qi-State in *Mengzi* 1A7, Philip f. Ivanhoe understands the self-cultivation of Confucianism with the help of the concept of extension. The dialogue centers on two cases that King Xuan of Qi-State faced. First, an ox that would be led to ritual slaughter was replaced a lamb by King Xuan of Qi-State; second, King Xuan of Qi-State ignored the suffering of his people. Combining other sinologists' interpretations of the paragraphs, Ivanhoe hopes to find a way from the previous case of ox for sheep to the next one of people's suffering through a sophisticated analysis. He claims that the two cases have the characteristic of analogical resonance, and that analogizing from one case to another by virtue of this characteristic, Mengzi got the concept of extension, and completed the extending process from own side to the world's affairs.

Keywords: Confucianism, self-cultivation, Mengzi, analogical resonance, extension

规范性问题和中西哲学

典范为美德与规则筑桥[*]
——试论儒学对当代伦理学的一个贡献

宋　健^{**}

[摘　要]　当代美德伦理学的复兴发轫于对规则伦理学的批判,故而"美德"与"规则"相互抵牾渐成共识。儒家典范伦理,一方面主张立"象"尽"意",借助具体的人物、事迹来化解道德规则的抽象性与形式性;另一方面,又强调得"意"忘"象",树立典范绝非为了否定自我、解构规则,而是旨在引导实践、兴发智慧。通过情与理的互动交融,典范既化规则为德性,又立法度于德行。

[关键词]　典范;美德;规则;象;意

一、引言

上世纪九十年代,美国学者罗伯特·罗伯茨(Robert C.

* 基金项目:国家社科基金青年项目"先秦儒家'成人'思想的形上意蕴研究"(18CZX040);海南大学科研启动基金项目[kyqd(sk)1822]。

** 宋健(1987—　),男,山西榆次人,哲学博士,海南大学社会科学研究中心讲师,主要研究领域为儒家哲学、美德伦理学。

Roberts)发表了一篇题为"Virtues and Rules"的论文。① 仅从标题即可知晓，该文思考的重心是美德与规则的关系；而此问题之所以引发罗氏的特别关注，是因为当代"美德伦理学"的复兴，发轫于对"规则伦理学"(rule ethics)②——义务论与功利论——的批判。

众所熟知，伊丽莎白·安斯库姆(G. E. M. Anscombe)率先向规则伦理学发难："从巴特勒(Butler)到密尔，现代所有最知名的伦理学的著作家作为这一学科的思想家都是有缺陷的。"③此种缺陷突出表现为将道德实践想方设法地化约为规则体系，而对人的优良品质④(人之为人的繁荣发展)漠不关心。两种理论形态之间的争鸣，导致美德与规则宛若冰炭、不可同容：

> 随着近期注意力向美德的转向，规则逐渐丧失其以往的主导地位。当"美德伦理学"与"规则伦理学"对举时，往往意味着"规则"与"美德"之间彼此扦格。⑤

美德伦理学试图赓续以亚里士多德为代表的古典伦理学⑥，倡导将伦理学的基

---

① Robert C. Roberts, "Virtues and Rules," *Philosophy and Phenomenological Research*, Vol. 51 No. 2 (1991): 325–343.

② 所谓"规则伦理学"(而非规范伦理学)，不仅是对 rule ethics 的直译，更为在义理上澄清美德伦理与义务论、功利论的主要区别：是否以"规则"为中心(rule-centred)，而非有无"规范性"。就后者而言，笔者赞同李义天先生所言，与"规范伦理学"(normative ethics)相对的是"元伦理学"(meta ethics)而非"美德伦理学"。(参见李义天：《美德伦理与道德多样性》，北京：中央编译出版社，2012年，第2—3页。)赵永刚先生同样认为功利主义、康德义务论与美德伦理学是"规范伦理学"的三种理论形态，并以"烽火连三国"喻之。(参见赵永刚：《美德伦理学：作为一种道德类型的独立性》，长沙：湖南师范大学出版社，2011年，第7页。)

③ 伊丽莎白·安斯库姆：《现代道德哲学》，谭安奎译，见徐向东编《美德伦理与道德要求》，南京：江苏人民出版社，2008年，第54页。

④ 尽管不同的学者对"美德"的理解存在差异，但绝大多数愿意将其与"优良品质"(good character)相连。诚如麦金太尔所言："我们现在能够给美德下一个最初的，即使是不完整的和暂时的定义：美德是一种获得性的人类品质。"(见氏著：《追寻美德：道德理论研究》，宋继杰译，南京：译林出版社，2008年，第215页。)

⑤ Robert C. Roberts, "Virtues and Rules," p. 325.

⑥ 当然，也有不少学者指出，美德伦理学的思想资源并不只是亚里士多德："虽然当代美德伦理的主要源头是亚里士多德，但也有一些美德伦理学家从古代希腊化时期的斯多葛派、近代英国哲学家休谟、19世纪后期德国哲学家尼采甚至20世纪美国实用主义哲学家杜威那里汲取资源。"(黄勇：《当代西方美德伦理学的两个两难》上，《中国社会科学报》，2010年4月1日，第13版。)例如，伊丽莎白·安斯库姆就非常重视休谟，赞许其虽然从事了诡辩却仍是一位相当深刻和伟大的哲学家。

础从"行动"（act）扭转为"行动者"（agent）。因此，罗莎琳德·赫斯特豪斯（Rosalind Hursthouse）宣称："美德伦理不是给行动提供指导的规范或原则。"①无独有偶，国内亦有学者认为美德伦理学"不太关注人的具体行为，它很少提出，甚至有些鄙视针对外在行为的道德规范"②。历史仿佛也印证了如上观点，在美德伦理学复兴的初期，矛头几乎全部对准规则伦理学：

> 具有代表性的文献还有迈克尔·斯托克（Michael Stocker）的文章《现代伦理理论的精神分裂症》（"The Schizophrenia of Modern Ethical Theories"），阿拉斯戴尔·麦金太尔（Alasdair Mac Intyre）影响颇大的《追寻美德》（After Virtue），伯纳德·威廉斯（Bernard Williams）的著作《伦理学与哲学的限度》（*Ethics and the Limits of Philosophy*）以及文章《道德运气》（"Moral Luck"），迈克尔·斯洛特（Michael Slote）的著作《从道德到美德》（*From Morality to Virtue*）等。③

上述种种文献，内容虽各有侧重，却表达了一个共同的立场：良好生活（eudaimonia/well-being）是建立在"美德"而非"规则"之上的。如此一来，"美德的确如人们所设想的那样，不易与规则相容"④。美德与规则相互抵牾的观念，几乎成为当代英美伦理学界的一种共识，流布甚广；然而，罗伯特·罗伯茨指出：美德不仅与规则相容，同时还在丰富规则。

美德与规则如何融通，既是伦理学目前面临的困难，也是其日后发展的方向。至于罗氏提出的"美德的语法规则"（the grammar of the Virtues），仅为众多路径中的一条⑤；相反，为其忽视的"典范"，则是笔者运思的方向。

---

① Rosalind Hursthouse, *On Virtue Ethic*, New York: Oxford University Press, 1999, p. 25. 但需要同时注意的是，赫斯特豪斯还指出不可陷入另一个极端："那就是美德伦理没有、也不能提供行为指导，但功利主义和义务论可以。"（Rosalind Hursthouse, *On Virtue Ethic*, p. 17.）

② 崔宜明：《道德哲学引论》，上海：上海人民出版社，2006年，第90页。

③ 赵永刚：《美德伦理学：作为一种道德类型的独立性》，长沙：湖南师范大学出版社，2011年，第15页。

④ Robert C. Roberts, "Virtues and Rules," p. 325.

⑤ 正如罗氏自己所言："我无意宣称美德的语法规则穷尽了所有的道德规则。"（Robert C. Roberts, "Virtues and Rules," p. 325.）

二、问题与出路

在美德伦理学看来,抽象的普遍性是规则伦理学的阿喀琉斯之踵。无论功利主义,还是康德主义,均把伦理学理解为关于道德"理论"的学科,"在他们的著作中,规则好像就是公式,而遵循规则就像查阅公式一样"[①];赫斯特豪斯则进一步提炼出"公式"的结构以及"查阅公式"的方法[②]:

规则伦理学

功利论	道义论
U1. 当且仅当某一行为促成了最佳后果,才可说此行为是道德的。	D1. 当且仅当某一行为符合道德法则,才可说此行为是道德的。
U2. 然而,除非我们知道何为最佳后果,否则上述前提仍不能为人类行动提供指导。	D2. 然而,除非我们知道何为道德法则,否则上述前提仍不能为人类行动提供指导。
U3. 最佳后果即是幸福的最大化。	D3. 道德法则可以是: (1) 自我列出的规则; (2) 上帝制定的规则; (3) 可普遍化的绝对命令; (4) 所有理性存在物选择的对象。

借由上表,可以直观地看出:功利论与道义论最终的依据虽有不同,却分享着同一套思维方式——还原主义或化约论。在规则伦理学家看来,道德理论一定是成体系的,而这个体系又根植于某(几)个总原则之上。如,功利主义的总原则是幸福的最大化,而康德主义的根本大法可以归纳为相互关联的三条原则——绝对命令、人是目的、普遍立法。反观各家各派的总原则,在其整个伦理体系中又具有纲举目张的统摄意义,该派所有的道德规则皆是依据总原则推导而来。诚如茱莉娅·安娜斯(Julia Annas)所言:"现代伦理学理论必须有一个等级的整全结构。"[③]也正是这个等级的整全结构,使得规则伦理学家拥有了普世主义的雄心,希望由其建立的道德规则可以放之四海而皆准。

---

① Robert C. Roberts, "Virtues and Rules," p. 327.

② Rosalind Hursthouse, *On Virtue Ethic*, pp. 26 – 27.

③ Julia Annas, *The Morality of Happiness*, New York: Oxford University Press, 1999, p. 7.

其实,追求普世的雄心并非规则伦理学所独有,而是近代以降(特别是启蒙运动之后)赋予一切学问的底色:"阿基米德只要求一个固定的靠得住的点,好把地球从它原来的位置挪到另外一个地方去。同样,如果我有幸找到哪管是一件确切无疑的事,那么我就有权抱远大的希望了。"①普遍性以时代精神的方式投射在伦理学上,就表现出高度的抽象性。为人所熟知的例证当属康德,他坚称人类在任何情况下皆不应说谎,即便是为了帮助无辜之人躲避凶杀;无论具体情况如何,都不能作为我们说谎的借口。诸如此类的定言命令,不仅显得非常不近人情,而且很难在道德实践中落实。高度的抽象性往往引发的是空洞的形式性,"人们可以用高尚的论调谈论义务,而且这种谈话是激励人心、开拓胸襟的,但是如果谈不出什么规定来,结果必致令人生厌。精神要求特殊性,而且它对它拥有权利"②。

综前所述,规则伦理学无意间将自身陷入一个困境之中:普遍性最初的预设是"可普遍化",但由于其对理性的盲目乐观③,致使道德规则脱离了具体规定——不论对"人",还是对"事";也正是此种高度的抽象,使得普遍性沦为空洞的形式,根本无法指导人类实践,最终只能是"不可普遍化"。因此,麦金太尔直指要害:"现代道德理论的各种问题显然是作为启蒙筹划失败的产物凸现出来的。"④所谓"启蒙筹划失败",即不可普遍化;而美德伦理学在赓续古典伦理学的同时,也从方法论上对普遍性予以驳斥:"伦理学的后现代方法的新颖之处最重要的不在于放弃有特性的现代的道德关怀,而在于拒绝从事道德问题研究的传统的现代方法(即用政治实践中的强制性的、标准的规则和在理论上进行绝对性、普遍性、根本性的哲学追问作为对道德挑战的反应)"⑤。

检审规则伦理学所宣扬的普遍性,并不意味着美德伦理学完全抛弃规则,而是要在规则与美德之间筑桥:"美德的确如人们所设想的那样,不易与规则相容;但这并不是因为美德的非规则化,而是因为道德规则的非美德化。"⑥具体

① 笛卡尔:《第一哲学沉思集》,庞景仁译,北京:商务印书馆,1996年,第22页。

② 黑格尔:《法哲学原理》,范扬、张企泰译,北京:商务印书馆,1961年,第139页。

③ 无论功利论还是道义论,始终坚信理性可以做出最为恰当的选择——尽管前者计算的是幸福的最大化,而后者追求的是形式的普遍化,但它们都忽略了道德或伦理中的非理性因素。

④ 麦金太尔:《追寻美德:道德理论研究》,第71页。

⑤ 齐格蒙特·鲍曼:《后现代伦理学》,张成岗译,南京:江苏人民出版社,2003年,第4页。

⑥ Robert C. Roberts, "Virtues and Rules," p. 325.

说来,人类对规则的理解,并不总是以查阅公式的方式按图索骥;规则对人类的作用,也不一定只依赖理性的认识。如此一来,道德规则的范围将得到拓展:"我们的道德生活可以遵从另外两种规则——某些故事和作为范例的个人。"①目睹或听闻祖父如何对长期患病的祖母照顾有加,同样可以成为人们婚姻生活的准则,而诸如此类的范例(人或事),甚至比任何关于爱的命令更具影响力与说服力。可见,规则并不只是以行为命令的方式呈现,作为范例的人物或事迹同样可以起到相同甚至更好的作用。

罗伯特·罗伯茨虽已察觉到典范的意义,遗憾的是,他并未展开充分论述,而是很快跳到第四种方式——"美德的语法规则"。正如罗氏所言,美德的语法规则绝非唯一的研究范式;倘若结合儒家思想,典范的意义更不容小觑。笔者拟在下文详人所略、略人所详,就典范如何为美德与伦理筑桥做出尝试性的回答。

三、立象尽意

儒家伦理思想有一显著特征,"在阐述伦理概念及其在道德教育中的实践重要性时,集中于君子或模范个人"②。典范既是理想人格的现实主体,又是内在美德的具体显象。美德既然最终完善的是人格,就难以与活生生的个体截然相分;虽然个体不等同于人格,也不是人格形成的唯一要素,但人格总是经由个体才得以呈现,理想人格必然寓于典范人物之中。就个体而言,典范代表了价值的实现,具有"象"③的特质;从(人)类的角度看,典范又指向价值的可能,蕴含"意"④的品格。

> 子路问成人。子曰:"若臧武仲之知,公绰之不欲,卞庄子之勇,冉求之艺,文之以礼乐,亦可以为成人矣!"曰:"今之成人者何必然?见利

① Robert C. Roberts, "Virtues and Rules," pp. 327 - 328.

② 柯雄文:《道德教育中能力、关怀及典范个人(君子)的作用》,潘宁、王志宏译,见方旭东主编:《道德哲学与儒家传统》,上海:华东师范大学出版社,2010 年,第 115 页。

③ 贡华南:"'象'表征的是具体的存在,所以,象之中包含生命存在的时与位的样态,即存在展开意义上的时间与存在彰显意义上的空间统一体。"(贡华南:《味与味道》,上海:上海人民出版社,2008 年,第 193 页。)

④ "意",一方面与"象"相对,表现为普遍的规范;但另一方面,典范又与规则或律令不同,侧重彰显的是人格发展的方向。

思义,见危授命,久要不忘平生之言,亦可以为成人矣!"(《论语·宪问》)

当子路向老师请教什么样的人格才堪称完美时,孔子指出理想的人格应该兼备智慧、寡欲、勇敢、才艺,等等。值得注意的是,孔子此处并非简单罗列一些道德条目,而是将具体德行与特定人物相联系——智慧如臧武仲、寡欲如孟公绰、勇敢如卞庄子、才艺如冉求。不难看出,儒家的价值理想不是单纯以"规则"的方式呈现,而是更多地与典范人物相结合,所以也就带有了"象"的色彩。

象,首先是指形象。儒家倡导的理想人格可说是价值观念与典范人物的融铸。当价值观念以"人格"的方式呈现时,就必然涉及典范人物。若用孟子的话说,就是"道性善,言必称尧舜"(《孟子·滕文公上》)——价值观念(性善)与典范人物(尧、舜)之间总是存有内在关联。此种关联,使得抽象的价值观念具有了形象性。

此处所谓的"形象",主要是指某人的行事作风与精神面貌,而非一般意义上的生理特征。形象既是价值观念的外在显现,又是理解价值观念的重要途径;特别是某类形象一旦确立,后世学者常常依此来诠释某种价值。如,宋明理学家常用颜回箪食瓢饮的形象来说明好学的精神。此外,非但各个历史时期所推崇的典范有所不同,即便是同一典范在历史的长河中,其形象也会有所损益,典范的变迁标志着价值观念的更迭。如,从秦汉到隋唐,孔子主要是以"素王"的形象出现,虽顺应天命却未得王位。"圣人见道,然后知王治之象,故画州土,建君臣,立律历,陈成败,以视贤者,名之曰经。"(《汉书·翼奉传》)可见,这一时期的价值观念主要是将"圣"与"王"作统一理解,相应的孔子形象也凸显其"外王"品格。待到北宋,情况则发生显著的变化,"圣"更多地与"德"、"学"相关,相应的孔子形象也发生翻转,其"内圣"品格被充分高扬。总之,典范形象与时代精神之间彼此呼应、相互阐发。

象,其次涉及事件。生活世界中的"人",绝非孤立静止的实体,而是展开为绵延不断的实践活动;借用牟宗三先生的话说,就是既"存有"又"活动"。实践,进一步化作人物与事件的关联,实践以人为主体,以事为内容。[1] 当我们称赞

---

[1] 杨国荣:"在中国哲学中,'做人'、'为人'与'做事'、'行事'无法相分。"(杨国荣:《人类行动与实践智慧》,北京:三联书店,2013年,序第1页。)

某人勇敢时,需得举出与之相应的事例,否则就是空口无凭。

> 卞庄子好勇,养母,战而三北,交游非之,国君辱之。及母死三年,冬,与鲁战,卞庄子请从。见于鲁将军曰:"初与母处,是以三北,今母死,请塞责,而神有所归。"遂赴敌,役一甲首而献之。曰:"此塞一北。"又入,获一甲首而献之。曰:"此塞再北。"又入,获一甲首而献之。曰:"此塞三北。"将军曰:"毋没尔家,宜止之,请为兄弟!"庄子曰:"三北以养母也,是子道也,今士节小具而塞责矣。吾闻之节士不以辱生。"遂反敌,杀十人而死。①

卞庄子的勇敢就表现为奋勇杀敌、死不旋踵。人物是勇敢的主体,而事件是勇敢的内容,二者缺一不可;后世读者虽不曾见过卞庄子,但通过《新序》中的具体事例,仍有一种身临其境的画面感。事件凸显的是"具体"的重要性,日常生活中,当人们听不懂一些道理时,往往会说"请讲得具体一点",这就是希望借具体的事例来帮助自身理解,"具体的给'懂'一种亲切味"②。

事件不只在立论环节中确保言辞的可信度,还在理解环节中提升言辞的接受度。儒家倡导的种种美德,之所以能在民间(而不是仅仅在读书人中)生根发芽、不断壮大,正是由于典型事例具有榜样的力量。在古代识字之人本就不多,要让民众懂得孝悌仁义,光靠宣讲抽象的规则显然不够,惟有配合相应的典范方可事半功倍。如,作为童蒙读物的《三字经》就充分体现了以典范阐明道德规则的方式,讲"孝"以黄香九岁替父温席为例,言"悌"以孔融四岁便可让梨为例,等等。

象,再次关乎教化。现实世界中具体的人物或事例,对于道德教化尤为重要。儒家好言道德教化,"教化"一词,既可合论,亦可分言:价值观念的确立,不单纯是"教",还需要"化"。分言教、化的意义在于关注"自觉"与"自愿"的统一。

---

① 刘向:《新序》,赵仲邑详注,北京:中华书局,1997年,第254页。

② 金岳霖:《知识论》,北京:中国人民大学出版社,2010年,第173页。

> 真正自由的道德行为,应该是自愿和自觉原则的统一、理智和意志的统一,二者不可偏废。不过二者是有区别的:自觉是理智的品格,自愿是意志的品格。①

价值观念特别是道德意识,作为"当然"之则,既与理性自觉有关,又与情感自愿、意志自由相涉。理性自觉不是"无中生有",离不开"教",而情感自愿、意志自由更多地依赖于"化"。就后一方面而言,典范有益于化外在规则为内在美德;也就是说,道德教化不能单凭价值理念的灌输,更需要思考"第二天性"如何养成,后者直接与"化"相关。在理性自觉的基础上,引入情感自愿、意志自由,如此一来,价值观念才能"入人也深,化人也速"。

孔子以典范人物彰显价值理想,无疑带有"象"的色彩,形象具体的人物、事迹,大大增强了道德的亲切感;然而,儒家典范人物并不完全是历史的"实然",更多地蕴涵价值的"应然"(或"当然")。正如伽达默尔所言:"在教化(Bildung)里包含形象(Bild),形象既可以指摹本(Nachbild),又可以指范本(Vorbild)。"②质言之,儒家的典范人物就不只是"象",还关乎"意"。

四、得意忘象

虽然"自孔孟以降,历代儒家学者论证伦理命题或提出政治主张,莫不以'三代'及尧舜等圣贤人物作为典范"③,但是征引"三代"及尧舜等典范人物的目的,早已由叙述历史事实转变为证成普遍命题。换言之,"三代"及尧舜并非只是"过去的象"(实然),更代表"未来的意"(应然)。与此同时,伦理实践亦非"由道理和理论,而是从模仿别人开始自己的实践的"④。前文已述,人们在目睹或听闻祖父如何悉心照料长期患病的祖母,同样可以成为我们家庭生活的规则,甚至比我们所知道的关于爱的任何行为命令都更有影响力。可见,规则并

① 冯契:《人的自由和真善美》,上海:华东师范大学出版社,1996年,第222页。

② 伽达默尔:《真理与方法:哲学诠释学的基本特征(上卷)》,洪汉鼎译,上海:上海译文出版社,2004年,第13页。

③ 黄俊杰:《儒家思想与中国历史思维》,台北:台湾大学出版中心,2014年,第131页。

④ 陈嘉映:《何谓良好的生活:行之于途而应于心》,上海:上海文艺出版社,2015年,第169页。

不只是以行为命令的方式呈现,作为范例的人物或事迹同样可以起到相同甚至更好的作用。

遗憾的是,近代以降,师法典范被视为"心奴"①——"世之委身以嫁古人,为之荐枕席而奉箕帚"。历史进程中,政治权力或宗教信仰常与典范结盟,使其呈现出权威的样态(authority—as—model)。权威犹如一柄双刃剑,在帮助民众作出正确选择的同时,也形成了一种有形或无形的压力——禁忌、戒律,甚至是命运。然而,无论是积极意义上的施援解困,还是消极意义上的束手束脚,都还只属于典范人物的工具性意义。赫伯特·芬格莱特(Herbert Fingarette)注意区分了"工具性典范"与"价值性典范"(或"圆满的典范"):

> 比如,我们说到一对典范的父母、堪称楷模的父母时,我们也许是在工具性的意义上来说的——这里所说的父母经验丰富,技巧纯熟,其他父母都很有可能加以仿效。但是,我们也许还有别的意义,即这样的父母完美地实现了我们有关作为父母应该是什么样子的那种理想,由此充分认识到——并且实现了——作为父母的内在价值。也就是说,作为父母,是被视为人性某些方面的圆满实现(fulfillment),而不只是偶然发生的任何逻辑上和因果关系的可能性。就术语的这种意义而言,典范本身就是有价值的。②

所谓"工具性典范",用孔子的话说就是"器"。"君子不器"(《论语·为政》)一语说明:当"君子"以"典范"的面貌出现时,并不在于其精通任何实用性技能,也不意味其能满足人们的功利需求,而是提供了一种美德的范式——人类如何尽善尽美地存在,此即"价值性典范"的意义所在。当然,还需进一步澄清:"君子不器"着重强调的是君子不以"器"为旨归,而非君子"不能"器。换言之,"工具性典范"并不与"价值性典范"完全对立——当说某些事情或某些人是一个圆满的典范时,并不刻意排除其在某些方面同样是一个工具性典范。

---

① 梁启超:"辱莫大于心奴,而身奴斯为末矣。"(梁启超:《论自由》,见《新民说》,郑州:中州古籍出版社,1998年,第104页。)

② 赫伯特·芬格莱特:《孔子:即凡而圣》,彭国翔、张华译,南京:江苏人民出版社,2002年,第150—151页。

进而言之,规则不可流于形式,美德亦不能沦为玄密;道德行为无法离开实践智慧的引导,而实践智慧在生活世界中的展开需要合"情"合"理"。道德行为中的"理",既指自然的存在法则,又指社会的礼仪规范。且以孝为例,一方面,孝要合乎不同年龄段的存在法则。如,赡养老人不同于抚育儿童,必须根据年长者的生理规律,做出适当调整。"五十非帛不暖,七十非肉不饱"(《孟子·尽心上》),即反映出年长者特定的存在法则。另一方面,孝还要合乎礼仪规范。如,父母应该居住在什么方位,如何向父母问好,怎样回答父母的问话等等;此外还包括父母去世后,应该穿什么样的丧服,如何祭拜,守几年孝制等一系列问题。儒家对上述行为有一整套具体规定,正所谓"生,事之以礼;死,葬之以礼,祭之以礼"(《论语·为政》)。

除了合"理"外,孝还需合"情"。仅仅遵照存在法则和礼仪规范并非孝的全部内涵,合理常常停留在"养"的层面,孝还需要"敬"。"今之孝者,是谓能养。至于犬马,皆能有养;不敬,何以别乎。"(《论语·为政》)"敬"更多地落实在子女对父母的情感上,勿怪孔子会慨叹"色难"。合情合理是孝的内在规定,在儒家看来,即使是礼仪规范最终仍要依赖人心的自觉自愿,而非仅仅停留在外在强制。孔子与宰我关于"三年之丧"的讨论,即是一典型案例:守丧三年,外表看来似乎只是机械的时间规定,但其根源在于内心情感——"居处不安"。"人而不仁,如礼何? 人而不仁,如乐何?"(《论语·八佾》)质言之,合"情"合"理"表现为美德与规则的良性互动,而此种往复回环又以典范的实践智慧贯穿始终。

五、结语

儒家典范伦理,一方面主张立"象"尽"意",借助具体的人物、事迹来化解道德规则的抽象性与形式性;但另一方面,又强调得"意"忘"象",树立典范绝非为了否定自我、解构规则,而是旨在引导实践、兴发智慧。通过情与理的互动交融,典范既化规则为德性,又立法度于德行。

拙文以美德伦理学与规则伦理学为桥墩,由儒学中关于典范伦理的智识铺路,尝试为美德与规则之间筑桥。今日距罗氏一文见刊已逾廿载,美德与规则之间的鸿沟非但未能涣然冰释,相反却日渐加深,如何化对峙为互补仍是当代伦理学亟待运思的方向。而在此期间,儒学的某些价值理念能否超越地域性知识,为当代伦理学的发展提供有益的思想资源,同样值得关注。

Model: Virtues and Rules
— A Possible Contribution of Confucianism
in Contemporary Ethics

Song Jian

162

规范性问题和中西哲学

Abstract: The revival of contemporary virtue ethics starts with the critique of rule ethics, so virtues and rules are in contradiction with each other had become the consensus. Confucian paragon ethics, on the one hand advocate to set Xiang(Image) to show Yi(Meaning), by means of specific figures and deeds to resolve the abstractness and formality of moral rules; on the other hand, it also stress that when we get Yi we need to forget Xiang, setting an example by no means in order to negative self and deconstruct the rules, but intend to guide practice and inspire wisdom. By the interaction of emotion and reason, model not only turns the rule into virtues but also establishes the law for moral conduct.

Keywords: model, virtue, rule, Xiang (Image), Yi (Meaning)

《庄子·天下》中的"齐物"问题

丁 耘[*]

[摘 要] 《天下》篇通过讨讨论庄之所以有别于百家,讲庄之所以为庄者。本文选取前三家学说,通过"论"三家对"齐物"的不同解释,别三家同异,明三家得失。按《天下》篇顺序,本文先论墨子及禽滑釐,指出墨道重廉,以俭薄之道使万物均平,因此非天道;次论宋钘、尹文,其道虽重"心术",但认为人固情欲寡浅,而强行均平其心,仍近墨家;第三家彭蒙、田骈、慎到虽以道齐物,但对万物不辨而无分,故也讲"道之全",但不同于庄子讲物化而有分,因此也非道。

[关键词] 庄子;齐物;墨家;《天下》篇

《庄子》内七篇,庄学精义所在。而纯乎其纯、庄之为庄者,当在《逍遥》、《齐物》二篇。盖《逍遥》,庄之境界;《齐物》,庄之见地。《养生主》以下,则曼而衍之、大而化之,糅道术、玄言、外王于一。《齐物》之说,尤为庄学之要。阐之者固据此表

---

* 丁耘(1969—　　　),男,上海人,哲学博士,复旦大学大学哲学学院教授,复旦大学思想史研究中心主任,主要研究领域为现象学、德国哲学、古希腊哲学、比较哲学及政治思想史。

彰,排之者亦以此非议也。① 而《天下》则曰:"彭蒙、田骈、慎到……齐万物以为首。"②《吕览》、《不二》篇亦曰:"陈骈[丁按,即田骈]贵齐。"③而《天下》径直谓彭、田、慎"不知道"。虽概乎尝有所闻,于道则实不知也。此篇各家判辞,未有如此严峻者。傅斯年尝据此揣测,《齐物论》为慎到之作,今人多不从。④ 然则庄生之齐物,与彭田慎之齐物,必有所异。其语虽似,其旨则非。恶紫夺朱,故判辞尤严也。齐物必有其方。齐物之别,即方术之别。盖《天下》所议者,自墨子、禽滑釐以至惠施,凡六家十一子⑤,俱有其方术,而应物之道各异。⑥ 由诸家之应物,反察诸家之道术,非独能定庄生陈骈齐物之别,尤能定道家诸派之别也。非独能定道家诸派之别也,尤能定道墨之别、庄惠之别也。道术虽裂,其意所在,无非天地万物、神明百姓。⑦ 然则道、物之间,理蕴之所在,道体之大用也。本节以此明道家,下文亦以此明儒道之别。

《天下》曰,古之所谓道术者,皆原于一。而天下大乱,道术乃裂。百家各有所明,而不能相通。不赅不遍,皆一曲之士也。《天下》以为百家之曲,在"判天地之美,析万物之理,察古人之全"⑧。此处"察"与"判"、"析"义近,犹"散"也。⑨一即全也,曲则隅也。古人全,而百家曲也。百家之曲,在以判、析之术以散其全也。此于惠施,固昭昭可见。然而陈骈齐物、宋尹均平,其于万物,似能等量齐观焉,何尝判析? 则《天下》之意,以为包而不辨、等量齐观,非真全也。《天

---

① "故物之不齐,物之情也。而庄周强要齐物,然而物终不齐也。"程颢、程颐著,王孝鱼点校:《二程集》,北京:中华书局,2004 年,第 32—33 页。

② 王先谦撰:《庄子集解·天下篇》,北京:中华书局,1987 年,第 292 页。

③ 吕不韦编,许维遹集释,梁运华整理:《吕氏春秋集释·不二》,北京:中华书局,2009 年,第 467 页,下同。

④ 傅斯年:《谁是〈齐物论〉之作者?》,《傅斯年全集》第三卷,长沙:湖南教育出版社,2000 年,第 263—275 页。

⑤ 《天下》之于儒家,盖即所谓"论而不议"者。又百家之中唯附惠施于庄子之后。此皆不无深意焉。

⑥ 参见陈少明:《〈齐物论〉及其影响》,北京:北京大学出版社,第 8 页。陈云《天下》区分百家,在于对物之态度,其说甚是。仍更需推进,其实非百家对物之态度,而是百家各以"一"自居,百家各自之"一"对万物之态度,乃有区分。借此区分把握庄学而已。如惠子十事,首出"大一"、"小一"之说,而《天下》犹责之以"逐万物而不反"。盖惠子十事,逐次而举,以"一"与万物彼此对待,表一之法实同于表万物之法,此则实已列"一"于万物之中。故惠子之论"一",即是逐万物也。《天下》谓惠施"其道舛驳",此之谓也。

⑦ 参见《庄子集解》,前揭,第 287 页。

⑧ 《庄子集解》,前揭,第 288 页。

⑨ 王叔岷撰:《庄子校诠》,广州:中研院历史语言研究所,1988 年,第 1302 页。

下》又云：百家既判析天地万物，分散古人之全，故"寡能备于天地之美，称神明之容。是故内圣外王之道，暗而不明，郁而不发，天下之人各为其所欲焉以自为方。悲夫！百家往而不反，必不合矣！后世之学者，不幸不见天地之纯，古人之大体。道术将为天下裂"。① "纯"犹全也。② 百家原出于一，各得一偏。然而往而不反，则愈行愈远。天地、古人之全必失于后世。然则《天下》一篇，即反百家之学，原道术之一。然则反即合矣。《天下》篇末，慨叹惠施"散于万物而不厌……逐万物而不反"。③ 反即能合。反万物，乃能见道之一也。盖"惠施多方……其道舛驳……历物之意"④。遍说万物之意义⑤，然道不能一，驳杂多方而已。庄惠之辨，庄子皆就惠施之事，反万物原道一也。反则合，判惠施与判百家同。于百家，即其学而反也。于惠施，即万物而反也。即其学而反，庄子门人亦可。即万物而反，非庄不办。故《天下》必置惠施于庄子之后。盖惠施唯析万物之理，无一贯之道，乃至不能原之以古人道术，唯有救之以庄学。百家则各有其方，虽仅得古道术之一隅，然不为无根。是百家之学，有道有物，各有所曲。就其偏，反其学则可。惠施之学，析万物、判天地，故不见道之一矣。庄生之学，即万物，而见道一者也。唯庄生能破惠施，亦唯惠施之名理，能为庄生斧正之"质"。

　　故《天下》之精微处，唯在道与万物之关系，以此别诸家同异，明诸家得失。《齐物论》云："六合之外，圣人存而不论；六合之内，圣人论而不议；春秋经世先王之志，圣人议而不辩。"⑥此说后世注家每不得解，其实论即伦也，赋伦类也。议即义也，断所宜也。《天下》于邹鲁缙绅之士，盖论而不议也。于惠施，盖议而不论也。他篇于惠施亦颇有辩。于百家，则有论有议而不辩也。惠施以外，《天下》所议者，有墨子及禽滑釐，宋钘与尹文，彭蒙与田骈、慎到，关尹与老聃，庄周，凡五家十子。后世定诸子百家之名，多从《论六家要指》、《汉书·艺文志》等。据此，墨禽固为墨家，关尹老庄固为道家。至于宋尹、彭田慎则有歧说。非

---

① 《庄子集解》，前揭，第288页。
② 《庄子校诠》，前揭，第1303页。
③ 《庄子集解》，前揭，第299页。
④ 《庄子集解》，前揭，第296页。
⑤ 参见《庄子校诠》，前揭，第1352页。
⑥ 《庄子集解》，前揭，第20页。

但学者之间有异说，传世分类，与《天下》大相径庭。《汉志》以尹入名家，宋则入小说家。田骈入道家，慎到则入法家。近人则又有异说。郭沫若则以宋尹为《白心》等《管子》四篇著者，又归入道家。[①] 冯友兰先从郭说，遂以宋尹、彭田慎、关老及庄周并为“道家发展之四阶段”[②]。后又以宋尹为墨家分支，然仍置彭田慎于道家。[③] 蒙文通则反是，先以田骈等仅邻于道家，然与老庄终有别。后则将宋尹彭蒙田骈皆归诸黄老道家。[④] 今人虽亦持宋钘为墨家别派论，然仍强调余子皆有黄老背景。唯不宜合论。非但宋尹固然不可合论，田慎亦有分别云云。[⑤] 要之，后世之说虽歧说纷纷，两处则全同。一，以入汉之后百家之名绳墨《天下》诸家；二，于《天下》之并类，实不赞同。此两处实一处耳，即未以《天下》之说议论百家也。此于后世文献分类固有益处，然实非读《天下》之法。《论六家要指》以下，皆以有助乎治、有出于王官为百家分类之准，此仅《天下》之末端耳。《天下》固无名家、法家，实亦并无所谓道家、墨家。故当以《天下》论《天下》，而不可以《要指》、《汉志》论《天下》也。以其同者观之，非但宋尹近道，即墨禽亦有所存乎古之道术也。以其异者观之，《天下》所重者，庄生与关、老微妙之别也。故《天下》固有自身之脉络伦类，绝不同于马班。此即古人道术之全而一，今人方术之曲而多。而道术之广大而精微者，唯道与天地万物之关系耳。《天下》所述六家，即以此为论、议之则。

《天下》之议百家，以墨子及禽滑釐繫首。《吕览·不二》云：“墨子贵廉”。《天下》则议论其何以贵廉。曰：“不侈于后世，不靡于万物，不晖于数度，以绳墨自矫，而备世之急。古之道术有在于是者，墨翟、禽滑厘闻其风而说之。”[⑥]“不侈

① 郭沫若：《十批判书》，《郭沫若全集》历史编第二卷，北京：人民出版社，1982年，第157页。

② 参见冯友兰：《先秦道家三派的自然观的异同》(1959年)，见《三松堂全集》第12卷，郑州：河南人民出版社，2001年，第428—429页。

③ 参见冯友兰：《论先秦早期道家哲学思想》(1962年)，其关于宋尹学派的判断有变动，但仍以杨朱、彭田慎、老、庄为道家思想发展的四个阶段。见《三松堂全集》第12卷，第447、450、455—456页。

④ 蒙文通《杨朱学派考》以为田骈、接予等唯邻于道家，然不绌仁义，终与老庄有别，以之为道家则后师之误。参见蒙文通：《古学甄微》，《蒙文通文集》第一册，第247—248页。而其《略论黄老学》，田、接艺文志列为道家，蒙以为田、接为北方道家，或更确切地列为“黄老派”，参见《蒙文通文集》第一册，前揭，第269—274页。

⑤ 参见白奚：《稷下学研究：中国古代的思想自由与百家争鸣》，北京：生活·读书·新知三联书店，1998年，第138、196、202页。

⑥《庄子集解》，前揭，第288页。

于后世,不靡于万物,不晖于数度",此即所谓"廉"也。古之道术固有在于是,然而古之道术未可遽同于是也。此用也、末也、备急也,而墨禽以之为体也、本也、常道也。故《天下》议墨子之道曰:"其生也勤,其死也薄,其道大觳。"①王先谦注曰:"觳者,薄也。"②此非言丧礼之薄,而言其道之薄也,言墨道不能化育万物。非徒其人不靡万物,乃因其道,万物自薄自陋也。贫瘠不能化育固非天道,"反天下之心"而"难行"亦非圣人之道。唯能救世之急,于古人之全亦窥其一端,故《天下》许之以"才士"。

次及宋、尹。《天下》论之曰:"不累于俗,不饰于物,不苟于人,不忮于众,愿天下之安宁以活民命,人我之养,毕足而止,以此白心。古之道术有在于是者,宋钘、尹文闻其风而悦之。"③此宋、尹道术之原,固无可非议。郭沫若仅以"白心"二字判宋尹为《管子》四篇作者④,终是向壁虚构之谈。《天下》之意,此是古道术所在,非发自宋尹也。《管子》白心之说,其要在虚在静,而非"不累于俗,不饰于物,不苟于人,不忮于众……人我之养,毕足而止"。⑤《人间世》有"虚室生白"⑥之说。荀子有"虚壹而静"之说。⑦ 较之宋尹,庄、荀不于《白心》篇更近耶?故"白心"固为宗古道术者之所同欲也,而其方可殊。郭氏之说虽差,其拈出"白心"二字则极是。宋尹之治天下也,救民之斗,禁攻寝兵,救世之战。为人多,自为太少,与墨禽几不可辨,乃至后世多以宋子为别墨。然而宋、墨究竟不同道,其别即在"白心"。墨禽无心术可言,徒"以绳墨自矫",而"反天下之心也"。而宋尹之道,其体在白心,其用在均平。心容万物以平之、调民情欲以和之而已。《天下》云宋尹"作为华山之冠以自表,接万物以别宥为始。语心之容,命之曰'心之行'"。郭象注曰:"华山上下均平。"⑧按,此主表均平之心,亦可表均平之

《庄子·天下》中的"齐物"问题

---

① 《庄子集解》,前揭,第289页。

② 同上。

③ 《庄子集解》,前揭,第291页。

④ 参见郭沫若:《十批判书》,前揭,第157页。

⑤ 《庄子集解》,前揭,第290页。

⑥ 《庄子集解》,前揭,第36页。

⑦ 参见王先谦撰:《荀子集解·解蔽篇第二十一》,北京:中华书局,1988年,第395—397页。

⑧ 《庄子集解》,前揭,第291页。

制。① 别宥，犹《吕览》之《去宥》也。谓"分解心之所宥也"②。"语心之容，命之曰'心之行'"者，王先谦引成疏曰："每令心容万物，即为此容受而为心行"，解之曰："言我心如此，推心而行亦如此。"③王叔岷从之。④ 上引数语，语语及心。则宋尹之道，其要在心矣。犹补墨道以心性学、工夫论也。墨翟"不靡于万物"，盖其道薄也。宋尹"不饰于物"、"不以身假物"、"见侮不辱"，盖"以情欲寡浅为内"而荣辱为外也。即以为心本寡欲，于物寡求。荣辱奢华，非出自内，皆累于俗，为心之所宥，去之则可。故此道可周行于天下也。遂"以聏合欢，以调海内。请欲置之以为主"⑤。"聏"，"'和也'，聏和万物，物合则欢矣"⑥。郭注："强以其道聏(令)合。"⑦"置之以为主"，马其昶注曰："置合欢之心以为行道之主也。"⑧宋尹强推其道周行天下，盖以为人固情欲寡浅也。荀子《正论》云："以人之情为欲多而不欲寡，故赏以富厚而罚以杀损也，是百王之所同也。"⑨冯友兰引荀卿此说批评宋子，更云，道家皆曰寡欲，而非以为欲固寡浅、在人皆寡浅也。⑩ 冯说是。宋尹于道术非无所窥也。宋尹之过，不在其白心之道，而在强以此道均平天下。"以此周行天下，上说下教。虽天下不取，强聒而不舍者也。故曰：'上下见厌而强见也。'"心不齐而强齐之。故宋钘、尹文以心齐人者也，彭蒙、田骈、慎到盖以道齐物者也。齐人者近墨，齐物者近庄。近庄者似是而非，故《天下》辟之尤力也。

《天下》云："公而不党，易而无私，决然无主，趣物而不两，不顾于虑，不谋于知，于物无择，与之俱往。古之道术有在于是者，彭蒙、田骈、慎到闻其风而悦之。"不党无私者，非因彭田慎如宋尹有白心之术，而因其有观物之道。宋尹强

① 参见《庄子校诠》，前揭，第 1322 页。

② 同上书，第 1322 页。

③ 《庄子集解》，前揭，第 291 页。

④ 参见《庄子校诠》，前揭，第 1324 页。

⑤ 《庄子集解》，前揭，第 291 页。

⑥ 同上。

⑦ 《南华真经注疏》，前揭，第 611 页。

⑧ 《庄子校诠》，前揭，第 1324 页。

⑨ 《荀子集解》，前揭，第 345 页。

⑩ 参见冯友兰：《论先秦早期道家哲学思想》，《三松堂全集》第 12 卷，前揭，第 453、454 页。又，冯友兰：《中国哲学史新编》上卷，北京：人民出版社，2001 年，第 791 页。

推其道,盖先有人己之别而后齐人者也。彭田慎于万物无所择取,齐物己,故一任外缘,毫无专主。"无主"即无所偏主①,含无己之意。于己无所偏主,盖因于万物皆无偏主也。"趣",即"取舍"之取。取物不两与"于物无择"意通。盖两即有择矣。故不起知虑,趣物无二,即彭田慎之所宗也。此即所谓"齐物"。故《天下》谓三子:"齐万物以为首。"王先谦引宣颖曰:以齐物"为第一事"②。王叔岷引奚侗曰:"首借为道。"③后说为是。盖《天下》引三子之说:"曰:'天能覆之而不能载之,地能载之而不能覆之,大道能包之而不能辩之。'知万物皆有所可,有所不可。故曰:'选则不遍,教则不至,道则无遗者矣。'"④故知三子以齐物为道。而其所谓齐物,即所谓"包之而不能辩之"。"辩"同"辨"。⑤《齐物论》曰:"有分,有辩。"王先谦注曰:"分者异视,辩者剖别。"⑥故包而不辩者,抹其差异、无所分别也。道无遗者,谓道之全也。道全者,盖因无所不包,无所择取也。道齐万物即道包而不分,故无所择取。有选则有不周,有教则有未达,皆有分而不齐也。唯并包为一、无所择取,是三子之所谓"道"也。然则《天下》既云百家"判天地之美、析万物之理",而三子之道,包而不分,一无判、析,何以《天下》反责之切也?

　　后世学者多以为慎到法家,彭、田道家,谓三子不宜并派合论。然法家有从儒家转出者,亦有从道家转出者,慎子即由道转法之枢也。而其转也,必于道有其传承、见地。盖法家亦贵齐也。此齐非庄生之齐,乃田骈之齐也。有以道齐物,方有以法齐民。其道与物无择,其治乃不尚贤。慎子有齐物之道,乃有齐民之法。因其齐物之道近于彭田而合论之,《天下》无误。《慎子》⑦多遗齐民之法,《天下》乃存齐物之道。曰:"是故慎到弃知去己,而缘不得已。泠汰于物,以为道理。"此慎子齐物之纲也,条条与庄学似近而实远,乃至后世有以《齐物论》属慎到者。此处不惮辞费,略考庄慎朱紫之别。

　　慎子之所谓弃知去己者,乃效无知之物如土块,故曰"块不失道"⑧:"夫无

---

① 参见《庄子集解》,前揭,第 292 页。

② 《庄子集解》,前揭,第 292 页。

③ 《庄子校诠》,前揭,第 1330 页。

④ 《庄子集解》,前揭,第 292 页。

⑤ 《庄子校诠》,前揭,第 1330 页。

⑥ 《庄子集解》,前揭,第 20 页。

⑦ 传世残篇有辑本,参见许富宏:《慎子集校集注》,北京:中华书局,2013 年。

⑧ 《庄子集解》,前揭,第 293 页。

知之物,无建己之患,无用知之累"①,"推而后行、曳而后往",决然无主,一顺外力之迫,即其所谓"缘不得已"。所谓"泠汰于物,以为道理"者,《庄子校诠》解曰:"泠汰"盖沙汰,即清澈于物、使归于一,犹弃知去己乃清澈于己耳②。《校诠》此解近之,而尤有未彻处。既效无知之物而不建己,则无所谓物、己之别。清澈归一、包物包己、物物无别、物己无别,此真齐物、真泠汰也。弃知去己、缘不得已、清万归一,语语皆近《庄子》,何以《天下》讥之以"非生人之行而至死人之理",斥之以"不知道"耶?③

　　庄子虽屡言弃知、无知、吾丧我、身如槁木、心如死灰等,其意非效法木石。钱基博引老子知雄守雌、知白守黑、知荣守辱之语,证老子与慎子异。王蘧常称引之④而王先生前又引老子绝圣弃知说注慎子所谓弃知⑤此则彼此抵牾矣。此非老子之抵牾,盖注家之抵牾也。老子"弃知",盖"弃智"也。《老子》第十九章云:"绝圣弃智,民利百倍;绝仁弃义,民复孝慈;绝巧弃利,盗贼无有。"河上公注弃智曰:"弃智惠,反无为。"⑥王弼注之曰:"圣、智,才之善也。"⑦而慎子所弃,盖知觉性灵也,固同于死人、土块。即令等视知、智,亦不必引钱基博迂远之注。何必《老子》,《庄子》多篇已及知无知之微。兹唯引《逍遥》、《齐物》。"小知不及大知,小年不及大年";"岂唯形骸有聋盲哉,夫知亦有之";"大知闲闲、小知间间";"劳神明为一,而不知其同也,谓之朝三";"古之人,其知有所至矣";"故知止其所不知,至矣。孰知不言之辩,不道之道? 若有能知,此之谓天府";"庸讵知吾所谓知之非不知邪? 庸讵知吾所谓不知之非知邪?";"方其梦也,不知其梦也。梦之中又占其梦焉,觉而后知其梦也。且有大觉而后知此其大梦也。"文繁不注,而上所引之"知"非庄所欲尽弃者,明也。庄子弃之、无之者,小知也。大

———————————

① 《庄子集解》,前揭,第293页。王蘧常引《淮南子·道应训》"慎子曰,匠人知为门,能以门,所以不知门也,故必杜,然后能知门"解"弃知",误。刘文典《淮南鸿烈集解》,前揭,第414页,弃知,误。此处不言弃知,而言知闭不知开,不足以门之。王蘧常著:《诸子学派要诠》,北京:中华书局,1987年,第28页。

② 参见《庄子校诠》,前揭,第1331、1332页。

③ 参见《庄子集解》,前揭,第293页。

④ 参见王蘧常:《诸子学派要诠》,前揭,第30页。

⑤ 参见王蘧常:《诸子学派要诠》,前揭,第28页。

⑥ 《老子道德经河上公章句》,前揭,第75页。

⑦ 《王弼集校释》,前揭,第45页。

知、小知，王先谦引唯识名相解曰，"此智识之异"①故"无知"有两义，一曰回小向大，转识成智，默照而神契。契于道体故无分，遍应诸用故分明，无动无静，即动即静。二曰果无了别，愚痴如木石，迫外力而动，如飘风、如落羽、如磨石。庄学，前者；慎学，后者。故慎子曰"块不失道"，非如注者所云［参见王叔岷撰，《庄子校诠》，前揭，页 1335］，同乎《知北游》所谓"（道）无所不在……在瓦甓"也。慎子之意，道并非无所不在［郭象曰，慎子之意"道非遍物也"，《南华真经注疏》，前揭，页 614］，唯无知之物如土块者方得道也。故郭象注曰："夫去知任性，然后神明，所以为贤圣也。"成玄英疏曰："夫得道贤圣，照物无心……今乃以土块为道，与死何殊？既无神用，非生人之行也。"［同上。］此慎子弃知说之误也。

慎子之"缘不得已"说，历代注家多语焉而未精。成疏曰："机不得已，感而后应。"②王先谦注曰，"而因必不得已"。此盖皆未得"缘"字之意。王蘧常引《庚桑楚》"欲当则缘于不得已"注之③，王叔岷同引《庄子》他篇疏之④。此注例是，然二先生亦不能据此别庄慎之道。《庄子校诠》且引《淮南》、《吕览》证之⑤，故"缘"意为"顺"，确然无疑。成疏于《庚桑楚》文句，解"缘"为"顺"⑥，亦是。然前后不一。其解《庚桑楚》曰："又须顺于不得止。不得止者，感而后应，分内之事也。如斯之例，圣人所以用为正道也。"⑦而于《天下》慎子弃知、无知处，则郭、成又责之以非圣贤之道。《天下》云"是故慎到弃知去己，而缘不得已"，前后为一句。何以前言为圣贤所笑，后言乃圣贤之道也？此足证历代注家于庄慎之"缘不得已"未得确解。两者语虽近，而义实远，一如"弃知去己"也。解《天下》破慎学之道，在《田子方》。田子方论其师东郭顺子曰："其为人也，人貌而天虚，缘而葆真，清而容物。物无道，正容以悟之，使人之意也消。"⑧"缘而葆真"之"缘"，即《天下》之"缘不得已"。《田子方》之意，可证之于他篇。《山木》有"形莫若缘，情

① 《庄子集解》，前揭，第 11 页。
② 参见《庄子集解》，前揭，第 613 页。
③ 《诸子学派要诠》，前揭，第 28 页。
④ 《庄子校诠》，前揭，第 1331 页。
⑤ 《庄子校诠》，前揭，第 916 页。
⑥ 《南华真经注疏》，前揭，第 462 页。
⑦ 《南华真经注疏》，前揭，第 462 页。
⑧ 《庄子集解》，前揭，第 176 页。古以虚属下读，断为"人貌而天，虚缘而葆真"。俞樾以为："缘，顺也。'顺而葆真，清而容物'对文。"王先谦从之。俞、王说是。

莫若率"①。《则阳》有"其于人也,乐物之通而保己焉"②。《外物》有"顺人而不失己"③。此皆"缘而葆真"之意也。《知北游》曰:"回尝闻诸夫子曰:'无有所将,无有所迎。'回敢问其游。仲尼曰:'古之人外化而内不化,今之人内化而外不化。与物化者,一不化者也……圣人处物而不伤物。不伤物者,物亦不能伤也。唯无所伤者,为能与人相将迎。'"④此皆"人貌而天虚、缘而葆真,清而容物"之意也。内不化即天虚、葆真、清;外化即人貌、缘、容物。"无将无迎"即清,"无不将迎"即容物也。《田子方》,寓言也。子方名"无择",即《天下》所谓"于物无择"之意也。子方之师名"顺子",即以上多篇"缘"字之意也。古注家不察,以为实有其人其事。"田子方"或可考,"东郭顺子"岂可考耶?!此真忘读庄书之法矣。

《天下》云:"于物无择,与之俱往",是古道术之所在也。"无择"本无误,之所以"无择"乃可以有误。慎到之无择也,乃以"弃知去己,而缘不得已。泠汰于物"。《田子方》"无择"师"顺子",顺子之道术,"人貌而天虚,缘而葆真,清而容物"。此即《田子方》之所以"于物无择"也。非缘不得已而无己也;乃保己、不失己也。非"泠汰于物"、清澈于物,使归于一也;乃容物,无不将迎也。缘,顺也。"缘而葆真,清而容物"即明道所谓"物来顺应"也。即所谓物当喜则喜,物当怒则怒也。⑤此真成玄英所谓"感而后应,分内之事也"。绝非所谓清澈万物,等视于一也。故庄顺而应之,物物如其分而应之,似有己,实无己;慎清洗万物,造作道理,似无己,实有己也。慎子执一也,庄子一化也。慎子齐物也,庄子物化也。齐物,"包之而不能辩之",无分也。物化者,"周与蝴蝶,则必有分也,此之谓物化"。⑥则其有分明焉。物之不齐,物之情也。万物彼此有分,乃有"万"物。物有分,一有化。一有分,物有化。万物有分乃有化,道一有化乃有分。

故慎子齐物而无分,而庄子物化而有分。慎到转道入法。道包万物而不辨,法包万民而无别。要皆齐物之道也。墨禽之均平,以其俭薄之道绳墨于万物。宋尹之均平,以其寡浅于人欲,而均平其心也。慎到之均平,以其于万物不

规范性问题和中西哲学

---

① 《庄子集解》,前揭,第172页。

② 《庄子集解》,前揭,第226页。

③ 《庄子集解》,前揭,第242页。

④ 《庄子集解》,前揭,第194页。

⑤ "圣人之喜,以物之当喜;圣人之怒,以物之当怒",《二程集》,前揭,第461页。

⑥ 《庄子集解》,前揭,第27页。《庄子》内七篇,篇名盖汉人所拟,不能无差。庄子所谓《齐物论》,其理盖有分之"物化",分无分之齐物也。傅斯年疑《齐物论》为慎子学固为妄说。其疑庄子无所谓"齐物"说则是。

辨而无择。故慎到齐万民而笑尚贤也。而《天道》云："夫尊卑先后,天地之行也,故圣人取象焉。天尊地卑,神明之位也;春夏先,秋冬后,四时之序也。万物化作,萌区有状,盛衰之杀,变化之流也。夫天地至神,而有尊卑先后之序,而况人道乎! 宗庙尚亲,朝廷尚尊,乡党尚齿,行事尚贤,大道之序也。语道而非其序者,非其道也;语道而非其道者,安取道!"①以此判彭田慎,正是所谓"语道而非其序者,非其道也"。以道包物,实无万物。既无万物,亦实无道一。故《天道》云"语道而非其道者,安取道!",此即《天下》所云,"其所谓道,非道"②。其非道也,因无其序。其无其序也,因无万物之分。唯见其分,乃见万物。唯见万物,乃见天地之序、大化之道。此老庄与彭田慎之别也。非独别于处物之道,乃别于道术也。彭田慎执一而不化,执一而清万物,有一而无万物。其实近惠子大一小一之说,以一与万物彼此对待,是判万物与道一为二,故仍是判、析之道也。以为得一体而包万用,是体用、道物全失。虽有概闻于一,而实未解真一也。故《天下》曰:"彭蒙、田骈、慎到不知道。"③

The Question of Making all Things Equal in the Tianxia Chapter of *Zhuangzi*

Ding Yun

Abstract: The Tianxia demonstrate Zhuangzi in himself by telling the difference between Zhuangzi and the hundred schools of thought. This article elects the first three schools of thought. In order to differentiate among them and clarify the benefits and drawbacks, it is essential to discuss their different understandings on the Equality of Things. According to the order in the Tianxia, the article firstly discuss Mozi and Qin Huali by pointing out that Mohism make all things equal by the way of frugality, which exclude them from the way of Heaven. Secondly, the analysis about Songyan and Yinwen imply the fact that despite their emphasize on the course of heart, they are still close to

---

① 《庄子集解》,前揭,第116页。

② 《庄子集解》,前揭,第293页。

③ 同上。

Mohism because they take human being as having weak emotions and make all heart equal by force. Although the third school of thought, Pengmeng, tianpin and Shendao, made All Things Equal according to the way of Heaven, they did not discriminate among all things. They are distinct from Zhuangzi's transformation of things and differentiation. Therefore, they could not understand the way of Heaven, either.

Keywords: Zhuangzi, make all things equal, Mohism, Tianxia

规范性问题和中西哲学

庄子"卮言"新考

王英娜[*]

王英娜[*]

[摘　要]　关于庄子"卮言",历代诠释不一,主要有水卮无执说、酒器说、漏卮说、支离说等,这些说法体现了"卮言"阐释史上的多元化、丰富性及历史创造性,但同时也存在观点依据的可靠性问题。从《庄子》对"卮言"的界定出发进行考察,当具有客观合理性。"卮言"与"日出"、"曼衍"、"天倪"密切相关,"日出"体现了"卮言"变化不息的特点,"曼衍"呈现了其渐变的形式,"天倪"则规定了其渐变的属性或归宗。因此,"卮言"应是以"道"为旨归,具有不同层次的渐变性、推理性的语言。

[关键词]　"卮言";阐释史;评议;言说形式;庄子

"三言"是理解《庄子》一书语言、思想的关键,张默生先生曾将之称为解读《庄子》的钥匙,并认为这把钥匙构造的三个齿形即寓言、重言和卮言。^① 在"三言"中,"卮言"的争议最大,

---

*　王英娜(1981—　　),女,辽宁盘锦人,山东大学文学院博士生,研究方向为古代文学与文化。

① 张默生原著,张翰勋校补:《庄子新释》,济南:齐鲁书社,1993年,第13页。

主要有水卮无执说、酒器说、漏卮说、支离说等。不但古代诸说纷纭,后世亦新见叠出。对此,我们不禁要问,是什么原因导致了如此众多的说法? 这些说法的依据是否合理? 这些说法之间是否有内在关联? 更接近庄子原意的"卮言"内涵应当是什么? 这些问题,均待系统回答。笔者在前人研究基础上,对"卮言"引发的各种观点进行了较系统的梳理,以呈现其接受与诠释的不同视角和见解,并指出其中存在的问题。同时,笔者亦从《庄子》对"卮言"的界定出发,以客观视角重新审视其内涵,提出"卮言"是以"道"为旨归,具有不同层次的渐变性、推理性的语言。管窥之见,希望能有益于推进"卮言"的探索与研究。

一、郭象"水卮无执"说得失

关于什么是"卮言",古人有诸多说法,其中对后世影响最大的是郭象的水卮无执说。郭象说对后世的巨大影响,不仅表现在他的说法为后世普遍认可,而且表现在他的思维方式或者说他认识"卮言"的逻辑起点被大多数学者所接受,并由此发展出对"卮言"的诸多理解。那么,郭象是怎样分析"卮言"的呢? 其说法合理吗? 带着这些疑问,笔者进行了相关的文献考察。

《庄子》一书对"卮言"的阐释,主要见于《寓言》和《天下》两篇。郭象《寓言》篇注曰:"夫卮,满则倾,空则仰,非持故也。况之于言,因物随变,唯彼之从,故曰日出。日出,谓日新也,日新则尽其自然之分,自然之分尽则和也。"①《天下》篇的注释未言及"卮言"。从郭注看,他对"卮言"的理解开始于对"卮"的认识。他认为,"卮言"的"卮"即卮器的"卮"。他根据卮器"满则倾,空则仰"的功能特征,推知"卮言"因物随变的特点。对于这种理解,我们首先提出的问题是这种认识的依据是什么? 古代的"卮"是一种怎样的器具? 笔者对春秋战国时期的文献进行翻检,发现此时"卮"与"言"连用只有《庄子》,"卮"字作为器具单用主要出现在《韩非子》、《文子》、《战国策》等文本中。如:

> 而司马子反渴而求饮,其友竖谷阳奉卮酒而进之。②(《韩非子·

---

① 郭庆藩撰,王孝鱼点校:《庄子集释》,北京:中华书局,2013 年,第 831 页。
② 王先慎撰,钟哲点校:《韩非子集解》,北京:中华书局,2016 年,133 页。

饰邪》)

> 寡人甘肥周于堂，卮酒豆肉集于宫。① （《韩非子·外储说右上》）
>
> 陈轸曰："……赐其舍人卮酒。舍人……引酒且饮之，乃左手持卮，右手画蛇。"②（《战国策·齐二》）
>
> 后二日，夫至，妻使妾奉卮酒进之。③ （《战国策·燕一》）

可见，"卮"是一种盛酒的器物。在《韩非子》中，除已提及的两处"卮酒"连用之例外，还有一处"玉卮"连用。即：

> 堂谿公谓昭侯曰："今有千金之玉卮而无当，可以盛水乎？"昭侯曰："不可。""有瓦器而不漏，可以盛酒乎？"昭侯曰："可。"对曰："夫瓦器至贱也，不漏可以盛酒。虽有千金之玉卮，至贵而无当，漏不可盛水，则人孰注浆哉！今为人之主而漏其群臣之语，是犹无当之玉卮也。"④（《韩非子·外储说右上》）

由此记载可知，"玉卮"本是有底且可盛水之物，而韩非却有意将之假设为"通而无当"，使有漏的玉卮与完好的瓦器形成对比。这里的"卮"与前面酒器之"卮"的不同在于它是盛水之物，而且作者特指它为一个无底的玉卮。

此外，《文子》⑤中也有一处关于"卮"的记载：

> 故三皇五帝有戒之器，命曰侑卮，其冲即正，其盈即覆。夫物盛则衰，日中则移，月满则亏，乐终而悲。是故聪明广智守以愚，多闻博辩守以俭，武力勇毅守以畏，富贵广大守以狭，德施天下守以让，此五者，

---

① 王先慎撰，钟哲点校：《韩非子集解》，第 355 页。

② 刘向集录：《战国策》，郑州：中州古籍出版社，2008 年，第 119 页。

③ 刘向集录：《战国策》，第 319 页。

④ 王先慎撰，钟哲点校：《韩非子集解》，第 347—348 页。

⑤ 《文子》一书，已出土两个《文子》残本，即敦煌本《文子》和汉墓竹简《文子》，其成书时间主要有先秦和汉初两种说法。根据定州简本《文子》的出土以及《文子》文本内容对秦汉作品的影响，笔者更倾向于《文子》为先秦古籍的观点。

先王所以守天下也。服此道者，不欲盈。夫唯不盈，是以弊不新成。①

（《文子·九守·守弱》）

《文子》中的卮器是虚则正，满则覆，并强调虚的重要；它对"卮"的理解同于老子的"道冲，而用之或不盈"（《道德经·四章》），这里的卮器明显具有与道家思想相合的特点。其中，"卮"不可满的卮器限量被引申至人心行之当戒，这是将卮器的物质实用性转化为人的实践经验性价值。这影响了郭象由"卮"推知"卮言"的理解倾向。

值得注意的是，《荀子》中亦有一处有关"卮"的记载。虽然它未直接以"卮"的名称出现，但却被认为是"卮"的器物。《荀子·宥坐》载：

孔子曰："吾闻宥坐之器者，虚则欹，中则正，满则覆。"孔子顾谓弟子曰："注水焉！"弟子挹水而注之。中而正，满而覆，虚而欹。孔子喟然而叹曰："吁！恶有满而不覆者哉！"②

杨倞注："宥与右同，言人君可置于坐右，以为戒也。《说苑》作'坐右'。或曰：'宥与侑同，劝也。'"③《文子》中有"侑卮"一词。彭裕商注：侑卮，又名"宥坐"，是一种可以引起警戒的器物。④ 荀子所说的"卮"，是空虚时倾斜，水入半则正，水满则覆，这与文子所说的空虚则正的"卮"还有所不同。文子所说的"侑卮"，是空虚时则正，盈满时则倾覆，"故知虚则自全，盈不可久"⑤。也就是说，"卮"是虚空而无物之器。文子的"卮"乃合于道家贵虚之旨，而荀子的"卮"明显具有了儒家说教之用。

郭象对卮器的描述应当受到了《荀子》和《文子》所载水卮特点的综合影响。郭象说卮器的特点是"满则倾，空则仰，非持故也"，在这里，他重在突出水卮"非持故"的特点，并将之与庄子"卮言"相联系。在语言表述上，他对儒家文本进行

① 王利器：《文子疏义》，北京：中华书局，2000 年，第 158—159 页。

② 王先谦撰：《荀子集解》，北京：中华书局，1988 年，第 520 页。

③ 王先谦撰：《荀子集解》，第 520 页。

④ 彭裕商：《文子校注》，成都：巴蜀书社，2006 年，第 67 页。

⑤ 王利器：《文子疏义》，第 159 页。

了改造。在运用《荀子》材料时,郭象有意将"中则正"省略,以弱化文本的道德引导色彩,并根据庄子的"齐物"思想,将之指向了"非持故"的无执境界。对于郭象而言,卮器的"满"与"空"、"倾"与"仰"没有褒贬之意在其中,这也是郭象在"卮"的理解上对前人的发展。

郭象将儒道对"卮"的实践经验性转化进行了综合。在思想上,他利用道家空虚无执的理念,回避了儒家中正道德的引导;表现在语言上即是"因物随变,唯彼之从",并将之与庄子所言"日出"联系起来。他在分析"卮言"时,并未先将其作为一个整体来认识,而是通过在"卮"与"卮言"之间建立关联进行阐释。从"卮"的文献记载看,"卮"在先秦时是一种器具,但可能指称不同形态和功用的器物。在郭注中,他融合了《文子》水卮及《荀子》中"宥坐之器"的特点,然而"宥坐"要几经辗转才能建立起它与"卮"的联系,因此,这当是郭象儒家思想倾向的表现。也就是说,郭象在解释"卮言"时,有自己的主观态度蕴含其中。他没有从客观"卮"的特点出发,而是选择或创造了与己意相符的"卮"来阐释"卮言"。此外,郭象所理解的"卮言"主要是从卮器出发,涉及庄子界定的解释仅"日出"一处,可以说,郭象在理解"卮言"时,并未以《庄子》文本作为阐释起点,而是以其观念中的水卮为依据,这种逻辑方式不具有合理性。虽然郭象"卮言"说存在问题,但他却开启了从卮器出发分析"卮言"的逻辑模式,这亦影响了后人对"卮言"的解读。

二、"酒器"说辨正

春秋战国时期,"卮言"一词是庄子的首创,其他诸子并无"卮言"说法。将卮器与"卮言"联系在一起解释始于郭象,后人大都接受了此诠释思路。郭象"卮言"说的影响不仅表现为从卮器角度探讨"卮言",他无所执的"卮言"观点也被后人加以发展。具体来说,即对"卮"的理解从无执水卮转变为酒器,对"卮言"的理解则从无所执之言发展为"无心之言",后又有反复无穷之言、宴饮之言、品味之言等诸种观点,但他们对"卮言"的理解均建立在郭象所开创的对卮器认知的基础上。兹略析如下:

与郭象相较，成玄英疏曰："卮，酒器也。"①他以"酒器"理解"卮言"是对郭氏所言卮器的具体化，并将"卮"限定在酒器范围中。此酒器特征与卮器相同，"卮满则倾，卮空则仰"②。较之于郭注，成疏进一步突出了卮器的无执性，并将其放入卮、物、人的关系中突出"卮"的特点，即通过"空满任物，倾仰随人"突出"卮"随意于外物支配的特点，这是对郭象"无持故"的诠释。在"卮言"理解中，成疏将郭注发展为"无心之言"，这是从自身主体的角度反思"卮言"。

北宋王黼理解"卮"为酒卮，但与成玄英所言酒卮不同。成玄英笔下的酒卮仍有郭象盛水卮器的特征，而王黼所说的酒卮则仅是宴饮时盛酒之卮，但他却继承了郭象从卮器视角分析"卮言"的思维方式，因此得出了"反复而无穷"的"卮言"特点。他在论述酒卮与"卮言"的关系时说：

> 夫告戒不生于理之有余，而起于言之不足，大道之世，天下为公，何尝切切于是？迨夫礼义修于后世之伪，法度立于至情之衰，故创一器则必有名，指一名则必有戒。异代因袭，不一而足。自三王以来各名其一代之器，至周则又复推广，然皆所以示丁宁告戒之意，若曰斝，曰觚，曰斗，曰卮，曰觯，曰角之类是也。……惟卮不见于礼经，而庄周谓卮言日出者，以其言犹卮之用有反复而无穷焉。且玉卮上寿，见于汉祖，而樊将军亦有卮酒之赐，则知卮之为器其来尚矣。若夫觯与角，则以类相从，故昔之礼学者谓诸觞其形惟一，特于所实之数多少，则名自是而判焉。故三升则为觯，四升则为角。及其饮也，尊者举觯，卑者举角，如是而已耳。③

王黼指出"卮"与同类"觯"、"角"的区别在于"三升则为觯，四升则为角"以及"尊者举觯，卑者举角"，这是以不同名称强调彼此差异，事物划分细致，其相应的命名也更为精确。但在实际应用中，人们为了使用或表述方便，往往忽略一些细微差别，而将之归入某一大类中，如王国维主张觯、觚、卮等为同物。④

---

① 郭庆藩撰，王孝鱼点校：《庄子集释》，第831页。

② 郭庆藩撰，王孝鱼点校：《庄子集释》，第831页。

③ 王黼编撰，牧东整理：《重修宣和博古图》，扬州：广陵书社，2010年，第288页。

④ 王国维：《观堂集林（外二种）》，石家庄：河北教育出版社，2003年，第145页。

规范性问题和中西哲学

可以说，划分精确与否会影响作者对结论的判断。王敔亦指出"惟卮不见于礼经"，这其中的原因即是其划分过细所致。因此，对于"卮言"的理解，他避开"卮"为礼器的角度，而根据酒器可以反复使用，推测"卮言"的特点是"反复而无穷"。王敔对"卮言"的理解继承了郭象的思维模式，即选择形名契入的角度，但他突出的是酒卮的功用特点，从而提出他所认为的反复无穷之意。

从酒器出发，人们联想到这种酒卮是宴饮用具，"卮言"自然也被认为有宴饮之言的特点。如罗勉道说："卮言，如卮酒相欢。"①从"相欢"来看，"卮言"具有让人高兴的言说特点，这是从产生效果方面来探讨。陆西星说："卮言者，卮酒之言，和理而出，却非世俗卮酒间谑浪笑傲争论是非之言，曼曼衍衍，尽可以消岁月。"②在这里，他否定了"卮言"似于酒宴上谑浪笑傲、争论是非的言论，将"卮言"与"理"联系在一起，具有宋明理学的话语特点。王闿运认为："卮、觯同字。觯言饮燕礼成，举觯后可以语之时之言也，多泛而不切，若后世清谈矣。"③他完全抛掉了"卮言"可能依循的规则，强调了宴饮间脱离世俗的玄虚言说。可以说，无论是将"卮言"释为宴饮高兴后的畅言，还是合理之言，甚至具有出世意味的玄说，这些学者均通过酒卮将"卮言"放置于宴饮环境中，从而得出了相关语境下的新阐发。

林希逸则从饮卮器之酒得出"卮言"是品味之言的观点。他说："卮，酒卮也，人皆可饮，饮之而有味，故曰卮言；日出者，件件之中有此言也。"④在此，林氏对酒与言做了类比，他将"卮"的理解由酒卮转向了酒卮所盛放之酒，而酒在这里仅是一种客体的存在，主体的品味具有了关键性作用。陈深对此给予更详细的阐发，他说："卮，酒卮也。卮言，蕴藉有味之言，日日出之，而调之以自然之天理，己亦不烦，人亦不厌，所以逍遥也。"⑤可以说，这种品味之言，已将"卮言"从《庄子》文本引向了文本之外的读者。

① 罗勉道：《南华真经循本》，载严灵峰编辑《无求备斋庄子集成续编》第 2 册，台北：艺文印书馆，1974 年，第657 页。

② 陆西星撰，蒋门马点校：《南华真经副墨》，北京：中华书局，2010 年，第 420 页。

③ 王闿运：《庄子内篇注》，载严灵峰编辑《无求备斋庄子集成续编》第 36 册，台北：艺文印书馆，1974 年，第9—10 页。

④ 林希逸著，周启成校注：《庄子鬳斋口义校注》，北京：中华书局，1997 年，第 431 页。

⑤ 陈深：《庄子品节》，载严灵峰编辑《无求备斋庄子集成初编》第 11 册，台北：艺文印书馆，1972 年，第 428页。

通过对郭象说引发的一系列"卮言"理解的分析,我们会发现其共同处是以"卮"之器具作为阐释起点,主要将无执之卮理解为具体酒器。酒器是先秦"卮"的常用意,但成玄英最初的酒器之释却非通常的酒器,而是类似郭象所说的水卮。后来学者们解释的酒卮虽然回到了先秦"卮"的通行意,但他们并未从"卮"之特点展开对"卮言"的探讨,而是将之置于酒卮所处的场合或执卮者的情况来分析。较之于郭象,这种阐释已经离开了卮器特点,并以"卮"外的环境、人物等进行分析。今人学者在前人基础上再次发挥,如有学者认为"卮言"是"先秦祝酒辞"。① 也有学者在"先秦祝酒辞"提法的基础上,又进一步指出"卮言"即"优语"的看法。② 这种延展性推论很有新意,但其"卮言"之意与《庄子》文本的界定仍有待进一步考察。

从《庄子》文本界定看,"日出"、"曼衍"、"天倪"均与"卮言"密切相关,但郭象在阐释时,仅将"卮言"与"日出"联系在一起,忽视了其与"曼衍"、"天倪"的关系。受此影响,后世诸多学者轻视《庄子》中的界定,而多将"卮"的器具特点或这种器具所处的环境作为分析"卮言"的契入点。笔者以为,他们虽各执一理,提出新见,但与《庄子》思想却不易相融。

三、"漏卮"说、"支离"说商榷

关于"卮言",除上述主要说法外,还有"漏卮"说和"支离"说。这两种说法虽然在古代不及水卮无执说、酒器说影响之大,但也自成一说,当今一些学者对其犹有继承、发挥之处,因而有探讨、辨析的必要。

(一)"漏卮"说

"卮"作为器具,古代还有漏卮之说,如"故川源不能实漏卮,山海不能瞻溪壑"③。"漏卮盛酒,利无所得。"④"今夫霤水足以溢壶榼,而江河不能实漏卮。"⑤《潜夫论·浮侈》也有对"漏卮"的记载。可见汉代已有关于漏卮的成说,而漏卮

---

① 李炳海:《〈庄子〉的卮言与先秦祝酒辞》,《社会科学战线》,1996年第1期。

② 过常宝、侯文华:《论〈庄子〉"卮言"即"优语"》,《北京师范大学学报(社会科学版)》,2007年第4期。

③ 桓宽著,王利器校注:《盐铁论校注(增订本)》,天津:天津古籍出版社,1983年,第4页。

④ 刘黎明:《焦氏易林校注》,成都:巴蜀书社,2011年,第766页。

⑤ 高诱注:《淮南子注》,上海:上海书店,1992年,第231页。

的由来可追溯到韩非所言之"卮"。因此,后代学者从漏卮角度理解"卮言"也有其缘由。

释性通言:"不生意见之言,如漏卮然,过而不留,日日而出。"[1]他从漏卮特点出发,强调了卮的"日用无穷"、"过而不留",这种阐释具有佛家思想的意味。

今人张默生先生继承了这一视角,并从漏卮角度进一步详说:"卮是漏斗,卮言就是漏斗式的话……漏斗之为物,是空而无底的,你若向里注水,它便立刻漏下,若连续注,便连续漏,就是江河之水,只要长注不息,它便常漏不息,汩汩滔滔,没有穷尽,几时不注了,它也几时不漏了,而且滴水不存。庄子卮言的取义,就是说,他说的话,都是无成见之言,正有似于漏斗。他是替大自然宣泄声音的,也可以说是大自然的一具传音机。"[2]他将漏斗的"滴水不存"与卮言是无成见之言、漏斗的注水与否和漏息与否与卮言是"替大自然宣泄声音"联系起来。这种结论,与郭注成疏具有一致性,不同在于他对卮器形态理解的变化。

关于漏卮的说法,我们虽可追溯到先秦韩非所言的无底玉卮,但这种漏卮是当时坏"卮"之状。"漏卮"在汉代才出现相关成说,因此,后代学者从漏卮角度理解"卮言"虽有其缘由,但并不符合先秦时"卮"的历史语境。

(二)"支离"说

"支离"说是通过"支"与"卮"同音推知"卮言"之意。对于"卮言"的理解,当古人无法信服从卮器角度得出的结论时,他们便根据"音近义通"来判定词的同源关系,并以此推知"卮"的意义,这种方法当属于音训范畴。换言之,对于"卮"的阐发,古人并非仅从"卮"所代表的器物去考索,而是从这个字本身的读音去推测。

这种理解"卮言"之方法的应用,可见文献的最早记载是晋代的司马彪。陆德明言:"卮言,字又作'巵',音支,《字略》云:巵,圆酒器也。李起宜反。王云:夫卮器满即倾,空则仰,随物而变,非执一守故者也,施之于言而随人从变,已无常主者也。司马云,谓支离无首尾言也。"[3]从这段文字看,当时对"卮言"的阐释主要有两种看法,一种是从酒器角度阐释的无常主之言,一种便是支离之言。

① 释性通:《南华发覆》,载严灵峰编辑《无求备斋庄子集成续编》第5册,台北:艺文印书馆,1974年,第567页。

② 张默生原著,张翰勋校补:《庄子新释》,第15—16页。

③ 陆德明:《经典释文》,上海:上海古籍出版社,2012年,第602页。

它反映了当时对"卮言"的不同态度,对于前一种,《释文》给出了原由;对于后一种,却未给出任何说明。成玄英在为郭象注作疏时,提出了一个"又解":"卮,支也。支离其言,言无的当,故谓之卮言耳。"①成玄英与陆德明作为唐人,都提到这两种说法,但成疏从词源学角度进一步探讨了司马彪的理由。卮,即支也。"卮"与"支"均在支部章母,双声叠韵,由于两者音同,因此有义通的可能。司马彪将"卮言"理解为支离之言,应当是从音训角度出发,其解释与卮器无任何关联。陆德明将二义同时列出,是客观呈现,但成玄英的疏则明确点出了其音训的合理性,并试图在解释上综合支言与卮器来探讨庄子"卮言"的内涵。

受司马彪和成玄英影响,后世学者亦有从"支离"角度理解卮言。但到杨柳桥先生理解卮言为"支言"时,则脱离了成玄英的综合思路,认为"卮言就是'支言',就是支离、诡诞、不顾真理、强违世俗、故耸听闻的语言"②。他还认为,"支离荒唐的话,天天有新的发抒"③。从这种解释中,我们已看不出卮言与卮器的任何关系了。钟泰先生说:"'卮言'者,支离之言也。"④张荣明先生言:"'卮言'就是'支言',也就是支离而又诡诞、既不顾真理又强违世俗,完全是故耸听闻的语言。"⑤对此,于雪堂先生提出反对意见,他认为支离之言"有其内在肌理,有其论说理路,恰如一棵大树,根深蒂固,枝繁叶茂。初看繁枝,似不知其所从来,然细察之余,总能循枝叶而得其本"⑥。因此,卮言"并非支离破碎之言,而是像树木一样不断分出枝丫的言说方式,由此而形成其散漫曲折的文体形态"⑦。笔者深同此意。虽然《庄子》的语言在感观上可能有零杂之感,但这并不意味着其精神蕴含的散乱,"卮言"与"天倪"相和,就说明并非无所旨归。

---

① 郭庆藩撰,王孝鱼点校:《庄子集释》,第831页。

② 杨柳桥:《庄子译诂》,上海:上海古籍出版社,1991年,第6页。

③ 杨柳桥:《庄子译诂》,第579页。

④ 钟泰:《庄子发微》,上海:上海古籍出版社,2002年,第650页。

⑤ 张荣明等:《庄子传奇庄子百问》,合肥:安徽人民出版社,2001年,第168页。

⑥ 于雪堂:《"卮言"本义词源学考释》,载北京师范大学民俗典籍文字研究中心主编《民俗典籍文字研究》第14辑,北京:商务印书馆,2014年,第184页。

⑦ 于雪堂:《"卮言"本义词源学考释》,第180页。

四、从《庄子》界定看"卮言"

为明"卮言"之义,古代学者多欲从"卮"推知"卮言",但如前文所述,"卮"作为器物与"卮言"之间的关系难以考察;通过音训方法,根据"支"、"卮"同源推知词义亦不具可靠性。笔者以为,当从"卮"的角度无法确知"卮言"时,我们就应转变视角和方法。由于"卮"在《庄子》中无单独使用的情况,"卮言"一词在先秦是庄子首创和独用,因此,欲知"卮言"本义,就必须从《庄子》文本对"卮言"的界定中探求。

《庄子》一书对"卮言"的阐释如下:

> 寓言十九,重言十七,卮言日出,和以天倪。……卮言日出,和以天倪,因以曼衍,所以穷年。①(《庄子·寓言》)
>
> 以天下为沉浊,不可与庄语,以卮言为曼衍,以重言为真,以寓言为广。独与天地精神往来而不敖倪于万物,不谴是非,以与世俗处。②(《庄子·天下》)

从"卮言"界定中,我们可以发现"卮言"与"日出"、"曼衍"、"天倪"密切相关,这些对"卮言"的描述呈现了其特点和属性。它的特点是"日出",表现为"曼衍",其属性是与"天倪"相和。这种语言最终完成的是"穷年"的效果,即实现有形语言的无限生命力。

"日出"是"卮言"最直接的界定,体现了"卮言"的特点,它应是理解"卮言"的关键。郭象注:"日出,犹日新也。"后世注疏多沿用此意。但王雱则提出了自己的新见,他认为"卮言"是"不一之言"③。此外,关于"日出",也有其他说法,如陈景元:"夫日出未中则斜,过中则昃,及中则明,故卮言日出者,义取其中正而

---

① 郭庆藩撰,王孝鱼点校:《庄子集释》,第830—833页。

② 郭庆藩撰,王孝鱼点校:《庄子集释》,第962—963页。

③ 王雱:《南华真经新传二十卷》,载方勇主编《子藏·道家部·庄子卷》第19册,北京:国家图书馆出版社,2011年,第314页。

明也。"①刘概言:"水之在卮,犹言之在德,不满则不发也。自外来者,益之而不可增;由中出者,虽多而未尝亏。故曰'卮言日出'。"②他们通过对"日出"的探讨,突出了"中正"的重要,并将"卮言"进一步明确为言德之言。对此,我们不禁要问,这些说法合理吗? 他们的解说有可借鉴之处吗?

从"日出"的字面结构上观察,"卮言日出"的"日出",应当是状语和中心语的关系,也就是说,"日"作"出"的状语。那么,"日出"在《庄子》中应当怎样理解呢?

关于"日"的用法,《庄子》中主要有以下三种:

第一,名词,指太阳。如:《逍遥游》:"日月出矣,而爝火不息。"《让王》:"日出而作,日入而息,逍遥于天地之间而心意自得。"《徐无鬼》:"风之过河也有损焉,日之过河也有损焉。"《天下》:"日方中方睨,物方生方死。"

第二,名词,指天,表时间。如:《人间世》:"嗅之,则使人狂酲三日而不已。"《应帝王》:"七日而浑沌死。"《盗跖》:"其中开口而笑者,一月之中不过四五日而已矣。"此外,还有昨日、今日、一日、千日、冬日、夏日等。也有指"白天"的情况。如:《德充符》:"日夜相代乎前,而知不能规乎其始者也。"

第三,"日"作动词的状语。如:《齐物论》:"其杀如秋冬,以言其日消也。"《人间世》:"名之曰日渐之德不成,而况大德乎!"《应帝王》:"日凿一窍。"《天运》:"夫鹄不日浴而白,乌不日黔而黑。"《田子方》:"知命不能规乎其前,丘以是日徂。""消息满虚,一晦一明,日改月化,日有所为,而莫见其功。"《庚桑楚》:"今吾日计之而不足,岁计之而有馀。"《则阳》:"日出多伪,士民安得不伪!"

在这三种用法中,显然第三种"日"与动词构成的状中关系与"卮言日出"的用法一致,其意义值得考察。在"日"作状语的例句中,我们会发现,"日"有两种情况。一种是"日"作为动词的修饰语,表示动作的时间结果,其完成的时间周期是一天。因此可译为"每天"来作状语,如"日凿一窍"、"丘以是日徂",这里的"日"是指每天都有一个具体的行动去完成。另一种"日"作为动词的修饰语,则表示动作持续变化的状态,如果译为"每天"则不够准确,因为,其所修饰的动作变化不是周期性的,而是时刻变化且具有无限的延展性。如:日消、日渐等。

---

① 陈景元:《南华章句音义》,载严灵峰编辑《无求备斋庄子集成初编》第5册,台北:艺文印书馆,1972年,第197页。

② 褚伯秀:《庄子义海纂微》,上海:华东师范大学出版社,2014年,第890页。

规范性问题和中西哲学

其实,这种用法在老子中已经有所应用,如《道德经·四十八章》:"为学日益,为道日损。"这里的"日"并不是确指,而是以"日"表示损益不断变化的状态。《周易》:"日新之谓盛德。"注曰:"体化合变故曰日新。"①可以说,以"日"作状语表示持续变化的状态也是"日"在先秦时期的一种常用之意。

在《庄子》文本中,除"卮言日出"外,还有两处"日出"例句。一处是《田子方》:"日出东方而入于西极,万物莫不比方。"这里的"日出"是主谓结构,显然与"卮言日出"的用法不同。另一处是《则阳》:"民知力竭,则以伪继之,日出多伪,士民安得不伪!"这里的"日出"是状中结构,与"卮言日出"同。郭象注:"主日兴伪,士民何以得其真乎!"②关于这句话的解释,大多学者将"日出"之意蕴含在其对文句的整体理解中,如吕惠卿言:"上出多伪,而欲下不伪,不可得也。"林自言:"上之人不能反本,而区区于其末,将何以救止之哉?"陈景元:"上既失真,民从其化。欲流之清,在澄源耳!"③刘凤苞言:"以伪导伪,不清其源而治其流,伪何从息乎!"④从这些释义及文本语境中,我们可以看出,状中结构的"日出"之"日"与"每天"并不相关,而是意味着一种从未止息的状态。因此,"卮言"应具有变化不止的语言特点。

除"日出"外,对"曼衍"、"天倪"的理解也很重要,"曼衍"呈现了"卮言"的表现形态,"天倪"则规定了"卮言"的属性或归宗。王雱解释"卮言"时,结合了"日出"、"天倪"、"曼衍"间的关联,这对我们探寻"卮言"本义颇具启发。他在《南华真经拾遗》中说:"卮言,不一之言也。言之不一,则动而愈出,故曰'日出'。言不一而出之必有本,故曰'和以天倪'。天倪,自然之妙本也。言有其本,则应变而无极,故曰'因以曼衍'。言应变而无极,则古今之年有时而穷尽,而吾之所言无时而极也,故曰'所以穷年'。此周之为言,虽放纵不一而未尝离于道本也。"⑤从这段解释中,我们可以看到"卮言"的语言表现是"不一之言",也就是说"卮言日出"体现了语言的多样性。但这种复杂的语言存在并非散乱无依,而是有其共同的内在规定或根本依据,即与"天倪"相和。关于"天倪",学界普遍认为即

187

庄子"卮言"新考

---

① 《唐宋注疏十三经(一)》,北京:中华书局,1998 年,第 102 页。

② 郭庆藩撰,王孝鱼点校:《庄子集释》,第 794 页。

③ 褚伯秀:《庄子义海纂微》,第 834 页。

④ 刘凤苞:《南华雪心编》,北京:中华书局,2013 年,第 668 页。

⑤ 王雱:《南华真经新传二十卷》,载方勇主编:《子藏·道家部·庄子卷》第 19 册,第 314 页。

是"道"。郭象注"天倪"为"自然之分也"①，王雱认为天倪即自然之妙本，它是万事万物不可须臾离之之道。因有此本，所以其显现出应变无极的状态，据道而应变使语言具有了历史生命力。可以说，王雱对"卮言"的诠释是较周全的，他抓住了卮言与"日出"、"天倪"、"曼衍"间的关联，并探讨其表现形态及缘由，最终发掘出"道"的根本。

"因以曼衍"，意味着"卮言"的变化不息是以"曼衍"的方式存在。《说文》："曼，引也。"②"引"的本义是开弓，延长是其引申义。"衍，水朝宗于海貌也。"③成玄英疏《齐物论》篇曰："曼衍，犹变化也。"④从字义上看，"曼"不仅意味着变化，而且强调了变化的延展连绵性。从"衍"字"水朝宗于海"的本义，也可推知这种变化不是漫无目的，而是有一定的方向。在后世注释中，学者们多强调其"曼"之变化无穷，而忽视了"曼"字的渐变连绵性和"衍"之变化的归宗性。如郭象注："夫自然有分而是非无主，无主则曼衍矣，谁能定之哉！"⑤《释文》引司马彪云："曼衍，无极也。"⑥陈鼓应先生注为："'曼衍'，散漫流衍，不拘常规。"⑦可以说，这些释义均只阐释了"曼衍"无限变化的一面。成疏较之更进一步，他注意到了"曼衍"含有"和以天倪"之意。其释曰："曼衍，无心也。随日新之变转，合天然之倪分，故能因循万有，接物无心。"⑧这里的"无心"是指无是非之心，他认为只有无是非之成心才能与天倪相和。此处"无心"虽强调了与"天倪"相和的归宗目的，但对于"曼衍"归宗的具体方式或者说对其渐变连绵的展开过程并没有阐发，而吕惠卿"因以曼衍，即是理而推之，所以穷年也"⑨的阐释，使"曼衍"之意更为形象和清晰，因理而推之点明了"卮言"的存在形式。

从庄子对"卮言"的界定，我们可以推知"卮言"应当具有变化而不止息的特点，且这种变化并非散乱无章，其归宗具有合"道"特点。"卮言"的表现方式是

---

① 郭庆藩撰，王孝鱼点校：《庄子集释》，第 103 页。

② 许慎撰，[清]段玉裁注：《说文解字注》，南京：凤凰出版社，2015 年，第 206 页。

③ 许慎撰，[清]段玉裁注：《说文解字注》，第 949 页。

④ 郭庆藩撰，王孝鱼点校：《庄子集释》，第 103 页。

⑤ 郭庆藩撰，王孝鱼点校：《庄子集释》，第 833 页。

⑥ 陆德明撰：《经典释文》，第 550 页。

⑦ 陈鼓应：《庄子今注今译》，北京：商务印书馆，2007 年，第 838 页。

⑧ 郭庆藩撰；王孝鱼点校：《庄子集释》，第 833 页。

⑨ 褚伯秀：《庄子义海纂微》，第 888 页。

"曼衍",虽是"不一之言",但这些语言展现了可通往"道"的渐次性,从而也实现了这种表达的无限生命力。

从"三言"关系上看,"卮言"与"寓言"、"重言"在形式上呈现一种并列状态。关于"寓言"、"重言",一般认为,寓言是作者通过人们熟悉的事物,用形象的思维来说明作者观点的故事性语言。重言是庄子所借助的有见解、有才德、令人敬重的长者或先人的言论。作为与二者并存的"卮言"应当是一种怎样的语言呢? 王夫之《庄子解》:"寓言重言与非寓非重者,一也,皆卮言也。"①徐克谦先生主张:"'寓言'与'重言'是配合'卮言'的两种具体的表现手法,是从属于'卮言'的。"②张默生先生则认为:"庄子全书,无一不是卮言,寓言重言,都在卮言中包含着,所以说是'三位一体'。"③刘畅先生则将三者分别对待,认为"寓言"、"重言"是一种具体可感之言,而"卮言"则是一种整体的言说形式和思维方式;④曾昭式认为"三言"是不同的论证形式,即"'寓言'论式与譬喻论证、'重言'论式与引用论证、'卮言'论式与事实论证有相通之处。"⑤。可以说,在"三言"比较过程中,学者们的观点见仁见智,论说不一。但主要有两种类型,一种认为"卮言"包含寓言、重言,是与之不同质的形上存在;一种则认为"卮言"是与寓言、重言具有相同性质的语言形式。从"寓言十九,重言十七,卮言日出,和以天倪"的表述看,笔者以为,"卮言"应当同于"寓言"、"重言"为可感之言。"十九"、"十七"、"日出"表明其出现的频率,三者当具有可重合性,其中"日出"也体现了"卮言"的特点。那么,"卮言"是一种怎样的可感之言呢? 具体来说,"日出"说明"卮言"是一种变化不息的语言,"曼衍"表明"卮言"的变化具有与"天倪"相和的层次渐变性。从语言的表述来看,"卮言"在表达意义方面具有"道"的旨归,在表述方式上具有通向"道"的渐变推理,其表述的不同层次,即是"日出"的有形呈现,也是"卮言"可感的语言部分。

如《养生主》中"庖丁解牛",一般认为它是一则寓言,但在这则寓言中,仍有"卮言"运用,即表现为庖丁悟道的不同层次的展开。具体表述为:"臣之所好者

---

① 王夫之:《船山全书(第十三册)》,长沙:岳麓书社,2011 年,第 420 页。

② 徐克谦:《庄子哲学新探——道·言·自由与美》,北京:中华书局,2005 年,第 129 页。

③ 张默生原著,张翰勋校补:《庄子新释》,第 16 页。

④ 刘畅:《〈庄子〉"卮言"辨析》,《南开学报》,2017 年第 1 期。

⑤ 曾昭式:《庄子的"寓言"、"重言"、"卮言"论式研究》,《哲学动态》,2015 年第 2 期。

道也,进乎技矣。始臣之解牛之时,所见无非全牛者。三年之后,未尝见全牛也。方今之时,臣以神遇而不以目视,官知止而神欲行。依乎天理,批大郤,导大窾,因其固然。技经肯綮之未尝,而况大軱乎!"这段话描述了庖丁的体"道"过程,他经历了从见全牛、不见全牛到"官知止而神欲行"的不同层次,这三个不同阶段体现了"日出"的不断变化和"曼衍"而归宗于"天倪"的展开。《应帝王》中壶子每日以不同情状示季咸的"重言",也体现了"卮言"有层次的"曼衍"与归"道"的特征。《齐物论》:"唯达者知通为一,为是不用而寓诸庸。庸也者,用也;用也者,通也;通也者,得也;适得而几矣。"这类具有义理层次性、旨归性的议论也体现了"卮言"特点。

可以说,在《庄子》表述中,不论寓言、重言,还是议论之言等,只要能够体现通"道"、悟"道"的思想渐近性和层次性,即为"卮言"。它表现为某句话,或某段话,或几段话所构成的一种具有思想层次性、推理性的语言,其中"道"作为其引向与旨归。

小结

通过对学术史上"卮言"诸说的辨析,我们发现郭象说是古代众说的主要源头,他以"卮"探求"卮言"的逻辑被后世学者所接受,但其主观选择和改造卮器,却使"卮言"的说法失去客观合理性。受其影响的酒器诸说则脱离了"卮"本身的特点,它从"卮"外的因素探讨"卮言",从而愈发远离了《庄子》文本。漏卮说不合先秦"卮"的常用义;"支离说"则通过音训探讨"卮言",不能构成论说"卮言"的可靠依据。这些说法虽存在问题,但在历史生成过程中,呈现了"卮言"阐释的丰富与多元。由于"卮言"是《庄子》独创和首用,因此从其文本界定出发探讨"卮言",当更具客观合理性。笔者以庄子对"卮言"的界定为契入点,根据"日出"、"曼衍"、"天倪"的描述以及"三言"的并列关系,得出"卮言"应是一种可以感知的语言,具体表现为论"道"的不同层次性、渐变性,它既可以是某句话,也可以是某段话,或由几段话所构成。这种特点既体现了"卮言"与"寓言"、"重言"的差异,也符合三者同为语言形式的并列关系。"三言"之间是相互交融的,"寓言"、"重言"正是因为有"卮言"的存在,它们才具有了与"道"相通的深意和韵味。在学界,目前主流的"卮言"观点认为它是"道"言,是一种抽象的存在。

笔者以为,以"道"论"卮言"无疑是正确的,但仅将之归为形上之道,不免有普泛化的遗憾,且消解了"三言"之间的差别。因此,从《庄子》文本的界定出发,探讨"卮言"具体表现形式,对于"卮言"本身、"三言"的关系乃至庄子的语言观及应用,均具有不可忽视的意义和价值。

New Textual Research on
"Changing Language Form" of Zhuangzi

Wang Yingna

庄子「卮言」新考

Abstract: As for the "Changing Language Form" of Zhuangzi, the interpretations of the past dynasties are different. Mainly, Guo Xiang said, the wine maker said, the leakage of the container said, the fragmented said and so on. These interpretations reflect the diversity, richness and historical creativity in the history of the interpretation of the "Changing Language Form", but they also have the unreliability of the viewpoints. Only from the demarcation of Zhuangzi to study "Changing Language Form" that is the objective rationality. The "Changing Language Form", "sunrise", "Man Yan" and "theoretical form" is closely related to and "sunrise" embodies the characteristics of "Changing Language Form", "Man Yan" takes on the form of the gradient, the "theoretical form" specifies its gradient attribute or return. Therefore, the "Changing Language Form" should be the "Tao", which has different levels of gradual degeneration and the language of pushing rationality.

Keywords: "Changing Language Form", hermeneutic history, assessing, language form, Zhuangzi

论《人间词话》中作为诗人与世界相互生成的"境界"

张高宇[*]

[摘　要]　境界是《人间词话》的思想核心。在日常语义中，境界指自然物和心理物的界限；在佛教理论中，境界指心与物构造的境况；在王国维的思想中，境界指诗人与世界交互生成的并显现于作品中的形态。豪杰之士、大家和诗人是能够观世界和体验人生并把这种观和体验表达出来的人，世界是包括天地万物在内的所有存在者整体，这些构成境界生成的要素。诗人是具体时空中的存在者，他与以往世界和历史相分离并以此为开端走向将来，最后体悟到生命的随意性和偶然性。诗人通过以我观物和以物观物的方式观世界和体验人生，提出打破事物间的固有界限、主动支配与统握外物、用血写的文字和赤子之心等规则来创造作品的境界。作品中生成的境界，主要有作品作为主观精神的表达和作为自然的模仿、作品是否把世界和万物的是其所是如世界和万物本身所

---

* 张高宇（1983—　　），男，四川攀枝花人，哲学博士，阿坝师范学院文学与传媒学院讲师，主要研究领域为中西美学和艺术。

是那般显现出来以及这种显现的范围和等级,涉及境界的有我与无我、隔与不隔、大小与优劣等形态。经过分析得出,王国维统笼地把境界作为一种等级划分的最高规定性,却没有对之进行更为细致的探讨,因此他的"境界说"是模糊的。王国维借用西方思维来重构"境界说",同时也未摆脱中国传统思想的束缚,他的"境界说"成为西方思维和中国思想的混合物。

[关键词]　《人间词话》;境界;要素;生成;显现形态;边界

　　"境界"是《人间词话》[①]的思想主题。一百多年来,学界对《人间词话》的研究,都集中于对字词意义的诠释与梳理,并通过儒道禅三家各自的文本分别进行释义,或者综合三家文本进行相互释义,或者侧重对王国维的生平、思想学术背景等资料的整理与梳理。[②] 这些工作,为深入研究《人间词话》,提供了必要的前提和基础,也是非常重要的,但还谈不上对其思想本身进行研究,也不能替代思想研究。从上世纪八十年代以来,学界一方面用唯物与唯心、阶级斗争的观点来研究王国维的艺术理论,另一方面开始注重王国维思想与西方思想的渊源关系及其比较研究[③],但毕竟还处于研究初期,显得不够成熟。郭勇健从现象学角度把王国维的境界还原为胡塞尔意义上的意向性客体[④],还未脱离西方传统哲学主客二分的思维框架,虽有创建,尚需更为本源地思考。本论文从生成角度阐释王国维的境界说,把他的境界思想还原到境界自身生成的过程中进行考察和阐释,希望借此把境界作为境界本身显现并揭示出来。基于此,从《人间词话》文本整体出发,然后深入到境界自身显现和敞开的语义中,按照境界自身指示的道路行进,最后找出境界的边界,这些构成了本论文的主要内容。

一、境界的语义

　　日常意义上的境界,主要有四个意思:一是边界,疆界,国界,国与国的分

论《人间词话》中作为诗人与世界相互生成的「境界」

---

① 本文所有引文都摘自王国维:《人间词话》,北京:人民文学出版社,2005 年。后文只在括号里列出所引篇目,不再另注。

② 沈文凡、张德恒:《王国维〈人间词话〉百年研究史综论》,《中外文化与文论》第 19 辑,成都:四川大学出版社,2014 年。

③ 程国斌:《王国维文艺思想研究的世纪考察》,《学术交流》,2005 年第 2 期。

④ 郭勇健:《王国维境界说的现象学诠释》,《中国美学研究》第 3 辑,北京:商务印书馆,2014 年。

界线,即土地的界限;二是境况,情景,处境,如[清]刘献廷《广阳杂记·卷一》:"梦寐中所见境界,无非北方幼时熟游之地";三是事物所达到的程度或表现的情况,亦特指诗词、书法和绘画等构成的意境;四是指人在精神与思想上,异于其他人的东西,如气质和品格等修养,并表现为言说和行动符合某种较高的道德规范,也表现为思想具有某种透视与洞见事物的高度和深度。因此,境界在日常语言中首先是作为判断的标准。在人们常说的有境界和无境界中,无境界还处于混沌之中,而有境界虽然看似很明晰,其实也缺乏相应的规定从而显得模糊不清。其次,境界有高低之分,它表明层次、阶段、水平、范围等不同的状态。

境界一词来源于佛教并主要在佛教理论中使用。日常意义中的境界本身是佛教中的境界的继承或变式,前者的第一、二和四种意思,还保存在佛教的境界语义中。但佛教的境界的意义更为本源,它指的是在人的心灵界限内构成的独特境况。佛教境界中的"境",是"心之游履攀缘处"。此心不是作为肉团心的心脏,在此是指作为思之官能。思想能够去游履攀缘,即能认识它能够认识的事物,其前提是能够找出与区分什么是能认识的和不能认识的。这虽是心境,但主要是思想对事物的思考。在此思考中,它又有"所观之理曰境,能观之理曰智"的区分,而"能观一切境界智",指的是在各种境界中能有所指引和道说的智慧。"界"首先是指,一事物与他事物之间的差别与区分,其次是一事物自身固有之本性,第三又指事物之名相,如六界和十八界等。但佛教的境界,一般指心走出自身去体验外在事物,经过训练和修行又返回到自身后所达到的觉悟程度。这种觉悟,主要有佛圆满极境、菩萨大乘境、缘觉中乘境和声闻小乘境等不同涅槃境界和表现。这些境界的区分看似是对觉悟的分别,其实是对觉悟的肯定,因此它属于不分别的分别或分别的不分别,超越了分别和不分别的区分,达到了分别和不分别的本源。

在《人间词话》中,王国维继承了佛教境界说[①],也强调境界的独特性和最高规定性,这种独特性和规定性是一种区分和划界。他说:"词以境界为上。有

---

① 詹志和认为:"'境界'原本是一个会通'内''外'、综合'根''境'的佛学名相,移用于诗学,便是强调'心'与'物'的互摄、'意'与'境'的浑通。唯其如此,'境界'二字才足以承当王国维的诗学'元范畴'。也是因此,'境界说'诗学在两大问题上表现出了与中国佛学的深刻联系:第一,强调心识对境相的充注性和能动性;第二,强调审美对象的具象性和直观性。此二端正是王国维'境界说'诗学的宏旨所在。"参看詹志和:《王国维"境界说"的佛学阐释》,《中国文学研究》,2008年第4期。

境界则自成高格,自有名句。"(一)"然沧浪所谓兴趣,阮亭所谓神韵,犹不过道其面目;不若鄙人拈出'境界'二字,为探其本也。"(九)"兴趣"是《沧浪诗话》的核心语词,严羽主张以禅喻诗之悟,言说不可言说的和表达不可表达的,通过语言表达语言之外的东西。"神韵"表达的是形象之外的东西,也即属于心灵或精神的东西。但王国维认为"兴趣"和"神韵"只是表现了所表达事物的表象,并没有道出诗之为诗的根本,只有他自己提出的"境界"才道出了诗的本性,并把"境界"作为诗的最高规定和最后根据。对于境界的种类,王国维认为:"境非独谓景物也。喜怒哀乐,亦人心中之一境界。故能写真景物、真感情者,为之有境界。否则谓之无境界。"(六)由此可知,境界由心和物构成,即主客合一、情景合一,它包含了一切景物和诗人自己对景物的情感。同时,王国维认为描写景物和抒发情感是境界产生的基础,描写真景物和抒发真情感才算是境界的实现和完成。① 所以,从根本上说,真才有境界,而假没有境界,规定诗词为诗词的本性是"真境界"。在《人间词话》中,与境界相邻近的其他语词,主要有:妙境(六三)、品格(三二、四八)、格调(三八、四二)、意境(四二)、性情和气象(四三)、无题(五五)等。这些语词的语义,或者是对诗人所表现的世界的模糊的感受,或者是用自然景物来进行类比和描述诗人内心的情感状态,或者认为无法用概念来涵盖和表达诗词所呈现的世界。从这些意义上讲,王国维的境界②所涉及

---

① 周祖谦和张连武认为:"王国维的境界之'真'是一个取烙民族传统文化资源与近代西方人本主义哲学、美学、艺术观念,兼具本土韵味和时代特征而又内涵丰富、别传新声的诗学概念。……它是优秀诗人基于对宇宙人生的独特感受、深切体验及对特定对象(景物或感情)的审美领悟,在某种自由的精神追求(王称之为'势力之欲')的驱策下,经由匠心独具的艺术构思与传达而呈现于诗语形式中的主客浑融的高品位的艺术世界(或以景物为主,或以情感为主)的存在状态或属性。其要点有三:一是自由;二是可以直观;三是独异性。首先,自由是指诗词作品所写'世界'的那种摆脱了一时一地的社会政治兴味、传统的道德观念、世俗的陈规陋习、自私的名利计较以及单纯个体存在的种种局限的束缚,本乎天然而祈向超越之域的属性。其次,可以直观,即《人间词话》中所说的'不隔'。……第三,独异性乃指有境界的诗词作品以诗人特有的生活感悟为前提而在艺术构思、艺术传达上的独出机杼与自铸新词。"参看周祖谦、张连武:《管窥王国维的境界之"真"——〈人间词话〉"境界涵义论"献解之二》,《河北师范大学学报(哲学社会科学版)》,2012 年第 6 期。

② 彭玉平认为:"简而言之,所谓境界,是指词人在拥有真率朴素、超越利害之心的基础上,通过寄兴的方式,用自然明晰的语言,表达出外物的真切神韵和作者的深沉感慨,从而体现出广阔的感发空间和深长的艺术韵味。格调是其精神底蕴,名句是其表现形式,自然、真切、深沉、韵味则堪称是'境界'说的'四要素'。"参看彭玉平:《"境界"说与王国维之语源与语境》,《文史哲》,2012 年第 3 期。

的,要么是思想中的事物,要么是思想外的事物,要么是思想自身。

二、境界的要素

由上述可知,境界之发生,是人与世界相互生成的事件,是在诗人经验与体验世界和万物中形成的。在境界的发生中,诗人是世界中的诗人,世界是诗人的世界,两者相互同属。从这个意义上讲,境界的构成要素,主要是诗人、世界和世界中的万物。

在《人间词话》中,王国维认为豪杰之士、大家和诗人,有能力去创造作品的境界。王国维眼中的豪杰之士,主要是苏东坡和辛弃疾。

196

规范性问题和中西哲学

> 古人为词,写有我之境者为多,然未始不能写无我之境,此在豪杰之士能自树立耳。(三)
>
> 东坡之词旷,稼轩之词豪。无二人之胸襟而学其词,犹东施之捧心也。(四四)
>
> 读东坡、稼轩词,须观其雅量高致,有伯夷、柳下惠之风。(四五)

作为豪杰之士,能够超越有我之境与无我之境的区分,既能够写有我之境也能够写无我之境,甚至能够综合二者之优点。苏东坡词风旷达,辛弃疾词风豪放,根源于二人都有博大的胸襟,这种博大的胸襟表现为雅量高致。但胸襟是什么?它是一种灌注全身的宏大气势和强劲生命的力量感。这种气势和力量感,来自于词人自身对生命的独特体验。这种独特的体验是与生俱来的,别人无法模仿。苏东坡和辛弃疾能体验这种胸襟并把这种胸襟表达出来,呈现于他们的词中。

大家,是王国维推崇的能创造出伟大作品的另一类人物。

> 大家之作,其言情也必沁人心脾,其写景也必豁人耳目。其辞脱口而出,无矫揉妆束之态。以其所见者真,所知者深也。诗词皆然。(五六)

大家的作品,不论是写景还是抒情,都能让人感受到神清气爽和耳目一新。写景是写世界和世界中的万物,言情是言诗人自己对世界和世界中的万物的感受。诗人能够把写景与言情之词脱口而出,在于他们能够洞见到事物的真相以及体验到能触动人心最深处的细微情感,并具有相当强的语言感受能力和表达能力①,能够把这种情与景的自由状态在作品中如实表达出来。王国维认为,纳兰容若就是这样的人。

> 纳兰容若以自然之眼观物,以自然之舌言情。此由初入中原,未染汉人风气,故能真切如此。北宋以来,一人而已。(五二)

王国维看重纳兰容若的词,理由在于纳兰容若的真切,即纳兰容若真真切切地把想要表达的景与物,如这景与物自身所是那样传达出来。而纳兰容若之所以能够做到真切,在于他如物自身所是那般观看它,并如所观看到的那般去思考它和表达它。

王国维这样写道:

> 一切境界,无不为诗人设。世无诗人,即无此种境界。夫境界之呈于吾心而见于外物者,皆须臾之物。惟诗人能以此须臾之物,镌诸不朽之文字,使读者自得之。遂觉诗人之言,字字为我心中所欲言,而又非我只所能自言,此大诗人之秘妙也。境界有二:有诗人之境界,有常人之境界。诗人之境界,惟诗人能感之而能写之,故读其诗者,亦高举远慕,有遗世之意。而亦有得有不得,且得之者亦各有深浅焉。若夫悲欢离合、羁旅行役之感,常人皆能感之,而惟诗人能写之。故其入于人者至深,而行于世也尤广。(附录·一六)

豪杰之士和大家,虽然都是诗人,但诗人是比豪杰之士和大家更杰出的杰出者。诗人见于外物者是悲欢离合和羁旅行役的场景,呈于诗人之心的是悲欢离合和羁旅行役的感受。不管是场景还是对场景的感受,都是具体时空中的

---

① 叶嘉莹也认为:"一个作者必须首先对其所写之对象能有真切的体认和感受,又须能具有将此种感受鲜明真切地予以表达之能力,然后才算是具备了可以成为一篇好作品的基本条件。"参看姚可夫:《人间词话及评论汇编》,北京:书目文献出版社,1983年,第155页;或参看叶嘉莹:《迦陵文集(二)》,北京:北京大学出版社,2014年,第194页。

物,即须臾之物。诗人能够把这种时空中的须臾之物,用文字保存下来,使之变成非时空或超时空的永恒之物。而这之所以成为可能,在于诗人能够感受到常人不能感受到的事物和感受、能够言说和传达常人不能言说和传达的情感。这是诗人不同于常人的地方,即诗人能洞观世界和万物的神奇与奥妙,体验人生的最深邃和最高远的地方,把观看和体验到的境界在作品中呈现出来。在这个意义上,王国维否定常人的境界,肯定诗人的境界,因为他认为只有诗人才能创造境界,只有诗人才能创造真正意义上的真境界。

世界和万物是构成境界的另一要素。世界和万物如果不存在,人就不能去经验它们,人的思想也就不能触及它们,因此也不能去言说它们。世界和万物存在和显现自身,是人得以去经验世界和万物的前提,也是思想得以思考的前提,也是言说得以言说的前提。在此前提下,人才能去经验世界和万物,然后才能去思考与言说世界和万物。世界在此有两个意义:一是就世界自身而言,它是包括矿物、植物、动物和人等在内所有存在者整体;二是从人的角度而言,世界是作为一个以人为中心的周围世界、周围性在此。①

境界作为诗人观世界的产物,它是由诗人视域所及的范围构成的。诗人从他自己站立之点看去,形成一个观看的区域,在此视域内,事物被诗人看见,显现出事物的真相;超过此视域,事物不被诗人看见,显现的就是假象甚或幻象。观世界的观,作为看,有看与被看的不同,还有外观和洞见的差异。看是诗人去看事物,被看是被诗人所看的事物。外观看到的是世界事物的假象或者表象,洞见看到的是事物如它自身所是的显现自身,即真理。但不管是看与被看,还是外观和洞见,都依赖于事物自身的敞开和显现,我们才能观看到该事物。

三、境界的生成

由上述可知,境界由诗人、世界、诗人和世界的关系等要素构成。生成的境界,不仅存在于此,还生成、敞开、显现自身,它包括世界如其自身所是地呈现的世界和世界如诗人所观那般显现的世界,还包括世界自身和诗人所观世界交互生成的世界。这交互生成的世界,在《人间词话》中,就是艺术世界,也即王国维

---

① 马丁·海德格尔:《存在论:实际性的解释学》,何卫平译,北京:人民出版社,2009 年,第 86 页。

谈论的境界,它是前两种真理在艺术作品中的生成和显现。因此,境界的生成,首先是各要素的各自生成,其次是各要素的相互生成。

首先是诗人的生成。诗人在世界中存在,并在世界中生成和保存自身。王国维认为,诗人要成为诗人,必须经历三个阶段:

> 古今之成大事业、大学问者,必经过三重之境界:"昨夜西风凋碧树。独上高楼,望尽天涯路。"此第一境也。"衣带渐宽终不悔,为伊消得人憔悴。"此第二境界也。"众里寻他千百度,回头蓦见,那人正在灯火阑珊处。"此第三境也。此等语皆非大词人不能道。(二六)

大事业和大学问,是众多的事业和学问中之大者,即根本的事业和学问,在中国思想中主要是性命之学,即关于人的规定的学问。"昨夜西风凋碧树",悲秋作为寒秋的感叹,感叹的是生命的短暂和易逝,以及世界的变迁和轮回,即前述的忧生和忧世情怀。"独上高楼"和"我",体现着悲秋中的孤独,诗人与自身和世界,甚至与自身以往历史相分离。"望尽天涯路",体现出一种期待和向往,这成为诗人从此处走向将来的开端和起点。"衣带渐宽终不悔,为伊消得人憔悴",爱智慧的"爱"是奉献和给予,奉献自己并给予他人,但王国维这里的"爱"却是对自己的追求锲而不舍,追求与追求的事物同在,并与之同喜悦或同悲伤。"回头蓦见[当作'蓦然回首'],那人正[当作'却']在灯火阑珊处",此是"回首",即缅怀过去并回到其本源,非迎面而去与之在一起,也非看到自己存在命运的辉煌处,而是阑珊处。阑珊处,是光明与黑暗交替的地方。在这里,世界和万物都在其中隐约闪现,即生命和存在在此处既显现又遮蔽,它们不是全然可见,也不是全然不可见,而是在偶然中遇见。从这个意义上讲,王国维的第一境是悲秋,但开始了追求,设定了目标;第二境是始终不渝,无限地给予,而非索取和占有;第三境强调目的的实现具有偶然性和随意性。这三种境界不是一个平面,也无高下之分,但有序列,是境界的开端、展开和完成的三个阶段。诗人的这种关于存在与命运的境界的生成,始终与看相关,它始终追求一个目的,即成为大词人。这三种境界,王国维以中国传统的方式,即形象性、自然性的语言来类比和描画。但是,由于形象大于思想并规定思想,王国维以一形象来解释另一形象,中间缺少对思想的精确限定,产生以此形象遮蔽和覆盖彼形象的问题,从而对思想本身造成遮蔽,也对真正的境界造成了遮蔽。

其次诗人与世界、万物的相互生成。它包括诗人观世界和体验人生。诗人如何观世界和万物? 王国维认为可以通过以我观物和以物观物的方式去观世界和万物。[①] 王国维认为:

> 有有我之境,有无我之境。"泪眼问花花不语,乱红飞过秋千去。""可堪孤馆闭春寒,杜鹃声里斜阳暮。"有我之境也。"采菊东篱下,悠然见南山。""寒波澹澹起,白鸟悠悠下。"无我之境也。有我之境,以我观物,故物皆著我之色彩。无我之境,以物观物,故不知何者为我,何者为物。(三)

王国维"境界"的核心,分为"有我"和"无我"两种境界。总体而言,"有我之境"是以主体作为客体的规定性,"无我之境"是以客体作为客体自身的规定性。但王国维的"我"不是西方思想中作为自我意识的"自我",因为"我"没有像"自我"那样成为万物的根据和规定。"无我"中有"物"的存在,这实际上是清除了物和我的区分和差别;"有我之境"浸透了"我"的情感,但却不是欢乐之情,而是"不淫",即符合道德规定的情感。"无我之境"没有"我"的阴影,而是诗人融化在天地自然之间,山水自然成为诗人的主导,成为诗人的家园并显露其自身。同时,"我"在"南山"的呈现中,体悟空间和时间、有限和无限的瞬间转换,而所谓"行到水穷处,坐看云起时"是禅宗的超过自然达到心灵状态的呈现。从这个意义上讲,在"无我之境"中,我隐退和不在场,消融在物之中,体现了中国思想的最高境界。在另一个地方,王国维提出了另一种观看世界和万物的方式,他说:

> 诗人对宇宙人生,须入乎其内,又须出乎其外。入乎其内,故能写之。出乎其外,故能观之。入乎其内,故有生气。出乎其外,故有高致。(六〇)

---

① 周祖谦认为:"所谓'以我观物',不过是'有我之境'创作过程中必经的一个环节,即诗人怀着激动的情感去观察外物,给外物染上情感的色彩。在此环节之后,诗人还要把由观物获致的以情感为内核的观念意象作为一个整体给以审美的观照。"参看周祖谦:《情景分列:王国维之"境界"创造对象观——〈人间词话〉"境界涵义论"献解之一》,《河北师范大学学报(哲学社会科学版)》,2010年第6期。

内外观,即观内外;内观即观诗人与他人自身的人生,外观即观宇宙、世界和万物。这种观,王国维认为应该从诗人需具备的能力来探讨,即诗人必须深入到世界的内部和人的内心深处,去体验自然之造化的伟力和人内心的神秘而不可言说的感受,才能写出真实的、有生命力的文字。同时,诗人还要跳到世界之外,站在宇宙整全的高度,才能认识和经验世界整体,才能把握世界,使作品达到既深邃又高远的境界。这种既入乎其内又出乎其外的观看视角与体验,还有整全的视域,超出了有我之境的情感浸透于客体和无我之境的主体消融于客体的区分,可以说走向了诗人与世界双向关涉和交互生成的境遇。

因此,诗人在世界中经验世界并体验人生。体验,与我们的身体相关,是我们身体的某种行为,并始终相关于人的生命。在激动、欢乐和痛苦等情绪体验样式中,世界和万物向人敞开和显现自身,同时人也向世界和万物敞开自身。在此敞开和显现中,万物在世界中发生、生成、持存、衰减和死亡,人也概莫能外。从这个意义上讲,站立在生死之间的诗人,能够触摸到万物与人自身的命运。诗人听从这种命运的召唤与指引,一方面赞美大自然的神奇与造化,另一方面忧生与忧世。而经验,超出了作为个人身体性的体验,是对世界整体的存在经验和把握方式。诗人的职责或者说任务,就是把这种相关于人的生命的体验上升或转换成对世界和自己的存在经验构造并传达出来。在文本中,王国维把体验称为阅世,他说:

> 客观之诗人,不可不多阅世。阅世愈深,则材料愈丰富,愈变化,《水浒传》、《红楼梦》之作者是也。主观之诗人,不必多阅世。阅世愈浅,则性情愈真,李后主是也。(一七)
>
> 词至李后主而眼界始大,感慨遂深,遂变伶工之词而为士大夫之词。(一五)
>
> "我瞻四方,蹙蹙靡所骋。"诗人之忧生也。"昨夜西风凋碧树,独上高楼,望尽天涯路"似之。"终日驰车走,不见所问津。"诗人之忧世也。"百草千花寒食路,香车系在谁家树"似之。(二五)

诗人多阅世,不仅能扩大诗人的视界,积累感性材料和写作素材,还能增进认识,提升认识世界和事物的能力,并从这种认识中反观诗人自己,诗人才会

"眼界始大,感慨遂深"。在这个意义上,阅世,就是经验与体验万物,并思索人生百态,诗人才会产生忧生忧世的情感。忧生侧重于忧自己的生命,担忧生命的无目的和无归宿状态;忧世则侧重关怀人世的疾苦,而自己却痛苦于没有解脱的门道。"瞻"、"望"在这里就是追求,但忧生本身却看不到和求不得,以此否定了看,使看失去了对象和目标。"所问津"、"谁家树"亦看不到,没有看的对象,所看和所思的对象皆被否定,相关联的仅只是看与能看、思与能思的空洞。李后主为人君时,未与外在世界接触,未体会人间百姓疾苦,后遭遇国破家亡,既伤国家灭亡之痛,又伤自己境遇之悲惨,因此他后来的词,才会有"感慨遂深"的境界。王国维认为,李后主伤身世之痛和国破家亡的主题,是士大夫忧心天下和百姓疾苦等题材的源头和滥觞。尽管此话有值得商榷之处,但至少我们能够从中获知,阅世与历世是诗人创造作品的素材和境界产生的基础。

最后,作品境界的生成。前面说到豪杰之士、大家和诗人能够创造作品的境界,但关键是他们如何创造作品的境界? 王国维主要谈到三点。

第一,作品的境界在打破理想家和写实家的界限处生成。

> 自然中之物,互相关系,互相限制。然其写之于文学及美术中也,必遗其关系、限制之处。故虽写实家,亦理想家也。又虽如何虚构之境,其材料必求之于自然,而其构造,亦必从自然之法则。故虽理想家,亦写实家也。(五)

王国维认为,创造作品的境界分两种,即理想与写实。理想是表现诗人心中体验的事物或情感;写实则是摹写或复制自然世界的本来面目。理想与写实看似彼此对立,但其实是相互关联的,并且与写境和造境相关联。自然事物处于相互关联中,也即彼此作为对方存在的条件而显现出来,它们相互制约并相互生成。诗人创作的作品,就要把这种关联和限制打破并与之分离,使诗的境界尽可能扩大。诗人虚构的境界,是从无到有的生成,但王国维不称之为创造,而是称作构境,认为它必须承载世界和万物作为内容。同时,诗人构造境界须遵从自然法则,否则就显得空洞而不真实。但是,王国维在这里不是或主要不是从艺术创作规律来探讨,而是力图为"境界"的区分寻找根据,他把自然和心灵作为境界的规定。尽管这样,王国维却忽略了自然是有限的,不能成为完全的境,而虚构也必须有虚构的对象。因此,不论是写境还是造境,境界都是心灵和自然相结合的产物,也即理想与写实相结合的产物。

第二,作品的境界在诗人主动支配与统握外物中生成。

> 诗人必有轻视外物之意,故能以奴仆命风月。又必有重视外物之意,故能与花鸟共忧乐。(六一)

不管是写景(风月)还是言情(忧乐),诗人都必须处理好视(观看)与外物的关系。轻视世界和万物,成为世界和万物的奴仆。重视世界和万物,成为世界和万物的主人,能主动支配万物,与花鸟在一起,感受到它们的忧愁与快乐,从而写出真境界。

第三,作品的境界在血写的文字和赤子之心中生成。

> 尼采谓:"一切文学,余爱以血书者。"后主之词,真所谓以血书者也。宋道君皇帝《燕山亭》词亦略似之。然道君不过自道身世之戚,后主则俨有释迦基督担荷人类罪恶之意,其大小固不同矣。(一八)

尼采所谓的"血"是生命之创造、生命力意志的表达,不是王国维认为的血泪的悲伤。李后主的悲伤的血泪,类似于尼采所谓"女人的美学",而不是"男人的美学"。李后主与赵佶虽然不同,但用基督和释迦牟尼的差异来比附却并不切中,因为李后主只是沉溺于自身的感伤,并没有基督拯救世人罪恶的博爱精神,李后主也没有释迦解脱世人疾苦的悲悯和智慧。况且,把基督和释迦的行为都归结为担荷人类罪恶之意愿,也是不恰当的。因为基督教的逻辑前提是人本性是罪恶的,而释迦的前提是世人处于生老病死的现实状况中,两者的逻辑前提有根本的差异。尽管王国维误解了尼采"血写的文字"的真正意思,但他认为类似于李后主这种悲伤的血泪,是诗人真性情的流露,是创造境界的必备要素,无疑也有可取之处。在文中,王国维认为李后主这种真性情产生的根源,在于李后主具有赤子之心:

> 词人者,不失其赤子之心者也。故生于深宫之中,长于妇人之手,是后主为人君所短处,亦即为词人所长处。(一六)

203

赤子是儿童,赤子之心是童心。儿童未与外部世界接触,尚未体验忧生与忧世的烦恼和痛苦,故具有纯而不杂之心灵。李后主一生短于人君之谋,却长于真性情,这使他有可能具有赤子之心。

四、境界的形态

境界的生成,是作品中生成的境界,它呈现出有我与无我、隔与不隔和大小优劣等形态。

(一)有我与无我的境界

众所周知,诗人观世界与体验人生的方式,就是作品的生成方式。作品生成的境界的不同形态,也就是作品呈现的不同类型。中国古典诗词的境界类型大都是写景与言情,其中景与情的关系主要表现在:要么是借景抒情,采用类比或象征的方法,把情感寄托于类比或象征的事物中;要么融情于景,走向情感与自然的合一;要么境由心造,以心灵创造出世界。与这些不同的是,王国维把此类境界划分为有我之境与无我之境①。由前述可知,有我之境反映的是诗人

---

① 钱剑平认为:"王国维的'有我之境',指当人们存有'我'的意念,因而与外物有某种对立的利害关系时的境界。这不是指感情强烈个性鲜明的境况,而是当'外物大不利于吾人'而威胁着意念的状况下观物所得的一种境界。……所谓'无我之境'是审美主体'我''无丝毫生活之欲',与外物无利害之关系,审美时心情宁静,全部沉浸于外物之中,达到了与物俱化的境界。"参看钱剑平:《〈人间词话〉"境界"说新论》,《上海师范大学学报(哲学社会科学版)》,2000年第2期。肖鹰认为:"王国维是主张'境界'中必须'有我'的,而所谓'有我'与'无我'两种境界的区分,只是对'境界'中表现的'物'与'我'的不同关系的区分。"肖鹰在文章后面接着说:"王国维所推崇的'有我之境',不仅要求作者以沉痛强烈的情感投入到对象中,而且要求诗人自觉成为人类情感和理想的承担者、表现者。……王国维的'无我之境'是自然与理想的结合,也是主观与客观的统一。……王国维接受席勒的人本主义诗歌美学,主张诗歌境界要实现自然与理想的统一,从而表现完整的人性。当诗人在现实中直接感受到这种统一的时候,形成'以物观物,故不知何者为我'的'无我境界'——优美的诗境;当诗人在现实中不能感受到这种统一的时候,他就用理想来映照自然,把自然从有限提升到无限——理想,形成'以我观物,物皆着我之色彩'的'有我之境'——崇高的诗境。"参看肖鹰:《"有我"与"无我":自然与理想的结合方式——论王国维"境界"说的诗境构成原理》,《清华大学学报(哲学社会科学版)》,2008年第2期。在对王国维的有我之境和无我之境的关系的研究中,彭玉平认为:"王国维在美学文学理论中都强调直观的观物方式,只有以有我之境为基础,而以无我之境为目标,两境之间不仅有前后之分,也有高下之别。"参看彭玉平:《有我、无我之境说与王国维之语境系统》,《文学评论》,2013年第3期。

内心的创造体验,无我之境显现的是诗人摹仿自然世界及万物自身的形态。王国维把有我之境和无我之境的产生归结为造境和写境。

> 有造境,有写境,此理想与现实二派之所由分。然二者颇难分别。
> 因大诗人所造之境,必合乎自然,所写之境,亦必邻于理想故也。(二)

在这两种境界①中,"造境"是创造之境,"写境"是模仿之境。"造境"反映的是艺术与心灵的关系,是心灵所创造的境界,即有我之境。"写境"反映的是艺术或者说诗与现实的关系,现实就是"合乎自然",合乎自然给予诗人的尺度和规定,即无我之境。但是,在这里王国维基于主客二分来区分理想和现实,还限于唯物和唯心的对立,他所说的境界被境界之外的东西即心灵和现实所规定,境界还没有自身的根据。

(二) 隔与不隔的境界

如前所述,诗人在世界中观世界和体验人生,他感受的深浅程度受到他的视域范围的制约,诗人是否以及在多大程度上感受到世界及万物自身的是其所是,诗人是否以及在多大程度上把这种感受显现出来,王国维把它称为隔与不隔。②

> 问"隔"与"不隔"之别,曰:陶谢之诗不隔,延年则稍隔矣。东坡之诗不隔,山谷则稍隔矣。"池塘生春草"、"空梁落燕泥"等二句,妙处唯在不隔。词亦如是。即以一人一词论。如欧阳公《少年游》咏春草上半阕云:"阑干十二独凭春,晴碧远连云。千里万里,二月三月,行色苦愁人。"语语都在目前,便是不隔。至云:"谢家池上,江淹浦畔",则

---

① 钱剑平认为:"社会生活中物物互相牵连,又互相限制,作家在创作时受其制肘,然重要的是面对现实,作家应排除错综复杂的'关系、限制之处'而加以典型化。"参看钱剑平:《〈人间词话〉"境界"说新论》,《上海师范大学学报(哲学社会科学版)》,2000 年第 2 期。

② 彭玉平依据意与境的关系把王国维隔与不隔的境界分为四种形态。他认为"王国维的隔与不隔说其实包含着不隔、隔之不隔、不隔之隔、隔四种结构形态,大体分别对应意与境浑、意余于境、境多于意、意与境分四种意境形态。不隔而深被王国维悬以为审美理想,文学的常态是隔之不隔与不隔之隔两种中间形态。"参看彭玉平:《论王国维"隔"与"不隔"说的四种结构形态及周边问题》,《文学评论》,2009 年第 6 期。

隔矣。白石《翠楼吟》："此地宜有词仙,拥素云黄鹤,与君游戏。玉梯凝望久,叹芳草、萋萋千里。"便是不隔。至"酒被清愁,花消英气",则隔矣。(四〇)

春草生在池塘边,燕子把泥弄丢在横梁上;晴空万里连云,忧愁与苦痛都写在旅人的脸上;姜夔感叹和赞美萋萋芳草与白云黄鹤,并与天地一切游戏。所有这些情和景,就如在眼前那般一览无余,没有阻隔和遮蔽。相反,浦畔被江河所淹没和遮盖,虽然具有朦胧之美,但毕竟是遮蔽的显现或显现的遮蔽,这就是隔。隔,不仅仅是单纯的隔,它还包括不隔中的隔,王国维认为姜夔就有此类作品:

> 白石写景之作,如"二十四桥仍在,波心荡、冷月无声","数峰清苦,商略黄昏雨","高树晚蝉,说西风消息",虽格韵高绝,然如雾里看花,终隔一层。梅溪、梦窗诸家写景之病,皆在一"隔"字。(三九)

姜夔的这首写景作品之所以是隔,在于没有完全把想要表达的体验表达出来。"无声",虽然宽阔与辽远,但略显喑哑与沉闷。"清苦",虽然情态逼真,但情感略显低沉,也不舒畅,更不如前述苏东坡和辛弃疾词那般豪迈和激昂。既然这样,哪种情感才是既不低沉、也显得舒畅的不隔呢? 王国维认为:

> "生年不满百,常怀千岁忧。昼短苦夜长,何不秉烛游?""服食求神仙,多为药所误。不如饮美酒,被服纨与素。"写情如此,方为不隔。"采菊东篱下,悠然见南山。山气日夕佳,飞鸟相与还。""天似穹庐,笼盖四野。天苍苍。野茫茫。风吹草低见牛羊。"写景如此,方为不隔。(四一)

"忧",忧的是时间,生命短暂和昼短夜长给诗人造成痛苦,但一个"游"字,却显现出自由自在的状态,诗人瞬间把痛苦转化为快乐,情绪随即也变得坦荡和豪迈。"求"长寿,却让药"误"了变成短命。因此,追求的方法和目的都显现为错误,而一个"饮"字和一个"被"字,把这种追求的方法和目的全都否定,同时肯定身心快乐在当下人生中的重要性,情感由悲转乐没有丝毫障碍。上述两种都是写情,下面这两种属于写景。南山如其自身所是那般显现出悠然自在,诗人体验到这种悠然自在,然后把南山的悠然自在完全表达出来。天与四野,即天空、大地和草原,空旷辽阔,甚至掩没在草中的羊群,随着风吹草动,也一览无余。这些显现出的境界之所以不隔,王国维认为是在遣词造句尤其是在词类活用上完成和实现的。

> "红杏枝头春意闹",著一"闹"字,而境界全出。"云破月来花弄影",著一"弄"字,而境界全出矣。(七)

枝头的红杏和破云而出的月亮所照亮的花儿,它们的存在状态即是它们的生命显现状态。诗人在对这种显现的生命情态的描画中,著一"闹"字和一"弄"字,把动词作为动词运动起来,使要描写的景物自身鲜活的生命状态在纸上跃然欢腾,从而使死境变成了活境,境界呼之欲出甚至喷涌而来。

(三)境界有大小无优劣

王国维认为境界有大小的区分,但不能以境界大小评判作品的优劣。

> 境界者有大小,不以是而分优劣。"细雨鱼儿出,微风燕子斜"何遽不若"落日照大旗,马鸣风萧萧"。"宝帘闲挂小银钩",何遽不若"雾失楼台,月迷津渡"。(八)

细小的雨线和跳跃于水面之上的鱼儿,微微的轻风和风中斜飞的燕子,是小境界。落日余晖照在大旗上,风萧萧般呼啸混合着马的嘶鸣,是大境界。这两个作品的境界虽有大小的不同,但它们都是好作品,因为王国维认为:

> 词以境界为上。有境界,则自成高格。(一)

王国维认为有境界即是好作品,无境界则不是好作品,但他仅仅以有无境界来区分作品好坏,略显粗糙和简单。由前述可知,作品的境界作为诗人与世界相互生成的事件,其大小是被诗人观世界的视域范围和诗人的情感体验的深浅所规定的。作品境界越大，则越具有普遍性，作品境界越小，则越趋向于个人性。以诗词而论，若越具有普遍性，则倾向于哲理诗和玄学诗，若越趋向于个人性，则越具有独一性。在文学艺术史上，大家都推崇个人化的诗词并贬低带有普遍性的哲理诗和玄学诗，主要原因就在于诗词的价值和魅力就显现在个体的这种具有独创性、不可替代性和不可重复性的体验中。

五、境界的边界

综合而言，王国维试图把中国传统思想和西方的思维结合起来，拎出"境界"一词来重新定位和评价中国的传统诗词。王国维借用的西方思维主要是席勒的美学[①]、叔本华的悲观思想[②]和尼采关于生命力创造的学说，并以之来解读唐诗和宋词中的"情景合一"的境界。在西方思想中，王国维以理想与自然（造境和写境）、主体与客体（以我观物和以物观物）等二元对立概念来评论中国古典诗词，这表现在他从主客关系和情景关系来分析"境界"，但他论述的最终目标却是强调诗人在世界中对生命的体验。王国维推崇西方的悲剧（希腊意义的悲剧是英雄对不可知的命运的抗争），但他主要言说的却是"忧生忧世"的感伤情怀，而不是对不可抗拒的命运对英雄人物造成的毁灭，或者人物性格中的不可改变的因素对人物造成的巨大痛苦的思考。从这个意义上讲，王国维基于西

[①] 肖鹰在他的论文中，经过论证和分析，得出："'境界'说的精神实质是王国维提出以人本主义理想为核心的诗歌理想——'境界'。席勒的《论素朴的诗和感伤的诗》是'境界'说的思想资源。"参看肖鹰：《被误解的王国维"境界"说——论〈人间词话〉的思想根源》，《文艺研究》，2007年第11期。肖鹰在另一篇论文中再次指出："王国维'境界'说的核心内涵是'自然与理想结合'的命题。这个诗学命题（'自然与理想结合'），是席勒的人本主义诗学的宗旨，它表达的是现代资产阶级美学的最高理想。王国维追随席勒，主张'诗歌者，描写人生者也'，以自然与理想统一为诗歌的理想境界。"参看肖鹰：《自然与理想：叔本华还是席勒？——王国维"境界"说思想探源》，《学术月刊》，2008年第4期。

[②] 唐小华在他的论文中，经过分析与论证，认为"忧生忧世思想也受到了叔本华悲观主义哲学的影响，是王国维悲观主义人生哲学的经验总结。王国维天性忧郁，在思想还未完全定型的青少年时期，一接触叔本华悲观主义哲学就被吸引，认为：'叔氏之书，思精而笔锐。'并成为叔本华哲学的最早鼓吹者和奉行者。"参看唐小华：《忧生忧世——王国维"境界"说核心思想之一》，《深圳大学学报（人文社会科学版）》，2012年第1期。梁涓也认为王国维的"境界"说受叔本华的人生哲学、艺术直观说和超功利说以及天才说等思想的影响最为明显。参看梁涓：《王国维"境界说"及其与叔本华美学之关系》，《江汉论坛》，2001年第11期。

方近现代思想的背景来构建"境界"说,但又始终关联于并回归于中国传统思想,因此王国维的"境界"说是西方思维和中国思想的混合物。①

On the "State" as the Appropriation Mutually Between Poets and the World in *Comments on Ci Poetry*

Zhang Gaoyu

Abstract: The State is the key thought of *Comments On Ci Poetry*. In daily semantics, State refers to the boundaries between natural objects and psychological objects. In Buddhist theory, State refers to the situation of the construction of mind and objects. In Wang Guowei's thought, State refers to the presenting topology which is appropriated mutually by the poets and the world and appeared in his works. Heroes, masters and poets are those who can view the world and experience their lives and express this view and experience. The world is the entirety of all beings, including heaven, earth and all things. These elements constitute the appropriation of State. The poet is a being in concrete time and space. He separates from his past world and history and moves towards the future as a starting point. At last the poet realizes the randomness and contingency of life itself. By viewing the world and experiencing life in two waysthat I view things and things view themselves, the poet proposes to break the inherent boundaries between things, to control and conceive the external things, and to write and create the State of works with the blood and the heart of children. The State produced in the works mainly includes the expression of the subjective spirit and the imitation of nature, whether manifestation of the world and all things as the world and all things themselves, and the scope and levels of such manifestation, involving the State of self and non-self, separation and non-separation, size and quality, and so on. After the analysis, we conclude that Wang Guowei generally regards the State as the highest regulation, but he has not carry more detailed discussion on it. So, his State is

---

① 对于此结论,姜荣刚认为:"对王氏'境界'说的概念使用特点与理论建构予以深入探究,则可发现采用的是典型的'六朝人所谓格义之法',或者说是中西观念的互相参证,这种理论表达方式是西学东渐下晚清西学翻译与文论建构的基本特点。"虽与我论述的视角不同,但可以从另一视点看到相同结论的事实。参看姜荣刚:《王国维"造境"、"写境"本源考实——兼论"境界"说的概念使用特点及理论建构模式》,《广西社会科学》,2014 年第 9 期。

ambiguous. In this sense, Wang Guowei uses western thought to reconstruct the "State theory", at the same time, he does not get rid of the traditional Chinese thought, his "State theory" becomes a mixture of Western thought and Chinese thought.

Keywords: *Comments on Ci Poetry*, state, elements, appropriation, presenting topology, boundary

规范性问题和中西哲学

论国学观念的历史与重筑[*]
——以中西学术话语权之争及其得失为中心

陈成吒^{**}

　　[摘　要]　国学观念提出至今已有百年,它代表着传统学术文化在特定发展阶段与历史时期对自身的一次总结。关于其基本内涵,学界一直存有争议,其中影响最大为国粹学、国故学两种观点。历史上,国粹学最先发声,不久就遭遇了国故学的冲击。两者在研究的立场、对象、方法、价值判断等方面截然不同,实质上代表着中西学术文化对话语权的争夺。从当前的发展情况看,国粹学已经式微,存世的只是国故学。就学理而言,两者各有优点与不足,但从根本上而言,旧有的国粹学理念无法实现传统学术文化的进一步发展,国故学则会带来更大的遮蔽与误解。新的国学观念的建构是当下传统学术文化发展所必需的理论指引。它的转出与重筑需要对旧有国学观念、当下中西学术文化的发展状况进行全面观照。在新的国学观念体系具体建构中,经、子、文、史等相关理念为

---

* 基金项目:国家社科基金一般项目"'新子学'与中国文化重构研究"(14BZW024)。

** 陈成吒(1986—　),男,浙江苍南人,文学博士,上海财经大学人文学院讲师,主要研究领域为先秦诸子。

四大维度,以"新子学"为切入,它们一新而四新。由此重筑的国学不仅可以确立其应有的历史价值,也有其深刻的现实意义。

[关键词]　国学;国粹;国故;西学;学术话语权;新子学

　　国学,作为一个现代观念出现在中国大地上始于 20 世纪初。关于其具体所指有不同看法,范畴上从大到小可分为三类:一指中国的文化,二指中国的传统文化,三指中国传统学术文化。目前第一种有大而无当之嫌,仅为少部分人所持;第二种泛指所有传统文化,不突出学术,为大众所持,近年来所谓"国学热"在一定程度上也表现为此类传统文化热;第三种专指特定的一类学术及其相关文化,为传统学术研究界所持,本文亦取之。

　　在将国学视作一类学术名称的前提下,关于其基本内涵历史上又有两种主要观点,分别为国粹学、国故学两说。国粹学由晚清士大夫以及当时诸多留日学人所持。19 世纪末,日本借助之前的全盘西化政策,国力大盛,甲午一战大败中国而立于强国之林,与此同时为在世界中确立自身,国粹运动也日益兴盛。当时中国在战事上一败再败,且西学东渐、中学衰微,保国全种之声日隆,于是以其为借鉴,也兴起了自己的国粹意识。梁启超便认为中国特有的文化精神即国粹,保存光大之才能养成国民。① 黄节亦认为保存国粹即保全中国性,如此才能救中国、兴中国。② 章太炎等在《民报》的遥相呼应也是此意。③ 而保存、研究、发扬国粹的学问即国粹学,该概念在很大程度上往往与国学互通,大凡国粹主义者在论著中皆将两者互用不别,如邓实《国粹学》④、黄节《〈国粹学报〉叙》⑤等皆如是。国故学则大体以当时留学欧美的人士为主要倡导者。如傅斯年认为"国粹不成一个名词(请问国而且粹的有几?),实在不如国故妥

---

① 黄遵宪:《法时尚斋主人复简》,见《饮冰室师友论学牍》,《新民丛报》,1902 年第 20 号。

② 黄节:《国粹保存主义》,《政艺通报》,1902 年第 22 号。

③ 章太炎:《演说录》,《民报》,1906 年第 6 号。章太炎在其《国故论衡》等论著中常用"国故"一词,此后傅斯年、胡适等说他们的"国故"二字即源自章太炎,其实只是文字相袭,思想绝异。章太炎所谓"国故"是从旧有的"典章制度"观念转化而来,"故"为固有、原有,指中国固有的思维思想、学术文化,强调继承,根本理念归属国粹派。这与胡适等人指"故"为旧物、死物,完全不同。

④ 邓实:《国粹学》,《政艺通报》,1904 年第 13 号。

⑤ 黄节:《〈国粹学报〉叙》,《国粹学报》,1905 年第 1 号。

协"①,亦即毛子水所指"国故就是中国古代的学术思想和中国民族过去的历史",研究这些历史材料的学问即为"国故学"②。此后,胡适将国故学与国学相结合,指出"'国学'在我们的心眼里,只是'国故学'的缩写"③,顾颉刚等附议其说④。

国粹派、国故派皆认为国学的基本研究对象是中国传统学术及其文化,但对后者的基本认知截然不同,相关的立场视角、对象解读、方法建构、价值判断等皆相去甚远,实际上代表了中西学术对话语权的争夺。同时,从相关学术的历史发展以及当前的现实情况看,国粹学已然式微,国故学有一统天下之势。但两者皆存在各自无法克服的局限,国粹学无法拯救自身,更遑论振兴中国,恰如袁行霈所言:"现在我们平心静气地回顾这段历史,不能不承认:国学不能救中国,也不能引导中国走向现代化。"⑤国故学则带来了更大的危机,几乎置中国传统学术文化于死地,也直接导致现代中国学术文化失去了自己的独特性,陷入了发展困境。也就是说它们都不能真正解决中国当下的学术与文化困境,新的国学观念理当应运而生。同时它们各自与子学或"新子学"等存在紧密关联,也直接影响着我们对后者的认知与研究发展。方勇先生的文章⑥以及笔者的几篇拙作⑦曾对相关问题有一定论述,现在则从国学观念本身出发,来系统考察它的历史与重筑。

---

① 傅斯年:《〈国故和科学的精神〉附识》,《新潮》,1919年第1卷第5号。

② 毛子水:《国故和科学的精神》,《新潮》,1919年第1卷第5号。

③ 胡适:《发刊宣言》,《国立北京大学国学季刊》,1923年第1卷第1号。

④ 顾颉刚:《一九二六年始刊词》,《北京大学研究所国学门周刊》,1926年第2卷第13期。

⑤ 参看任继愈、汤一介、袁行霈、余敦康:《国学与二十一世纪》,原载《光明日报》,2006年1月10日第5版(国学版),后再刊于梁枢主编:《国学精华编》,北京:商务印书馆,2011年,第3页。

⑥ 参看方勇:《"新子学"构想》,《光明日报》,2012年10月22日"国学版";方勇:《再论"新子学"》,《光明日报》,2013年9月9日"国学版"。

⑦ 参看玄华:《"新子学":子学思维觉醒下的新哲学与系统性学术文化工程》,载方勇主编:《诸子学刊》第9辑,上海:上海古籍出版社,2013年,第81—94页;玄华:《关于"新子学"几个基本问题的再思考》,《江淮论坛》,2013年第5期;玄华:《"新子学"对国学的重构——以重新审视经、子、儒性质与关系切入》,载方勇主编:《诸子学刊》第13辑,上海:上海古籍出版社2016年,第293—302页;陈成吒:《"新子学"的儒家》,载方勇主编:《诸子学刊》第13辑,上海:上海古籍出版社,2016年,第303—310页。

一、国粹派的国学及其对传统学术的曲解与异化

国粹派自视扎根于东方文化、中国文化之域内,并以此外视西方文化的到来。他们认为自己的研究对象——中国传统学术文化是国魂、民族精神,是华夏之为华夏的原因所在,且国未亡、族未灭,自然是健在的活物。国粹派还把相关传统文化与中国人比于大地与树苗:大地不死,则有树苗的生长,而树苗的生长也亦昭示着大地的活力,国学的生命性呈现即此时此刻的自己以及万万国人。即国粹派将自己作为当事人,现身说法:我们是作为活人、主人去认识和交往外来的客人,去重新认识所身处的世界。

因此国粹研究重点在于"保存国粹",即让传统学术以自己的精神与方式认识、传承、发展自己。让它自己说话,自我革新,乃至走上更好的道路。至于具体的研究理念与体系建构主要继承汉代以来的经学主脑说以及清人总结的四部分类法。如马一浮指出:"今先楷定国学名义,举此一名,该摄诸学,唯六艺足以当之。……一切学术之原,皆出于此,其余都是六艺之支流。……今楷定国学者,即是六艺之学。用此代表一切固有学术,广大精微,无所不备。"[①]即六经为群经之首,具体化为经学,进而贯彻、统摄经史子集四部以及其它学术,包括传统官方民间的各种学问、艺术、技艺等。基本的研究方法则为义理、考据、词章。

早在 1907 年,张之洞在《创立存古学堂折》中提出保持发展国粹、拟设存古学堂时,相关授课体系即为相似理念的具象建构。他将相关课程分为经学、史学、诸子、词章、博览等门类。经学门包括经书研习,以及文字训诂学;史学包括二十四史,以及相关历史类著作研习;诸子门是诸子百家之学;词章为诗词歌赋,又附书法篆刻等;博览则是其它,包括西学知识,多为辅助性质。[②] 这些皆

---

① 马一浮:《泰和会语》,载《马一浮集》(第 1 册),虞万里校点,杭州:浙江古籍出版社、浙江教育出版社,1996 年,第 10 页。

② 张之洞:《创立存古学堂折》,载范书义、孙华峰、李秉新主编:《张之洞全集》(第 3 册),石家庄:河北人民出版社,1998 年,第 1762—1766 页。

为此后该派的国学论著所采纳。①

国粹派自认并非保守顽固僵死之徒,保存发展国学是基础,促进国家现代化以致富强是目的。一方面,他们强调国学极具意义,从名称上就赋予它崇高地位:一国有一国之学,它是国魂、立国之精神。同时也坚守传统学术"成德之教"的特质,强调它包含的文化精神在现代社会中的现实价值。另一方面,他们认为传统是现代的基础,现代是传统的升华,也十分强调国学与西学的调和。许守微说:当时的华夏生存之道并不排斥欧化——即现代化,"夫欧化者,固吾人所祷祠以求者也"②,倡导国学不仅不与之相悖,且是助益。许守微又指出当时西方文化传入中国三十余年收效甚微,原因在于各自文化土壤不同,且"西哲之言曰今日欧洲文明,由中世纪倡古学之复兴亚别拉脱洛查诸子之力居多焉。谅哉言乎! 夫彼之尊崇古学,固汲汲矣"③。西方文明立足于自身的历史,是在尊古崇古中不断挖掘前进,它的现代化即源于对自身传统的返本开新,源于文艺复兴、启蒙运动等对古希腊罗马文化、基督教思想的重新诠释与发掘。同理,中国的现代化也离不开中国文化的现代化,而中国文化的现代化自然无法离开传统学术文化的现代转型,国学正是中国现代化发展的内在动力。

他们强调唯当"国学"与"西学"相得益彰时,才能使中国学术文化整体向前,从新大师的诞生到新知识与教育的普及以及各行业的全面发展皆是如此。梁启超于 1902 年至 1904 年间在《新民丛报》连续刊载《论中国学术思想变迁之大势》,指出"但使国不亡,则新政府建立后二十年,必将有放大光明、持大名誉于全世界学界者",只要青年研习国学,就不必畏惧新学的东渐,甚至可以吸纳后者,"使吾国学别添活气"④。许守微亦指出,"且吾国之先哲,固恒好龠受外学者也",孔子周游列国,问礼各国贤者,才有大道、《春秋》,宋儒吸纳佛学,才有程

---

① 国粹派主要遵从此说。不过也有混杂者,如 1905 年刘师培所写《周末学术史序》(载钱钟书主编:《刘师培辛亥前文选》,北京:生活·读书·新知三联书店,1998 年版)即受西方学科分类影响,依其分科。此后国粹派成员拟办国粹学堂,起草《拟设国粹学堂启》(《国粹学报》,1907 年第 1 号),其中设计了《拟国粹学堂学科预算表》(即课程表),学科分析与之相似,分为 21 学科:经学、文字学、伦理学、心性学、哲学、宗教学、政法学、实业学、社会学、史学、典制学、考古学、地舆学、历数学、博物学、文章学、音乐学、图画学、书法学、译学、武事学等。许多学者认为刘师培即该文起草者,故理念与内容多雷同。不过,这份设计也是无疾而终。

② 许守微:《论国粹无阻于欧化》,《国粹学报》,1905 年第 7 期。

③ 许守微:《论国粹无阻于欧化》,《国粹学报》,1905 年第 7 期。

④ 梁启超:《论中国学术思想变迁之大势》,《新民丛报》,1904 年第 10 号。

朱陆王。①

博通中西的大师的产生也有利于新学术的吸收与传播。梁启超认为，"今欲使外学之真精神普及于祖国，则当转输之任者必遂于国学，然后能收其效。以严氏(指严复)与其他留学欧美之学童相比较，其明效大验矣"②。许守微亦云：晚清以来，译学兴起，"其国学无本，满纸新名者，曾不值通人之一盼。而能治国学者，新译脱稿，争走传诵，奉为瓖宝"③。

教育以及其它各领域的发展也是如此。宋恕在1905年提出创办"粹化学堂"，主张国粹与欧化并重，两相调和，唯有国学基础，才能真正欧化，即国学兴盛，现代化阻力小，国学衰微，现代化阻力愈大。宋恕还以此比较了当时中日两国在相关方面的情况：教育方面，我之旧学官皆旧官僚，德性不足称，教习的旧士大夫只知科举之事，学校内容偏于一科，"彼之旧学官，本从乡里誉望、京外征辟而来，故新德育有基础"，"彼之旧士大夫本多涉猎周秦诸子、佛教各宗之说，故新智育有基础"，"彼之旧学校本用三代孔门文武兼教之制，故新体育有基础"；军事方面，"我则旧将多不识一字，而西法练兵之效亦杳杳无期；彼则旧将多曾读《孙》、《吴》，而西法练兵之效亦彰彰共睹"；医学方面，"我则旧医罕窥仲景之旨，而西医亦今尚皮毛；彼则旧医多得丹波之传，而西医亦顿超英、法"；音乐方面，"我则宋明之雅乐久废，而西乐亦鲜问其津；彼则隋唐之雅乐犹行，而西乐亦纷入其室"。④ 也就是说在对待传统学术文化的态度以及现实社会的发展方面，当时中国因急于去传统而衰微，日本因保留传统而日益新进。

总体而言国粹派关于国学的种种构想有得有失。在对研究者构成以及研究对象的性质判断方面，具有一定的可取性。从现实层面而言，我们的存在并非凭空而来，而是始终扎根、生长在中华大地上。我们是传统文化养成的结果，也是其生命性的绽放。因此，传统学术文化并非与当下的我们无关的已死事物。从正名的角度而言，"传统"二字并非"过去"，后者代表已死之物，前者指存在于当下、介入现有世界构建，乃至连通着未来的事物。一切传统的也都是当

① 许守微：《论国粹无阻于欧化》，《国粹学报》，1905年第7期。

② 梁启超：《论中国学术思想变迁之大势》，《新民丛报》，1904年第10号。

③ 许守微：《论国粹无阻于欧化》，《国粹学报》，1905年第7期。

④ 宋恕：《上东抚请奏创粹化学堂议》，载胡珠生编：《宋恕集》(上册)，北京：中华书局，1993年，第371—374页。

下的,它一直以显性或隐性的方式活生生地伴随我们左右,乃至参与我们的自我构建。因此国学不仅仅是过去的历史学术文化,除了包含中国固有的传统学术文化外,自在的当下属性和走向未来的使命也是题中应有之义,且也唯有正确处理传统与纳新才能实现良性发展。如晚清民国时代之所以大师辈出,正是因当时的贤者们都身处国学未断绝,西学未独尊,两相冲汇之时,故而有严复、章太炎、梁启超,乃至胡适、鲁迅等等。而今时也唯当贯通中西,才能促成世界性学术大师的产生。中国文化的复兴更化,乃至走出海外、影响世界也当如是。

不过,在国学的结构、内容、体系的认知方面,国粹派拘泥于旧见,将其局限于汉民族学术文化传统,且视"六经"为百术之源,统摄万端,从而以经学为髓,儒学为骨,经、史、子、集为肌肤,外翼所谓全体学术文化。这种架构较明显地反映了传统经学的思维模式,显然是以经学或以其为基础的儒学作为主体内容,仍是要求儒学居于中国学术文化的支配地位,把其他各家置于从属的被支配的位置,由此所形成的依然是经学和儒学统摄下的"国学"。这样的概念不符合国学的实质,存在对其构成的误读与对其内容的割裂。国学是一国之学,而"国"从来没有固定的所指,一代有一代的发展,相应地,所谓国学在漫长的岁月中也必然存在一个变化发展的过程。且作为一种学术,更多的是指当下之学。

国粹派将国学指为汉民族的学术文化,这由特殊时期的历史环境所致,但并不符合长久以来的完整历史以及当下中国之为中国的特征。中国的传统学术文化不论是从历史上看,还是着眼于当下,都自然地包含多民族的学术文化传统。过去因受制于经学思维与视野而无法正视和理解该构成,如果现在执迷不悟,仍将无法理解多民族文化的气象,使宝贵的少数民族文化游离在边缘处。且汉代以后的佛学引入、清末的西学东渐,经过长期的吸收转化,许多内容都已成为我们的新传统,当下的国学自然也包涵这些新发展。

同时国粹派以经为统摄而形成的经史子集四部体系也有问题。四部分类法在历史上并非一个既定不变的模式。从孔子时代的德行、言语、政事、文学四科,到汉代以后的经史子集四部,以至后来的甲乙丙丁目录分类法,表明历史上相关分类一直在变化,且人们对四部分类也存有异议。对于今天的人们而言,它只是一个参考,而不应是桎梏。且从上文来看,国粹学的主体内容虽有子学、史学、集部等名目,但它们只是对经学的具体化、多样化呈现,是经的子学、经的史学、经的文学。这样的认知并未发现子学等的本来面目,所呈现建构出来的也只是经学异化下的伪子学、伪文学等罢了。由此而来，在方法体系建构上也自然受缚旧见，在价值判断上又陷入自我中心主义。

要解决这些问题，从根本上而言，应正视经学思维的局限，以多元性的思维与精神重构整个体系。如此才能自觉国学总是随着社会的不断发展而形成其实质，是学术文化的不断发展之学，从而把握其本真而可贵的多元结构，正视、吸纳少数民族学术文化的存在与发展，在当下构建出符合中国历史、现实，以及未来的真正的多元发展的中华学术文化。同时以此出发，才有可能揭示出子学、文学、史学乃至经学的本来面目，带出新的方法与价值。

二、国故派的国学及其对传统学术的抹杀

国故派身沐在欧美学术文化中，根本上认为自己生长于彼处，并由此出发去看待欧美之外的学术文化，指其皆腐朽落后，甚至有些已经死亡，只是死而不僵。欧美文化是活人，它要接受这些过去的遗产，并以活人（即自己）的方式对其进行解剖与处理。国故派也是以此将中国传统学术文化当成古物、死物，当成过去的历史、博物馆里的东西。因为要处理的遗物太多，故而形成了一个大的工程，即胡适等所发起的新思潮运动。恰如胡适所言，这场运动的意义在于"研究问题、输入学理、整理国故、再造文明"[1]。其中对于旧学有三种基本态度："反对盲从"、"反对调和"、"主张整理国故"，且最具建设性者为最后一项。

既然传统学术为故纸堆，对于它们的处理就在于"整理"，即以赛先生为前提——用科学的精神与方法解剖梳理它，重估其价值，最后作为博物馆的陈列品而存在。如毛子水说："倘若要研究国故，亦必须具有'科学的精神'的人，才能和上等医生解剖尸体一样，得了病理学上的好材料。不然，非特没有益处，自己恐怕还要受着传染病而死。"[2]傅斯年亦附议，指国故不是主义，追慕它是无理性而愚昧的行为，它只是用科学方法系统整理出来的可以作为人类学、考古学、社会学、语言学研究的材料罢了。[3]胡适亦认为："'整理'是用无成见的态度，精密的科学方法，去寻求那已往的文化变迁沿革的条理线索，去组成局部的

---

① 胡适：《新思潮的意义》，《新青年》，1919 年第 7 卷第 1 号
② 毛子水：《国故和科学的精神》，《新潮》，1919 年第 1 卷第 5 号。
③ 傅斯年：《〈国故和科学的精神〉附识》，《新潮》，1919 年第 1 卷第 5 号。

或全部的中国文化史。"①顾颉刚也附议"国学"为今人以旁观者的姿态，视中国过去的文化学术为历史材料而对其所作的科学研究。②

国故派所谓科学的精神与方法，就是按照西方学术的思维理念、学科分类与研究方法，对传统学术文化进行整理，"整理国故运动"对此有集中体现。首先，取消传统古籍整理中的经史子集分类观念，以科学主义分类代替之。如1919年朱希祖便明确提出捐弃"经学"等名称，他说："我们中国古书中属于历史的、哲学的、文学的，以及各项政治、法律、礼教、风俗，与夫建筑、制造等事，皆当由今日以前的古书中抽寻出来，用科学的方法，立于客观地位整理整理，拿来与外国的学问比较比较，或供世人讲科学的材料。"③胡适也是此思路，1923年他在《〈国学季刊〉发刊宣言》中所倡导的国学研究系统，就是将传统学术文化视作死物材料，然后依从欧美的科学主义学术体系作出相关的文化史，分为民族史、语言文字史、经济史、政治史、国际交通史、思想学术史、宗教史、文艺史、风俗史、制度史等十大类。④ 此后的国故派基本上皆遵从此理念，只是有时在细节处略做损益。如1925年曹聚仁《国故学大纲》分为文学、史学、哲学、人生哲学、政治学、文字学、论理学、心理学、天文学、算学、其他科学、宗教、美术等类别⑤，1927年许啸天《国故学讨论集·新序》分为政治学、社会学、文学、哲学、工业、农学、数学、理学等类别，并认为国学研究就是整理出相关的发展史⑥。这场"整理国故运动"声势浩大，在时人眼中它就是真正的国学运动，如成仿吾便以"我们现在有所谓国学运动"⑦来指称该活动，郑伯奇亦云"到现在，国学运动的声浪一天高似一天"⑧。一直到现在许多人也都将其作为国学运动来看待。

① 胡适：《胡适之先生演说对于整理国故之最近意见》，见《恳亲会纪事》，《北京大学研究所国学门月刊》，1926年第1卷第1号。

② 顾颉刚：《一九二六年始刊词》，《北京大学研究所国学门周刊》，1926年第2卷第13期。

③ 朱希祖：《整理中国最古书籍之方法论》，载蒋大椿主编：《史学探渊——中国近代史学理论文编》，长春：吉林教育出版社，1991年，第671页。

④ 胡适：《〈国学季刊〉发刊宣言》，《国立北京大学国学季刊》，1923年第1卷第1号。

⑤ 曹聚仁：《国故学大纲》，上海：上海梁溪图书馆，1925年，第5—7页。

⑥ 许啸天：《国故学讨论集·新序》，载许啸天编：《国故学讨论集》第1集（据群学社1927年版影印），上海：上海书店，1991年，第7页。

⑦ 成仿吾：《国学运动的我见》，《创造周报》，1923年第28号。

⑧ 郑伯奇：《国民文学论（下）》，《创造周报》，1926年第35号。

不过,在国故派看来,国学虽要加以整理,但并无多少价值。他们从名称上就认为国学之称并不妥当,始终欲除之而后快。如毛子水认为学术如同阳光,乃天下公器,无法私有,没有什么国不国的。[①] 此后,许啸天也说,学者们通过科学的方法"一样一样的整理出来,再一样一样的归并在全世界的学术界里,把这虚无飘渺学术界上大耻辱的国故学名词取销"[②]。曹聚仁说:国学作为国故学的省称并不恰当,一个"故"字可以表明对象为僵死之物、是标本,去了"故"字反而不知所云,且国故学也只是权宜之称,"按之常理,国故一经整理,则分家之势即成。他日由整理国故而组成之哲学、教育学、人生哲学、政治学、文学、经济学、史学、自然科学⋯⋯必自成一系统而与所谓'国故'者完全脱离"[③]。

同时,由于他们将传统学术文化视作死物、古物,因此"国故"对于个人、国家乃至世界学术而言也无多少意义。胡适说,国学研究的对象为死者的陈迹、遗物,本身没有什么生命,只是用科学方法对其进行整理罢了,"切莫以为这中间有无限瑰宝","我们不存什么'卫道'的态度,也不想从国故里求得什么天经地义来供我们安身立命"[④]。顾颉刚附议:国学研究"并不是向古人去学本领,请古人来收徒弟",不是向国故讨教诲,只是对旧物的科学处理保存而已。[⑤] 毛子水更是直言中国传统学术文化本身就不具价值,国学研究只是在学术史、文化史等范畴内将其理出一个源头,"有这些缘故,所以国故在今日世界学术上,占不了什么重要的位置",比起研究科学的价值是"九牛一毛"。[⑥]

当然国故派眼中的国学也非一无是处,除了作为材料外,也有重建文化、再造文明之用——当然是在西学思维与体系下,以科学的名义对中国学术文化进行改造重构。所涉及的对象虽为中国的材料,但所建立的内核和精神气质并非传统,而是现代,本质上归属西学。

① 毛子水:《国故和科学的精神》,《新潮》,1919年第1卷第5号。

② 许啸天:《国故学讨论集·新序》,载许啸天编:《国故学讨论集》第1集(据群学社1927年版影印),上海:上海书店,1991年,第7页。

③ 曹聚仁:《国故学之意义与价值》,载许啸天编:《国故学讨论集》第1集(据群学社1927年版影印),上海:上海书店,1991年,第74页。

④ 胡适:《胡适之先生演说对于整理国故之最近意见》,见《恳亲会纪事》,《北京大学研究所国学门月刊》,1926年第1卷第1号。

⑤ 顾颉刚:《我们对于国故应取的态度》,《小说月报》,1926年第14卷第1号。

⑥ 毛子水:《国故和科学的精神》,《新潮》,1919年第1卷第5号。

关于国故派的国学,需要注意的是当时部分学者甚至认为胡适的思想有所转变,指责他起初鼓吹救中国须"全盘西化"、"充分西化",但后来却整理国故,弄起国学,背离初衷。实际上他的思想前后一致,只是后期更加深入地贯彻了自己的西化理念。从大方向而言,在面对传统学术文化时存在两派,一为国粹派,一为全盘西化派。后者又细分为两类:一种是全面抛弃派,认为自己是可以去除传统的白纸,然后全部接受西方学术文化。另一种是国故整理派,知道传统总在那里,自己不可能没有过去与现在,且终将西化的中国也需要有与自己相应的过去与未来,于是他们将传统视作无气息的材料,用西学——尤其是科学主义和进化史观去整理。这种整理是一种重构、再造,甚至创造,即创造出一个传统与历史,从而使西化的中国也有一个相应的完整的过去与未来。这是国故派的认知与期待,也是其"再造文明"中的一个隐性环节。

因此在中西学术文化之争中,国故派表面上看似乎属于中间派,但本质上是最彻底的西化派。不仅西化中国的现在与未来,也西化中国的历史。虽然在其同阵营的全盘抛弃派看来,它好似保守,与国粹派无别,但国粹派始终很清醒地认识到前一种只是典型的傻瓜,后一种才是务实而深入的真正大敌。且从历史与现实来看,国粹派已然式微,全盘抛弃派喧嚣一时,但终究无以为继,唯有国故派一直发展壮大,在西化中华的道路上一路高歌猛进。以往人们多只是注意到他们的古史辨成就,即用形而上学的线性时间观与进化史观,以科学精神与方法对中国古史进行了重新辨析与整理,但其实他们的西化理念也已经渗透到了思想、语言、伦理等各个方面。甚至可以说,它已实质性地将中国学术文化西化,也重构了一个西化中国。在这之后的百多年,中国传统学术文化只是作为材料,被所谓哲学、文学、史学、人类学、社会学等学科与方法所重组,进入了所谓现代学术世界。从现代学术的视角而言,可以说它们实现了现代转型,但这个现代的本质是西学,换一个角度即是:西方学术完成了对作为材料的中国传统学术文化的整理与重构。且这种转变釜底抽薪,又潜入无声,如近来的"国学热"潮流中,部分人士以为自己是国粹派,实质上是身为国故派而不自知。

国故派的这种做法是灾难性的。何炳松就曾指出:国故学只是用西方人的学术视角把中国比喻为已灭绝的古埃及、古巴比伦等文化,但中国国未亡、人尚在、文尚存,怎能如此?这是驯从了西学对华夏文化的蔑视心态与荒谬做法,是没出息、无心肝的行径。① 张东荪亦指：外国人研究中国学术将其比于古埃及文字、巴比伦宗教——当做死了千年的古董，本已可气，"最可笑的是中国人因为外国人如此，所以亦必来仿效一下，而美其名曰科学方法。我愿说一句过激的话：就是先打倒目下流行的整理国故的态度，然后方可有真正的整理，有了真正的整理方可有所谓国故。"②

国故派自视为西学的活人，视传统学术文化为在一个角落沉寂多年的死物、材料，现在活人遇到了它，就按照自己的所想(所谓科学的精神与方法)对其进行最后的解剖、整理。也就是遵从西学，把传统学术文化作为材料，安排在它的学术系统中。这就好比现代人挖到了一个远古生物的遗体遗迹，它们已失去灵魂，仅为一堆化石，而活人只能按照自己的方式对这些事物进行重构，并转移安放到其他架子里。如此一来，这个新事物自然是七零八落的一堆材料，没有自我。国故派对传统学术的处理就是剥夺了后者说话的权利，所谓科学的解剖与整理就是将其活杀并肢解。且在传统学术文化死后，另一个被虚构、异化出来的伪身反而大行其道，取代了本真传统学术在社会上的面目、位置乃至历史。国故整理就是这样一个中国传统学术被遮蔽、扼杀、肢解、伪替的过程，是传统学术文化的丧歌。

在这样的国学里，只存在哲学、文学、史学的中国材料，而没有鲜活的经学、子学等。想要认识后者的真面目与精髓自然是奢望，即使要理解其中的个别概念也是隔绝在不同的世界中。如现在以西方哲学的主客体思维为尺度，来分析作为材料的老庄思想，不论批评他们未能发现主客体关系，还是说他们试图挣脱主客体认知、回到它尚未形成前的更原初状态，都是无稽之谈。

三、新国学及其历史价值与现实意义

从上可知，国粹派、国故派从各自的立场和角度出发，对国学有着截然不同的认知、建构与判断。现在经过一百多年的学术变迁，我们必然需要从头收拾旧山河，重新认知建构当下的国学。简单来说，当下的国学既指中国传统学术

① 何炳松：《论所谓"国学"》，《小说月报》，1929 年第 20 卷第 1 号。

② 张东荪：《现代的中国怎样要孔子》，《正风半月刊》，1935 年第 1 卷第 2 期。

及其文化本身，也指依照传统对其进行研究与发展的学术。它从来不意味着守旧，而是昭示着对传统的生命性传承与革新，使它能在新时代下取得一席之地，继续润物无声地生长。它既具有传统的特质，又具有一些返本开新的面目。

今天的国学不是模范古人说法，是当下的自己说话。从自身的生命性构成以及所面对的现实世界出发，在自悟自身的生命性、想象力、反思力之下，基本原则方面首先可以引入上世纪 30 年代冯友兰在《新理学》绪论里提出的"照着讲"、"接着讲"理念，即遵照传统的理路来说话，同时也接着发展，用这些去直面、解决现实问题。此外，美学界也在此基础上提出过"对着讲"理念，即以双方或多方对话的形式进行交流与创造。① 刘东等将相关理念正式引入国学研究。② 的确，在中西文化交流的背景下，国学没理由自说自话，更需要"对着讲"，也只有如此才能讲出新时代下的新意。国学是在面对强大他者的状态下确立自身，也唯有在保持与他者的不断对话中，才能更全面地认清自己，保持生长。

由以上原则出发，对国学的结构、内容、方法等进行重新认识与建构。其中最为重要的就是重构经史子集四维，将它们从经学思维与体系中解放出来，转化为子学精神下的"新子学"体系，且一新而四新，带出新的经学、子学、史学、文学。由此在方法上也形成由经学范式到多元范式的转变，包括考据、义理与诠释学的结合，版本学与文本学的融合等。具体内容可参见笔者的相关论文，此处不赘述。③ 依从这种视野，可以对国学的历史正当性与现实意义形成更清晰的认知。

由上文可知，学界对于将"国学"作为一种学术名称，尚存争议。虽然关于立名正当与否问题，国粹派大多维护，但后来也有不少人士认为此名立得不正。如钱穆在 1926 年至 1928 年间所著《国学概论》"弁言"中即云："学术本无国界。

① 肖建华：《"照着讲"、"接着讲"与"对着讲"：对待实践美学的三种进路》，《殷都学刊》，2009 年第 1 期。

② 刘东：《国学：六种视角与六重定义》，载刘东、文韬编：《审问与明辨：晚清民国的"国学"论争》，北京：北京大学出版社，2012 年，第 57 页。

③ 玄华：《"新子学"：子学思维觉醒下的新哲学与系统性学术文化工程》，载方勇主编：《诸子学刊》第 9 辑，上海：上海古籍出版社，2013 年，第 81—94 页。玄华：《关于"新子学"几个基本问题的再思考》，《江淮论坛》，2013 年第 5 期。玄华：《"新子学"对国学的重构——以重新审视经、子、儒性质与关系切入》，载方勇主编：《诸子学刊》第 13 辑，上海：上海古籍出版社，2016 年，第 293—302 页。陈成吒：《"新子学"的儒家》，载方勇主编：《诸子学刊》第 13 辑，上海：上海古籍出版社，2016 年，第 303—310 页。

'国学'一名,前既无承,将来亦恐不立。特为一时代的名词。"①马一浮也说:"国学这个名词,如今国人已使用惯了,其实不甚恰当。……今人以吾国固有的学术名为国学,意思是别于外国学术之谓。此名为依他起,严格说来,本不可用。"②在他看来,"国学"这个概念是通俗说法,且非依据自身而立,是以西学为对立面而起,有名不正之嫌。至于国故派以及其它现代学术研究者欲除之而后快,则是一贯的情形。在此之下,关于国学的意义自然有截然不同的价值判断。

在新国学视域中,国学作为一类学术的统称有其意义。从其诞生处而言,是出于救亡图存之需,是在西学东渐、中学不断败退的危局中寻找一个平衡点和新道路。而它在当今社会重新被人关注,也是因为中国学术文化遭遇了更为深刻的危机。如今中国传统学术式微,几成绝学,但学术的任务在于传承和发展,也唯有如此,才有过去和未来。国学是传统之学,也是当下之学,它也许并不如国粹派所主张的那样是中国学术文化的命脉所在,但也不是像国故派所说的那样不值一钱,或者只具有作为西化材料与手段的价值。它的独特性、历史价值以及现实意义至少可以体现在以下方面:

(一)国学是中国传统学术文化的自我限定,意味着从世界、他者处照面自身。国学,在作为一种学术名称被提出之时,即意味着它立足于世界。作为传统学术文化研究者,我常会听到部分同仁习惯性地主张"反诸身",认为只要重新回到自身、以自身学术为起点进行再发展,就能认清自己,摆脱困局。实则对自己的认识源于双重维度,需要立足世界与内观自省并行。我们生存于一个多元的世界,离开他者,自我难以被发现,也难以确立。离开对世界学术的现代认知,关起门来,如何能看清自身?国学概念的提出本身就是依从多元思维,将自己置身于世界学术中,强调学术的"世界性"。且他山之石,可以攻玉,也只有正视他者,才能确立与时俱进、与世和谐的真正自我。

首先,"国学"概念在提出之时,就以世界眼光出发,正视中国境内的文化已被西学浸入,且后者渐占主导,这本身就代表着对自我的限定。它不再将自己视作宇宙唯一真理或放之四海而皆准的至高学术,而是限定在一国。恰如刘东所言:"他们之所以挑起了'国学'二字,并不是故步自封地要做井底之蛙,相反

规范性问题和中西哲学

---

① 钱穆:《国学概论》,北京:商务印书馆,1997年,第1页。

② 马一浮:《泰和会语》,载《马一浮集》(第1册),虞万里校点,杭州:浙江古籍出版社、浙江教育出版社,1996年,第9页。

倒首先意味着在面对文化他者、尤其是压强巨大的西方学术时，由于已经明确意识到了对手的强大，才转而发出对于本土学术文化的自限性定义。"[1]且这个"国"也不再是传统的王朝、"天下之中"，只是与众国并立的具有现代意义的民族国家。

更进一步，即使回到中国学术文化本身来看，也不意味着它是过去中国学术文化的全部，也非当今中国学术文化的全部或根基之类的事物。当今这个已吸纳现代文明百多年、又身处全球化世界的中国社会，其学术文化底部是多根基的，部分来自传统，部分来自西方。"国学"不等于现代中国、当下中国学术文化的全部，它只是其中的一部分，甚至也不一定非得是最根本、最重要的部分。

其次，国学观念的提出在确立了自我的同时，承认了他者，也体现出了自身的局限性。"国学"在过去有它的弊端、陋习，在当下也有其缺失。从构成角度而言，"国学"与西学是两种道路，但前者不具有现代科学的种子，而科学是当今社会发展的重要方式与力量。同时，就国学本身的内容而言，它们也并非皆是精华，也有弊陋，鲁迅等人所批判的"吃人"之物自然不可能视而不见。因此在没有真正认清此点之前，国学在历史上无法带自身出离泥塘，也无法救中国。在认清此点之后，它更不会去隔绝西学的给养，因为它已自知需要后者的裨益。

（二）国学是中国传统学术文化的一次觉醒，昭示其对生命性、整体性、系统性的需求。在晚清民国时，西学东渐，中华学术节节败退。清末有识之士最初提倡"中学为体，西学为用"，但代表传统中国的清王朝的覆灭表明"中学"已无力成体，也不能承担救亡图存的使命。此后作为现代国家的民国的成立更是标志性历史事件，昭示着它在西化的道路上阔步前行。到了1935年，传统学术文化的基本局面已然崩坏，王新命等十位教授发表《中国本位的文化建设宣言》，即指出"中国在文化的领域中是消失了；中国政治的形态、社会的组织和思想的内容与形式，已经失去它的特征。由这没有特征的政治、社会和思想所化育的人民，也渐渐的不能算得中国人。所以我们可以肯定的说：从文化的领域去展望，现代世界里面固然已经没有了中国，中国的领土里面也几乎已经没有

① 刘东：《国学：六种视角与六重定义》，载刘东、文韬编：《审问与明辨：晚清民国的"国学"论争》，北京：北京大学出版社，2012年，第12页。

了中国人"①。

当此之际,人们倡导国学,就是为了应对西学的侵入与打击。而学术文化之间的此消彼长不是一尺一寸的竞争,而是整体性的消长。在这场学术文化战争中,西学以系统的、整体的姿态进攻,全面打击传统学术文化。后者如果只是各自为战,势必被各个击破,因此需要一个相对统一的观念和完整的体系来应对。因此,国学概念的提出并非一个简单的概念符号,它代表的是人们对传统学术文化的一次全方位、系统性的整合。

当今社会之所以再次兴起"国学热",原因也在于此。自百年前,中国教育形式变革为大学体制、遵从西方学科划分,中国传统学术便已失去话语权,沦为了西方研究法下的材料。长久以来,我们所走的正是国故学的道路。而改革开放后,西学再一次席卷而来,国学已命若悬丝。可以说,这次危机较之晚清民国时更为深重,相关诉求也更为强烈。"国学热"就是当前社会对国学再度面临危机时的一种本能反应,希求打破百年来的西学思维、逻辑、学科划分、研究方法对它的结构性割裂,国学不仅是要作为文化材料被人所认知,更要重新寻回和确立自己的活的灵魂。

如果说过去倡导国学,是希望它能与西学分庭抗礼,但历史与现实已然将此视作奢望。现在重提国学,其实是承认整个学术文化版图中的西化历史与既有事实,曾经的他者已经占据了自我的绝大多数,甚至这个自我也已然是当年的他者——被分散于各个学科下的国故学只是西学的一支罢了。目前的倡导只是希望,至少在这个已然西化的世界中为国学保留一小块田地,如在现代大学的学科门类里作为一个门类而存在,让其作为"活化石"也罢,作为某种对照面的他者也罢,继续生长。在日常,这块"活化石"只是体现世界曾经如此,未来也可以有其它可能,并以此作为现代的对照面,以防后者因独尊而傲慢无知,对历史与未来滥用霸权,给人类带来灾难。

(三)国学是中国学术文化的独特性所在,具有纠偏人类文明的可能性。国学虽不是中国学术文化的全部或唯一根本,但到底是其重要的组成部分,它是中国经验、中国文化,也是最具中国个性的部分。近代以来,在学术转型的过

---

① 王新命、何炳松、武堉干、孙寒冰、黄文山、陶希圣、章益、陈高傭、樊仲云、萨孟武:《中国本位的文化建设宣言》,《文化建设》,1935 年第 1 卷第 4 期。

程中,我们走过种种弯路,原因就在于无视传统学术文化作为自身重要组成部分的重要性,在没有认清自我的情况下盲目西化。且中国学术文化失去自己的传统与经验,也就意味着失去了自己的历史与话语,成为一个不能自己言说,只能遵从他人话语的存在。我们常常是在别人的理论和话语场中讨论自己,学术丧失了自我,所论成为凌空的浮辞,甚至犯了失语症。解开这种困境的方法就是正视、重回自己的道路,返本开新,推进富有中国气象,拥有中国独特立场、视角、方式的学术的进一步发展。

今日的国学除了具有继承于晚清民国时期的确立、捍卫自我的使命之外,也有新时代、新形势下对外传播的任务,包括助力解决世界的现代困境。国学虽然首先是一种中国经验,但也是世界学术的重要组成部分之一,与其它学术一样皆由人发展而来,也都面向人,因此具有共通性。同时由于所涉具体历史文化的差异,也有着自己的特殊性,且这种特殊性弥足珍贵,它并非排他性,而是可以作为对照面、启示、指引而呈现在世界舞台乃至其中央。也就是说,国学重筑所遵照的原理及其所转化出的新经学、新子学、新文学、新史学等虽源于中国经验,但也是连通世界的桥梁与路径。在由西学所塑形的现代世界中,作为他山之石,或许也有攻玉之用,可以纠正西学的偏颇。例如国学可以克服西方哲学的形而上学缺陷及其科学主义所带来的对生命的遮蔽与危害,为人类重筑文明道路带来更多可能性。

结语

在处理"新旧"问题上,也许总是逃脱不了以下三种路径:1. 保存旧事物,让其继续存在。具体的做法就是从旧事物里推导、整理出一些东西,后者既出于前者,也能被前者所解释。2. 让旧事物继续生长,更化为新事物。后者虽也源自前者,却是前者的质变,为它所无,为它所不能解释。这并非是一种按原方向的推导,而是一种重筑,最终所呈现的世界为不同的景象。3. 把旧事物全部打死、抛弃,搬来其它自本自根的新事物,鸠占鹊巢。且在此基础上,后者按自己的理念与视角将前者作为材料进行再处理,塑造出与自己相匹配的历史。对于国学的处理显然也无法出离这些路径。

从历史上看,国学观念提出至今已有百年,它代表着传统学术文化在特定发展阶段与历史时期对自身的一次总结。关于其基本内涵,国粹学最先发声,但不久就遭遇了国故学的冲击。两者在研究的立场视角、对象解读、方法建构、价值判断等方面皆有截然不同的看法,实质是代表着中西学术对话语权的争夺。如国粹派的国学是从自我出发,以自身为中心,意在保国存种。而国故派主要接受欧美的思想与价值观,以欧美为中心、为现代,视中国传统学术及其文化为死物与材料,强调用西方的科学主义对其进行整理,用意在于为终将全盘西化的中国谱写出相应的西化的中国历史。就学理而言,两者各有优点与不足;但从根本上而言,旧有的国粹学理念无法实现传统学术文化的进一步发展,国故学则会带来更大的遮蔽与误解,它以西学为尺度,将中国传统学术文化当作一具尸体来解剖、整理,这无异是一场蓄意谋杀。从当前的学术发展现实看,国粹学已经式微,甚至没了呼吸,存世的只是国故学。但后者也正被现实所质疑,它带来了更为深层的危机。因此,新的国学观念的建构是当下传统学术文化发展所必需的理论创建与指引。至于重筑之法显然不可能面壁造车,最"笨"又相对可靠的方式是尝试返本开新,将过去与当前的事实进行重新发现与梳理,从而转化出新气象。总体而言,就是正视中国经验,在对旧国学观念以及当下中西学术文化发展状况进行全面观照下,重筑经、子、文、史四维。在此之前,新经学、新文学、新史学等各有倡议,不过在基本精神上或不离国粹学旧见,或陷入国故学窠臼,在具体建构上也多局限于一维,未能真正实现"一而多"的整体性认知与实践,自然无法带出系统性的新国学。现在则正视这些现实,以多元性的"新子学"为切入,让其作为四维中根本性的重构维度而出场,同时将其精神贯彻在整个国学之中,一新而四新,带出全新的国学。

由此重筑而得的国学有其深刻的历史价值与现实意义:首先,国学之称即意味着对自身的限定与揭示。它正视了世界学术的多元性、多样性,自己只是其中一员,它意味着中国经验。甚至就中国学术文化内部而言,它也只是众多根基中一支,且不一定是最重要的根基,只是最具中国特色的部分。它明确了自身只有在纷繁复杂的多元文化中,才能确立自己应有的面貌;只有自知优点与不足,从而去占具应有的位置,才能实现在文化大家庭中良性生长。其次,在多元性的世界与中国学术之中,国学也意味着对自身系统化的认知与需求。它作为一个不得已的习惯性称谓经过百年仍被重拾,是因为所内含的学术十分复杂,无法用儒学、佛学、道学等专一学术概念涵盖。但同时,它所内含的学术皆同出一源,作为生命性整体而生长着,西学对它们的侵袭与打击是整体性的,并有意将其瓦解、各个击破。重筑的国学正视此点,是对自身的一次系统性传承与发展。最后,重筑国学也是出于对当前学术文化现实的正视与忧思。在中国地域之内,人们习惯性认为传统学术是当前学术的基础,后者内部存有前者的血肉,但现实情况并非如此。原有的传统学术并没有进入现代学术,而是被人们遗失在了荒野,目前只是一个无家可归且仅存一缕气息的游魂。现实中被分散于文史哲各个学科的国故学只是西学的一支。而中国学术文化空间广大,应有国学的位置。且在国学被舍弃多年而学术文化机制已结构性西化的情形之下,社会依然潜藏着或正暴露着各种危机,很显然它们并非国学的"遗毒",而是西学本身的"顽疾"。因此与面对危机而无法仅靠自身摆脱困境的西方社会一样,不能寄希望于西学给我们出路——我们已走在它的路上,但此路不通。对国学这一中国学术文化的特色部分加以生命性传承,也许能为解决相关困难找到一个新的路径,甚至为在世界范围内纠偏西学、促进人类文明走出困境,提供更多可能性。

On the History and Reconstruction of the Concept of "GuoXue": Dispute between Chinese and Western Academic Discourse and its Gains and Losses

Chen Chengzha

Abstract: The concept of GuoXue has been put forward for hundreds of years. It represents a summary of the Chinese traditional academic culture in its own development stage and in the historical period. On the basic connotation, academia has been controversial, the influential viewpoints were GuoCui Learning and GuoGu Studies. Historically, the former made the first sound and soon suffered the latter shock. Both of them are different in their research positions, objects, methods and value judgments. In essence, they represent the dispute between Chinese and Western academic discourse. From the current development situation, GuoCui Learning has declined, and GuoGu Studies still flourished. In terms of academic ideas, both have their advantages and disadvantages, but fundamentally, the former cannot achieve the further development of the Chinese traditional academic culture, and the latter brings greater shade and misunderstanding. The construction of new concept of GuoXue is the theoretical guideline for the development of the traditional academic culture. Its reconstruction requires a comprehensive view of the old GuoXue concept and the current development of Chinese and western academic culture. In the new concept construction of GuoXue, Jing, Zi, Wen and Shi are the four dimensions, and take "Xin Zixue" as the breakthrough to bring all their changes. The constructed GuoXue not only can establish its historical value, but also has its profound practical significance.

Keywords: GuoXue, GuoCui learning, GuoGu Studies, western learning, academic discourse power, Xin Zixue

规范性问题和中西哲学

南朝太子詹事与皇权政治 [*]

刘雅君^{**}

[摘　要]　南朝继承晋制,太子詹事"职比台尚书令、领军将军"。然而太子詹事在南朝皇权政治中被赋予新意义。刘宋太子詹事选任形成"任兼两官"的惯例,是因其回归皇权政治不久,且诸帝多由外藩继位,因而以执政出任太子詹事成为刘宋诸帝护佑太子的方式。齐、梁太子多为成年储君,皇帝对太子兼具扶植与防范的双重心理。太子詹事或因太子强势而权势弱化,或因皇帝强势而担负监视、养成储君之任。太子詹事随"两官"关系的变动而权势盈缩不同。面对太子詹事位望的衰减,南齐以其兼散骑常侍来提高声望,梁武帝天监改革则在制度上承认了太子詹事班位的下降。

[关键词]　南朝;太子詹事;东宫

在学界既有的研究范式中,东晋与南朝一般被看作是不同的历史阶段,田余庆先生的东晋门阀政治论与南朝皇权政

* 基金项目:国家社科基金后期资助项目"汉魏六朝东宫官制变迁研究"(15FZS033)。

** 刘雅君(1974—　),女,内蒙古呼和浩特人,历史学博士,上海大学社会科学部副教授,主要研究领域为中国政治制度史。

治论几乎已成为不易之论。① 皇权政治下，皇帝追求对皇位继承的绝对控制权，即按照自己的意志指定、培养皇太子，并确保其顺利登位。然而，南朝的皇位继承却是由藩王或异姓即位与太子登位交替进行，而且前者较之后者在登基后的统治更加稳固，这一史实与皇权政治的内在要求明显相悖。② 因而在南朝历代皇帝的人事布局中，作为东宫大总管的太子詹事常常被寄予厚望。皇帝以期通过太子詹事护佑东宫，并保证皇太子顺利即位。③ 围绕着这一目标，南朝形成太子詹事的任命之制。本文拟通过政治史的视野考察南朝太子詹事任命之制的形成及其变化，以此更加深刻地理解南朝皇权政治的性质。

一、刘宋太子詹事"任兼两宫"惯例的形成与变异

永初元年（420 年）六月刘裕受禅，八月皇太子立。在乙亥诏书中，刘裕不仅叙述其"承历受终"，更言及"储宫备礼，皇基弥固"。④ 可见刘裕清楚地知道储宫之立关乎门阀政治结束后新王朝的命运。在这一背景下，太子詹事的人选便极为重要。按《宋书·百官志下》所述太子詹事职官：

> 太子詹事，一人。丞一人。职比台尚书令、领军将军。

关于尚书令的职责，《宋书》云："任总机衡。"领军将军"掌内军"，"江左以来，领军不复别置营，总统二卫骁骑材官诸营"⑤。由此可见，刘宋太子詹事不仅在东宫"任总机衡"，而且还"掌内军"，即东宫宿卫军。东宫军、政大权集中于太子詹事一人身上。

终宋武帝之世，从永初元年至永初三年（420—422 年），太子詹事均由傅亮来兼任。自刘裕起兵驱逐桓玄之后，傅亮长时间典掌诏命，他曾于义熙元年

---

① 祝总斌：《评田余庆著〈东晋门阀政治〉》，《历史研究》，1993 年第 1 期。

② 鲁力：《藩王僚佐与南朝政治》，《武汉大学学报（人文科学版）》，2010 年第 4 期。

③ 黄惠贤：《中国政治制度通史·魏晋南北朝》，北京：人民出版社，1996 年，第 67 页。

④ 乙亥诏书："朕承历受终，猥飨天命。荷积善之祚，藉士民之力，七庙备文，率由令范。先后祗严，获遂宣训，蒸尝肇建，情敬无违。加以储宫备礼，皇基弥固，国庆家礼，爰集旬日，岂予一人，独荷兹庆。"《宋书》卷 3《武帝纪下》，北京：中华书局，1974 年，第 55 页。

⑤ 《宋书》卷 29《百官志上》，第 1235 页；卷 30《百官志下》，第 1247 页。

（405 年）、七年（411 年）两次任职西省郎。① 祝总斌先生认为傅亮出身并非高门，刘裕重用傅亮是其摆脱东晋门阀政治的结果。② 其实义熙年间，刘裕最为信任的是刘穆之。③ 义熙十三年（417 年）在刘裕欲鼎革之际，恰逢刘穆之死，群僚之中傅亮最早表示忠心，并发挥了巨大作用。④《宋书·傅亮传》云："高祖登庸之始，文笔皆是记室参军滕演；北征广固，悉委长史王诞；自此后至于受命，表策文诰，皆亮辞也。"可见傅亮在晋宋禅代中获得刘裕信任，成为其核心幕僚，参预机密。从刘裕代宋的永初元年（420 年）开始，傅亮一直担任中书令，"入直中书省，专典诏命。以亮任总国权，听于省见客。神虎门外，每旦车常数百两"。永初二年，傅亮除担任太子詹事、中书令之外，还任职尚书仆射。

以中书令、尚书仆射领太子詹事，表明宋武帝以"任总国权"之宰辅护佑太子的安排。在永初三年宋武帝临终之前，傅亮"与徐羡之、谢晦并受顾命，给班剑二十人"⑤。太子詹事成为顾命大臣，其对太子既有护佑的一面，也有控制的一面。在随后的景平年间，傅亮、徐羡之、谢晦等人与宋少帝形成二元权力中心，并最终演化为废黜少帝的政治结果。

宋文帝在度过权力继承危机之后⑥，于元嘉六年（429 年）立太子。元嘉之世任职太子詹事者分别为王昙首、刘湛、徐湛之、刘义宗、范晔、孟顗、何尚之。王昙首为宋文帝初期最为信赖的五臣之一，《宋书》本传称其"为上所亲委，任兼两宫。"在担任太子詹事时，还兼任侍中。《王华传》记载："及王弘辅政，而弟昙首为太祖所任，与华相埒，华尝谓己力用不尽，每叹息曰：'宰相顿有数人，天下何由得治！'"可见王昙首实际曾处于宰相之位。

① 《宋书》卷 43《傅亮传》，第 1336 页。

② 祝总斌：《晋恭帝之死和刘裕的顾命大臣》，《北京大学学报（哲学社会科学版）》，1986 年第 2 期。

③ 李磊：《晋宋之际的政局与高门士族的动向》，《华东师范大学学报（哲学社会科学版）》，2007 年第 5 期。

④ 《宋书》卷 43《傅亮传》："从还寿阳。高祖有受禅意，而难于发言，乃集朝臣宴饮，从容言曰：'桓玄暴篡，鼎命已移，我首唱大义，复兴皇室，南征北伐，平定四海，功成业著，遂荷九锡。今年将衰暮，崇极如此，物戒盛满，非可久安。今欲奉还爵位，归老京师。'群臣唯盛称功德，莫晓此意。日晚坐散，亮还外，乃悟旨，而宫门已闭；亮于是叩扉请见，高祖即开门见之。亮入便曰：'臣暂宜还都。'高祖达解此意，无复他言，直云：'须几人自送？'亮曰：'须数十人便足。'于是即便奉辞。亮既出，已夜，见长星竟天。亮拊髀曰：'我常不信天文，今始验矣！'至都，即征高祖入辅。"

⑤ 《宋书》卷 43《傅亮传》，第 1337 页。

⑥ 唐春生：《宋文帝与父皇刘裕的顾命大臣》，《华中科技大学学报（社会科学版）》，2001 年第 4 期。

《宋书·徐湛之传》对王昙首之后的元嘉中后期权臣谱系作了一番勾勒："初，刘湛伏诛，殷景仁卒，太祖委任沈演之、庾炳之、范晔等，后又有江湛、何瑀之。晔诛，炳之免，演之、瑀之并卒，至是江湛为吏部尚书，与湛之并居权要，世谓之江、徐焉。"《宋书》作者将元嘉中后期的执政者分为四拨，分别为：（一）刘湛、殷景仁；（二）沈演之、庾炳之、范晔；（三）江湛、何瑀之；（四）江湛、徐湛之。在第一拨中，刘湛为太子詹事；第二拨中，范晔为太子詹事；第四拨中，徐湛之为太子詹事。再联系王昙首的实际地位，可知太子詹事的任职者在宋文帝朝均处于"任总国权"之宰辅地位。宋文帝以这类人为太子詹事，也正反映出太子詹事"任兼两宫"的性质。

刘湛为接替王昙首者。据《宋书》本传："先是，王华既亡，昙首又卒，领军将军殷景仁以时贤零落，白太祖征湛。八年，召为太子詹事，加给事中、本州大中正，与景仁并被任遇。湛常云：'今世宰相何难，此政可当我南阳郡汉世功曹耳。'明年，景仁转尚书仆射、领选、护军将军，湛代为领军将军。十二年，又领詹事。"刘湛在元嘉八年至九年（431—432 年）、元嘉十二年至十七年（435—440年）两度出任太子詹事。第一次出任太子詹事之时，便以此职当朝政。《宋书·刘湛传》记载："湛初入朝，委任甚重，日夕引接，恩礼绸缪。善论治道，并谙前世故事，叙致铨理，听者忘疲。每入云龙门，御者便解驾，左右及羽仪随意分散，不夕不出，以此为常。"《宋书》对宋文帝之信赖太子詹事刘湛，引其参政之事极尽描述。

再如范晔，《宋书·范晔传》记载："时晔与沈演之并为上所知待，每被见多同。"至于徐湛之，更是刘宋皇室外孙，为宋武帝、宋文帝两代君主所喜。《宋书》本传记载："（徐湛之）幼孤，为高祖所爱，常与江夏王义恭寝食不离于侧。永初三年，诏曰：'永兴公主一门嫡长，早罹辛苦。外孙湛之，特所钟爱。且致节之胤，情实兼常。可封枝江县侯，食邑五百户。'"其母会稽公主"身居长嫡，为太祖所礼，家事大小，必咨而后行"。徐湛之为元嘉末的重要大臣。

此外，还有何尚之，亦是宋文帝极为仰仗的大臣。元嘉二十八年（451 年），"转尚书令，领太子詹事"。元嘉二十九年（452 年）致仕时，宋文帝与江夏王义恭诏曰："今朝贤无多，且羊、孟尚不得告谢，尚之任遇有殊，便未宜申许邪。"[1]故

---

① 《宋书》卷66《何尚之传》，第 1736 页。

再次摄职。可见何尚之在宋文帝心目中的地位。

元嘉三十年(453 年),经过太子刘劭弑杀宋文帝之变乱,孝武帝自外藩入继。有鉴于太子弑君,孝武帝大幅裁撤东宫官员,"以将置东宫,省太子率更令、步兵、翊军校尉、旅贲中郎将、冗从仆射、左右积弩将军;中庶子、中舍人、庶子、舍人、洗马,各减旧员之半"①。在这一背景下,太子詹事的任职便极为重要,其对孝武帝的忠诚度是首先考虑的。今可考孝武帝时太子詹事两例,刘延孙与柳元景,均为孝武帝在藩时的从龙之士。但孝武帝也延续了宋武帝、宋文帝以来以宰相"任兼两宫"的惯例。

于大明元年(457 年)任太子詹事的刘延孙,曾长期担任孝武帝的僚佐。孝武帝为抚军将军时,他为参军;孝武帝为徐州刺史,又补为治中从事史,孝武帝镇军北中郎中兵参军,南中郎谘议参军,领录事。孝武帝起兵讨伐刘劭时,史言"府缺上佐,(刘延孙)转补长史、寻阳太守,行留府事"。可见在孝武帝眼中,刘延孙为值得信任的"上佐",故"行留府事",将镇守后方的重要任务托付于他。等到孝武帝即位,又以之为侍中、领前军将军,孝武帝在任命诏书中称赞刘延孙"率怀忠敏,器局沈正,协赞义初,诚力俱尽",誉之以"忠"、"诚"。不仅如此,为了防备刘诞,孝武帝"欲使腹心为徐州,据京口以防诞,故以南徐授延孙,而与之合族,使诸王序亲"②。众所周知,孝武帝猜忌心极强,刘延孙不仅被他当作"腹心",而且还与皇族"合族",与亲王"序亲",可见孝武帝对他的信赖。大明元年以侍中、护军刘延孙出任太子詹事,亦表明孝武帝对东宫的控制。

大明三年至大明五年(459—461 年),柳元景以尚书令、侍中任职太子詹事。柳元景亦是孝武帝从龙之士,孝武帝在藩邸时,柳元景曾受其节制,孝武帝讨伐刘劭,平定鲁爽、臧质、刘义宣,柳元景皆立有功劳。从元嘉三十年到大明三年(453—459 年),柳元景长期担任领军将军,担负宿卫职责,孝武帝对其颇为信任。③ 自大明三年起,柳元景被孝武帝委任"当朝理务",正是在这一时期柳元景任职太子詹事。孝武帝临终前,柳元景"与太宰江夏王义恭、尚书仆射颜师伯并受遗诏辅幼主"④。可见,孝武帝朝的太子詹事任职,也是以宰相"任兼两宫"。

① 《宋书》卷 6《孝武帝纪》,第 113 页。

② 《宋书》卷 78《刘延孙传》,第 2020 页。

③ 张金龙:《刘宋孝武帝朝政治与禁卫军权》,《浙江学刊》,2004 年第 4 期。

④ 《宋书》卷 77《柳元景传》,第 1989 页。

正因自宋初以来太子詹事任职者身份显贵,故该职成为当时显耀的职位。在宋明帝即位初期与晋安王刘子勋的政治斗争中,宋明帝以太子詹事为显职,拉拢寻阳王刘子房右军长史、辅国将军、行会稽郡事的孔觊,以解决来自江东的后顾之忧。[1] 以后宋明帝将掌控江州的王景文调任至建康,在所委任的职务中也包括了太子詹事。宋明帝在写给王景文的手诏中明确说,"东宫詹事,用人虽美",而王景文"固辞詹事领选",却接受了中书令、散骑常侍、尚书仆射、扬州刺史等职。[2] 由此可见,太子詹事职位之尊已经到了不能妄受的地步。

由此也可看出宋明帝时代与宋武帝、宋文帝、孝武帝时代的区别。后者是以显贵任职太子詹事,而前者是因为有詹事之尊贵在先,再选人以应之。太子詹事尊显的地位经过刘宋前期、中期,至于宋明帝时完全奠定。而且太子詹事一经成为显职,似乎也曾出现过虚职化的倾向,即在实质上并未职掌东宫庶务,而成为一种加衔。如泰始初年,为了应对北边薛安都等势力,宋明帝以张永为"散骑常侍、镇军将军、太子詹事,权领徐州刺史",张永显然不会呆在建康,这样的太子詹事就成为一种荣誉性职位。但从刘宋太子詹事的整体历史来看,太子詹事作为外镇者加官的情况并不是太多。

宋明帝时期的太子詹事主要在张永、袁粲和刘秉三人之间轮换。张永出身著名的吴郡张氏,为当时吴姓士族的代表人物,又在宋明帝与晋安王刘子勋的争皇位战争中为宋明帝所委信,故而两度出任太子詹事。除了泰始初年以"散骑常侍、镇军将军,权领徐州刺史"为太子詹事外,另一次是泰始四年至泰始六年(468—470年),以太子詹事"加散骑常侍、本州大中正"。[3]

袁粲,出身陈郡袁氏,为当时侨姓士族领袖人物。[4] 宋明帝也曾两次试图以之出任太子詹事。一次是泰始二年至泰始三年(466—467年),袁粲以中书令领太子詹事;另一次是在泰始六年"知东宫事",次年(471年)宋明帝又任命他以尚书仆射领太子詹事[5],算是对他前一年"知东宫事"的履正。

刘秉,"太宗泰始初,为侍中,频徙左卫将军,丹阳尹,太子詹事,吏部尚书。

规范性问题和中西哲学

---

① 《宋书》卷84《孔觊传》,第2156页。

② 《宋书》卷85《王景文传》,第2180页。

③ 《宋书》卷53《张永传》,第1514页。

④ 李磊:《试论刘宋后期皇权与士族之关系》,《历史教学问题》,2010年第5期。

⑤ 《宋书》卷89《袁粲传》,第2231页。

时宗室虽多,材能甚寡。秉少自砥束,甚得朝野之誉,故为太宗所委"①。可见刘秉任职太子詹事是宋明帝加以扶植的结果,试图让宗室在所历清职上能与侨、吴士族相抗。这与太子师傅主要任用宗室,太子中庶子、太子舍人等侍从官在高门士族之外以宗室间用之的思路是完全相同的。这也反过来证明了太子詹事之职位的清显,皇帝力图将清显之职留给宗室皇族。除了泰始初年的任职太子詹事外,泰始五年(469年),宋明帝试图再次任命刘秉为太子詹事,这一次他的官衔是"侍中,守秘书监,领太子詹事"。②

从上文的叙述可见,在宋明帝时期,太子詹事的实际任职者主要在张永、袁粲和刘秉三人之间轮换。实际上,这三人具有完全不同的个性。如张永,"少便驱驰,志在宣力,年虽已老,志气未衰"③。再如袁粲,"闲默寡言,不肯当事,主书每往谘决,或高咏对之"④。刘秉"少自砥束,甚得朝野之誉"⑤。三人的个性其实正是三种不同政治势力的阶层性格。吴郡张氏门风虽在刘宋已经玄学化,但张永身上体现的是一部分吴姓士族的干力。袁粲则彻底是侨姓士族的玄学化作风。刘秉身上体现出的是皇族力图向高门士族靠拢的努力。考虑到三人不同的政治背景,这似乎又是宋明帝有意为之。虽然宋明帝时代的太子詹事任命是以官显人,与此前以人崇官有所区别,但依旧遵循了以宰相"任兼两宫"的惯例。

二、南齐的"两宫"关系与太子詹事地位的变化

西晋形成的太子詹事"或以令、仆射领之"的惯例⑥,在刘宋时得到继承,但在南齐太子詹事中仅有三任以尚书仆射兼领(王俭、沈文季、江祏),有一任由中领军兼领(萧景先)。相比南齐太子詹事二十任的总数,"或以令、仆射领之"占比甚微,刘宋以宰相"任兼两宫"的惯例其实逐步遭到破坏。

南朝太子詹事与皇权政治

---

① 《宋书》卷51《刘秉传》,第1468页。

② 《宋书》卷51《刘秉传》,第1468页。

③ 《宋书》卷53《张永传》,第1514页。

④ 《宋书》卷89《袁粲传》,第2232页。

⑤ 《宋书》卷51《刘秉传》,第1468页。

⑥ 李林甫等撰,陈仲夫点校:《唐六典》卷26,北京:中华书局,1992年,第662页。

宋末齐台初建之时，萧道成以其太傅长史张绪为散骑常侍、世子詹事。①这一人事任命彰显了南齐太子詹事领、兼官的特点。二十任太子詹事中有七任加散骑常侍（何戢、王俭、沈文季、王晏、萧缅、谢沦、孔稚珪），有三任加侍中（何戢、王晏、沈文季），有两任加给事中（萧赤斧、张绪）。且以令、仆射领之中，王俭、沈文季均加散骑常侍。可见南齐太子詹事的主要任职特点在于以散骑常侍、侍中、给事中加官，三者合计有十二例之多，尤其是加散骑常侍最为常见。据《南齐书·百官志》，散骑常侍"旧与侍中通官，其通直员外，用衰老人士，故其官渐替，宋大明虽华选比侍中，而人情久习，终不见重，寻复如初"。所言散骑常侍"不见重"，其实是与侍中比较而言。在加官之中，散骑常侍仍然是仅次于侍中的优渥之官。② 据《南史·何戢传》：

规范性问题和中西哲学

> 建元元年，迁散骑常侍、太子詹事。寻改侍中，詹事如故。上欲转戢领选，问尚书令褚彦回，以戢资重，欲加散骑常侍。彦回曰：'宋时王球从侍中、中书令单作吏部尚书，资与戢相似，领选职方昔小轻，不容顿加常侍。圣旨每以蝉冕不宜过多，臣与王俭既已左珥，若复加戢，则八座便有三蝉，若帖以骁、游，亦不为少。'延以戢为吏部尚书，加骁骑将军。

可见南齐加官散骑常侍的标准是"资重"，散骑常侍作为加官的等次高于骁、游等将军号。③ 何戢领选不加散骑常侍的主要原因是吏部尚书已经足够清显，且散骑常侍"不宜过多"。由此看来，南齐朝廷太子詹事加官散骑常侍，实则是借散骑常侍来推重太子詹事。然而，这一加官在实际上反映南齐太子詹事相较于刘宋宰相"任兼两宫"，其地位已然下降。给事中在南齐属集书省，为加官，品秩为第五品，较散骑常侍为低。南齐加太子詹事以侍中、散骑常侍、给事中等头衔，表面上其意图在于尊崇太子詹事，其实是以宰相"任兼两宫"情形逐渐消

---

① 《南齐书》卷33《张绪传》，第600页。

② 关于晋宋以来散骑常侍位望的变化，见黄惠贤：《西晋散骑建省及其所领诸官——散骑诸官研究资料之三》，《魏晋南北朝隋唐史资料》第十七辑，2000年。董劭伟：《东晋加官散骑常侍略论》，《殷都学刊》，2010年第2期。

③ 藤井律之：《魏晋南朝の迁官制度》，京都：京都大学学术出版会，2013年，第65—115页。

失之后的替代。

从南齐太子詹事加官的情况来看，太子詹事在南齐仍然在形式上受到重视。但是南齐太子詹事的人选及其职权履行却取决于皇帝与太子之间的关系。萧道成始建新王朝后，两任太子詹事何戢、王俭皆加散骑常侍。何戢原为萧道成相国左长史，为相国府长吏。其祖、父分别为宋文帝时权臣何尚之、宋孝武帝时权臣何偃，何戢在刘宋时便已显贵。"太祖为领军，与戢来往，数置欢宴。上好水引饼，戢令妇女躬自执事以设上焉。"又"颇好画扇，宋孝武赐戢蝉雀扇，善画者顾景秀所画。时陆探微、顾彦先皆能画，叹其巧绝。戢因王晏献之，上令晏厚酬其意"。可见在宋齐鼎革之际，何戢频频向萧道成示好。对于这样的贵游子弟，萧道成在称帝后的建元元年，以之任"散骑常侍，太子詹事，寻改侍中，詹事如故"①，其实是对何戢投靠的报答。

继何戢之后任职太子詹事的王俭，是齐高帝篡位的主要支持者。《南齐书·王俭传》称："(王)俭察太祖雄异，先于领府衣裾，太祖为太尉，引为右长史，恩礼隆密，专见任用。转左长史。及太傅之授，俭所唱也。少有宰相之志，物议咸相推许。时大典将行，俭为佐命，礼仪诏策，皆出于俭，褚渊唯为禅诏文，使俭参治之。齐台建，迁右仆射，领吏部，时年二十八。"可见王俭为萧道成"专见任用"，是其信赖的高门士族代表人物。齐朝东宫始建之时，太子萧赜已经是成熟的政治人物，他在事实上参与了宋齐嬗代的诸多政治事件。"时武帝在东宫，自以年长，与高帝同创大业，朝事大小悉皆专断，多违制度。"②齐高帝建元年间，围绕着储君之位，萧赜与萧嶷之间进行着激烈的斗争，且牵涉东宫宫臣违制之事。③然而，从现存史料中看不出太子詹事何戢、王俭在这场生死攸关的党争中有任何护佑太子萧赜的举措，或可推知齐高帝时代的太子詹事其实只具有形式意义，东宫的决策权仍在太子萧赜本人手中。

在齐武帝时期，先后出任太子詹事的有沈文季(建元四年—永明元年)、萧赤斧(—永明三年)、萧顺之(永明三年)、张绪(永明三年)、萧景先、王晏(永明四年—永明六年)、萧缅(永明六年)、徐孝嗣(永明八年)、王晏(永明九年—永明十年)。据《南齐书·文惠太子传》："(文惠太子)既正位东储，善立名尚，礼接文

① 《南齐书》卷32《何戢传》，中华书局，1972年，第583页。
② 《南史》卷47《荀伯子传》，中华书局，1975年，第1168页。
③ 唐春生：《萧嶷与齐武帝之"凤嫌"析》，《重庆师范学院学报(哲学社会科学版)》，2001年第1期。

士,畜养武人,皆亲近左右,布在省闼。"齐武帝对文惠太子是有防范之心的,"世祖履行东宫,见太子服玩过制,大怒,敕有司随事毁除,以东田殿堂为崇虚馆"①。齐武帝对太子詹事的任命体现了皇权立场,追求对已经成年之太子的东宫控制权。

上述齐武帝时代的太子詹事中,萧景先与齐武帝"款昵",并曾为武帝东宫旧臣(太子右卫率)。② 萧赤斧情况与萧景先类似,"世祖亲遇与萧景先相比,封南丰县伯,邑四百户,迁给事中,太子詹事"③。张绪则是萧赜为齐王世子时的世子詹事,为萧赜东宫旧人。萧缅,"世祖嘉其能"④。徐孝嗣由太子詹事任上"转吏部尚书,寻加右军将军,转领太子左卫率","台阁事多以委之"⑤,可见徐孝嗣亦为齐武帝重用之人。

永明四年、九年两度出任太子詹事的王晏,是齐武帝多所依仗的亲信。《南齐书》本传称其在刘宋时便"专心奉事(萧赜),军旅书翰皆委焉",齐高帝时为萧赜东宫中庶子。永明四年,"转太子詹事,加散骑常侍。六年,转丹阳尹,常侍如故。晏位任亲重,朝夕进见,言论朝事,自豫章王嶷、尚书令王俭皆降意以接之"。永明九年王晏二度出任太子詹事,以侍中领。文惠太子居处东宫十一年,王晏担任了近五年的太子詹事,可见齐武帝主要依靠王晏任职太子詹事来掌控东宫。

南齐后期,齐明帝由旁支入继大统,太子萧宝卷时年十二岁,是南齐历代太子中第一位未成年人。为保证皇位传承,齐明帝在其即位之初着重于护佑太子。第一任太子詹事沈文季为尚书右仆射、加散骑常侍。建武四年(497年)继任太子詹事的江祏,"姑为景皇后,少为高宗所亲,恩如兄弟","高宗辅政,委以心腹","以外戚亲要,势冠当时,远致饷遗,或取诸王第名书好物"。⑥

---

① 《南齐书》卷21《文惠太子传》,第402页。

② 《南齐书》卷38《萧景先传》:"(萧景先)太祖从子,与世祖款昵,世祖为广兴郡,启太祖求景先同行,除世祖宁朔府司马,自此常相随逐。建元元年,迁太子左卫率。世祖即位,征为侍中,领左军将军,寻兼领军将军。景先事上尽心,故恩宠特密。初西还,上坐景阳楼召景先语故旧,唯豫章王一人在席而已。转中领军。车驾射雉郊外行游,景先常甲仗从,廉察左右。寻进爵为侯。领太子詹事,本官如故。"

③ 《南齐书》卷38《萧赤斧传》,第665页。

④ 《南齐书》卷45《宗室传》,第794页。

⑤ 《南齐书》卷44《徐孝嗣传》,第772页。

⑥ 《南齐书》卷42《江祏传》,第751页。

此后,随着齐明帝统治的稳固,其对东宫詹事的选任转而倾向于高门士族。这一阶段先后任职者为琅邪王莹、河南褚蓁(建武末)、陈郡谢𤃩(永泰元年)、济阳蔡约。他们共同的特点是保持门阀风度、对现实政治保持距离。如蔡约,"好饮酒,夷淡不与世杂,迁太子詹事"①。《南齐书》本传还记载:"高宗为录尚书辅政,百僚屣履到席,约蹑屐不改。帝谓江祏曰:'蔡氏故是礼度之门,故自可悦。'祏曰:'大将军有揖客,复见于今。'"可见蔡约不仅不是齐明帝心腹,而且还与之立异,借以标榜清流。蔡约出任太子詹事表明齐明帝试图借高门士族任职詹事来提高东宫声望。

东昏侯时代有两任太子詹事,先是江祏以尚书右仆射领太子詹事(永元元年)。江祏不久被杀,孔稚珪为太子詹事、散骑常侍(永元元年—永元三年)。孔稚珪为会稽山阴人,"风韵清疏,好文咏,饮酒七八斗。与外兄张融情趣相得,又与琅邪王思远、庐江何点、点弟胤并款交,不乐世务,居宅盛营山水,凭几独酌,傍无杂事"②。不问世事的孔稚珪为太子詹事,正是齐明帝统治后期太子詹事的任职惯例。

三、梁武帝时代的储君养成与太子詹事的权势盈缩

南齐太子詹事任职者的身份、背景多样化,已经不如刘宋时那样绝大多数是以当朝显贵任之,以太子詹事之职关涉朝政者更属少数情况。太子詹事的实际地位是在下降,这一变化随后体现在梁朝天监官制改革上。按《晋官品》、《宋官品》,太子詹事为第三品,梁为十四班,陈为第三品③,如果仅仅考察太子詹事的品秩,则一直保持着稳定。然而,如果与太子二傅相较,萧梁的变化在于太子詹事与太子二傅出现了官品上的差别。④ 原本太子詹事与太子二傅同品,但经过天监七年的官制改革,太子太傅为十六班,太子少傅为十五班,太子詹事为十四班,三者之间出现了一个班次。⑤ 不仅如此,太子詹事属官在官品上也与太

① 《南齐书》卷46《蔡约传》,第805页。

② 《南齐书》卷48《孔稚珪传》,第840页。

③ 杜佑撰,王文锦等点校:《通典》,中华书局,1988年,第1004、1007页。

④ 刘雅君:《试论南朝的太子师傅》,《史林》,2011年第6期。

⑤ 《隋书》卷26《百官上》,中华书局,1973年,第729—730页。

子二傅属官出现了差别,这种差别主要因为太子詹事属官官品下降所致。太子詹事丞在晋、宋均为第七品官,但梁朝为第四班,相当于原来的第八品,到了陈朝,则被列入第八品中。

自西晋以来,太子师傅与太子詹事同为东宫最高官僚层,但在梁、陈东宫,坐而论道的太子二傅被进一步提升地位①,而"任总宫朝"的太子詹事之显赫性却在降低。如果联系南齐太子詹事在朝政中实际作用的下降,便会发现萧梁不过是将这一趋向在制度上表现出来而已。

梁武帝时代,萧统为太子的时间在天监元年(502年)至中大通三年(531年),萧纲为太子是在中大通三年(531年)至太清三年(549年)。事实上从储君养成的角度来看,以天监十四年(515年)为界,此前是未成年太子,此后无论是萧统,抑或是继任者萧纲,都处于成年期。

从梁朝建立到天监十三年(514年)为止,这段时间的太子詹事主要由梁朝的开国功臣出任,前后有柳惔、沈约、王茂、柳庆远、韦叡。柳惔、柳庆远出身河东柳氏,韦叡出身京兆韦氏,雍州豪族为支持萧衍起兵的最重要力量。② 首任太子詹事柳惔,据《梁书》本传,"及高祖起兵,惔举汉中应义",萧衍赋诗称其功劳"实冠群后"。③ 继任者沈约与萧衍同为竟陵八友,萧衍称"成帝业者,乃卿二人也"④,其任太子詹事的时间在天监五年(506年)正月至六年(507年)闰十月。⑤ 正是在沈约任太子詹事的天监五年六月庚戌,昭明太子"始出居东宫"⑥。可见柳惔的太子詹事之职为荣衔。

天监六年至八年(507—509年)任职太子詹事的是王茂,他是梁武帝居雍州时的旧将,"高祖发雍部,每遣茂为前驱",故《梁书》本传称之为"元勋"。⑦ 天监八年至十年(509—511年),任职者为柳庆元,"及义兵起,庆远常居帷幄为谋

---

① 刘雅君:《试论南朝的太子师傅》,《史林》,2011年第6期。

② 安田二郎:《六朝政治史研究》,京都:京都大学学术出版会,2013年,第335—381页。

③ 《梁书》卷12《柳惔传》,北京:中华书局,1973年,第217页。

④ 另一人为范云。《梁书》卷13《沈约传》,第234页。

⑤ 侯云龙考订沈约为太子詹事的时间在天监五年正月至六年闰十月,见《沈约年谱》,《松辽学刊》,2001年第5期。

⑥ 《梁书》卷8《昭明太子传》,第165页。

⑦ 《梁书》卷9《王茂传》,第177页。

主"①。以后柳庆元之子柳津也出任过太子詹事。②韦叡任职至天监十三年（514年）。在梁武帝起事前夕，韦叡"遣其二子，自结于高祖"，起事中，萧衍以之为冠军将军、江夏太守，行郢府事。③天监十三年以前昭明太子尚未加元服，《梁书·王锡传》所言"时昭明尚幼，未与臣僚相接"，正是这一阶段的事情。太子詹事由造梁功臣出任，带有鲜明的酬报功劳的性质。

天监十四年（515年）正月，昭明太子加元服。据《梁书·昭明太子传》：

> 太子自加元服，高祖便使省万机，内外百司奏事者填塞于前。太子明于庶事，纤毫必晓，每所奏有谬误及巧妄，皆即就辨析，示其可否，徐令改正，未尝弹纠一人。平断法狱，多所全宥，天下皆称仁。

天监十四年后，昭明太子除了参预政治决策外，还开始成为文教领袖。在昭明太子加元服的同年，梁武帝还下诏王锡、张缵与太子游处，"又敕陆倕、张率、谢举、王规、王筠、刘孝绰、到洽、张缅为学士，十人尽一时之选"④。在随后的几年里，昭明太子逐步开始主持东宫事务，东宫文教活动为世人瞩目。如天监十六年引名僧十人入玄圃讲经，天监十七年自讲经并作《玄圃讲经》，普通四年新置东宫学士，并始编纂《文选》。⑤

昭明太子加元服后"省万机"及成为文化领袖，已然是得到皇帝支持并具有权势的储君。从天监十四年（515年）至中大通三年（531年），梁武帝关于太子詹事的人事安排以普通五年（524年）为界，分为前后两期。前期由徐勉、周舍出任。天监十四年，徐勉"转太子詹事，领云骑将军，寻加散骑常侍，迁尚书右仆射，詹事如故，又改授侍中，频表解官职，优诏不许"⑥。徐勉任太子詹事至天监十八年（519年），随后周舍接任至普通五年（524年）。徐勉、周舍均为梁武帝统治前期最为依仗的人物。徐勉曾以左卫将军领太子中庶子，"昭明太子尚幼，敕

---

① 《梁书》卷9《柳庆元传》，第182页。

② 《梁书》卷43《柳仲礼传》，第611页。

③ 《梁书》卷12《韦叡传》，第221页。

④ 《梁书》卷21《王锡传》，第326页。《南史》卷23《王锡传》，第641页。对诏书时间的考证，见俞绍初：《昭明太子萧统年谱》，《郑州大学学报（社会科学版）》，2000年第2期。

⑤ 俞绍初：《昭明太子萧统年谱》，《郑州大学学报（社会科学版）》，2000年第2期。

⑥ 《梁书》卷25《徐勉传》，第378页。

知宫事,太子礼之甚重,每事询谋"①。周舍"虽居职屡徙,而常留省内,罕得休下,国史诏诰,仪体法律,军旅谋谟,皆兼掌之,日夜侍上,预机密,二十余年未尝离左右"②。前引徐勉"频表解宫职,优诏不许",表明梁武帝以之为太子詹事是经过深思熟虑的。

在昭明太子加元服之后,梁武帝以所委仗的亲信出任太子詹事,实际上是以此人事任命沟通皇宫与东宫。徐勉、周舍"任兼两宫",主要反映梁武帝积极培育储君的意图。普通五年,周舍死③,次年(525 年)吏部尚书萧子恪转任太子詹事,此后直到中大通三年(531 年)昭明太子死。在这七年间多由梁武帝信赖的兰陵萧氏人物任职。如萧子恪(普通六年—大通二年)、萧渊猷、萧渊藻(中大通三年)。④ 史料中缺乏这一时期太子詹事与昭明太子之间关系的记载,或许是因为昭明太子成为成熟储君之后,太子詹事之职权趋于弱化的缘故。如萧子恪的追求是"退食自公,无过足矣"⑤。

同样,也是在这一时期,因普通七年(526 年)昭明太子丁贵妃死之葬地选择问题,发生了"蜡鹅事件",昭明太子与梁武帝之间的关系开始出现微妙变化。⑥ 引发这一事件的导火索是阉人俞三副、宫监鲍邈之向梁武帝告发。东宫内部矛盾("有宫监鲍邈之、魏雅者,二人初并为太子所爱,邈之晚见疏于雅")引发两宫之间的嫌隙,正是两宫之间信任感缺乏的表现。或许这一阶段的太子詹事再未如徐勉、周舍那般协调皇帝与太子间的关系。事实上"蜡鹅事件"在表面上的平息,也是因为前任太子詹事徐勉"固谏",原本"大惊"、"将穷其事"的梁武帝才"得止"。⑦《南史》认为昭明太子之死及其嗣不立为储君均与此事有关。⑧

① 《梁书》卷 25《徐勉传》,第 378 页。

② 《梁书》卷 25《周舍传》,第 376 页。

③ 赵灿鹏:《周舍卒年问题及〈梁书〉〈南史〉三传勘误》,《文史》,2015 年第 1 辑。

④ 萧子恪为齐豫章王次子,与梁武帝绝服二世,但梁武帝曾对萧子恪兄弟说:"我与卿兄弟,便是情同一家","卿是宗室,情义异佗,方坦然期待,卿无复怀自外之意。"《梁书》卷 58《萧子恪传》,第 508—509 页。

⑤ 《梁书》卷 58《萧子恪传》,第 509 页。

⑥ 曹道衡:《昭明太子和梁武帝的建储问题》,《郑州大学学报(哲学社会科学版)》,1994 年第 1 期。林大志、卢盛江:《"蜡鹅事件"真伪与昭明太子后期处境》,《文学遗产》,2004 年第 6 期。

⑦ 《南史》卷 53《昭明太子统传》,第 1312—1313 页。

⑧ 《南史》卷 53《昭明太子统传》:"由是太子迄终以此惭慨,故其嗣不立。"

中大通三年(531年)四月丁巳,昭明太子薨,经过政治博弈,晋安王萧纲于同年五月丙申继立为太子。① 可确定为萧纲时期的太子詹事者为谢举(大同六年—大同九年)、何敬容(太清元年—太清三年)。谢、何二人都是"名家子",且二人在《梁书》合传。由此可见梁武帝挑选太子詹事的范围转向了高门士族。谢、何二人的为政作风大不相同。谢举"未尝肯预时务",何敬容则"聪明识治,勤于簿领,诘朝理事,日旰不休"。② 不过,何敬容虽然有干事之才,但他出任的太子詹事则是在被免职后重新启用的官职,带有投闲置散的性质。冈部毅史从萧纲为太子时梁武帝的年岁(68—85岁)及三次舍身之事,推测太子萧纲握有相当的最高统治权。③ 在此种情形下,太子詹事根本无权监护太子。据《梁书·何敬容传》:

> 是年(太清二年),太宗频于玄圃自讲老、庄二书,学士吴孜时寄詹事府,每日入听。敬容谓孜曰:"昔晋代丧乱,颇由祖尚玄虚,胡贼殄覆中夏。今东宫复袭此,殆非人事,其将为戎乎?"俄而侯景难作,其言有征也。

太子詹事何敬容对太子萧纲讲老、庄之文教活动不满,但是也只能私下议论,并不能当面进谏。这正表明太子詹事职权之盈缩是皇帝与太子双重制约的结果,当太子拥有类似于监国之权时,太子詹事实际上已经丧失了对太子的监护权。

结论

自西晋重设太子詹事之后,南朝继承了这一制度传统,以太子詹事"职比台尚书令、领军将军"。然而,在南朝的皇权政治格局中,太子詹事被赋予了新的

---

① 冈部毅史:《梁简文帝立太子前夜——关于南朝皇太子历史位置的考察》,《中国中古史研究(第二卷)》,北京:中华书局,2011年,第96—98页。

② 《梁书》卷37《何敬容传》,第532页。

③ 冈部毅史:《梁简文帝立太子前夜——关于南朝皇太子历史位置的考察》,《中国中古史研究(第二卷)》,第96—98页。

意义。刘宋时代皇权政治回归不久,且除了前、后废帝外,其余长期执政的诸帝皆非由储君继位而来。因而,护佑太子成为刘宋诸帝考虑的重要内容,在宋武帝、宋文帝及孝武帝之世,形成"任兼两宫"的惯例,由当朝执政兼任太子詹事。宋明帝充分利用太子詹事的这一位望笼络侨姓、吴姓士族及宗室。

　　齐高帝、齐武帝时代,储君皆为成人,皇帝对储君具有扶植与防范的双重心理。太子詹事在这一时期,或因储君的强势而权势弱化(齐高帝时代),或因皇帝的强势而监视意味加浓(齐武帝时代)。齐明帝夺得大统后,因太子未成年,而依赖亲信出任太子詹事予以庇护。当其政权趋于稳固时,太子詹事则成为保持门阀风度、对现实政治保持距离的门阀士族所任之职。正因如此,太子詹事的权势下降,南齐多以太子詹事兼散骑常侍,以此来提高太子詹事的声望。

　　终梁武帝之世,太子之位基本未空缺。天监十四年昭明太子加元服之前,太子詹事以功臣出任,这带有奖赏性质。昭明太子加元服始"省万机"并成为文化领袖,梁武帝以徐勉、周舍任职太子詹事,带有沟通二宫、养成储君的意图。普通六年(525 年)后,昭明太子气候已成,又因"蜡鹅事件"与梁武帝之间关系变得微妙,太子詹事的权势边缘化。中大通三年(531 年)萧纲继任太子,握有相当的政治权力,太子詹事实际上已经丧失了对太子的监护权力。

　　太子詹事位望的衰减,在梁武帝天监官制改革中以制度方式被肯定下来。以往与太子师傅品位相同的太子詹事,班位始低于太子二傅。太子詹事不仅位望降低,而且权势也因储君养成的不同阶段而盈缩不同。总体说来,除了徐勉、周舍任职的近十年外,在其他时间段中,太子詹事的权势都并不彰显。这与齐、梁以来太子多为成年储君有关。

The Prince's ZhanShi and Imperial Politics in the Southern Dynasties

Liu Yajun

Abstract: The Southern Dynasties inherited the Jin Dynasty's bureaucracy, the position of the Prince's ZhanShi was the equal of the ShangShuLing and LingJun General. However, the power of the Prince's ZhanShi was decided by the Political structure in the

规范性问题和中西哲学

Southern Dynasties. In Liu Song Dynasty, the Prince's ZhanShi always had the Prime Minister position, because the Emperors needed the Prime Ministers to protect the Prince's position. In Qi and Liang Dynasties, the Prince was always an adult, so the Emperors trended to appoint their trusted fellows to occupy the position of the Prince's Zhanshi. But the power of the Prince's ZhanShi was different in every period in which the relationship between Emperor and Prince was different. Therefore, the Qi Dynasty attempted to prevent the downward trend of the Prince's ZhanShi's prestige by serving as SanQiChangShi. But the Liang Dynasty's system affirmed this decreasing tendency.

Keywords: Southern Dynasties, ZhanShi, Eastern Palace

南朝太子詹事与皇权政治

司马迁、班固历史创作的
情感构建及其解读边际[*]
——《史记》《汉书》"董仲舒传"叙述方式异同的哲学分析

唐 艳^{**}

[**摘 要**] 董仲舒作为儒家思想的集大成者,在《史》、《汉》中备受争议,且否无定论,其身份地位的特殊性,为后人探求马、班的创作情感找到了合适的切入口。两人不同的感性基础,为后人解读董仲舒提供了视阈和可能。司马迁感性多情,直抒胸臆,寥寥几笔勾勒董仲舒;而班固崇儒重道,含蓄内敛,对董仲舒煞费笔墨。论创作情感的发生,毋宁是马、班对董仲舒历史故事的主观"异化"和"扭曲",同时也是依附于武帝和东汉时期的时代背景、历史遭遇和政治文化等历史情境而有所发挥的,这是历史解读的关键所在。今人面对董仲

---

* 本文为"2018中国·衡水董仲舒与儒家思想国际学术研讨会"参会论文,在"董学青年论坛"上,衷心感谢西北大学张茂泽教授、上海交通大学余治平教授、中国人民大学韩星教授的精彩点评和热情鼓励。各位专家从选题视角和行文立意上予以了充分肯定,由此,韩星教授在论坛上还提出了中国古典文化研究中理性思辨与感性叙事之间的平衡机制问题,并倡导后辈学人对其积极关注和研究。

** 唐艳(1990—),女,陕西安康人,上海市震旦学院教师,中华孔子学会董仲舒研究委员会会员,上海交通大学中华君子文化研究中心特约助理研究员。主要研究领域为儒家思想与文化、教育学与教育哲学。

舒,面对历史,不是能不能读懂的问题,而是有没有掌握"创作节奏"的问题。创史者与读史者保持一致的"节奏"是历史解读的核心,而能通达彼此的唯属感情。《史》《汉》有关董仲舒的记载,实际上是董仲舒与马、班三者间复杂的时代更替和情感交融所涂染的历史痕迹,其在获得感性诠释的同时,也失去了明确、清晰的合理性边际,二者有同有异,有彰有隐。"同"为历史事实,"异"为创作情感,也恰恰是情感的模糊性与主体性,拉伸了《史》《汉》研究的深度和广度,塑造了中国特有的历史解释学。

[关键词] 司马迁;班固;情感;解读;董仲舒传

目前,从语言学、历史学、文化学、思想史等角度研探《史》《汉》中人物传记的叙述,考异同,论高低,议论迭出,董仲舒就是其中之一,相关研究包括文本分析、史学探寻、内容考释等,甚至有关论赞序的比较研究也不在少数。马、班的创作情感[①]作为重要的主体性话题,在《史》《汉》董仲舒比较研究中多有提及,如曾小霞在博士论文中用"史抒性情"与"含蓄内敛"来描述马、班的主观情感。[②] 两人不同的背景、经历、个性及写作旨趣,不可能完全剥离政权与思想、理想与现实、个性与社会之间的关系,毋宁是以情感为纽带,寄情于史,融情于境,是主体人心与历史故事之间的有机融合过程。朴宰雨曰:"马、班写《史》《汉》时,若有与自己的经验较有关或足以引起联想的史实出现,就必定会产生或浓或淡的感情反映,而自然地移入感情于写作的对象之中。"[③]故而《史》《汉》对董仲舒的叙述也是马、班的情感写照,必然自带体悟,各有所抒。尽管二人均以"不虚美,不隐恶,不激诡,不抑抗"的作史态度自居,但作者的性情涌动、褒贬鞭挞、意韵波澜,无不以文载之。司马迁感性、神韵又激昂,班固含蓄、中庸又博雅,在某种程度上诠释了情感与历史之间水乳交融的密切联系。

---

① 康德的道德哲学里追求纯粹的、排除感性经验的"道德律",但在中国人心中,情感是不可能丢掉的。李泽厚在《美学四讲》中提出"情感本体万岁,新感性万岁,人类万岁"的呼唤。(参见李泽厚:《美学四讲》,北京:三联书店,1989年,第251页。)情感是人之为人的本源和归宿。《史》《汉》是马、班倾注毕生心血的煌煌巨作,其中不自觉地渗透着马、班的理智感、道德感和美感等高级情感的实现,对历史事件、历史人物的论赞,毋宁是二者内心情感的积极投射,故从情感角度解读《史》《汉》,显得尤为真实、重要,这也反映了中国古典文化的抒情与叙述特色。

② 曾小霞:《〈史记〉〈汉书〉的叙述学及其研究史》,苏州大学博士论文,2012年。

③ 朴宰雨:《〈史记〉〈汉书〉比较研究》,北京:中国文学出版社,1994年,第62页。

一、尽"私心"与崇"汉儒"的情感发生渊源

清代学者刘大櫆曰:"即物以明理,庄子之文也;即事以寓情,《史记》之文也。"[1]《史记》中大量的历史人物事件,都倾注着司马迁强烈的情感意旨,《汉书·司马迁传》曰:"恨私心有所不尽。"[2]李长之认为,正因为把"自见"或尽"私心"当作撰著目的,《史记》必然具有鲜活的"作者个人的色彩",甚而成为作者的"一部绝好传记"。[3]故常森也称司马迁把"自见"当成再现历史的根本目的之一。[4]司马迁身为"史学之父",自称"少负不羁之才,长无乡曲之誉。"[5]这种犀利、风趣又脱俗的自我人格定位,反映出司马迁自为自见的性格特征。司马迁对学术思想的追求也豁达从心,颇有见地,《汉书·司马迁传》言:"成一家言,协六经异传,齐百家杂语,臧山之名,副在京师,以竢后圣君子。"[6]在司马迁看来,圣人君子并非归属某一学派,而是明是非、辨善恶、讲仁义的心理认知,是对人心内在正义感、道德感的追求,故而司马迁"先黄老而后六经"[7]的学术主张,也并非仅为政治所驱,而是他对主体"内本真"的青睐和向往。孟子曰:"居天下之广居,立天下之正位,行天下之大道。"[8]这与司马迁"究天人之际,通古今之变"[9]的胸襟和情怀如出一撤。司马迁秉持以史为鉴、总揽全局、高屋建瓴的变通史观,《太史公自序》言:"罔罗天下放失旧闻,王迹所兴,原始察终,见盛观衰。"[10]甚至还为"废天下之史文"[11]而忧虑。

---

① 刘大櫆、吴德旋等:《〈论文偶记〉〈初月楼古文绪论〉〈春觉斋论文〉》,北京:人民文学出版社,1998 年,第 12 页。

② 班固:《汉书·司马迁传》,北京:中华书局,2012 年,第 2273 页。

③ 李长之:《司马迁之风格与人格》,北京:生活·读书·新知三联书店,1984 年,第 220 页。

④ 常森:《〈史记〉:那个时代的"文学"》,见《文史知识》编辑部编:《名家讲〈史记〉》,北京:中华书局,2016 年,第 52 页。

⑤ 严可均:《全汉文》,北京:商务印书馆,1999 年,第 269 页。

⑥ 班固:《汉书·司马迁传》,第 2365 页。

⑦ 班固:《汉书·司马迁传》,第 2377 页。

⑧ 焦循:《孟子正义》,北京:中华书局,1987 年,第 419 页。

⑨ 班固:《汉书·司马迁传》,第 2375 页。

⑩ 司马迁:《史记·太史公自序》,北京:中华书局,2011 年,第 2874 页。

⑪ 司马迁:《史记·太史公自序》,第 2854 页。

司马谈去世时，司马迁俯首流涕曰："小子不敏，请悉论先人所次旧闻，不敢阙。"①遭李陵之祸，乃喟然而叹曰："是余之罪夫！ 身亏不用矣。"②司马迁感性多情、慷慨激昂、直抒胸臆的史官形象跃然纸上。倘若没有饱经耕牧、游历南北、官僚生活及仕途不畅、身陷囹圄的人生遭遇，没有兴衰荣辱、政治斗争、功过是非及生死无救的人生感悟，也不会有"天下熙熙，皆为利来；天下攘攘，皆为利往"③的义利情怀和"世态炎凉"、"微言讥讽"、"舒其愤心"的灵魂感慨。人生的曲折坎坷也激起司马迁对君主专制制度的怨愤和抗议，《伍子胥列传》言："怨毒之于人甚矣哉！ 王者尚不能行之于臣下，况同列乎！ 向令伍子胥从奢俱死，何异蝼蚁。弃小义，雪大耻，名垂于后世，悲夫！ 方子胥窘于江上，道乞食，志岂尝须臾忘郢邪？ 故隐忍就功名，非烈丈夫孰能致此哉？"④对伍子胥报仇雪耻之人生价值的诠释，也是司马迁忍辱负重、深受迫害的写真，《儒林列传》开篇曰："余读功令，至于广厉学官之路，未尝不废书而叹也。"⑤此句感叹也实在耐人寻味，蕴意无穷。⑥故《史记》不止于对过往历史之总结，对西汉之歌咏，更融入司马迁本人之恩怨情仇与身世感叹。梁启超在《读〈史记〉法一二》中说："学者宜精读多次，或务成诵，自能契其神味，辞远鄙倍。"⑦司马迁超凡避世的人生信仰，使他对人物的辨识饱含真性情、实体悟，较少受到客观政治文化的钳制，且极富平民精神和社会整体意识⑧，故而郭预衡才称："二十四史当中，几乎没有一部

① 班固：《汉书·司马迁传》，第2358页。

② 班固：《汉书·司马迁传》，第2362页。

③ 司马迁：《史记·货殖列传》，第2821页。

④ 司马迁：《史记·伍子胥列传》，第1935页。

⑤ 司马迁：《史记·儒林列传》，第2705页。

⑥ 司马迁这一"叹"，有学者认为有双层意味，亦褒亦贬。一方面，司马迁对儒学终于可以登上统治地位，广厉学官而感到欣慰。另一方面，司马迁对儒学虽兴、古道却亡的状况感到无奈和悲哀。（参见王展妮：《〈史记·儒林列传〉与〈汉书·儒林传〉比较研究》，《图书馆工作与研究》，2015年第8期。）

⑦ 梁启超：《读〈史记〉法一二》，见《文史知识》编辑部编：《名家讲〈史记〉》，第13页。

⑧ 周振鹤高度赞扬司马迁在《货殖列传》中对人性的理解，认为"无岩处奇士之行，而长贫贱，好语仁义，亦足羞也"这句话，即使在现代也是超群的，是惊骇世俗的话，不是一般人讲的话。（参见周振鹤：《行不由径：周振鹤演讲访谈录》，北京：东方出版社，2018年。）施章曰："只要人间有特殊的生活现象，他（司马迁）都把它叙述出来，描写出来，而且分类地叙述或描写……而是以社会的整个生活为对象，用平等眼光来叙述，他以整个的社会人生为对象，给以平等的眼光而作价值的叙述和描写。所以《史记》一书可谓具有社会性的大众生活的历史。"（参见施章：《史记新论》，南京：南京北新书局，1931年，第2页。）

可同《史记》的'实录'相比。"①

　　相比之下,班固显得温和而中庸,班彪、班固父子批评司马迁"是非颇廖于圣人"②。清代浦起龙说:"迁多愤时嫉俗,感慨寄托之辞,而固则但取中正无疵而已。"③班固出自"家有赐书,内足有财"的富有家庭,与"后世中衰"司马迁家庭大有不同④,虽也有出征为官、避难生活、短期入狱、归隐家乡等经历,但未遭遇司马迁那样的残忍酷刑与曲折艰辛,加之班固不激诡、不抑抗的作史态度,情感较为含蓄内敛,蕴藉纯厚。《后汉书·班固传》描述其性格为"性宽和容众,不以才能高人",并以"不激诡,不抑抗分,赡而不秽,详而有体,使读之者亹亹而不厌"⑤等溢美之词评价。此外,东汉时外戚干政,儒学盛行,维持社会稳定、彰显汉室功德成为班固作史之动因,《汉书》将尊汉崇儒之精神贯穿全著。《高帝纪下》云:"汉承尧运,德祚已盛,断蛇著符,旗帜上赤,协于获德,自然之应,得天统矣。"⑥班固"帝王将相"之风极为浓厚,使汉与唐虞三代并驾齐驱,基于五德终始说颂述汉德。章帝时期,班固以史官兼任记录,其整理的《白虎通义》中也渗透了诸多董仲舒的学术思想,《叙传》用"抑抑仲舒"、"为世纯儒"⑦来形容董仲舒,且班彪《王命论》对儒家"天人感应"、"君权神授"等学说大为尊崇,史书称其"唯圣人之道然后尽心焉"⑧。同样是继承父愿,班固作史则以"综其行事,旁贯五经,上下洽通"为原则,以"光扬大汉,轶声前代"⑨为宗旨。梁启超言:"《史记》以社会全体为史的中枢,故不失为国民的历史。《汉书》以下则以帝室为史的中枢,自是而史乃变为帝王家谱矣。"⑩故对社会伦理、道德及儒学的仰慕尊崇是班固重要的情感寄托。

规范性问题和中西哲学

①　郭预衡:《中国散文史(上)》,上海:上海古籍出版社,1986年,第295—296页。

②　班固:《汉书·司马迁传》,第2377页。

③　浦起龙:《清代诗文集汇编》第246册,上海:上海古籍出版社,2010年,第26页。

④　瞿林东:《〈史记〉〈汉书〉比较》,见《文史知识》编辑部编:《名家讲〈史记〉》,第107页。

⑤　范晔撰,李贤注:《后汉书》,北京:中华书局,1965年,第1336页。

⑥　班固:《汉书·高帝纪下》,第70页。

⑦　班固:《汉书·叙传》,第3635页。

⑧　班固:《汉书·叙传》,第3593页。

⑨　严可均:《全汉文》,第256页。

⑩　梁启超:《中国历史研究法》,北京:人民出版社,2008年,第20页。

二、创作主体的情感构建:"褒善贬恶"与"敬仰钦慕"

董仲舒作为汉初儒学向经学转变的重量级人物,其身份地位的特殊性,为探求马、班的创作情感找到了合适的切入口,两人不同的感性基础,为后人解读董仲舒提供了视阈和可能。无论是客观的社会家世,抑或主观的真情思想,都离不开"观"。观者,看也,主体定是人,但凡发生便失去了真实的可能性。司马迁寥寥几笔勾勒董仲舒,而班固却为之煞费笔墨,但实际上董仲舒作为实体存在并未改变,毋宁是马、班对董仲舒历史故事的主观"异化"和"扭曲"。只有读懂司马迁、读懂班固,方能读懂董仲舒、读懂历史,否则犹如雾里看花、隔靴搔痒。从文化历史发展上看,除儒学之外,《史记》更多反映了丰富、充实而饱满的社会现状,不为帝王立家谱之精神实为可贵。而《汉书》除继承《史记》之外,对董仲舒等儒者的关注无法脱离维护汉德的核心立场,加之董仲舒掺合阴阳五行、灾异论等言辞论证,构建了帝国统一的指导思想,在形上层面为汉朝统治构建了理论根基,班固对董仲舒的敬仰钦慕也理所应当。

满怀悲剧精神①的司马迁,对董仲舒的态度辛辣直接,褒善贬恶。董仲舒虽为西汉大儒,但在司马迁看来,仅为研究《公羊春秋》的儒者之一,《史记·儒林列传》言:"汉兴至于五世之间,唯董仲舒明于《春秋》,其传公羊氏也。"②并且承认其才高于公孙弘等儒者,司马迁对儒学评述集中于治国之道,而非思想本身,故叔孙通"希世度务制礼,进退与时变化"③成为汉家儒宗,这与司马迁经世致用的治史观不无关联。此外,《史记》中也不乏对董仲舒的怨言。《儒林列传》曰:"以《春秋》灾异之变推阴阳所以错行……居舍,著《灾异之记》。是时辽东高庙灾,主父偃疾之,取其书奏之天子。天子召诸生示其书,有刺讥。董仲舒弟子吕步舒不知其师书,以为下愚。于是下董仲舒吏,当死,

---

① 韩兆琦在《殉道与超越——论〈史记〉的悲剧精神》中提出,《史记》中的悲剧精神即它所记载的人物在回击或承受悲剧命运打击时所表现出的非同寻常的气质和高贵超拔的品性。(参见韩兆琦、王齐:《殉道与超越——论〈史记〉的悲剧精神》,见《文史知识》编辑部编:《名家讲〈史记〉》,第25页。)

② 司马迁:《史记·儒林列传》,第2715页。

③ 司马迁:《史记·刘敬叔孙通列传》,第2384页。

诏赦之。于是董仲舒竟不敢复言灾异。"①董仲舒任胶西王相时,《儒林列传》又曰:"恐久获罪,疾免居家。"②"竟"、"恐"二字,突出董仲舒的怯懦,以及他对诏赦死亡、胶西王之残暴的恐惧。"疾"、"刺讥"等字眼突出主父偃的疾恶仇恨、卑鄙龌龊。《平津侯主父列传》曰:"主父偃者,齐临菑人也。学长短纵横之术,晚乃学易、春秋、百家言。游齐诸生间,莫能厚遇也。齐诸儒生,相与排摈,不容于齐……久留,诸公宾客多厌之,乃上书阙下。"③司马迁将主父偃处心积虑、阿谀奉承、品德败坏的形象刻画得惟妙惟肖。基于此情,愤世嫉俗的司马迁,视不平而怒,宣泄心中愤恚之情,同时对董仲舒弃道保身的鄙视、失望情绪猝然而至,这与《史记》所载的晋太史董狐、齐太史兄弟及南史氏舍生取义、杀生成仁之精神大相径庭。在文学情感上,司马迁挥笔留情,文下仲舒生动、感性又吸睛。施章说:"若以现代文化、以大众生活的眼光观之,《史记》在文化史上的地位更为重要。"④清代刘鹗曰:"《离骚》为屈大夫之哭泣,《史记》为太史公之哭泣。"⑤司马迁对董仲舒的褒贬也反映了他对整个时代的感受、期待和怨尤。

　　而班固对董仲舒则多以颂扬为主,尽显敬仰钦慕之情。《汉书·董仲舒传》借刘歆、刘向之言誉董仲舒为"群儒首"、"王佐之材"⑥,《五行志》曰:"董仲舒治《公羊春秋》,始推阴阳,为儒者宗。"⑦在班固心中,董仲舒的雄才大略、博学多才无不让其奉若神明。《董仲舒传》曰:"朝廷如有大议,使使者及廷尉张汤就其家而问之。"⑧"朝廷"的出现,说明儒学在汉朝意识形态中存在形式的演化,董仲舒常为朝廷纳言献策,地位极高。此外,班固还十分瞻仰董仲舒宽容大度的学术情怀,所谓"儒者宗"并非"儒家宗",而是对一种选择性、融合性新思想的赞扬。王永祥说:"董仲舒对儒学的改造虽然坚持了儒学以仁德为核心的民本观,但却以阴阳五行为构架广泛吸取了先秦诸子百

① 司马迁:《史记·儒林列传》,第2715页。

② 司马迁:《史记·儒林列传》,第2715页。

③ 司马迁:《史记·平津侯主父列传》,第2569页。

④ 施章:《史记新论》,第2页。

⑤ 刘鹗:《老残游记》,北京:人民文学出版社,1984年,第87页。

⑥ 班固:《汉书·董仲舒传》,第2196页。

⑦ 班固:《汉书·五行志》,第1197页。

⑧ 班固:《汉书·董仲舒传》,第2196页。

家思想,构筑了一个服务于以皇帝为总代表的中央集权的封建专制制度的新儒学体系。"①董仲舒向汉武帝言:"臣愚以为诸不在六艺之科孔子之术者,皆绝其道,勿使并进。邪辟之说灭息,然后纪统可一而法度可明,民知所从矣。"②这一方面突出了儒学及董仲舒在班固心中的地位,另一方面也揭示了文化思想变迁的历史问题。"皆绝其道,勿使并进"是论先后、要次,而非存在与不存在;况且班固所言的"罢黜百家,独尊儒术","罢"并非禁绝、灭绝,"黜"并非赶尽杀绝。③《艺文志》中道、法、名、墨等诸子百家依旧活跃于整个文化思想领域,若将"罢黜百家,独尊儒术"直接归于董仲舒,是不符合历史规律和学理逻辑的。

儒家的中庸之德是班固人物审美的重要标准,孔子曰:"中庸之为德矣,其至矣乎!"中庸之德,为中庸之人所易具。④ 他对董仲舒也不乏谦恭、安和、温良的中庸态度。论述灾异之说时,班固用"私见"、"嫉"、"窃"等词生动地展现主父偃的居心叵测,凸显对董仲舒的同情和宽容。此外,董仲舒称公孙弘为"从谀",班固还引详实材料佐证,并增加江都易王和胶西王性情以及董仲舒任二王相的具体情况。如"尤纵恣,数害吏二千石",表明胶西王的暴厉恣睢、性情卑劣,而董仲舒"善待之"、"正身以率下"、"教令国中"⑤,彰显其博大胸襟、睿智从容、正身教化的鸿儒风范,这并非单纯的品性问题,而是董仲舒对"从道不从君"的儒学精神之坚守。"终不问产业"的治术精神,也是班固对董仲舒为学精专、轻视功名的儒学品质的认可。

马、班结合历史事实,对董仲舒进行了某种程度的个性化、主体性的构建。前者启迪后人从百家争鸣、各有千秋的角度理解生动活泼的儒学;后者骈文布道,拥护汉朝,誉董仲舒为"儒宗",但也非纯儒纯术,而是经时代变迁而催生的史学结局。如果司马迁代表酒神之精神,班固则更多代表日神之精神,尼采说:

① 王永祥、霍艳霞:《董仲舒"独尊儒术"功过论》,《河北学刊》,1998年第4期。

② 班固:《汉书·董仲舒传》,第2194页。

③ 刘伟杰从词义上解释到,"罢黜百家"之"罢"意为"罢令之归","黜"、"罢"义近,表斥令退归,针对人而非学。他还认为董仲舒对策中的"皆绝其道"之"道",非指学说,而指入学为官之道,与"勿使并进"相呼应。(参见刘伟杰:《汉武帝独尊儒术问题的研究现状与反思》,《南京社会科学》,2007年第2期。)

④ 钱穆:《论语新解》,北京:生活·读书·新知三联书店,2012年,第148页。

⑤ 班固:《汉书·董仲舒传》,第2195页。

"日神不能离开酒神而存在。"①马、班从不同侧面展现历史风貌,诠释历史人物,两者也缺一不可。解读董仲舒,实质上也在解读马、班,像理解董仲舒这样的历史人物,必须得煞费苦心,需在以情感为核心的历史场域中不断探寻路径。那么解读的规律何在? 路径何在?

三、"历史情境"与"创作节奏":历史解读的前提与核心

无论是董仲舒这样的儒学巨擘,还是郭解、朱家这样的游侠烈士,每个人物都印刻着一段历史,代表着一种文化。朱东润在《朱东润传记作品全集》一书中

256

说:"传记是史,同时也是文学。因为是史,所以必须注意到史料的运用;因为是文学,所以也必须注意到人物形象的塑造。"而人物形象背后又混杂着史官自身的情感思绪,故而有关"史汉优劣论"、"互有得失论"的问题也应得到更加包容性的诠释。清代钱谦益云:"宋人马、班异同之书,持扯字句,此儿童学究之见耳。读马、班之书,辩论其同异,当知其大段落、大关键,来龙何处,结局何处,手中有手,眼中有眼,一字一句,龙脉历然……由二史而求之,千古之史法在焉,千古之文法在焉。"②钱谦益对宋人斟文酌字研究马、班异同的反思,强调要关注历史脉络,将人物置于历史情境中考量。马、班创作时一定是依附于汉武帝或东汉时期的时代背景、历史遭遇和政治文化等历史情境而有所发挥的。

尤其是对董仲舒这样承上启下、融会贯通的人物,如果不以历史为纬,以人物为经,以情境聚焦,就无法正确地解读,甚至只会产生误读、错读。诸如有关"天人三策"、"罢黜百家,独尊儒术"等问题的阐明,司马迁和董仲舒属同代人,且司马迁曾为特使屡次随武帝出游,对董仲舒与朝政之事,理应甚为熟知。《太史公自序》曰:"余闻董生曰。"③引服虔曰:"仲舒也。"④说明司马迁很可能从师董仲舒,《史记》对董仲舒治学著述、两次政治迫害均有所记载,但为何对"天人

---

① 尼采:《悲剧的诞生》,周国平译,上海:生活·读书·新知三联书店,1986 年,第 15 页。
② 杨燕起等编:《历代名家评史记》,北京:北京师范大学出版社,1986 年,第 264 页。
③ 司马迁:《史记·太史公自序》,第 2855 页。
④ 司马迁:《史记·太史公自序》,第 2856 页。

三策"①、"罢黜百家，独尊儒术"②两个敏感话题只字未提？时隔百余年，班固补充了董仲舒与武帝的"三策三答"，不仅突出董仲舒精深博洽、深厚融通的学养，还将其学术成就加以落实。余治平认为，在董仲舒之前，高祖建汉、文景之治，再到汉武帝，"罢黜百家，独尊儒术"的政治韬略远非一个醇儒学者能力所能及，而是由诸多好儒术、明事变又有远见的儒家学者和政治家们共铸的汗马功劳。董仲舒"天人三策"的影响，并非后人虚构的那么夸张，其意义在学术不在政治。③ 美国学者桂思卓(Sarah A. Queen)也提出，董仲舒运用宇宙哲学证明了儒家政治统治原理的正当性并构建帝国的意识形态，但他绝不是孤独的思想家，事实上，在汉代，儒学制度化是一个延续数世纪并牵涉众多学者的历史过程。④ "罢黜百家，独尊儒术"只能称为政治主导意识的形成过程，而非某个政治决策或学术策略。

　　历史情境不同，马、班对董仲舒的理解和评价固然不同。东汉时期儒学已经历代汉帝的制度化推崇，成为封建主流思想，其成效可见。李泽厚言："进'教化'，立官制，重文士，轻武夫；建构一个由'孝悌'、读书出身和经由推荐、考核而构成的文官制度，作为专制皇权的行政支柱。这个由董仲舒参与确立于汉代的政治—教育(士—官僚)系统是中国历史上的一件大事，也是了解自秦汉以来中

---

① "天人三策"问题一直备受争议，冯友兰曾在《"过秦"与"恢汉"》一文中指出，汉武帝对董仲舒亲自发出策问，董仲舒作了回答，这就是所谓《天人三策》。他们所问所答的，并不只是一些空话，确实是当时政治上、思想上的一些实际问题。武帝会问，董仲舒也会答。(参见冯友兰：《"过秦"与"恢汉"》，《学习与思考》，1984年第5期。)而孙景坛持相反观点，认为班固关于董仲舒《天人三策》的记载与司马迁严重不合，《天人三策》仅第三策才是董仲舒的作品，其余是班固在此基础上的伪作。(参见孙景坛：《董仲舒的〈天人三策〉是班固的伪作》，《南京社会科学》，2000年第10期。)

② 王永祥从历史发展角度提出，百家争鸣虽是列国争霸的需要，但争霸和争鸣的结果，必然是走向融合和一尊；只是谁来统一和所尊者为谁，则完全依其国富兵强的程度及其学术思想满足国富兵强要求的程度而定。故董仲舒提出的"罢黜百家，独尊儒术"不是纯粹的偶然性，而是历史时代作出的必然性选择。(参见王永祥、霍艳霞：《董仲舒"独尊儒术"功过论》，《河北学刊》，1998年第4期。)

③ 余治平：《独尊儒术：并不因为董仲舒——纠正一种流传广泛而久远的误解》，《湘潭大学学报(哲学社会科学版)》，2004年第3期。又及，邓红在《日本的董仲舒否定论之批判》中提出："独尊儒术"的思想与其说是属于董仲舒一个人的思想，还不如说是儒家思潮中的一个波浪，一个标识。(参见邓红：《日本的董仲舒否定论之批判》，《衡水学院学报》，2014年第2期。)

④ 桂思卓(Sarah A. Queen)：《从编年史到经典：董仲舒的春秋繁露诠释学》，朱腾译，北京：中国政法大学出版社，2009年，第2页。

国历史的重大关键之一。"①这说明董仲舒的政治、思想及教育贡献在当时是清晰可见的,但西汉时期的司马迁无福观见。然经百年酝酿,东汉时期高屋建瓴、大有作为,故班固对此颂扬讴歌,强化儒学在思想文化领域的绝对统治地位。黄朴民认为,《汉书》为董仲舒单独列传,说明以董仲舒为代表的儒学思潮完全战胜新道家之后的思想界的基本面貌。② 这也是儒家积极入世的时代产物,《史》《汉》之隔,董仲舒形象由隐入显,由弱到强,故而马、班对董仲舒的认识评价必然是基于历史情境的亲身所感而催生的不同产物罢了。

试想公元前 90 年与公元后 90 年,史学家和思想家所处环境日异月殊,马、班所面对的历史面貌是极其不同的,若从单一维度审视,必将以偏概全,主观臆断。所以王永祥提出:"在研究董仲舒的方法论问题上,我赞成方法的多样化。以往的方法,'三论'的方法,范畴的方法,'分合论'的方法,只要能把董仲舒的研究推向前进,都不失为好的方法。"③黄仁宇说:"从我个人的眼光看来,除非作者束发受教以来,就先培养了一段"常经"和"异道"的观念,决难如此只凭古书里一句一段的叙述即能将这么多的人物列表区分其品格,有如衡量其材之长短。"④诚然,《史》《汉》之董仲舒,是人们历史认知域限中的董仲舒,历史性、情境性、个体性、相对性地洞察古今、通灵明变的历史思维,以及高瞻远瞩、登高博见、明月入怀的学术格局,是揭晓董仲舒在马、班笔下庐山真面目的关键。即使诸多问题有史料为证,但也要究其真伪,那些模糊话题的解决终究还是要靠历史、考古和文献资料的发掘。

今人面对董仲舒,面对历史,不是能不能读懂的问题,而是有没有掌握"节奏"的问题。日本学者宫崎市定解读《史记》时说:"实际读书的时候,读者们是一边看文章一边基于某种节奏感来理解意思的。"⑤一是创史者的节奏,即马、班的创作节奏。司马迁爱好明快直抒、真情留露,对董仲舒褒贬不讳;班固热衷中庸详实、崇德尚儒,对董仲舒爱戴恭敬,这是解读《史》《汉》的重要前提。二是读史者的节奏。读者的心境、思绪、修养与旨趣,与马、班保持一致的节奏,才

---

① 李泽厚:《中国古代思想史论》,北京:生活·读书·新知三联书店,2012 年,第 2—3 页。

② 黄朴民:《天人合———董仲舒与汉代儒学思想》,长沙:岳麓书社,1999 年,第 37 页。

③ 见张岱年、严北溟等:《董仲舒的地位及其研究方法》,《河北学刊》,1987 年第 1 期。

④ 黄仁宇:《赫逊河畔谈中国历史》,北京:生活·读书·新知三联书店,1997 年,第 11 页。

⑤ 宫崎市定:《宫崎市定解读〈史记〉》,马云超译,北京:中信出版社,2018 年,第 5 页。

能通达彼此，入情入理。子曰："知之者不如好之者，好之者不如乐之者。"(《论语·雍也》)由"知"、"好"、"乐"境界不断攀升，从知性认识阶段，经实践理性而渐趋于审美的领域；处于最高境界的"乐"，则必须是融知性、情感、意志于一体的综合体验。① 这也是儒家乐感文化的重要体现，正因如此，司马迁以是非善恶、道德本心来感化人，而非用伦理政权来匡正人。人以类聚，物以群分，能同样热渴同节奏之人，定有自由、独立、浪漫的心性追求。班固理性涵德，弘扬伦理，要理解其对董仲舒的仰慕之情，也源于同样的伦理自发和德性气质。清代章学诚曰："马则近于圆而神，班则近于方以智也。"② 瞿林东认为，"神"与"智"是从内容上看，主要是思想底蕴上的不同。"用神"，是传神，是对历史发展过程的洞察和揭示。"用智"，是善于储存和排比历史知识。③ 从情感上看，司马迁的"神"直而不过，悲而不愤；班固的"智"详而不赘，崇而不违。如周桂钿所说："一个时代有一个时代的基本倾向，一个思想家也有一个思想家的基本倾向，应由此来确定思想特征。"④ 若从历史情境和解读"节奏"来衡量马、班的创作倾向，又如何交代历史的同一性和普遍性问题？是否存在情感式的历史解释路径呢？

四、同为"实"，异为"情"：历史解读的合理性边际

《史》、《汉》虽出不同史官之手，但历史的连续性和绵延性，为二者的共同性创造了可能。清代崔适在《史记探源》中曰："凡史、汉文同，有汉录史者，有窜汉入史者。"⑤《史记》三千多年之通史，而《汉书》二百三十年之断代史，汉武帝前《史记》为主，司马迁对董仲舒叙述之阙略、隐晦之处，在《汉书》中经班固增删、润色，而更加清楚详明。诸如《史记·十二诸侯年表序》曰："上大夫董仲舒推《春秋》义，颇著文焉。"⑥"颇"，指稍略，隐约朦胧，读完无感。而《汉书·董仲舒传》曰："仲舒所著，皆明经术之意，及上疏条教，凡百二十三篇。而说《春秋》得

① 余治平：《中国的气质——发现活的哲学传统》，北京：中国社会科学出版社，2004年，第74—75页。

② 章学诚著，叶瑛校注：《文史通义》，北京：中华书局，1985年，第49页。

③ 瞿林东：《〈史记〉〈汉书〉比较》，见《文史知识》编辑部编：《名家讲〈史记〉》，第115—116页。

④ 见张岱年、严北溟等：《董仲舒的地位及其研究方法》，《河北学刊》，1987年第1期。

⑤ 崔适著，张烈点校：《史记探源》，北京：中华书局，1986年，第15页。

⑥ 司马迁：《史记·十二诸侯年表序》，第434页。

失,闻举、玉杯、蕃露、清明、竹林之属,复数十篇,十馀万言,皆传于后世。"①"《公羊董仲舒治狱》十六篇。"②满腹经纶、学富五车的董仲舒形象让人肃然起敬。朱自清说:"《史》《汉》二书,文质和繁省虽各有不同,而所采者博,所择者精,却是一样的,组织的弘大,描写的曲达,也同工异曲。"③《史记》有关董仲舒的叙述有 4 处,而《汉书》有 16 处。④ 有同有异,有彰有隐,若非要从《史》、《汉》中找到历史实迹,无外乎是马、班之同,同者为"实",即历史事实。对董仲舒的生平、著作、思想及为政经历的叙述,虽言辞不整,详略不齐,但"下帷讲诵"、"为人廉直"、"灾异之记"、"任胶西王相"、"子孙学至大官"等内容使董仲舒形象得到了最起码的统一。

　　马、班对董仲舒叙述的差异之处,正是二者复杂的创作情感的体现,故异者为"情",即创作情感。这也是"天人三策"、"罢黜百家,独尊儒术"等历史话题永久不衰的原因,情感的模糊性与主体性,拉伸了历史研究的深度和广度。如义利观方面,董仲舒曰:"今世弃其度制而各从其欲,欲无所穷而俗得自态,其势无极。大人病不足于上而小民赢瘠于下,则富者逾贪利而冒为义,贫者日犯禁而不可止,是世之所以难治也。"⑤"凡人之性,莫不善义。然当不能义者,利败之也。"⑥董仲舒重义轻利,并将"利"视为社会动乱之因,这与《汉书·董仲舒传》中"正其谊不谋其利,明其道不计其功"⑦的思路相通。而《史记·货殖列传》曰:"故善者因之,其次利道之,其次教诲之,其次整齐之,最下者与之争。"⑧司马迁认为"利"先于"教",重视人的本性私欲,在吸收继承董仲舒思想时,又融入自己的批判与创新,这对正统儒家思想而言,极具挑战。班固倾向承袭倾慕,司马迁善于己见直抒,两者创作的不同情感致使秉笔各有出入。

　　施丁说:"司马迁是用画家的彩笔写历史……班固是用工细的墨笔写历史,

---

① 班固:《汉书·董仲舒》,第 2196 页。

② 班固:《汉书·艺文志》,第 1524 页。

③ 朱自清:《史记和汉书》,见《文史知识》编辑部编:《名家讲〈史记〉》,第 103 页。

④ 张月、任树民:《〈史记〉、〈汉书〉对董仲舒及其学说的评述》,《黄河科技大学学报》,2014 年第 1 期。

⑤ 钟肇鹏主编:《春秋繁露校释(上册)》,石家庄:河北人民出版社,2005 年,第 508 页。

⑥ 钟肇鹏主编:《春秋繁露校释(上册)》,第 121 页。

⑦ 班固:《汉书·董仲舒传》,第 2194 页。

⑧ 司马迁:《史记·货殖列传》,第 2819 页。

因而在班固笔下，历史的帐单较为清楚，然少彩色，有格式化的倾向。"①"少色彩"、"格式化"的评价未免不足，班固的凭借优于司马迁，自幼无经济之忧，尽心儒术，扎扎实实做学问。《汉书》中描写董仲舒为："少治《春秋》，孝景时为博士。下帷讲诵，弟子传以久次相授业，或莫见其面。盖三年不窥园，其精如此。"②如此全心全意的知识追求和学术意志，正是班固活泼泼的为学楷模。正如司马光《读乐园记》曰："吾爱仲舒，穷经守幽独，所居虽有园，三年不游目，邪说远去耳，圣言饱充腹，发策登汉庭，百家始消伏。"③班固心中之董仲舒也毫不逊于此。与司马迁不同，班固对董仲舒论无不详，功无不赞，情无不浓，虽少激昂犀利之辞，但敦朴纯厚、深藏委婉，细细体究也不失神于司马迁的感性浪漫、辛辣率真。而司马迁笔下雄心壮志的屈原、不畏牺牲的荆轲、勇猛果敢的项羽、舍己为国的晁错、刚正不阿的周亚夫等等，也让无数正义之士心潮澎湃、嚎啕大哭。田居俭在评价《史记》时说："从专治文史的学者到其他行业的读者，不论是老年还是青年，只要展卷披览，就会爱不释手。"④

　　《史》、《汉》有关董仲舒的记载，实际上是董仲舒与马、班三者间复杂的时代更替和情感交融所涂染的历史痕迹，其在获得感性诠释的同时，也失去了明确、清晰的合理性边际，正因如此，历史才显得独具魅力，令人陶醉。情感与历史、真实与主观、时代与个性间如胶似漆、融为一体，倘若非要衡量，也只能交给文学、哲学甚至宗教学去处理了。道家之"道"，儒家之"仁"，佛家之"涅槃"，基督教之"博爱"，这些被真、善、美所统领的不同形式，不断催促人们向往至圣至上，马、班又何曾逃避这样的心性思慕呢？无论是本纪、世家、列传，还是书、志或表，历史的创作情感，都应得到人性化的理解和包容。余治平认为，与柏拉图"引情入智，知大于情"不同，儒学是"化智入情，情高于知"，中国人常把思想、理性诉诸情感，理服从于情，情比理优先。⑤《史记》变化莫测，《汉书》循规蹈矩，犹如李白诗歌的独特奇稀、豪放洒脱，杜甫的沉郁顿挫、有章可循，并无可学与不可学之定论，可谓中国特有的历史解释学。

261

司马迁、班固历史创作的情感构建及其解读边际

---

① 施丁：《司马迁研究新论》，郑州：河南人民出版社，1982年，第362页。

② 班固：《汉书·董仲舒传》，第2171页。

③ 江永红：《通鉴载道：司马光传》，北京：作家出版社，2015年，第290页。

④ 田居俭：《司马迁裁剪史料的匠心》，见《文史知识》编辑部编：《名家讲〈史记〉》，第62页。

⑤ 余治平：《性情形而上学：儒学哲学的特有门径》，《哲学研究》，2003年第8期。

结语

　　"情感"变量是解读《史》、《汉》的核心，固孰优孰劣的问题是循环逻辑，除董仲舒外，各儒者、朝臣、游侠、酷吏等人物的撰写均离不开马、班的创作情感。创史有情，读史有意，唯有情感能通达心灵、疏通联络，能在马、班毫不羞涩的文风和字迹下，寻近更珍贵的史乘奥秘。马、班用各自独特的曲风和节奏，弹奏同谱异调的董仲舒乐章，"道德"、"思想"、"理性"与"情感"的融入，一个都不能少，否则成曲也不完整、不动听。孟子曰："人之所以异于禽兽者几希"，知义与不知义之间耳。[1] 故为人必有情，必有义，否则司马迁也不会对郭解、专诸、曹沫、荆苛、聂政等侠义之士以及下层出生的陈涉、彭越、英布等英雄人物着墨较多，且描写得绘声绘色，并评价颇高；班固也不会用"天人三策"和"罢黜百家，独尊儒术"来推许董仲舒的鸿儒硕学。这毋宁是二人对董仲舒不同的感性认知和理性塑造。有人说司马迁更可信，因班固崇儒过重，必有伪作。[2] 亦有人云班固更可信，因司马迁性情过重，感性虚幻。从史学角度来讲，我们必将致力于董仲舒在不同朝代、不同史著中的真实还原，仅仅关注马、班的创作情感是远远不够的，但情感是使历史上升为艺术的唯一路径。王锺陵认为，历史存在两重性："首先，历史存在于过去的时空之中，这是历史的第一重存在，是它的客观的、原初的存在……第二重存在，即它存在于人们的理解之中。"[3] 故今人读《史》、《汉》，是对马、班情感的二次解读。共同的性情基因，使人与人之间产生惊人的通灵，因而司马迁"死，或重于泰山，或轻于鸿毛"[4]之视死如归的生命感慨，董仲舒"可以然之域"[5]的存在限度才能在人心中互生互长，互情互理。正如朱光潜所说："在我们意识中引起的运动的冲动愈丰富繁复，线形的美感的价值也愈高。"[6]

---

① 焦循：《孟子正义》，北京：中华书局，1987年，第567页。

② 孙景坛：《董仲舒的〈天人三策〉是班固的伪作》，《南京社会科学》，2000年第10期。

③ 王锺陵：《中国古诗歌史》，北京：人民教育出版社，2005年，第3页。

④ 班固：《汉书·司马迁传》，第2372页。

⑤ 钟肇鹏主编：《春秋繁露校释（上册）》，石家庄：河北人民出版社，2005年，第143页。

⑥ 朱光潜：《文艺心理学》，合肥：安徽教育出版社，1997年，第58页。

Emotional Construction and Interpretation Margin of Sima Qian and Ban Gu's Historical Creation: A Philosophical Analysis of Similarities and Differences in the way of Narration of Dong Zhongshu's Biography in *Historical Records* and *Han Shu*

Tang Yan

Abstract: Dong Zhongshu, as a master of Confucianism, has been controversial and uncertain in *Historical Records* and *Han Shu*. The particularity of Dong Zhongshu's status has found a suitable entry point for later generations to explore the creative emotion of Ma and Ban. The different perceptual basis of the two provides a visual threshold and possibility for future generations to interpret Dong Zhongshu. Sima Qian is sentimental and expresses his feelings in a few words, while Ban Gu advocates Confucianism and emphasizes morality, reserves himself and devotes much effort to Dong Zhongshu. On the occurrence of creative emotion, rather than Ma and Ban's subjective "alienation" and "distortion" of Dong Zhongshu's historical story, they also depend on the historical background, historical experience and political culture of Emperor Wu and the Eastern Han Dynasty, which is the key to historical interpretation. Nowadays, facing Dong Zhongshu and history, it is not a question whether we can understand it or not, but whether we have mastered the "rhythm of creation". The "rhythm" that coincides with the "rhythm" of the historians is the core of historical interpretation, and can express each other's only feelings. The records of Dong Zhongshu in *Historical Records* and *Han Shu* are in fact the historical traces painted by the complex alternation of times and the blending of feelings between Dong Zhongshu and Ma and Ban. While obtaining the perceptual interpretation, they also lose the clear and clear margin of rationality. They have similarities and differences, reveal and conceal the "similarities" as historical facts. "Difference" as a creative emotion is precisely the fuzziness and subjectivity of emotion, stretching the depth and breadth of the study of *Historical Records* and *Han Shu* and shaping the unique historical hermeneutics of China.

Keywords: Sima Qian, Ban Gu, emotion, interpretation, Dong Zhongshu biography

司马迁、班固历史创作的情感构建及其解读边际

"将来意义"的存在情态
——一项语言类型学的海德格尔式考察

谢 一 张 震 *

[摘　要]　语言是存在的家,人的存在缘于:指向将来却"未"来的筹划和"去存在"的无限创造。语言中"将来意义"的表达方式主要有二:一是通过语法手段表达"将来时";一是通过词汇手段表达"将来时间"。黏着型语言多采用语法手段,孤立型多采用词汇手段,屈折型两种手段多兼有,但也都具备自身的特色。两种手段的差异,实质上正是一种"存在论的差异"之呈现:"将来时"看重结构,强调语法形式,突出一种确定性的存在者模式;而"将来时间"更突出语义与此下语境的配合,强调一种随境而转的存在。这二者显现了人不同的"现身情态",它们既是语言学的语法,同时也是人学的语法。

[关键词]　语言类型;将来时;将来时间;存在论差异;筹划

* 谢一(1988—　),男,河北保定人,华东师范大学中文系语言学博士研究生,主要研究领域为语言学、现代汉语语法和语言哲学。张震(1985—　),男,山东淄博人,哲学博士,华东师范大学体育与健康学院博士后、晨晖学者,主要研究领域为中西比较哲学、现象学。

1 问题缘起

海德格尔取消了直接使用"人"这个概念,转而以"此在"(Dasein)替代之,在他看来,缘在于兹,涌向"到时"(zeitigen)是人最普遍的生存境遇。时间时间化(Die Zeit zeitigt)意味着人作为到时的此在成为"涌现着的—涌现者"(das Aufgehend-Aufgegangene)。此在依靠"到时性"而自我显现,然而"时间本身在其本质整体中并不运动(Die Zeit selbst im Ganzen ihres Wesens bewegt sich nicht)"[1],所以它实质上是被语言缘构出来的。语言引发了到时的运动,语言也是此在的根本居所。"我们在语言上取得的经验将使我们接触到我们的此在的最内在结构(innersten Gefüge),这种经验就会在一夜之间或者渐渐地改变着说着语言的我们。"[2]概言之,海氏对此在时间性的分析是在语言的意蕴中的,反过来,因说话而居留于语言中的人,也时刻被语言的时间性所牵动着。

在语言学上,"时制"(Tense)是每种语言都拥有的最为重要的语法范畴,被解释为:

> 时制是一种语法范畴,用来定位时间中的位置(locate situation in time);它是一种基本的语法范畴,与在时间顺序上词汇的以及其他的指示相结合,能够使听话者重建言语情境与句子描述的情境之间的时间关系,并重构文本中所描述情境的相对顺序。[3]

若如海德格尔所言,语法上的时制所牵动的是人的存在状态,这意味着,不同语言时制的语法形态所"涌现"(Aufgehend)的就是属于不同民族和群体的自身居留状态。

---

① Martin Heidegger, *Unterwegs zur Sprache*, Stuttgart: Klett-Cotta, 1985, p. 202.

② Martin Heidegger, *Unterwegs zur Sprache*, p. 149.

③ Keith Brown, *Encyclopedia of Language & Linguistics*, 2nd ed., Vol. 12, Shanghai: Shanghai Foreign Language Education Press, 2008, p. 566.

语言学对时制问题的研究成果已相当丰硕。如 Smith(1978)①、Comire (1985)②、Dahl(1985)③、Quirk(1985)④、Lyons(1995)⑤等，以及国内如吕叔湘 (1982)⑥、陈平(1988)⑦、龚千炎(1994)⑧、张济卿(1998)⑨、陈立民(2002)⑩、李铁根(2002)⑪等，都对语言时制的问题作过探讨。研究发现，在时制划分中，"将来意义"相较"过去意义"和"现在意义"在表达方式上更具特点，比如有的语言在"三时"中缺乏"将来时"，汉语和英语就是如此。汉语中，"过去意义"和"现在意义"有专门的语法标记"了"、"过"、"着"，用以表达"过去时"和"现在时"，但并没有能表达"将来时"的虚词，"将来意义"的表达主要是依靠助动词、副词以及时间名词等实词，即：借助词汇手段从语义上来表达"将来时间"。英语也不具备"将来时"，不像"过去时"、"现在时"的表达是对动词进行词形变化(比如-ed/-ing)，英语表达"将来意义"主要也是依靠助动词如 will、shall 以及 be going to 等，同样也是属于词汇手段。这种语法差异背后所隐藏的问题单纯依靠语言学似乎难以作出全面解释，这使我们尝试从哲学视角来寻求答案。在海德格尔的视域中，这种差异实质上是基础存在论的差异，"将来"是到时中最为重要的维度，人得以"存在出来"缘在于：指向将来却"未"来的筹划(vorbereiten)和去存在(zu sein) 的无限创造。因而，人存在的本质性是"向来我属性"(Jemeinigkeit)。⑫ 因此，无论是出于语法学的研究需要，还是人存在形态的探赜需要，"将来意义"在不同语言中表达的特殊性之背后原因及规律都值得我们

---

① Carlota Smith，"The Syntax and Interpretation of Temporal Expression in English," *Linguistic and Philosophy*，Vol. 2 No. 1(1978)：43－99.

② Bernard Comire，*Tense*，Cambridge：Cambridge University Press，1985.

③ Osten Dahl，*Tense and Aspect Systems*，Oxford：Blackwell Publishers，1985.

④ Randolph Quirk & Sidney Greenbaum et al.，*A Comprehensive Grammar of the English Language*，London and New York：Longman，1985.

⑤ John Lyons，*Linguistic Semantics：An Introduction*，Cambridge：Cambridge University Press，1995.

⑥ 吕叔湘：《中国文法要略》，北京：商务印书馆，1982 年，第 215—233 页。

⑦ 陈平：《论现代汉语时间系统的三元结构》，《中国语文》，1988 年第 6 期。

⑧ 龚千炎：《现代汉语的时间系统》，《世界汉语教学》，1994 年第 1 期。

⑨ 张济卿：《论现代汉语的时制与体结构(上、下)》，《语文研究》，1998 年第 3、4 期。

⑩ 陈立民：《汉语的时态和时态成分》，《语言研究》，2002 第 3 期。

⑪ 李铁根：《"了"、"着"、"过"与汉语时制的表达》，《语言研究》，2002 年第 3 期。

⑫ Martin Heidegger，*Sein und Zeit*，Stuttgart：Tübingen，1967，p. 42.

深入研究。

2 类型学视域下"将来意义"的表达方式和特征的存在论差异

语言类型学视角为我们研究"将来意义"的表达特征提供了更为宽广的平台,现象学则为我们研究存在的本真意义提供了更广阔的阐释学视域。按照"语素数量"和"可切分程度"两个指标,形态学通常承认三种典型的语言类型:"孤立型"、"黏着型"和"屈折型"。我们将从类型学视角展开对"将来意义"表达方式的讨论,考察不同类型的语言表达手段的特征和规律,在尝试分析"将来意义"所需具备的构成要素基础上,深入阐赜居留于不同语言中的各个民族之"存在论差异"。

在展开之前,我们首先须要严格区分"将来时"和"将来时间": 能够通过语法手段表达"将来意义"的语言具备"将来时"语法范畴;只能通过词汇手段表达"将来意义"的语言则不具备"将来时",而仅是从语义上表达了"将来时间"语义范畴。"语法的将来时"与"语义的将来时间"所表征的,实质上是"'行动者'(actors)的时间性变化"与"'行动'(acting)本身即是时间统御者"的存在论相歧。

2.1 黏着型与孤立型

黏着语和孤立语对"将来意义"的表达手段单纯且鲜明。黏着语具备形态变化,词内语素间界限分明,"将来意义"的表达依靠专门的语法性词缀。而孤立语不具备形态变化,"将来意义"的表达主要依靠实词。前者如韩语,后者如汉语。例如:

(1) 잠시(一会儿)후에(之后)손님(客人)들(复数标记)이(指代标记)오시(来)겠(将来时标记)습니다(尊敬阶终结词尾).

过一会客人们将会来。

(2) 내일(明天)떠나(离开)겠(将来时标记)으니(词尾)오늘(今天)밤엔(晚上)더(继续)놀(玩)자(感叹词).

明天就要离开了,今晚我们再玩儿一会吧。

(3) 8시에(8 点钟)가(去)겠(将来时标记)습니다(尊敬阶终结词尾).

我会在8点钟去。

作为黏着语的韩语具备"将来时"语法范畴,有特定"将来时"的语法表达词缀"겠"。而孤立型的汉语不具备形态变化,也不具有专表"将来时"的虚词,因此就没有"将来时"范畴,但汉语依旧可以通过词汇手段从语义上表达"将来时间"。例如:

(4)<u>要</u>下雨了。

(5)你再等一会儿,他<u>快</u>回来了。

(6)饭<u>就</u>好了,你再等一下。

(7)从明年开始,欧元<u>将</u>取代原先成员国货币,成为欧元区唯一合法流通货币。

从现象学视角分析,韩语的将来时标志词"겠"是一种提示性标注。可知言说韩语的人将来性筹划状态是黏着在一个当下的行动之"到时"内的,能够把当下之"我行"推向某种可能性的是"겠"外加一个时间性词汇(如내일)。韩民族的当下化意识很强,未来也只是一种被时间词和专有词标注的在兹。与之相较,汉语关于"去存在"的筹划性行为同样也具有当下化的存在论特质,但这种当下化却显现为多变的意欲性和意向性之行动,即在行动本身之上将"意欲行动"与"意向性"相叠加。以上例子都带有意欲性和意向性,"快"实质上是"快要","就"是"就要","将"即"将要",对当下化语境的依赖也更加明显。因而可以看出,汉民族的"去存在"状态显现出境与思不离的特质。

2.2 屈折型语言的表达方式和选择性特征①

屈折型语言具备非常丰富的形态变化,但语法语素界限难分,同时表达多种不同语法意义之融合,这便使"将来意义"的表现趋于复杂,有时候甚至取决于其他范畴意义的表达。

2.2.1 斯拉夫语族——基于"体范畴"的"将来意义"之存在情态

从发生学角度看,斯拉夫语族主要包括东(俄语、乌克兰语和白俄罗斯语

---

① 鉴于形态型语言具备非常丰富的词形变化,我们的例举也将限定在基于"现在"来看的"一般/简单将来",暂不考虑"将来意义"与其他时制的复合形式。

等)、西(波兰语、捷克语和索布语等)和南(斯洛文尼亚语、保加利亚语和马其顿语等)三支。其中东西二支在"将来意义"的表达上都取决于动词的"体"(Aspect)范畴,分为语法手段的"完成体将来时"和语义手段的"未完成体将来时间"。以下为俄语和波兰语用例:

(8) 俄语:Я(我)<u>напишу</u>(写-完成体 将来时 第一人称 单数)письмо(信).

我将写(完)信。

(9) 俄语:Он(他)<u>будет</u>(第三人称 单数)приехать(抵达)в Пекину(到北京)в следующий месяц(在下个月).

他下个月将要去北京。

(10) 波兰语:Jutro(明天)<u>pójdziemy</u>(去-完成体 将来时 第一人称 复数)do parku.

我们明天要去公园。

(11) 波兰语:Jutro(明天)<u>będę</u>(第一人称 单数)dawać(给)sumę pieniędzy(一笔钱).

明天我将给一笔钱。

例(8)中,完成体动词 написать(写)变位为 напишу 以表达"将来时"语法范畴,强调动作的结果,即"一次性写完信"。而相比之下,例(9)"未完成体将来时间"的表达,则主要依靠表"将来意义"的助动词 быть(是)的变位 + 未完成体动词,强调动作的过程。西支的波兰语也是如此。例(10)通过对完成体动词 pójsc(去)进行相应的变位表达"将来时"。例(11)"未完成体将来时间"的表达则依靠表"将来意义"的助动词 byc(是)的变位 + 未完成体动词表示。由于高度屈折,有时主语可以不用出现。当出现主语时,体现为在语义上对主语的强调。

从斯拉夫语族东西两支"将来意义"的表达方式上看,该语族"向将来筹划"的存在形态体现出一种由动词显现"行动者"的特质,即动词直接蕴含时间性和行动的主体。若非强调,主语是可以隐去的。主语(Subject)的不在场意味着主体性(Subjectivity)本身的退却,以动词自身的变形取代主语,以语法结构取代语义,其对语境的依赖程度自然更低,属于表征主义(Representationalism)的语言。表征(Representation)即"再当下化"(re-present)，它不依赖当下化的周边条件，而是直接以形式代表时间性变化。这样一种言说，本质上是将有关存在的行为固化为"模式'体'"的说话方式，这也使得说这种语言的人面对将来时潜在地缺乏具体的意欲、情态和效果的区分感。将来不是一种意义的生活，而是变成了一种确定的结构模式，语言潜在地为命定论的集体思维铺就了底层思维。

2.2.2　罗曼语族——"近将来"与"远将来"的存在情态

从发生学角度看，罗曼语族源于拉丁语，包括法语、西班牙语、葡萄牙语、意大利语、罗马尼亚语等。如果不考虑"复合时态"的情况，罗曼语族同斯拉夫语族表达"将来意义"的手段类似，罗曼语族诸语言也具备语法手段和词汇手段两种方式。但不同之处在于，这两种表达方式的选择并不取决于"体"，而是表现在语义层面上"近"与"远"的差异。法语和西班牙语都具备这一特征。例如：

(12) 法语：Nous(我们)rentrerons(去-将来时　第一人称　复数)à Shanghai(上海)la semaine(周)prochaine(下个).

我们下周去上海。

(13) 法语：Nous(我们)allons(第一人称　复数)rentrer(去)à Shanghai(上海)cet(这)après-midi(下午).

我们今天下午马上就要去上海了。

(14) 西班牙语：Mañana(明天)viajaré(去-将来时　第一人称单数)a(前置词)Nanjing(南京).

我明天要去南京。

(15) 西班牙语：Vamos(第一人称　复数)a(前置词)la(冠词-阴性)biblioteca(图书馆).

我们就要去图书馆了。

众所周知，法语有两种表达"将来意义"的方式：以词形变化语法手段表达"将来时"，即"简单将来时"，如例(12)；借助词汇手段 aller 表达"将来时间"，即"最近将来时"，如例(13)。顾名思义，"最近将来时"表达的"将来意义"相比语法手段的"简单将来时"更倾向于近距离意义。同样，这一规律也见于西班牙语。例(14)是通过语法手段表达的"陈述式一般将来时",而例(15)通过对助动词 ir 变位在语义上表达的"将来时间"则呈现近距离意义。

在这种语法特征模式下,用于表"近"将来的语法结构,显现出一种充溢的动感。法语的 aller + verbe(去 + 动作)的双动结构表达了一种强烈的空间化时间意识和身体动态;而西语的 ir a + Ubicacion(去 + 位置)则更体现为意欲与意向,呈现出该民族对"向将来'去存在'"的"现身情态"(sichbefinden erschlossenheit)。

"将来时"与"将来时间"的两种表达方式,实质上体现出"此在"的两种时间性模式和现身情态的存在论差异。前者更看重结构,强调语法将来时,突出一种确定性的存在者模式,而后者更突出语义与此下语境的配合,强调一种随境而转的存在。这种存在论的差异在海德格尔发明这一哲学术语之前一直潜藏在语言底层。

3 将来意义的构成要素与存在之隐喻

不同语言表达"将来意义"的词汇在语源上都颇为近似。比如本文用例中,法语 aller,西班牙语 ir 以及英语 be going to 中的 go 都为"去";俄语 быть,波兰语 byc 都表"是";而汉语的"要",以及英语的 will、shall 都表达"意愿、预期",这几个意义类与"将来意义"之间的关系是我们需要进一步探讨的问题。

Bybee(1994)[1]和 Heine(2002)[2]曾从语言类型学视角考察了能够表达"将来意义"的词汇来源,发现有以下几个意义类可以发展成为"将来意义":"来"、"去"、"回"、"走向"、"意图"、"义务"、"领有"、"是"、"拿/将"、"然后"、"明天"以及"做"。之后,Bybee(1994)在考察多种语言后得出两条有关"将来意义"的发生脉络:

脉络 1:Desire(欲望)〉Willingness(意愿)〉Intention(意图)〉Prediction(预测)

脉络 2:Copula(是)/Possessive(领有)〉Obligation(义务)/Predestination

---

① Joan Bybee, Revere Perkins & William Pagliuca, *The Evolution of Grammar: Tense, Aspect, and Modality in the Languages of the World*, Chicago: University of Chicago Press, 1994.

② Bernd Heine & Tania Kuteva, *World Lexicon of Grammaticalization*, Cambridge: Cambridge University Press, 2002.

(前目标)〉Intention(意图)〉Future(将来)①

基于 Bybee 的研究结论,石毓智(2007)归纳了表"将来意义"的常见词汇的意义类来源,按照排列次序依次为:意图〉去〉来〉拿/做/明天/然后〉回。② 在石文基础之上,我们尝试从多种视域来分解"将来意义"的构成要素。

3.1 呈现"距离"之将来

"将来意义"最明显的一个构成要素是呈现"距离性"。人若要理解"将来",首先需要在认知世界中构建一个参照点,即在时间线条中,我们是以哪一个时间点为参照来谈论"将来"的。比如当人们在会话交际中谈及"将来",如果没有特别指出时间参照点,通常认为话语中提到的"将来"是基于发话者发话此刻来看的"将来",那么从发话时刻到"将来"之间便会呈现时间的距离。作为一个抽象概念,人在理解"时间"时通常会借助隐喻(metaphor)的认知方式,即通过"空间距离"来理解"时间距离"。比如一个钟头的时间长度依靠钟表上的分针移动一个圆周或者时针移动一格的距离来表示。因此,"距离"是"将来意义"必不可少的一个构成要素。从存在的状态而言,这一隐喻意味着一种牵挂或操劳于世(Besorgen)的现身情态,其意在"操劳活动中把某种东西带到近处来(Nähe bringt)"③的时间性。

表达"将来意义"的意义类,比如"去"、"来"和"回"类都能呈现出"距离性"特征。"做"类的距离性表现在从"开始做"到"做成";"明天"、"然后"类与"当前此刻"之间呈现距离;"拿"类则表现为动作的保持在时间维度上的距离;"意图"类则体现为从"产生意图"到"意图达成"的距离。在海德格尔看来,这种话语所"浮现出来的'在世的时间性'同时将表明自身为此在特有的空间性基础。这就可以显示'移动'与'定向'(Entfernung und Ausrichtung)的时间性建制了"④。我们去存在的筹划实质上正是以一种空间的远和以当下为坐标原点的领会,无疑这在将来时中显现得淋漓尽致。

---

① Joan Bybee, Revere Perkins & William Pagliuca, *The Evolution of Grammar: Tense, Aspect, and Modality in the Languages of the World*, pp. 256 - 264.

② 石毓智、白解红:《将来时的概念结构及其词汇来源》,《外语教学与研究》,2007 年第 1 期。

③ Martin Heidegger, *Sein und Zeit*, p. 107.

④ Martin Heidegger, *Sein und Zeit*, p. 335.

3.2 过程"持续"之将来

如果"将来"必然呈现"距离",那么在"距离"中也必然会形成"持续",而"距离"也正是在"持续"中被拉开的。作为一种"动相"(Aktionsart)类别,带有"持续性"的"活动"才能在时间轴和空间轴上得以延续,所以要达到"将来","活动"必须"持续"。

上述意义类的动词都须要具备[＋持续]的动相要素。"去"、"来"、"拿"、"做"、"回"等几类动词都可以体现动作之持续,而"意图"类则体现为心理活动之持续怀有。法语中 aller 配合其它动词表最近将来就是这样一种动相的典型,其实质上是把"意图"标定或标识化,通过操劳于世制定着"去-远"(Entfernung)的活动,并使得"归属过去(Hingehörens)、走过去(Hingehens)、带过去(Hinbringens)、拿过去(Herholens)的各种'何所去'保持开放(offen)"[①]。

3.3 体现"意志"之将来

在通往"将来"的路程中,"活动"在"持续"着,而这种"持续活动"的发起是源于人的意志(Will)。虽然"将来"必然会到来,我们无法左右,但在面对"将来"时,人们是有意实现"将来",还是刻意避免"将来",其中都附带着人的目的和意图,所以在对"将来"的认知中,"意志"也是一个不可或缺的成分。

"意图"类最直接地体现为人的意志;"去"、"来"、"拿"、"做"、"回"类都是在意志性驱动下产生的动作行为;"然后"类体现为对"下一环节"的有意主导;"明天"类则反映对新情况发生的某种希冀。这实质上是一种对于存在的领会(Verstehen)方式,时间性是筹划着的此在。因而,"将来意义"实质上意味着"来自存在的领会(des Verstehens von Sein)的首要筹划的何所向"[②],有意义说明"存在已经事先展开了(vorhinein erschlossen)"[③]。意义的意志性理解实质上就是一种事先的展开状态,这是筹划的到时所蕴藏的基本属性。

3.4 暗藏"机遇"之将来

"向来我属性"意味着一种不确定的指向未来的纯粹个体性。将来时间的"持续活动"中经常会伴有诸多不可控因素,也就是"机遇"(fortune)。如果在哲

---

① Martin Heidegger，*Sein und Zeit*，p. 108.

② Martin Heidegger，*Sein und Zeit*，p. 325.

③ Martin Heidegger，*Sein und Zeit*，p. 324.

学视角下谈论"将来","机遇性"总是会被作为一个最应关切的层面。伴随着动作的持续而产生诸多偶然因素,会导致"将来"不必然满足人的起始意图而与预期相偏离,这便要求"持续活动"须要是一种可以被外界干扰的活动。

在表达"将来意义"的诸意义类中,体现的"持续活动"都是可以受到外界因素干扰的。比如"意图"的怀有可以因某些因素而被打消;"去"、"来"、"拿"、"做"、"回"等活动也都可以在持续中被外界干扰或是直接导致活动中断。只有这种具备"机遇性"特征的活动才可以被用来表达"将来"概念。

3.5 "难料结果"之将来

活动中会出现"机遇",因此"将来"的结果常常也难以预料。结果的不确定性,即"未果",也是构成"将来意义"的重要要素。因为"未果",人们才会对"将来"抱有种种期待而将其称之为充满未知可能的"将来"。

"将来意义"的表达要求词汇自身意义中都不可以体现出确定的结果,这便要求"活动"必须是"单纯而未果的活动"。"意图"、"去"、"来"、"拿"、"做"、"回"等都是"未果性"的活动,因此可以用来作为"将来意义"的表达方式。

所以,"将来意义"的构成要素主要包括"距离"、"持续"、"意图"、"机遇"和"未果",而为何能用带有这些特性的意义类动词成功地表达"将来意义"也就可以被理解了。这也正应了海德格尔的论断:"存在(的领会)是存在者向之得以筹划的何所向。"①对将来未来可能性的一切筹划活动是意义得以出场的原因所在。

将这五种要素(呈现"距离"、过程"持续"、体现"意志"、暗藏"机遇"、"难料结果")融合为一的将来时或将来时间显现了人不同的现身情态。语言即存在,"无词便无物可存在(Kein Ding ist ohne das Wort)"②。海德格尔对语言的考察实质上是对人存在境遇的考察。筹划的时间性本质是先于"此在"之在的"因缘"(Bewandtnis)和"意蕴"(Bedeutsamkeit),而语言又是承载"因缘"和"意蕴"的寓所。从海德格尔的视域出发,"将来时间"作为需要语境澄明的意蕴更近乎于一种本真的时间,因为将来一直是未定的筹划,而非某种"将来时"的结构。应当说,海德格尔对形而上学的批判根本上就是建立在对存在的语言批判基础之上,他意图通过阐幽希腊语的"源初"语法,索隐存在的基础和秘密,这种源初

---

① Martin Heidegger, *Sein und Zeit*, p. 325.

② Martin Heidegger, *Unterwegs zur Sprache*, p. 220.

性就寓居在语言本身因缘化和情境化的生成性创造当中。

4　结论

语言是存在的家,虽然海德格尔并没有意图直接考察语言学的语法现象,但他对存在本身的语义阐幽本质上更像是一种"人学语法"①,它与语言学并行不悖。语言中表达"将来意义"的主要手段有两种:一是通过语法手段表达"将来时"语法范畴;一是通过词汇手段表达"将来时间"语义范畴。这样一种差异,实质上正是一种"存在论的差异",代表了两种不同的"现身情态"。若透过语言类型学的视域来看,同语法的"将来时"相比,使用词汇手段表达"将来时间"的语言更依赖词汇对语境的设定,其将来时间更多地呈现出不确定性和因缘性的筹划情态,是充满机遇的将来时间性。与之相较,屈折型的印欧语系则主要是以不同的语法手段结合词汇语义手段,即"将来时"与"将来时间"之混合模式。最后,我们考察了能够表达"将来意义"的词汇来源,从多种视域解析了"将来"之构成要素,即"距离性"、"持续性"、"意图性"、"机遇性"和"未果性"等特征,而这些特征也正是海德格尔人学语法中最为重要的考察对象。

Being's Disclosedness of "Future Meaning": A Heideggerian Study of Linguistic Typology

Xie Yi, Zhang Zhen

Abstract: Language is the home of being. The being of human is toward the preparation for fortune which not yet but will be reach and "to being" unlimited creation. Two methods can be used to express the "Future Meaning" in language: The one is to express "Future Tense" with grammatical devices. The other is to express "Future Time" with lexical means. The languages which are agglutinative use grammatical devices and the languages which are isolating use lexical means. Inflectional languages

---

① 王永东:《从〈存在与时间〉看海德格尔的人学语法》,《外语学刊》,2013 年第 6 期。

use both of them but different. The differences between the two approaches are essentially a manifestation of the "difference of ontology": "Future Tense" emphasizes on the structure, emphasizes on the grammatical form, highlighting a deterministic model of beings. "Future meaning" emphasizes the cooperation between the semantic and the situation, and emphasizes the being with the environment changing. Both of them manifest the different "sichbefinden erschlossenheit" of beings. They are both of the linguistics grammar and the humanities grammar.

Keywords: linguistic typology, future tense, future meaning, difference of ontology, preparation

276

规范性问题和中西哲学

"意外考试悖论"辨析

陈 灿[*]

[摘 要] "意外考试悖论"是著名的"认知悖论"。本文考察了四种典型的消解方案,并做了分析和评论。进而指出:在这一悖论的分析中,"知道"一词扮演了关键的角色;"知道"有多种不同的含义,老师和学生对"知道"的理解是有差异的,不同含义的"知道"在语句中的叠置使用也可能出问题。"意外考试悖论"正是由于混淆地使用"知道"的含义,错误地进行推理,才造成了自相矛盾的结论。

[关键词] "意外考试悖论";谬误;知道;博弈论

"意外考试悖论"一经提出就受到逻辑学界的广泛关注。最早提出类似悖论的是英国学者奥康纳(D. O'Connor),1948年他在 *Mind* 杂志上发表了关于"突然演习悖论"①的论文"Pragmatic Paradoxes"。而学术界通常是以"意外考试悖论"

---

* 陈灿(1985—),女,湖南湘潭人,华东师范大学哲学系博士研究生,研究方向为现代逻辑与逻辑哲学。

① 参阅 D. J. O'Connor, "Pragmatic Paradoxes," *Mind*, New Series, Vol. 57 No. 227 (1948):358–359。

或"刽子手悖论"①等为例来进行研究的。所谓的"意外考试悖论"②可表述为：

> 老师向同学们宣布：下周某一天进行一次出乎学生意料的考试，即学生不会在前一天知道考试将在第二天进行。根据这一预告，学生们进行合理的归谬推理。首先由于周末休息，考试只能在周一至周五这五天中进行，故得出考试将不会在下周五举行，因为在周四就知道考试必然在周五举行，这将不符合老师所预告的"学生不会在前一天知道考试在第二天进行"。而根据考试不会在周五进行，考试必然在前四天进行；若周四考试的话，在周三学生就会知道考试在周四进行，这也不符合预告，因此考试也不会在周四进行。依此类推，考试也将不会在周三、周二、周一的任何一天进行；由此最终断言老师的预告不可能实现。然而事实上老师又确实在下周某一天举行了考试，这是出乎学生意料的，从而又实现了预告。③

"意外考试悖论"自发现以来，就广受哲学家和逻辑学家的关注，许多学者对如何消解这一悖论提出了各自的见解，这些分析大致上可以分为四类：谬误说、悖论说、博弈论分析方式和语义的分析方式。

一、谬误说

有学者认为，"意外考试悖论"只是其中存在着逻辑谬误，只需找到推理的漏洞，就可以消除悖论，蒯因（W. V. Quine）正是坚持这种谬误说的代表者。蒯

---

① 参阅 David Kaplan and Richard Montague, "A Paradox Regained," *Notre Dame Journal of Formal Logic*, Vol. 1 (1960)：79 - 90。

② 第一次提出"突然演习悖论"的变体"意外考试悖论"的是：Paul Weiss, "The Prediction Paradox," *Mind*, New Series, Vol. 61 No. 242 (1952)：265 - 269。这里是参考：陈波，《逻辑哲学》，北京：北京大学出版社，2005 年，第 100 页，内容略有改动。

③ 将"意外考试悖论"中的时间不断缩短，直至缩减为零，就会得到："老师预告，学生知道老师的预告是假的"，R. 蒙塔古和 D. 卡普兰因其与"说谎者悖论"相似，将之命名为"知道者悖论"。参阅 David Kaplan and Richard Montague, "A Paradox Regained," *Notre Dame Journal of Formal Logic*, Vol. 1 (1960)：79 - 90。

因以"刽子手悖论"为例,认为这类悖论并不是真正意义上的悖论,而仅仅是一个逻辑谬误。在 1953 年蒯因发表在 *Mind* 杂志上的文章"On a So-called Paradox"中,他就明确指出,有一种错误的观点认为这其中涉及现实的悖论(在《蒯因著作集》第五卷中,江怡认为应该把"paradox"译作"二律背反",而非"悖论",但我还是依照原文内容把"paradox"译成"悖论"),而其中的谜题(或者说难题)就是去寻找推理中存在的谬误或者错误。但是,蒯因的观点似乎并不被大多数人所理解,连他自己也说,"九年来我一直在关注的一种解决方法似乎很少被清楚地得到理解"①。

　　蒯因在文章中指出,囚犯只有到行刑当天早上才知道当天中午会被执行判决,而这一天在下周七天之内;于是囚犯便认为行刑之日必定是前六天中的一天,因为若在第七天,囚犯就会在第六天的中午之后知道第七天会执行判决(这里把蒯因在他的"On a So-called Paradox"原文中的符号 t, i, n 等转换为其表示的内容)。就这样囚犯把这个推理相同地应用到前面的每一天,最后推出根本不会被执行判决。蒯因认为,囚犯在进行他的第一次推理时就出现了错误:若囚犯提前在第一天上午就看到在第六天中午时的可能事态,那么他就会看到他在之后有两个选择:(a)那个时间(我把这个时间理解为第六天的中午)或是之前执行判决;(b)(随着判决)在第七天上午被执行,囚犯会(与判决相反)恰好在第六天上午之后就意识到会在第七天执行判决。囚犯显然因为(b)与判决相冲突而舍弃(b),选择(a)。实际上,囚犯应该看到四个而非两个选择,即除(a)、(b)外,还有:(c)不会在第七天执行判决;(d)判决在第七天执行,而囚犯在被执行判决时仍对此一无所知。囚犯的错误在于,他没有认识到,法官的判决下,(a)或者(d)也可以为真。相同的错误也发生在后面的每一步推理之中。② 蒯因认为,这个谜题(难题)错误地把囚犯的论证和归谬法联系在一起。囚犯为了证明不会执行判决,而在其论证空间内假设执行判决,这是恰当的归谬法。但这就会使囚犯废除(b)和(c),而不是(d)。倘若执行判决的假设废除了(d),那么就混淆了两件事:(i)囚犯在某天假定,他会被执行判决;(ii)囚犯在某天假定,他在第六天知道会被执行判决。即使(i)是囚犯进行的假设,他还是承认了两

「意外考试悖论」辨析

① 蒯因:《论一个假定的二律背反》,江怡译,载涂纪亮、陈波主编:《蒯因著作集》第五卷,北京:中国人民大学出版社,2007 年 1 月,第 25 页。

② W. V. Quine, "On a So-called Paradox," *Mind*, New Series, Vol. 62 No. 245(1953):65-66.

个子情况（sub-case）：囚犯所假定的无知；囚犯对其假定的事实的假设性认识。[1]

其实，从根本上说，蒯因的观点就是，囚犯在进行推理的最初所假定的前提是不牢靠的，因而逻辑推理是无法进行下去的。

最后，蒯因在探讨这个悖论时指出，若把时间从一周改为一天，囚犯的错误可能会更凸显出来。法官在周日的下午通知囚犯，他将会在第二天中午被处绞刑，而事实上他却一直到那天上午还不知道。这时可能囚犯会因此抗议，法官自相矛盾。也许在第二天的 11 点 55 分刽子手打破了囚犯的自满，这就表明法官没有自相矛盾，反而非常准确。正确的推理应该是，囚犯在星期天的下午进行推理，要区别四种情况：第一，他现在知道将在明天中午被处死（但他事实上不知道）；第二，他现在知道明天中午不会被处死（但他事实上不知道）；第三，他现在不知道明天中午不会被处死；第四，他现在不知道明天中午会被处死。后两者具有开放的可能性，而最后一个会执行判决。[2] "因此就让我悬搁判断，怀着最美好的希望，而不是去指控法官的自相矛盾。"[3]

因此，蒯因认为，错误的假设导致错误的推理；取消了假设，或者改变假设，就会解决"刽子手悖论"，使得悖论不再是悖论。也正是因为如此，蒯因做出结论："刽子手悖论"只是逻辑谬误，而不是真正意义上的悖论，其中的推理在最初所假定的前提就是不牢靠的、有错误的，错误的前提就导致了错误的推理，因此"刽子手悖论"也就不是悖论。

我赞同蒯因的"囚犯的推理中存在错误"的观点；与之不同的是，我认为，囚徒的推理在刚开始时并非不合理的。"囚犯认为如果前六天没有行刑，则必然会在第七天行刑，那么在第六天上午之后他就知道第七天会被行刑，但这就不符合法官之前的承诺，因此囚犯得出结论，第七天不会行刑"，我认为推理到此还没有出现错误，推理假设的前提是有可能出现的。囚犯得出"第七天不会行刑"的结论，根据法官的承诺"行刑是无法预知的"，又可以得出"第七天有可能行刑"，因为囚犯坚信的是第七天不会行刑，那么实际行刑的话也没有违背法官的承诺。同时，若囚犯的推理继续进行下去，那么由第一步的结论"囚犯知道第

① W. V. Quine, "On a So-called Paradox," *Mind*, New Series, Vol. 62 No. 245 (1953): 66.

② 同上，pp. 66 - 67.

③ 同上，p. 67.

规范性问题和中西哲学

七天不会行刑"，我认为也并不能就为下一步推理引入前提"第七天不会行刑"。因为"第七天不会行刑"在上一步推理中，是根据假设"前六天没有行刑"推出的。那么我们可以形成这样的推理序列：

（1）前六天没有行刑。　　　　　引入假设。

（2）囚犯第六天得知在第七天行刑。　　　（a）根据"法官判决，囚犯将于下周七天的某天被行刑"。

（3）第七天不会被行刑。　　　　（b）根据"法官判决，囚犯当天上午之前不知道中午会被行刑"。

（4）如果前六天没有行刑，那么第七天不会被行刑。
（1）（3）假设消去。

序列中的（4）是推理的完整结论，所以第一步推理没有错误，但推理无法再进行下去。

二、悖论说

和蒯因的谬误说相反，有的学者则认为"意外考试悖论"确实是逻辑悖论，并且是严格意义的逻辑悖论，悖论中存在着判别悖论的重要元素——自我指涉。蒙塔古（R. Montague）和卡普兰（D. Kaplan）在肖（R. Show）的理论研究基础上把这种悖论说贯彻到底，并且构造出新的严格的悖论。

首先我们看肖的观点。肖在他的文章"The Paradox of the Unexpected Examination"中就明确指出，在本质上，该悖论存在自我指涉。[①] 他认为，在老师的承诺"学生在考试前一天并不知道第二天会考试"中，完整地说，应该是："老师这样承诺：根据我的承诺，学生在考试前一天不会知道第二天考试"。因此，老师的承诺中就包含了他的承诺，这实际上就出现了自我指涉。

蒙塔古和卡普兰大致上和肖持有相似的观点，他们不赞同"'意外考试悖

---

① R. Show, "The Paradox of the Unexpected Examination," *Mind*, New Series, Vol. 67 No. 267 (1958)：382－384.

论'不是悖论"这样的观点。在他们的文章"A Paradox Regained"中,他们就指出,"我们和肖一样,认为在这一方面更有意思的问题是一个性质完全不同的问题,那就是要发现这个真正悖论性难题的确切的公式化解决办法"[1]。但是,他们与肖的观点也存在分歧:"与肖的断言相反,我们发现它并不是悖论性的。同时,我们成功地获得了几个悖论的变体(versions),这些变体具有确切的悖论性。"[2]他们指出,可以通过增加一个规定,使得这个悖论成为真正严格意义上的悖论。以"简单刽子手悖论"(在原悖论基础上,时间改为两天,即周一、周二)为例,可以在法官的判决上增加一个规定:除非囚犯在周日下午知道该判决为假,否则以下要求之一将被满足:或者(1)囚犯在周一正午而非周二被处绞刑,而且在周日下午他并不知道在判决基础上,"囚犯在周一正午被处绞刑"为真;或者(2)囚犯在周二正午被绞杀,而不是周一被绞杀,而且在周一下午囚犯并不知道在判决基础上"囚犯在周二正午被处绞刑"为真。增加这样的规定,就使法官陷入了矛盾,判决成为了真正的悖论性判决,从而悖论也就成为真正的严格的悖论。

接下来,蒙塔古和卡普兰还发现,"刽子手悖论"中,即便可能的行刑时间只有一天,仍可以得到一个严格悖论。不过判决需修改为:除非囚犯在周日下午知道本判决为假,否则必须满足以下条件:囚犯在周一正午被绞,而且在周日下午他并不知道在判决基础上,"他将在周一正午被绞"为真。更为重要的是,他们还在此基础上又往下推一步,将行刑时间缩减至零,法官的判决也只是断言要满足唯一的条件:囚犯在周日下午知道判决是假的。这样的话,就出现了一种与说谎者悖论非常相似的情况:"法官判决:囚犯在周日下午知道本判决是假的"。很明显,悖论中出现了"自我指涉",只要在此基础上对原来的表述做修正,就能重新构造悖论中的推理,使之成为严格意义上的悖论。

而要解决这种悖论,蒙塔古和卡普兰认为:"可对知识的形式化理论进行某些限制。在这些限制中,最简单的直觉上令人满意的方法就是:像语义学中区分对象语言和元语言那样,'知道'作为谓词只出现于元语言中,而且它只有在应用于对象语言中的语句时才有意义。根据这种处理,像'K知道"K知道雪是

规范性问题和中西哲学

---

[1] David Kaplan and Richard Montague, "A Paradox Regained," *Notre Dame Journal of Formal Logic*, Vol. 1(1960): 79.

[2] 同上。

白的"',或者'苏格拉底知道"有苏格拉底不知道的事情"',这样的语句就会被看作无意义的语句。另一种受限更少的办法是包含一个元语言序列,每一个元语言都包含一个独特的知识谓词,这种谓词仅仅有意义地应用于序列中的先于语言的语句之中。一种更为激烈的方法是拒斥初等语法的某些部分,例如通过否认自我指涉语句的存在(这种方法在'我们'看来是明显不合理的)。"①

悖论之所以为悖论的一个重要因素就是其中出现了自我指涉。肖认为"意外考试悖论"中就出现了自我指涉,"老师承诺,学生在考试前一天不知道第二天会进行考试"真正的意义是,"老师承诺,根据他的承诺,学生在考试前一天不知道第二天会进行考试",这样老师的承诺就包含了他的承诺,出现了自我指涉。我并不认为这样的解释合理,因为"老师承诺,学生不会在前一天知道第二天会进行考试"只是老师在承诺某件事情会发生,而不是根据承诺会得出某个结论;老师只是在告知学生,考试时间是无法预先知道的。

并且,我认为在时间≥2时,"意外考试悖论"不存在自我指涉。因为"老师承诺,学生不会在前一天知道第二天会进行考试"这句话,不是如肖所认为的那样,包含"老师承诺,根据他的承诺,学生不会在前一天知道第二天会进行考试"之意;它只是老师在告知学生,考试时间无法预先知道,因此不包含自我指涉。但是当时间缩短到1或0时,老师的预告是:"下周一考试,学生在周日不知道周一考试";或者"学生在周日晚上知道本预告是假的"。我们会发现,老师的预告本身是矛盾的。

三、博弈论分析方式

到20世纪末,有人认为大多数学者所坚持的谬误说和悖论说只考虑了相关认知语句和认知推理的语形语义特征,而忽略了语用学要素,没有看到认知、理性与行动之间的关联。他们发现,悖论中,人的概念与推理不是只具有简单的认知意义,也不是主客体形式之间的对象性认知,而是与主体的行动、目的紧密相联的,是主体间的相互认知,是具有博弈思维特性的策略性互动。也因为

---

① R. Montague, D. Kaplan, "A Paradox Regained," *Notre Dame Journal of Formal Logic*, vol. 1 (1960): 88.

如此,他们提出了一种新的博弈论解悖方案,主要代表人物有谷飙和任晓明等人。

博弈论是在 20 世纪中期由冯·诺曼和摩根斯坦创立的,主要研究的是决策主体的行为在相互作用时,主体之间如何决策并使决策达到均衡的问题。博弈论解悖方案是针对悖论中主体的行为,根据"预期效用最大化原则"或"优势原则"进行分析解释,达到主体间的均衡,以消除悖论。同样地,我们可以通过博弈论的分析方式去分析"意外考试悖论"中的主体及主体间的行为,从而解决悖论中的难题。

持博弈论分析方式观点的学者(后文简称"博弈论者")认为,从语用学的角度看,在"意外考试悖论"中,学生进行推理得出的结论"下周不可能举行考试",其实准确地说应该是,"老师不可能在下周举行出乎所有人意料的考试",这个结论的得出涉及了行动的主体、行动的能力、主体的目标、主体的偏好,以及两个主体之间的互动等。[1] 在此基础上,博弈论者认为,学生的推理结果与意外考试的举行之间的矛盾并非是简单的推理谬误所造成的,而是两个主体(老师与学生)之间策略性互动的结果:老师的考试预告本身就是一种策略性承诺,相对于说它是自我指涉的命题,更准确地应该说是一种可以自我实现的预言。学生试图通过预告来推测考试的具体时间,以此确定考前准备的最佳时间,其实也可以说是一种追求边际效用最大化的认知推理,从这个推理中,他发现了考试预告中的不一致,进而得出不可能实施"意外考试"的结论。而又从这个结论出发,学生做出不进行考前准备的行动决定,这就恰好为"意外考试"的举行构建了前提条件。

博弈论者从主体的目标、行动和认知方面进行分析,认为"意外考试悖论"中老师所发布的通知中,"下周的某一天将会举行考试"就说明了老师在未来一周的可能行动;而"老师承诺在考试的前一天没有人会知道第二天是否有考试"则说明老师希望学生在考试之前抓紧时间做考前准备,而不是在知道考试日期后,用考前的一点时间临时准备以应付考试。对于老师而言,其通知的目标能否实现,就有赖于考试是否能够进行以及考试能否取得他所希望的结果。而关键之处则在于,考试最终实现老师的承诺("考试出乎学生的意料")并且也取得

---

[1] 谷飙、任晓明:《"知道者悖论"的博弈论分析》,《自然辩证法通讯》,2008 年第 6 期。

老师所希望的考试结果,否则无论如何都会给老师带来损失。作为悖论另一主体的学生,他们则希望是有准备地参加考试,而非被老师"突袭"。而那些只是临时进行复习以应付考试,但又能在考试中取得好成绩的学生,实现了边际效用的最大化,对他们来说考试当天做考试准备的边际效用要大于考试前的每天都做准备。而学生在知道老师的预告之后所进行的推理是一种选择最佳行动的策略推理:他试图根据老师的预告来推测具体的考试时间,进而根据推理的结论选择相应的行动来实现自己的目标。也就是说,学生从策略性互动的角度看待老师的预告,把老师看作他博弈的对手。两个主体对考试预告的态度组成博弈的认知条件,但他们对博弈的结果有不同的看法。学生认为,无论是不进行考试,还是学生在前一天已经知道第二天将进行考试(即考试不是出乎学生意料的),这都会给老师带来损失。因此,他们就会在推理中把"在周一到周五期间要进行一场考试"和"在考试前一天学生不会知道考试是否会在第二天进行"这两个命题对立起来,认为老师无论如何都不可能实现既履行承诺又使得学生会好好进行考前准备。最终学生得出结论:周一到周五期间不可能进行意外的考试,因此也就无需准备考试。①

而同样,老师也从策略性互动的角度出发。他选择在哪一天考试,或者是选择不考试,都取决于他的决定是否能实现他的目标,而这又依赖于学生的行动,若学生在考试前的每一天都认真准备考试,那么老师的目标也在某种程度上得到了实现,老师也因此甚至有可能选择不考试。但在学生的推理中,不进行考试会给老师带来损失,因而是不可行的。根据老师的承诺,考试日期肯定不是学生可以预先知道的;又根据"下周会进行一场考试",则学生对老师的考试安排并非完全无知,甚至可能知道考试日期的安排。这就产生了对立,因此学生得出结论:下周不会进行意外考试。

根据上述策略性互动的分析,老师的承诺和目标与学生的推理和行动其实就形成了一种博弈。老师选择考试时间是以学生准备考试的情况为依据的:如果学生在某一天没有准备考试,老师就应该在第二天举行考试;如果学生每天都在准备考试,那么老师就可以决定在最后一天进行考试;若老师不兑现考试的承诺,其所受的损失,可以由学生每天准备考试所带来的效用来补偿。也就

---

① 谷飙、任晓明:《"知道者悖论"的博弈论分析》,《自然辩证法通讯》,2008 年第 6 期。

是说,学生的行动与老师的行动会相互产生影响,他们的行动都是与对方行动博弈的结果。

我认为,这样的博弈分析完全忽视了关于"意外"的承诺,而把老师所作的关于考试时间的决定的出发点归结为他对学生考出好成绩的期望。而我发现,实际上在"意外考试悖论"中,老师的决定总是出乎学生的意料,老师的目的也是要让他的决定出乎学生意料,这样才能实现他的承诺。那么这样一来,老师所选定的时间总是不会与学生所认为的考试时间一致,因此也就不会与学生做好考试准备的时间一致,所以老师所决定的考试时间不可能会实现在博弈分析中所出现的'希望学生准备好考试'的期望。并且我认为,对于"意外考试悖论"本身,我们并不能从中看出所谓的老师的偏好或希望,现实中的老师若提出这样的考试要求,或许真的是抱有这样的想法。然而"刽子手悖论"呢,法官更不可能希望囚犯做好被绞的心理准备,甚至使得囚犯在被行刑当天有着最佳的心理状态,然后顺利地被绞杀的。

不过要承认的是,"意外考试悖论"中确实存在着博弈,"意外考试悖论"中无论学生对考试时间作怎样的猜测,老师最后的决定都是出乎意料的。

四、关于"知道"的语义分析方式

还有一种新的观点,该观点认为"意外考试悖论"产生的根源在于"知道"的意义存在模糊性,对"知道"本身缺乏深入的反思。[①] 因而,有学者就通过对"知道"进行语义分析,从语义分析的角度建立了一个相对稳定的"知道模型",从而阻止悖论的产生,这一进路的主要代表有李大强等。他们认为,"意外考试悖论"之所以产生,其最终根源就是没有明确"知道"一词的意义,现代逻辑缺乏对"知道"的深层反思,只是表达了"知道"而已。

在现代逻辑中,"知道"的表达被符号化,但是在日常语言中出现的问题依然没有得到解决:$K(X, Y)$ 与 X 知道 Y 在基本涵义上并没有什么变化,它依然无法证明"苏格拉底知道有苏格拉底不知道的事"在不假定"苏格拉底的知识范

---

① 李大强:《知道者悖论与"知道"的语义分析》,《自然辩证法通讯》,2002 年第 5 期。

规范性问题和中西哲学

围是不固定的"的前提下的正确性。① 因此这就需要进行严格的语义分析。

从"知道"的传统意义来看,"X知道Y"就是一个人X处于与事实或表达此事实的语句Y相关的心理状态之中,这就把Y当作一个独立的事实成分。这样的观点在现代西方哲学界已多次被纠正,弗雷格就曾在《论意义和所指》中指出,Y只是作为从属句或子句而存在,不能指代一个完整的意义,不能与逻辑中的命题变元等同。② 罗素也认为,"X知道Y"这个整体才表达一个原子命题。③ 牛津学派的奥斯汀也指出,X在说他知道Y时,并非是处在传统上说的那种心理状态中,而是在作保证,保证Y为真。④ 这样的解释就表明,从"X知道Y"出发得到Y,严格来说,其实是得到"X保证,Y是真的",而在此基础上,把Y看做一个公认的前提或定理是不合理的。以"意外考试悖论"为例,从"学生知道周五不会进行考试"只能得出"学生保证,'周五不进行考试'为真",而不能推出,"周五不会进行考试"。这就有效地避免了悖论的出现。

然而,在李大强看来,罗素等人的论证"主要是探索性、批判性和消解性的"⑤,对"知道"的建构性方面则并没有什么令人满意的解释。他指出,"X知道Y"讨论的主要是X的认识论结构和知识状态,但又不能使问题过于复杂,因此必须略去关于X的大部分心理方面的内容,使得X仅仅是一个关于命题真值的判定体系,其中包括三部分内容:(1)经验命题的集合;(2)逻辑公理和定理;(3)从(1)、(2)中推出结论的能力。⑥

那么,以"意外考试悖论"为例,学生(相当于"X知道Y"中的X)作为命题真值的判定系统,在周日进行推理的第一步,即是他在周四晚上会知道什么:

a. 周一、周二、周三和周四都没有考试;

「意外考试悖论」辨析

① 李大强:《知道者悖论与"知道"的语义分析》,《自然辩证法通讯》,2002年第5期。

② 弗雷格:《论意义和所指》,见陈波、韩林合主编:《逻辑与语言——分析哲学经典文选》,北京:东方出版社2005年,第125—129页。

③ 伯特兰·罗素,《逻辑原子主义哲学》,《逻辑与知识(1901—1950年论文集)》,苑莉均译,北京:商务印书馆,1996年,第262—270页。

④ 永井成男:《分析哲学(语言分析的逻辑基础)》,李树琦译,北京:中国社会科学出版社,1992年,第362页。

⑤ 李大强:《知道者悖论与"知道"的语义分析》,《自然辩证法通讯》,2002年第5期,第28页。

⑥ 同上注。

b. 周一至周五有且只有一天有考试；

c. 在周四他不知道周五是否考试；

d. 逻辑知识和正确的逻辑推理。①

从这些前提就可以推出，学生在周日知道周五会进行考试。但这样的推理，李大强认为是有错误的。上述的 b 和 c 对于学生而言，其实并非真正知道：因为在周日时，下个周五尚未到来，他无法知道一个与未知的周五相关的经验事实；同时，他也不能得出像 c 那样的关于自身的判断。把这个推理放入判定系统中，李大强认为，b 和 c 是属于经验命题，而不会是公理或定理，学生事实上不知道 b、c，而是老师承诺 b、c 是真的，所以学生以为的"他知道周五会进行考试"仅仅是一个猜想，即使猜想后来被证实，也不能说他事先知道这个事实。所以学生并不知道"周五会安排考试"。这样学生所进行的推理在一开始就出现了错误，因而悖论也就不会出现了。

五、进一步讨论

对"知道"作语义分析，我们首先要清楚，"知道"有多种含义：1."知道"表示某人对某命题或某个陈述的认知，但不等于这个命题本身的真假；或"知道"可能表达某种常规的认知或推理，包含一种"意识到×××"的意思。2."知道"表达一种情绪，也隐含着一种阻止他人继续说话的含义。例如，被他人重复唠叨某事时，表示不耐烦地说："我知道了。"②3."知道"表示主体确信或想象他人告知的某件事情或某一命题是真的。③ 4."知道"意味着可靠地知道，即知道命题或陈述是真的，这既包括这个命题的内容，也包括命题的逻辑形式。即，如果某人知道 p，那么 p 就是真的。④ 5."知道"还表达一种"理性地知道"，它除了含有"可靠地知道"这个含义外，还要符合这样的一个推理：若知道 p，也知道"若 p 则 q"，则能够知道 q。即从已知命题出发，通过逻辑推理可得到的命题是能

---

① 李大强：《知道者悖论与"知道"的语义分析》，《自然辩证法通讯》，2002 年第 5 期。

② 弓肇祥：《认知逻辑新发展》，北京：北京大学出版社，2004 年，第 59 页。

③ 同上注。

④ 同上注。

知道的。

在"意外考试悖论"中,认知主体(老师和学生)对"知道"的理解是不同的,不同含义的"知道"在悖论中交替使用。老师所预告的"学生在考试前一天不知道第二天考试",这其中的"知道"没有含义 4、5 那么强,也不符合含义 3,而是有"由他人告诉某消息,而使得主体了解某情况"之意。老师所说的"学生不知道",是老师没有预先告知下的"不知道",即是说,只要老师没有告知学生某天考试,那么学生就不知道这一天考试。

而学生所理解的"知道"是含义 3、4、5 交替使用。学生推理时,其隐含的前提"我知道,老师的承诺是真的"中的"知道",学生将之理解为含义 3;而学生理解的"我在前一天不知道第二天考试",其中的"不知道"有"根据已知条件通过逻辑推理得不出某个结论"之意,即符合含义 5。学生的推理中,假设"前四天没有考试",并且"学生知道'如果前四天没有考试,那么周五考试'",因此,"学生知道周五考试"。这既不是单一的含义 4,也不符合含义 5 的"理性地知道",故不能推出结论"学生知道周五考试",也因此不能在下一步推理中把"学生知道周五考试"作为给定前提,进而依据老师的承诺推出"周五不考试"。并且,在学生的推理中隐含一个前提——"我知道,老师的承诺是真的",这里面实际包括两个不同含义的"知道":"我知道,老师承诺学生在前一天不知道第二天考试"。前一个"知道"是含义 3,而后一个"知道"在学生的理解中是含义 5,不同含义的"知道"在同一个句子或命题中叠置使用。这种叠置使用很容易使理解产生混乱,并且这样的命题的正确性有待商榷,把这样的命题作为前提使用是不可取的。

从句法形态上看,"知道"作为一个特殊的二元谓词表示二元关系"……知道……",如"K(x, y)"表示的就是"x 知道 y"。"知道"与普通的谓词有所不同的是,当我们在说"x 知道 y"时,y 是谓词"知道"作用下的语句,通常称之为从属句或子句,这样的句子 y 所表达的是该语句的内涵;而在其他情况下,单独的语句 y 则通常表达句子的外延。这样的区别在弗雷格的《论意义和所指》一文中就有论述。弗雷格指出,"从属句通常不是以一个思想而是以思想的一个部分为其意义"[①],也就是说,从属句不表达一个思想的整体,在逻辑算术系统中

---

① 弗雷格:《论意义和所指》,见陈波、韩林合主编:《逻辑与语言——分析哲学经典文选》,第 135 页。

整个语句能用一个命题变元来代替,而从属句不能。因此,"x 知道 y"中的 y 与作为单个完整命题的 y 不能相互替换。悖论中学生进行推理:如果前四天都没有举行考试,那么学生就会在周四知道,周五一定会有考试,但这样的话,考试就不会出乎意料了;所以学生知道周五不会举行考试。依此类推,可以得出周四、周三、周二、周一都不会考试。在整个推理过程中,都会把前一次的推理结果,即"周×不会举行考试"作为新的推理的已知前提,但这个前提却是作为"学生知道……"的从属句而存在的,两者在推理中混淆使用。

就简单推理而言,"意外考试悖论"中,学生根据前提进行推理的序列可表示为如下:

(1) 考试在周一至周五这五天中某一天进行;　　（前提 1）

(2) 学生不会在前一天知道第二天考试;　　（前提 2）

(3) 假如前四天不考试,根据前提 1,则周五考试,那学生在周四会知道周五考试;

(4) 根据前提 2,学生不会在周四知道周五考试;

(5) 周五不会考试;

(6) 因为周五不考试,根据前提 1,所以考试在周一至周四中某一天进行;

(7) 因为考试在周一到周四中某一天进行,假如前三天不考试,那么周四考试,那么学生在周三知道周四考试;

(8) 根据前提 2,学生不会在周三知道周四考试;

(9) 周四不会考试。

以此类推,考试不会在周三、周二、周一进行,即考试不会在任何一天进行。

很明显,上述推理存在很严重的错误:推理从(7)开始就是错误的,"周五不会考试"是在"假如前四天都不考试"的前提下推出的,要进行下一轮的推理,必须重新回到前提 1。在假设前三天不考试的前提下,得到的应该是未来两天(周四、周五)的可能情形,而不是根据前面的结论(5)"周五不会考试",把周五排除,只剩下周四。因此推理只能停留在(6),无法进行下一步。之后学生进行的每一轮推理的错误都是类似的。因此在任何的时间≥2 的情况下,我们都可以得出,也只能得出,考试不会在最后一天进行,否则将使得老师的预告出现矛盾。除此之外,我们推不出"考试不会在其他某一天进行"。

因而,在我看来,"意外考试悖论"由于混淆地使用不同含义的"知道",错误地进行推理，从而造成了自相矛盾的结论。从某种意义上，我认为"意外考试悖论"就是一种逻辑谬误。

On the "Unexpected Examination Paradox"

Chen Can

Abstract: The Unexpected Examination Paradox is known as a famous " cognitive paradox". This paper examines, analyzes, and remarks four typical solutions. Based on the analysis of the paradox, the word "know" plays a key role. As "know" has several different meanings, the teacher and the student have different understandings of it. The overlapped use of "know" of different meanings in statements can also be problematic. It is because of the confusing application of "know" and erroneous reasoning that the Unexpected Examination Paradox results in self-contradictory conclusions.

Keywords: the Unexpected Examination Paradox, fallacy, know, game theory

"新亚里士多德主义"与当代修辞理论建设[*]

赖玉英^{**}

[摘　要]　国内不少学者认为,以亚里士多德为代表的古典修辞是当代西方修辞理论的主要来源,"新亚里士多德主义"是当代西方修辞学的基础。这是一种误解。从亚氏修辞理论的当代意义、亚氏在古典修辞中的历史地位以及当代修辞学界对"新亚里士多德主义"的评价三方面入手,研究表明当代最有生命力的修辞理论并不是"现代版"亚氏修辞学,而是以帕尔曼和伯克为代表,扎根于当代修辞实践,体现了其跨学科特征,又适用于分析广阔的修辞实践的理论。

[关键词]　亚里士多德;"新亚里士多德主义";古典修辞;西方修辞学;理论建设

＊　本文在写作过程中得到了刘亚猛教授的悉心指导和大力支持,本人在此致以最深切的谢意。

＊＊　赖玉英(1988—　　),女,福建长汀人,福建师范大学外国语学院博士研究生、助教,主要研究领域为西方修辞学、话语与修辞研究。

引言

20 世纪下半叶,修辞学在西方迅猛发展,在学术研究中发挥着重要的作用。在中西学术交流和话语互动日益频繁的今天,借鉴当代西方修辞学的理论建设经验对我们大有裨益。国内学者在介绍西方修辞学发展史时,倾向于将修辞的历史分为"古典主义修辞学、新亚里士多德主义修辞学和新修辞学"三个阶段①;倾向于将 20 世纪欧美修辞学的发展描述为西方古典修辞的复兴,并在这一复兴的基础上形成了以"新亚里士多德主义"为基础的当代修辞学科和修辞理论。一些学者认为,"修辞学自本世纪初复兴以来基本上是新亚里士多德主义唱独角戏"②;认为劳埃·比彻(Lloyd Bitzer)、韦恩·布斯(Wayne Booth)、肯尼斯·伯克(Kenneth Burke)或凯姆·帕尔曼(Chaim Perelman)等当代主流修辞理论家都可以归入"新亚里士多德学派"③。这种将"新亚里士多德主义"看成当代修辞学基础的做法看似顺理成章,实则存在诸多问题。例如,把"古典修辞的复兴"等同于亚里士多德修辞理论在当代的复兴内化了一个预设,即亚里士多德是西方古典修辞的代表,其《修辞学》是古典修辞发展的最高峰。"新亚里士多德主义是当代修辞学的基础"或"伯克等当代修辞学家的理论都可以归入新亚里士多德主义理论体系"等表述则内化了另一个基本设定,即亚里士多德在古典时期提出的主要概念、范畴和基本理论范式是高度抽象化了的修辞原理和法则,对描述当代社会的语言现象和以往的任何社会时期一样都有普遍适

---

① 常昌富:《导论:20 世纪修辞学概述》,载肯尼斯·博克等:《当代西方修辞学:演讲与话语批评》,常昌富、顾宝桐译,北京:中国社会科学出版社,1998 年,第 1—33 页;谭学纯等:《接受修辞学》,合肥:安徽大学出版社,2000 年,第 3 页;刘建华:《修辞在网络社会中的传播价值——评〈中外名家各类比喻赏析辞典〉》,《传媒》,2016 年第 14 期。

② 常昌富:《导论:20 世纪修辞学概述》,载肯尼斯·博克等:《当代西方修辞学:演讲与话语批评》,第 3 页。

③ 李建军:《论小说修辞的理论基源及定义》,《陕西师范大学学报(哲学社会科学版)》,2000 年第 1 期。温科学:《20 世纪西方修辞学理论研究》,北京:中国社会科学出版,2006 年,第 150 页。从莱庭、徐鲁亚:《西方修辞学》,上海:上海外语教育出版社,2007 年,第 67 页。柴改英、郦青:《当代西方修辞批评研究》,北京:国防工业出版社,2012 年,第 189—191 页。详细讨论参见:赖玉英:《国内外亚里士多德修辞思想研究综述——兼评国内关于"新亚里士多德主义"的误解》,《哈尔滨师范大学社会科学学报》,2017 年第 2 期。

用性,当代主要的修辞理论都是亚里士多德修辞理论的拓展和延伸。本文将从亚氏修辞理论的当代意义、亚氏在古典修辞中的历史地位以及当代修辞学界对"新亚里士多德主义"的评价三个方面入手,考察"新亚里士多德主义"与当代西方修辞理论形态的关系。

一、亚里士多德修辞理论在当代的"再语境化"

在当代修辞研究中,亚里士多德的修辞理论和思想研究是相当重要的一个组成部分。这一重要性首先体现在其《修辞学》众多文本和译本的广泛流通。

20世纪末美国著名修辞史学家 George Kennedy 在广泛参考先前各译本和研究的基础上推出了他自己的版本,并将之命名为《修辞学:一种公民话语理论》(*On Rhetoric: A Theory of Civic Discourse*, 1991/2007)。因其行文简练、注解丰富、评论深刻,并广泛引用了亚里士多德修辞思想研究的最新成果,该译本自面世以来就被认定为亚氏修辞学的标准译本。

Kennedy 的《修辞学》译本引起了很大反响,加上20世纪下半叶语言转向和修辞转向的大背景,20世纪90年代掀起了一股研究亚里士多德修辞理论的高潮,四本影响颇大的亚氏修辞思想研究论文集相继面世,即《亚里士多德之〈修辞学〉:哲学论文集》(Furley & Nehamas, 1994)、《亚里士多德之后的逍遥派修辞学》(Fortenbaugh & Mirhady, 1994)、《亚里士多德〈修辞学〉论文集》(Rorty, 1996)、《重读亚里士多德〈修辞学〉》(Gross & Walzer, 2000)。其中,《亚里士多德之〈修辞学〉:哲学论文集》(1994)是第十二届亚里士多德哲学思想研讨会的成果,收录了11篇文章,涉及修辞推论,修辞与辩证、寓意语言、诗学、伦理学、政治学等的关系,常言(endoxa)的运用等话题,"反映了亚氏修辞思想研究的最高水平"[1]。它表明哲学家开始将亚里士多德的《修辞学》看作其哲学思想不可分割的一部分,"在此之前大多数哲学家(至少那些分析学派哲学家)认为修辞和交际研究不如形而上学、认识论乃至逻辑研究高贵,因而打消了更全身心地投入修辞研究(或亚氏《修辞学》研究)的念头",因此可以说这本论

---

① David C. Mirhady, "Review: *Aristotle's 'Rhetoric'*: *Philosophical Essays* by David J. Furley and Alexander Nehamas," *Philosophy and Rhetoric*, Vol. 29 No. 4 (1996): 441.

文集的出版"标志着一个新的时代的开始"①。这种将修辞学研究作为新领域纳入哲学研究的做法还体现在哲学家 A. O. Rorty 编著的《亚里士多德〈修辞学〉论文集》之中。然而,这些哲学研究者都试图将发展势头强劲的修辞学纳入哲学体系,让《修辞学》成为"在哲学意义上令人尊敬的"②著作;他们关心的是如何从古典修辞中汲取理论资源,使哲学继续发挥统摄整个人文领域的作用。于是,修辞在当代哲学体系中的合法性便成了首要问题。因此,在修辞学家 John Kirby 看来,《亚里士多德之〈修辞学〉:哲学论文集》具有"浓厚的哲学色彩",而其中收录的 Jürgen Sprute 的《亚里士多德与修辞的合法性》一文甚至可以作为整个论文集的"副标题"。③ 在该文中,Sprute 从当代读者的困惑出发:大思想家亚里士多德不是应该远离修辞这种肤浅的东西吗? 怎么会正视修辞学,讲授修辞理论并专门撰写了有关修辞的"艺术"? 亚氏在《修辞学》开篇提出言说者不应该诉诸情感等"外在于主题"的手段,为什么在第二章又将诉诸情感、诉诸人格和诉诸道理并列为三大人工说服手段并加以详细论述? 对此,Sprute 的解释是:亚氏在《修辞学》开篇提出言说者不应该诉诸情感等"外在于主题"的手段,这是一种"理想修辞";但在具体的修辞实践中,若"局限于理想形式的修辞",便几乎等同于放弃诉诸情感、人格等手段所能取得的所有社会功效,因此应该"以务实的态度看待修辞的煽动性潜力"④。如此一来,修辞与亚氏的整体哲学思想相统一,修辞的"合法性"得到确立。虽然两本文集中收录的许多论文和 Sprute 这篇文章一样反映了早期哲学家对修辞的"偏见"⑤,但不可否认地,这些哲学家对《修辞学》的热烈讨论为亚氏修辞理论在当代的传播作出了一定的贡献。

在收录于以上这两套文集的文章中,修辞学界给出较高评价的当属 Myles

---

① John T. Kirby, "Review: *Aristotle's 'Rhetoric'*: *Philosophical Essays* by David J. Furley & Alexander Nehamas," *Rhetorica*, Vol. 15 No. 2 (1997): 214.

② A. O. Rorty, *Essays on Aristotle's "Rhetoric"*, Berkeley: University of California Press, 1996, p. 47.

③ John T. Kirby, "Review: *Aristotle's 'Rhetoric'*: *Philosophical Essays*," *Rhetorica*, Vol. 15 No. 2 (1997): 213 – 215.

④ J. Sprute, "Aristotle and the Legitimacy of Rhetoric," *in Aristotle's "Rhetoric"*: *Philosophical Essays*, D. J. Furley and A. Nehamas (eds.), Princeton: Princeton University Press, 1994, p. 127.

⑤ Lawrence D. Green, "Review: *Essays on Aristotle's 'Rhetoric'* Edited by Amélie Oksenberg Rorty," *Quarterly Journal of Speech*, Vol. 83 No. 4 (1997): 494.

Burnyeat 的《修辞推论：亚里士多德论说服的逻辑》一文(该文收录于 1994 年 Furley 和 Nehamas 主编的《亚里士多德之〈修辞学〉：哲学论文集》中，两年后它经过部分修改又以《修辞推论：亚里士多德论修辞的合理性》为题收入 Rorty 主编的《亚里士多德〈修辞学〉论文集》中)。Burnyeat 通过"修辞推论"的研究得出结论：修辞推论既不是省略三段论(abbreviated syllogism)也不是基于或然性或征象的三段论，而是从"理性"和"论辩"的角度来解读，认为应该将"修辞推论"看作在缺乏"确定性论据"(conclusive argument)的情况下基于人类特有的理性(reasonableness)的一系列"考量"(considerations)或"反思"(reflections)。① 显然，Myles Burnyeat 的解读有明显的当代特征，为解释"修辞推论"这一亚氏修辞理论研究中的"老问题"提供了一种新思路。

另外两本文集由修辞学家主编，其中《亚里士多德之后的逍遥派修辞学》(1994)收录的 19 篇文章勾勒出亚氏和整个逍遥派修辞思想在 23 个世纪中的发展概况。该文集虽然题为"亚里士多德之后的逍遥派修辞学"，但除了少数几篇研究亚氏之后的逍遥派传统外，该文集主要还是关注亚氏本人，这说明亚氏修辞学至今仍有吸引力，同时也说明关于亚氏修辞学，学界仍有较大的争议。② 《重读亚里士多德〈修辞学〉》是 2000 年由著名修辞学家 Alan Gross 和 Arthur E. Walzer 编著的论文集，收录了 10 篇亚氏修辞学研究论文，其作者主要是出身于言语交际系和英文系的学者，该论文集可以被看作修辞学界对哲学家日益增长的亚氏修辞理论研究热情的回应，对于"不太熟悉修辞研究领域的哲学家"③来说很有价值和意义。两位编者在前言中有意夸大亚氏及其《修辞学》的学术地位，将亚里士多德之于修辞学等同于柏拉图之于哲学的基础性地位，称"(除了修辞学外)没有其它任何一门学科会宣称某一本古典作品如此有效地启发了人们对当代相关的实践和理论的思考"(No other discipline

---

① Myles F. Burnyeat, "Enthymeme: Aristotle on the Logic of Persuasion," *in Aristotle's "Rhetoric":* *Philosophical Essays*, D. J. Furley and A. Nehamas (eds.), pp. 3 - 55. David C. Mirhady, "Review: *Aristotle's 'Rhetoric': Philosophical Essays* by David J. Furley and Alexander Nehamas," *Philosophy and Rhetoric*, Vol. 29 No. 4 (1996): 441.

② John T. Kirby, "Review: *Peripatetic Rhetoric after Aristotle* by William W. Fortenbaugh and David C Mirhady," *Philosophy and Rhetoric*, Vol. 31 No. 2 (1998): 161.

③ Carol Poster, "Review: *Rereading Aristotle's 'Rhetoric'* Edited by Alan G. Gross and Arthur E Walzer," *Ancient Philosophy*, Vol. 21 No. 2 (2001): 507.

would claim that a single ancient text so usefully informs current deliberations on practice and theory)，这一看法实际上得不到历史文献的支持。从事修辞研究几十年的美国密苏里大学英文系教授 Carol Poster 指出，在过去两千年中，西塞罗在修辞学历史上远比亚里士多德更有影响力；在 19 世纪中叶之前，《修辞学》不管在修辞学科内部还是亚氏全部作品中都算不上特别重要的著作。[①]

二、历史学家对亚里士多德在古典修辞中地位的重新评价

古典修辞理论是当代西方修辞学的一个重要的理论来源，关于这一点并不存在任何问题，但是这个古典修辞传统应该以亚里士多德还是以西塞罗的理论思想为中心却是当代修辞史学家争议的焦点之一。长期以来，美国修辞教育界的不少人倾向于把柏拉图/亚里士多德修辞传统及其认可的原理、目标和准则奉为正统。[②] 例如，美国学者 Edward Corbett 认为经典修辞理论家在古典时期提出的言说技巧和修辞原则依然适用于现代写作教学，其 1965 年出版的著名写作教科书《古典修辞学今用》几乎照搬了亚里士多德《修辞学》的发明、谋篇、风格、三种说服方式、一般话题和具体话题等基本概念、范畴和理论范式，因而具有"浓重的亚里士多德色彩"（heavily Aristotelian）[③]。然而，从上世纪 80 年代开始，以 Thomas Conley 为代表的修辞历史学家对亚里士多德在古典修辞的中心地位提出了严肃的挑战。

在其极具影响的代表作《欧洲传统中的修辞》（1990）一书中，Conley 对欧美长达两千多年的发展进行了全程回顾，对西方修辞传统进行了整理和再表述。根据他对修辞发展史的梳理，公元前 5 世纪古希腊高度发达的言说实践引发了古代思想家对说服性话语的本质和功能的深刻思考，催生了高尔吉亚、普

[①] Carol Poster, "Review: *Rereading Aristotle's 'Rhetoric'* Edited by Alan G. Gross and Arthur E Walzer," *Ancient Philosophy*, Vol. 21 No. 2 (2001): 503.

[②] Carol Lipson & Roberta A. Binkley (eds.), *Rhetoric Before and Beyond the Greeks*, New York: State University of New York Press, 2004, p. 1.

[③] Lynee Lewis Gaillet & Winifred Bryan Horner (eds.), *The Present State of Scholarship in the History of Rhetoric: A Twenty-First Century Guide*, Columbia and London: University of Missouri Press, 2010, p. 188.

罗塔哥拉-伊索克拉底、柏拉图、亚里士多德"四个'版本'的修辞学理论模式"①，他们在随后的整个修辞历史中此消彼长，共同构成了西方修辞思想的基础。Conley 认为亚里士多德的修辞理论既不同于高尔吉亚和普罗塔哥拉的哲辨思想（sophistic conception of rhetoric），也不同于他的老师柏拉图对修辞持有的批判视角，在修辞历史中的确有其重要性，但他同时明确指出"亚里士多德的《修辞学》尽管充满了智慧和天才，它在其作者身后的许多世纪内却谈不上有什么影响……事实上，可以说一直到了 19 世纪它才被看成对修辞学发展真正作出重大贡献的经典。在此之前虽然它也曾被许多作者提及，却大多只是一语带过而已"②。如果以对当时及后世修辞理论发展所施加的"实际影响力"为衡量标准，则公元前 4 世纪最重要的修辞思想家不是亚里士多德，而是伊索克拉底。"亚里士多德对他所处时代［的修辞话语］没有明显的影响，对在他之后的［古典］修辞思想家也几乎没有，或者根本就没有影响。"③根据 Conley 的考证，绝大部分现存的 16 世纪以前的修辞文献显然尊西塞罗为权威，并保留了体现于其作品的理论框架，因此可以肯定地说，西塞罗——而不是亚里士多德或柏拉图——才是西方修辞传统中真正"有影响力的"的人。④

在 Conley 的《欧洲传统中的修辞》的影响下，学者们就修辞的历史编撰（historiography）展开了持久而广泛的公开辩论。当代西方最富盛名的修辞理论期刊之一、1968 年由"美洲修辞学会"创办、标志着美国修辞学最新进展的《修辞学会季刊》邀请了著名的 Patricia Bizzell 教授为该书撰写书评。Bizzell 肯定了 Conley 在撼动"一个单一的、相当传统的'修辞传统'"中做出的贡献，但她认为修辞的历史编撰应该把"与当代的相关性"而不是影响力作为衡量标准，因此应该"以更加灵活的态度对待被一般接受了的修辞传统"，只要符合当代的写作教学和政治需要，不管是"传统的传统"（traditional tradition），还是未被接纳的女性修辞、有色人种修辞等其他修辞传统（alternative rhetorics）都应纳入修

① Thomas M. Conley, "Review: Response to Bizzell," *Rhetoric Society Quarterly*, Vol. 22 No. 3 (1992): 62.

② Thomas M. Conley, *Rhetoric in the European Tradition*, New York: Longman, 1990, p. 17. 刘亚猛《西方修辞学史》，北京：外语教学与研究出版社，2008 年，第 64 页。

③ Thomas M. Conley, *Rhetoric in the European Tradition*, p. viii.

④ Thomas M. Conley, "Review: Response to Bizzell," *Rhetoric Society Quarterly*, Vol. 22 No. 3 (1992): 62.

辞的历史叙事之中。[①] 不管 Conley 和 Bizzell 在具体的编史过程中的立场有多大的差异，他们至少有一个共同点，即不再相信存在一个唯一的、正统的亚里士多德修辞传统。

与此同时，以 Richard Rorty 和 Stanley Fish 为代表的当代反基础主义思想家跟古代哲辨师一样，对现代以来人们深信不疑但实则禁锢思想、限制话语可能性的各种观念和预设进行了解构，对构成现代主义话语秩序基础的"真理"、"本质"、"理性"、"客观"等概念提出了质疑和挑战。西方文化将"科学"、"理性"、"客观"和"真理"等概念捆绑在一起，科学被认定为是对世界的一种"理性"、"客观"的探索，为人类提供了"实实在在"的真理，真理本身则是与"现实"契合或"正确反映"了"现实"的表述，这些观念造成的客观主义、"唯实主义"在思想界占据了统治地位，构成了现代主义的观念基础。Rorty 等人指出，人们只要认真审视导致我们接受唯实主义观念的那个思维过程，就不难看出，其关键环节并非是基于"事实"与"逻辑"的严密推理和论证，而是通过某种"信仰的跃升"实现的，跟人们用以"支撑自己深信不疑的宗教观"的那种不通过推理的"顿悟"并无二致。在 Rorty 看来，话语的发展史不是客观、理性地反映现实并揭示真理的历史，而是人类玩不同的"语言游戏"，应用不同词汇对事物进行各种"描述"和"再描述"以达到各种不同目的的历史。他提出，"我们可以通过重新描述使事物看起来或好或坏，或重要或无足轻重，或用处很大或一无所用"；他还指出，话语的演变之所以发生，是因为人们"运用各种新方法，对许许多多的东西进行再描述，直至一个新的语言行为格局被创造出来，使正在成长起来的新一代动心并加以采纳"。Rorty 在宏观层面上对修辞无与伦比的功用和力量做出了具有震撼性的再表述，他的这些观点表明，当代哲辨思想家和古希腊哲辨师一样对话语无穷无尽的力量表现出"醉心"，并继承了古典修辞的"言说是一位大权在握的王公，它能够通过最为细微精致的手段产生最为神妙的效果"的著名观点。在他们的启发下，Edward Schiappa 等当代修辞学家公然为古代哲辨师平反，推翻了从柏拉图到洛克等一代又一代的思想家加在他们头上的

「新亚里士多德主义」与当代修辞理论建设

---

① Patricia Bizzell, "Review: *Rhetoric in the European Tradition*," *Rhetoric Society Quarterly*, Vol. 22 No. 3 (1992): 61.

诸如"诡辩"、亵渎神明、颠覆真理、蛊惑民众等恶名。①

以 Rorty、Fish 为代表的哲辨思想的兴起以及 Conley 对以亚里士多德为中心的传统修辞历史观的质疑进一步激发了西方学者对修辞历史的研究兴趣。早在 1988 年,"大学作文与交流协会"(CCCC)专门就以"修辞历史编撰背后的政治"(politics of historiography)为主题邀请了 8 位卓有成就的修辞历史学家围绕着修辞历史研究的方法、内容和目的展开深入讨论,史称"八人小组"讨论会(Octalog),他们的主题发言和在场听众的主要反馈一并刊发在著名的国际修辞理论期刊《修辞评论》(*Rhetoric Review*)上。因为该讨论产生了巨大反响,《修辞评论》又相继推出了 Octalog II (1997)和 Octalog III (2010)。与 Octalog I 相对保守和宽泛的讨论主题相比,Octalog II 明确提出将修辞历史"引向局部的、有争议的、被边缘化了的历史和修辞实践并鼓励人们倾听被我们耳熟能详的历史解释所遗忘的声音"②,如 Jasper Neel, Edward Schiappa, Kathleen Welch 等主题发言人提出对古典哲辨修辞的重新评价。而 Octalog III 邀请了包括毛履鸣(LuMing Mao)在内的非西方学者担任小组发言人,将修辞历史研究的兴趣延伸至西方之外的修辞传统,更加关注"权力机制和身份建构问题"③(dynamics of power and issues of identity formation)对历史编撰的影响。总之,当代修辞理论家就什么是修辞的历史、修辞历史研究应该采用什么方法、对古典哲辨修辞应该如何重新评价、女性修辞在修辞历史中起了什么作用、非西方修辞传统是否应该纳入修辞的历史、修辞在当代有什么地位和作用等重大议题进行了深入讨论,所有的与会者都主张并致力于开拓修辞的历史,使它超越 Graff 和 Leff 所总结的"欧洲男性白人民主"④的修辞传统。可见,当代西方修辞史学家普遍对"正统的修辞传统"产生质疑,这一传统的基石,即亚里士多德的修辞思想,不再被当代修辞研究主流当作是古典修辞的合法代表。

---

① 刘亚猛:《西方修辞学史》,北京:外语教学与研究出版社,2008 年,第 296—299 页。Richard Rorty, *Contingency, Irony and Solidarity*, New York: Cambridge University Press, 1989, pp. 7 - 9.

② Octalog III, "The Politics of Historiography in 2010," *Rhetoric Review*, Vol. 30 No. 2(2011): 109.

③ Ibid. , p. 110.

④ Ibid. , p. 110.

三、"修辞转向"中的古典修辞及西方修辞学界对"新亚里士多德主义"的质疑和否定

理顺修辞历史的发展脉络并从古典修辞理论中汲取理论资源一向被当代修辞学家中的大多数认定是修辞学科发展的一个重要方面。曾经有一段时间,这种"古为今用"的情结突出地表现于一种被著名美国修辞学家 Edwin Black 称为"新亚里士多德主义"(Neo-Aristotelianism)的理论建设和实践之中。这里的所谓"新亚里士多德主义"指的是某种以"传统的"、亚里士多德式修辞学为基础的当代修辞理论或研究方法,其主要特征包括:强调修辞话语的类型(庭辩性、审议性和表现性)、论据的分类(诉诸逻辑、诉诸情感和诉诸人格)和修辞的五大任务(发明、谋篇、风格、记忆、发表);此外,它还关注如何说服特定的受众。[1] 从表面上看,该理论范式为当代修辞研究提供了古典修辞理论的主要概念资源,似乎是对古典修辞合理合法的运用,因而在 20 世纪 20 年代至 50 年代曾经风靡一时,几乎支配了修辞批评领域的半壁江山。然而,自那以后,尤其是对于当代修辞学的理论建设而言,"新亚里士多德主义"不管是作为一个概念还是作为一个实践范式,却谈不上曾经产生过重大影响。一个明显的证据是西方迄今为止出版过的两大著名的修辞学百科全书——Theresa Enos 主编的《修辞与作文大百科全书:古典时期至信息时代的交流》(1996)和 Thomas Sloane 主编的《修辞学大百科全书》(2006)都没有把"新亚里士多德主义"收为一个词条,而只是在评价 Edwin Black 的贡献时一语带过而已。正如 Black 在其经典论著《修辞批评:方法研究》一书中指出的,"新亚里士多德主义"一词只被用于"圈出"(circumscribe)亚里士多德《修辞学》等古代文本提及的常用范畴和主题,并未指明如何应用原文所体现的修辞原理,因此,充其量不过是亚里士多德修辞观念穿越两千多年在当代产生的"回音"(echo of sound),必定造成原有理论洞见的改变及扭曲(alter and transform)。[2] 况且这些回波的"原音"——即亚里

「新亚里士多德主义」与当代修辞理论建设

---

① Edith Babin & Kimberly Harrison, *Contemporary Composition Studies: A Guide to Theorists & Terms*, Westport, Connecticut and London: Greenwood Press, 1999, p. 204.

② Edwin Black, *Rhetorical Criticism: A Study of Method*, 2nd ed., Madison: University of Wisconsin Press, 1978, p. 92.

士多德修辞学——本身就是一个带有缺陷的概念工具。亚里士多德把修辞看成"在判断过程中实现修辞目的的能力",这一认识不管是对当代修辞实践还是对修辞话语的评价都显得过于局限、过于理性主义,以至于将某些话语、受众类型及某种思维状态排除在外。① 正因如此,Black 在该书的前言部分就提出了对"新亚里士多德主义"的严厉批判,认为它"方法上缺乏多样性、可资批评家选择(的程序)不够多",作为一个"修辞批评模式"是"极度错误的"。② 这一权威论断不啻是宣告了"新亚里士多德主义……破产"的一纸"讣告"(obituary)③。Black 对"新亚里士多德主义"的批判引起了当代修辞批评界的广泛共鸣,已经完全渗入其学科意识之中。当代美国修辞理论家迪利普·加翁卡(D. Gaonkar)甚至认为 Black 的批判表面上局限于对亚里士多德修辞原则和概念的质疑,实际上却是在拷问整个古典修辞及其法则和术语在当代修辞批评中的用处。④

在 Gaonkar⑤ 看来,当代修辞在理论建设上存在两大问题。首先,对古典修辞过度依赖。与古典修辞相比,当代修辞实践呈现出两大显著差异:其一,修辞的范围已经大大超越了古典修辞界定的说服性话语。就算是比较保守的修辞学家也不得不承认,"尽管西方修辞传统有一定的连续性",古典时期所界定的基本范畴,如修辞目的、受众、创作过程、论辩、组织谋篇和文采风格等,依然是各个历史时期修辞理论的基本关注,"但在这漫长的修辞历史中,修辞已经极大地扩展并改变了(rhetoric has grown and changed)"⑥。当代的修辞话语已经包括了从微观的科学论文到广告宣传、公关、新闻传媒、公共

---

① Edwin Black, *Rhetorical Criticism*: *A Study of Method*, 2nd ed., p. 131.

② Ibid., pp. xvii − xviii.

③ Dilip Parameshwar Gaonkar, "The Idea of Rhetoric in the Rhetoric of Science," *Southern Communication Journal*, Vol. 58 No. 4 (1993): 262.

④ Ibid., p. 262.

⑤ Dilip Parameshwar Gaonkar, "Rhetoric and Its Double: Reflections on the Rhetorical Turn in the Human Sciences," *The Rhetorical Turn*, Herbert W. Simons (ed.), Chicago: University of Chicago Press, 1990, pp. 341 − 366. Dilip Parameshwar Gaonkar, "The Idea of Rhetoric in the Rhetoric of Science," *Southern Communication Journal*, Vol. 58 No. 4 (1993): 258 − 295. 本段有关加翁卡的引述主要综合了以上两篇文章的观点。

⑥ Patricia Bizzell & Bruce Herzberg(eds.), *The Rhetorical Tradition*: *Readings from Classical Times to the Present*, Boston: Bedford Books, 1990, p. 7.

外交等更加宏观的修辞实践形式,这是古典修辞不可企及的。其二,当代修辞学家颠覆了经典理论家更多地把修辞看作"实践/生产的活动而不是批评/解读的活动"(rhetoric as a practical/productive activity over rhetoric as a critical/interpretive activity)的传统,而更偏向于把修辞当成一种阐释工具。Gaonkar将当代修辞研究的这一倾向称为"阐释性转向"(interpretive turn),并认为当代修辞研究本质上是一种"阐释性的超级话语"(hermeneutic discourse)。这种"阐释性转向"起初正是以"新亚里士多德主义"的面目出现的。与古典时期亚里士多德把修辞界定为"一门生产性艺术"相比,"新亚里士多德主义"的修辞实践形式即修辞批评,显然展示的是修辞"解读性的一面"(interpretive axis)。也就是说,"新亚里士多德主义"其实已经完全跟亚里士多德的修辞"初心"不相干。然而,无论是有名无实的"新亚里士多德主义",还是在它之后出现的多元理论模式,如现象学、结构主义、戏剧主义,都或多或少地依赖古典修辞提供的"词汇",而后者的目标在于提高话语生产的能力而不是促进对修辞话语的理解。再者,"古典修辞所提供的那些概念、范畴、法则等在理论上过于'单薄',难以使修辞批评家在进行表述和分析时达到应有的深度、强度、精度和信度"①。

如果说"新亚里士多德主义"这一提法的短暂流通折射出某种在古典修辞话语的基础上重构当代修辞理论的愿景和规划,则这一规划执行起来一直步履蹒跚,与 20 世纪下半叶以来勃然兴起的"修辞转向"形成明显的对照。由于这一"转向",修辞不再是传统意义上的"说服艺术",而早已被广泛接受为一门"关于基本建构的艺术"(an architectonic art)。Gaonkar 认为该"转向"有显性和隐形两重表现。代表了"显性修辞转向"的作者通常直接运用修辞学词汇作为一种解读和批评方法(如 Wayne Booth, Paul de Man, Ernesto Grassi),或者从更高的理论层次上明确阐明修辞与当代思想的相关性(如 Chaim Perelman, Kenneth Burke, Richard McKeon, I. A. Richards)。代表了"隐性修辞转向"的作者和作品通常并未使用修辞学术语,但其理论却充满了修辞精神,如 Thomas Kuhn 的《科学革命的结构》、Steven Toulmin 的《论证的使用》、Gadamer 的《真

---

① 刘亚猛:《当代西方修辞学科建设:迷惘与希望》,《福建师范大学学报(哲学社会科学版)》,2004 年第 6 期。

理与方法》、Foucault 的《知识考古学》、Habermas 的《合法化危机》等当代伟大的理论著作。由这两条"显性"和"隐性"线索共同构成的"修辞转向"对当代修辞的理论建设产生了深刻的影响，迫使其一次次调整对自我的认知。① 可见，"当代修辞思想发展更多地体现为一种可以被称为'修辞意识'的认知形态对人文科学各个领域的放射、涅散和渗透，以及隶属于其他学科的学者对丰富和发展这一意识作出的贡献"②。然而，这也提醒我们，在修辞学科体制内，专门从事修辞研究的学者在促成这场声势浩大的"修辞转向"中只不过扮演了一个有限的角色③；化学、逻辑学、人类学等非修辞学科的著作为当代修辞学的理论建设提供了丰富的概念资源。但如果不坚持修辞的主体性，而总是试图将其它强势理论的概念、范畴、设定、观点、策略的应用范围扩展到整个修辞领域，则修辞必将沦为强势学科的附骥和补充。这正是当代修辞理论建设的另一大问题。

既然当代修辞理论建设既不能过度依赖于古典修辞，又不能附骥于其它强势学科的理论，那当代修辞学如何才能在群雄辈出的学术界立稳脚跟呢？Schiappa 认为："学术进步并不是通过在更高理论层次上吵嘴……而是通过创作出起示范作用的学术作品而实现的。当隶属于不同范式的实践者发生冲突时，胜利总是属于能够就面临的问题提出有示范意义的解决办法，从而为其他学者和研究生提供了一个研究模式的那些人。"④也就是说，修辞研究必须扎根于当代广阔的话语实践，建构适用于分析当代修辞实践的具有代表性的修辞理论。在西方，"当之无愧的当代大修辞学家"要数 Chaim Perelman 和 Kenneth Burke，他们根据"对当代修辞实践的细致观察与深入思考，分别围绕着'动机'和'论辩'这两个中心课题构筑起自己的原创理论体系"⑤。其中，Perelman 的"新修辞"横跨了法学、哲学、政治学以及论辩学等领域，而 Burke 的思想"不管被称为'文学批评'还是'修辞理论'，都是哲学、文学、社会学、人类学、语言学、历史学、新闻学、心理学等不同学

304

① Dilip Parameshwar Gaonkar, "Rhetoric and Its Double: Reflections on the Rhetorical Turn in the Human Sciences," in *The Rhetorical Turn*, Herbert W. Simons (ed.), pp. 341 - 366.

② 刘亚猛：《修辞与当代西方史学论争》，《修辞学习》，2007 年第 4 期。

③ Dilip Parameshwar Gaonkar, "Rhetoric and Its Double: Reflections on the Rhetorical Turn in the Human Sciences," in *The Rhetorical Turn*, Herbert W. Simons (ed.), p. 362.

④ 转引自刘亚猛：《修辞与当代西方史学论争》，《修辞学习》，2007 年第 4 期。

⑤ 刘亚猛：《西方修辞学史》，第 317 页。

科研究成果的融会和综合"①。正因为如此，Gaonkar 在谈到伯克时才会这样评论道："尽管我们都知道伯克本人曾承认自己受益于亚里士多德，但（如果据此就）认为伯克的修辞理论基本上属于亚里士多德主义学派，这是站不住脚的。"②

结语

虽然当代西方学术界对亚里士多德的修辞理论表现出浓厚的兴趣，但这种兴趣更多地聚焦于对亚里士多德修辞理论的"再语境化"和"再改造"，使其与当代思维和认知方式相符合，而不是"新亚里士多德主义"式的简单套用古典修辞。然而，即便是"改造"后的亚里士多德修辞学，也因为其概念母体过于抽象和"单薄"而无法有效推动当代修辞学的学科建设和理论建设。"修辞意识"对当代西方学术思想的渗透和"修辞转向"的出现表明，当代西方修辞实践与古典时期相比已经发生了巨大的变化，古典修辞理论提供的基本概念、范畴和范式已经不足以用来描述和分析当代波澜壮阔的修辞实践。另外，哲学、法学、文学、社会学、人类学等各种非修辞学科在"隐性修辞转向"中的广泛参与也提醒我们，修辞学的理论建设不应局限于本学科内部的理论资源，而应将目光投至更广阔的学术领域。这一点对于中国修辞学人建设自己的修辞学理论体系不无启发意义。

"Neo-Aristotelianism" and the Theorization of Contemporary Rhetoric

Lai Yuying

Abstract：Given Aristotle's sublime status in modern scholarship, many scholars in

---

① 刘亚猛：《西方修辞学史》，第 321 页。

② Dilip Parameshwar Gaonkar, "The Idea of Rhetoric in the Rhetoric of Science," *Southern Communication Journal*，Vol. 58 No. 4 (1993)：258 - 295.

China just take it for granted that classical rhetoric, especially Aristotelian rhetoric, still serves as the main source in the construction of contemporary rhetorical theories or that Neo-Aristotelianism remains the unreplaceable basis of contemporary rhetoric. This view is problematic in several aspects. By examining the "re-contextualizing" process of Aristotelian rhetoric, debates on the history of rhetoric, as well as theorists' attitudes towards and comments on "Neo-aristotelianism", this article shows that rather than a "modern" Aristotelian rhetoric, Burke's and Perelman's theories have become the outstanding and viable ones in the field of rhetoric for their connection with modern rhetorical practices, reflection of its characteristics as an interdisciplinary inquiry, and applicability in the analysis of a vast variety of rhetorical practices.

Keywords: Aristotle, "Neo-Aristotelianism", classical rhetoric, contemporary rhetoric, theorization

规范性问题和中西哲学

论唐君毅、牟宗三对《起信论》之不同诠释

田 希[*]

[**摘　要**]　《大乘起信论》是佛教中国化的标志性论典，唐君毅、牟宗三对其作了不同诠释。通过真伪、真如生灭、判教与思想合理性等方面的对比可见，二者在某些具体细节理解上具有相似点；其不同诠释及判教差异，源于对"真如缘起"理解不同，导致产生不同归趣。唐君毅倾向华严，牟宗三倾向天台，形成两种诠释路径。在哲学范畴比较方面，牟宗三更以"一心开二门"沟通康德哲学，试图将"设准"转为"呈现"，将"理论形上学"转为"实践形上学"或"道德形上学"。

[**关键词**]　起信论；唐君毅；牟宗三；真如；一心开二门

一、问题的提出

《大乘起信论》是佛教中国化的标志性论典，开启了天台、

* 田希(1986—　)，男，湖北蕲春人，厦门大学哲学系中国哲学专业博士生，主要研究领域为中国佛教哲学、现代中国哲学。

华严、禅宗等中国化宗派。自古以来注疏者不少,争论也不少,如吕澂认为《起信论》是二心,不符唯识传统思想,清净心孤悬。但《起信论》地位、价值之高举世公认,如牟宗三就认为"一心开二门"是"普遍性共同模型,适用于儒释道三教,亦可笼罩康德系统",属于"实践的形上学"。① 他将《起信论》及"一心开二门"提高到前所未有之高度。而与牟宗三同时代,且同为熊十力弟子的现代新儒家唐君毅,对《起信论》思想作了不同诠释,二人相得益彰、互相发明,有彼此相似、印证之处,但也差异极大。牟宗三与唐君毅均对佛学有深度理解与研究,二人佛学立场不同,根本上,唐君毅趣归华严,牟宗三旨宗天台。唐君毅以中国哲学为立场,牟宗三则在理解"一心开二门"价值基础上,对中西哲学作分析比较,以"一心开二门"对治康德"感触界"(sensible world)与"智思界"(intelligible world)不能沟通之弊,认为中国哲学有"智的直觉",成圣成佛是良知的"自我坎陷"(self-negation),他试图将西方理念"设准"(asumption)转变为"呈现"。牟宗三与唐君毅如何诠释《起信论》思想? 二者思路有何不同? 了解不同角度和观点的诠释,有利于我们进一步研究《起信论》思想,以及如来藏与阿梨耶识②关系等问题。

二、真伪之辨与思想特点

关于《起信论》真伪问题,唐君毅与劳思光观点相近。劳思光在《新编中国哲学史》中说:"但有两点是无问题者,即第一,此书出自南朝末年。第二,此书思想属真常之教一系,与般若之学不同,与摄论、地论二说,则有近似处,亦有殊异处,可说代表一颇为特殊之态度。若以思想之深度言,则此书应成于摄论及地论二宗立教之后。"③虽不表明定为中国人所著,但本着客观精神,依照其思想内涵及其出现年代与当时佛教思想相对比印证,可知《起信论》思想分类、归属。唐君毅在《中国哲学原论·原道篇》中也认为:"若起信论为国人所伪造,则

---

① 牟宗三:《中国哲学十九讲》,长春:吉林出版集团有限责任公司,2010年,第258页。

② 注:因沿用不同文本说法,故本文中阿梨耶识,时而也作阿黎耶识、阿赖耶识。《起信论》之阿梨耶识或阿黎耶识,与唯识阿赖耶识意义有细微差别。一般地,阿梨耶识或阿黎耶识可通真如,是如来藏系统;阿赖耶识不通,是阿赖耶系统。笔者自行使用阿梨耶识,以示与阿赖耶识区分。

③ 劳思光:《新编中国哲学史》(二),北京:生活·读书·新知三联书店,2015年,第221页。

其旨盖在综合当时之摄论师与地论师之争。……今起信论以如来藏为第一义之心，则近宗十地经论之地论师之说，亦通接于印度言如来藏、如来性，为第一义之心之诸经论，如'胜鬘'、'宝窟'、'如来藏'、'不增不减'诸经，……起信论以如来藏为心真如、亦即法性，则又通于南地之说。其以阿梨耶识为杂染所依，更言其为由第一义之如来藏，而衍出第二义之心，则显然意在综合北地与摄论宗之义。"[1]唐君毅是以"本觉"、"始觉"等名词概念源于魏晋玄学来推导、假设《起信论》为中国人所作，也肯定其理论精神有合于印度如来藏之处，但更多的是综合地论宗与摄论宗的结果。

牟宗三则大胆得多，直接承认是伪造。他认为《起信论》"考据上可以说"中国人伪造，但"思想却并不假"，其思想仍是依据印度佛教真常经《胜鬘经》、《楞伽经》、《涅槃经》及其他如来藏经典。[2] 他甚至大胆推论，《起信论》"其实就是真谛三藏所造"，"被标为马鸣菩萨所造，其实这是假托菩萨之名，以增加论典之权威性"，因为真谛的思想是"想融摄赖耶于如来藏的，而《大乘起信论》正是这种融摄之充分的、完整的展示"。[3] 唐君毅与劳思光对于《起信论》真伪源流态度比较模糊，但比较客观；牟宗三则直接、具体得多，直指真谛，一方面显示出他对佛教思想内在脉络的熟稔，一方面也突显出他对自己理论水平的高度自信。

同时，针对吕澂认《起信论》为对《楞伽经》的反叛，视"本觉"为《起信论》之发明，牟宗三对此指出，返本还原是真常心派共有之义，不是《起信论》新发明。他认为吕澂不过是沿袭无著世亲赖耶缘起的思路，而忽视本性清净，而其实应该以如来藏思路来理解，赖耶与如来藏是两个系统。[4] 这一点唐君毅没有指明，即前人以赖耶系统理解《起信论》导致理解进路不对，而应该以如来藏思路来理解。

《起信论》具有包容性与进步性特点。唐君毅指出了其包容性与进步性，其进步性是从真常经角度出发，看《起信论》"一心开二门"思想对于《胜鬘经》、《楞伽经》如来藏思想的升格。牟宗三没有指出其包容性，但却肯定其进步性，其角度是从宗派思想出发，认为《起信论》思想代表的真常心系是对唯识宗的进步。

---

① 唐君毅：《中国哲学原论·原道篇》下册，北京：中国社会科学出版社，2005 年，第 761—762 页。

② 牟宗三：《中国哲学十九讲》，第 247—248 页。

③ 牟宗三：《中国哲学十九讲》，第 251 页。

④ 牟宗三：《佛性与般若》(上)，长春：吉林出版集团有限责任公司，2010 年，第 349—356 页。

首先，包容性。唐君毅认为：以起信为名，自信是信己性；成佛赖诸佛菩萨外缘，类似唯识宗圣教外缘，慈悲愿护，不只表现于言教，亦可神通感应，这是信佛者所共许；起信论之成佛因缘，既许众生有如来藏成佛正因，自信自力，又有诸佛菩萨慈悲护念，兼信他力，自信兼信，起大乘之信。[1] 可见其观点之包容，自信己性不废兼信他力，开禅、净土之先河；既蕴涵禅宗自力救度意味，又暗含净土宗他力救度思想，自力他力不二。

其次，进步性。唐君毅指出：以二门摄空、不空义，是对于《胜鬘经》、《楞伽经》之进步。无垢即如实空，毕竟清净即如实不空；藏识是生灭门，如来藏是真如门，于是概念上明白划开，这是进步。[2] 唐君毅以二门对真如空、不空义的摄取与对应，并使二者在概念安置上有对应关系，认为这是对《胜鬘经》、《楞伽经》如来藏思想的概念明晰化。

对此，牟宗三不是从空、不空义出发，而是以宗派思想的进路阐释其进步性。他认为：《起信论》的出现，是在空宗(以《般若经》等为代表)和有宗(以《摄大乘论》等为代表)之后，其目的在于整合、融摄空有二宗，以如来藏自性清净心统摄一切法。《起信论》依《楞伽》、《胜鬘经》、《涅槃经》等经典对如来藏的诠说，提炼出真心，比印度空有两宗更进一步，唯识有宗比《中观论》般若学更进一步，《中观论》无对于流转还灭作根源说明故；《起信论》比唯识宗更进一步，唯识以阿赖耶识为中心，以正闻熏习为客，成佛根据不足，《起信论》提出真心，始有成佛的超越性根据，真心既是成佛的可能性根据，又是一切染净法之所依止。[3] 并且牟宗三对《起信论》进行定性：《起信论》是"真心为主虚妄熏习是客"的系统，"顺阿赖耶系统中无漏种底问题(正闻熏习是客)"，要"通过一超越的分解而肯定一超越的真心，而此真心不可以种子论"，此真心作为一切法之"依止"，且是"成佛底真实可能之超越根据"。[4] 依牟宗三，空宗经典并未指明生死流转的根据，而有宗针对空宗特点，指出生灭门的根据，但成佛需要正闻熏习，正闻熏习需要佛现世、能听到佛说法，这不是凡夫众生能控制的，也就是没有主动性，是被动的条件。这样成佛不具备自己的内在根源，只能委之于外在客观条件。

---

① 唐君毅：《中国哲学原论·原道篇》下册，第762页。

② 唐君毅：《中国哲学原论·原道篇》下册，第764页。

③ 牟宗三：《佛性与般若》(上)，第372—373页。

④ 牟宗三：《佛性与般若》(上)，第356—357页。

《起信论》则又比唯识有宗更进步,认为人人具有自性清净心——成佛依据,人人有如来藏,只要返本还原即可,这是内因、主因。牟宗三从空宗、有宗的思想特点与《起信论》相观照,指出《起信论》的思想是因病施药、对症下药,对治有宗的内在根源不足问题,并综合了空、有二宗思想,以"一心开二门"的思想融摄之。

三、真如、生灭与熏习

(一)心真如门:无垢清净与无执无漏

心真如门,有空不空二义,唐牟二人所诠释角度不同,唐侧重于无垢清净的 否定与肯定层面,牟侧重于现象与本体的属性差异。唐君毅认为:"无垢,即如实空,而毕竟清净,即如实不空也。"①他是从无垢、清净的角度来诠释空与不空二义的。而牟宗三则认为:"空是远离妄念所起的一切计执——差别相。不空是真心这个法体恒常不变,而且具足无量无漏性功德。"②牟宗三则是以离相离念说空,以法体恒常并具足无漏性功德来说不空,来诠释二者的。唐君毅的诠释角度是:无垢,其实即是清净,不过从否定的一面来确定空,从肯定的一面来肯定不空。牟宗三诠释角度的不同在于,妄念与差别相是现象的、无常的,其本性是空的,法体却不是现象,具足无量无漏性功德,却又不是空的。

(二)心生灭门:藏识所覆之如来藏与生灭心双重性

心生灭门,既有生灭(妄心),也有不生不灭(真心),生灭门中又包含真如,其实是反映真妄二者在一门中之互动关系。相对来说,真如门是不动门,生灭门是起动门,因此所有活动皆从生灭门入手。对此《大乘起信论》云:"心生灭者,依如来藏故有生灭心,所谓不生不灭与生灭和合,非一非异,名为阿黎耶识。"③而冯友兰侧重讲阿黎耶识与真如的非一,而没讲非异,他在《中国哲学史新编》里说:"如来藏就是心真如门。真如心是宇宙的本体,所以生灭心要依靠真如心。照《起信论》所说,生灭心就是阿赖耶识。"④劳思光则较全面,认为阿黎

---

① 唐君毅:《中国哲学原论·原道篇》下册,第764页。
② 牟宗三:《佛性与般若》(上),第361页。
③ 马鸣:《大乘起信论》,真谛译,《大正藏》第32册,No. 1666,第576页中。
④ 冯友兰:《中国哲学史新编》(中卷),北京:人民出版社,1998年,第641页。

耶识是"'真我'之一状态",生灭心依如来藏而有,"主体作如此迷蔽之活动时,就此'迷蔽'境界说,非主体自由纯粹之境界,故云'非一';但毕竟迷蔽乃主体自身生出,作迷蔽活动者仍是此主体,故云'非异'。'非一非异',乃称'和合'"①。与冯友兰、劳思光都不同,唐君毅、牟宗三各有其独特思路,也就是要解决阿梨耶识与真如的关系问题。

对于阿梨耶识与真如、觉的关系问题,唐牟也有不同的诠释。唐君毅认为,《起信论》之阿梨耶识"不同于唯识宗阿梨耶识,只是藏染净善恶种子,其自身无善恶染净而为无记者",此和合的阿梨耶识,与《楞伽经》"为藏识所覆之如来藏"相同,而正是"生灭心所依之不生灭之如来藏",才有所谓"本觉",才有成佛的根据。② 唐君毅辨别了阿梨耶识与阿赖耶识、如来藏的异同。唯识宗的阿赖耶识根本上则是杂染法,是有善恶染净之分的。《起信论》的阿梨耶识则是生灭与不生不灭的和合,其中含藏真如无明,与《楞伽经》如来藏相同,自身无善无恶无染无净。而《起信论》的生灭心(妄心)是以不生灭心(真心)为依止的,正因如此,妄心不知本来真心才有"不觉",到知道真心才有"始觉",最终不断熏习去妄成真而成"究竟觉",而这一切的根据是因为人人本有成佛内在依据的"本觉",否则人不能成佛觉悟。

对此,牟宗三有不同诠释。他指出,生灭心有"双重性","超越的真性"是其"觉性","内在的现实性"是其"不觉性",所以生灭门是要"说明流转与还灭之可能"的。从内在的现实性而言,它是生死流转之因,叫阿赖耶缘起,但生灭心是"凭依如来藏真心而起现","阿赖耶必须统属于如来藏",只是方便说为如来藏缘起,即"如来藏真心并不直接缘起生死流转,直接缘起的是阿赖耶",换句话说,生死流转的直接生因是阿赖耶识,而如来藏则只是其凭依因,而不是其生因。③ 牟宗三将生灭心分为两种,一种是无明妄心,其归结为内在现实性,即不觉性,另一种是真如,归结为超越的真性,即觉性。之所以真如、真心也包含于心生灭门,是因为心生灭是依止心真如的,本无自性;妄心是因无明依止真如忽起而成,所以心生灭门中,其实是含有真如的,真如无所不遍。生灭门就有两种发展方向,一种是无明熏真如,那就是流转,一种是真如熏无明,就是还灭。对于

规范性问题和中西哲学

---

① 劳思光:《新编中国哲学史》(二),第 226 页。

② 唐君毅:《中国哲学原论·原道篇》下册,第 765 页。

③ 牟宗三:《佛性与般若》(上),第 362—363 页。

不觉性(流转)而言,称为阿赖耶缘起,因为无明熏真如,直接作用的是阿梨耶识(阿赖耶识),但阿梨耶识是以如来藏真心为依止的,所以如来藏缘起只是对阿赖耶缘起的一种方便权说。如来藏只是阿赖耶存在的依据,但后者并非是如来藏直接生出来的。阿赖耶缘起是以阿梨耶识(阿赖耶识)为重心,是唯识的或杂染法的系统;如来藏缘起以真如为重心,是真常唯心的系统。而《起信论》是真常唯心系的,所以不说阿赖耶缘起,而说如来藏缘起,主要诠释的是真如"不变随缘,随缘不变"、"染而不染,不染而染"的,显然这与阿赖耶缘起有着显著的区别。

(三)"生"义: 依傍不相离与凭依因

既然无明、不觉依真如而生,则"生"是何涵义? 唐牟都有论述。唐君毅认为,无明、不觉依心真如而生,"非即在世间中某时,由之直接生出",而是"傍之而生,以之为缘而生","所谓依傍,即不相离之意",不相离"只是现象学地说,亦可以说是经验地说"。[1] 无明不觉依真如而生,不是在世俗时间概念内由一物生出另一物的生出,无明只是与真如不相离,有真如则有无明,没有真如则无明也不存在。所以无明只是"依傍"真如而存在,而不是直接由真如生出。

对此,牟宗三认为,因"无明之插入,间接地说如来藏缘起",是"不染而染",而真心本性"自性本净",不随之改变,是"染而不染",如来藏"间接地为生死之凭依因","直接地为无漏功德之生因"。[2] 在牟宗三看来,真心、真如本来清净,只是因为无明的插入,真心受无明所熏而现缘起相,所以如来藏本不缘起,只是间接地这样诠释为缘起,而真心即使受熏而仍为真心(即"染而不染")。如来藏有空、不空如来藏,不空如来藏是因为具有无漏功德性,是生无漏功德的直接原因,但不是生无明妄心的直接原因,而是间接原因,因为如来藏不直接生无明妄心,只是无明妄心的"凭依因"。唐君毅是现象学地、经验地诠释"生"即"依傍"、"不相离";牟宗三是从如来藏空不空、染不染角度诠释"生"即"凭依因"。

(四) 真如熏习: 能现行与能熏习

无明能熏真如当无异议,而《起信论》的熏习特色在于真如能熏无明。对此唐君毅认为,唯识染净法不能互熏,而《起信论》真如熏无明,有"分别事识熏习"、"意熏习"、"真如自身之熏习"三种,第三种还有"自体之相熏习"与"用熏

① 唐君毅:《中国哲学原论·原道篇》下册,第767—768页。
② 牟宗三:《佛性与般若》(上),第363页。

习";真如"能自己熏其自体之存在","有力有用","自具一能现行之义",这是内因,但不废"慈悲愿护"外缘。① 唐君毅认为真如熏无明是熏习自体,是"返本还原",自我现行。他主要侧重于从真如自身的能动作用、自我现行的角度来诠说。关于体相熏习与用熏习,牟宗三则指出,内因为"真如自体相熏习",外缘是"真如用熏习";用熏习分两种,"差别缘"和"平等缘",前一种是针对无生法忍菩萨以下境界直至凡夫而说的,后一种则是针对已得无生法忍菩萨而说的。② 牟宗三是从境界论的角度来区分真如用熏习的,因为对待不同境界,所应用的缘法不同,这是符合佛教"契理契机"精神的。

在牟宗三看来,"觉"是就"真心法体即阿赖耶之超越解性"(离念)而说的,"不觉"是就"阿赖耶和合现实迷染性"(在念)来说,《摄论》侧重于"正闻熏习"的"外缘",是"后天的、经验的、偶然的",而《起信论》更侧重于内因"本觉"——"真如是真心","心始有活动力,故它亦自有一种能熏力","为无明所熏,不染而染,它亦可以染而不染,能熏无明"。③ 在牟宗三看来,"觉"与"不觉"是心的超越性与现实性的分野,前者源于是纯真心之体性,后者源于被无明所覆之阿梨耶识。唯识宗阿赖耶识依靠后天听闻佛法熏习熏成清净种子,并非内心先有一清净真心,所以只能等待外缘,缺乏内因的主动。《起信论》则是一种对治,以"本觉"的内因为成佛可能的依据,且既能熏无明,又能被无明所熏。牟宗三认为心有活动力,并非只是死理,呆板不动,而是具有自己涌现的能力。

(五) 不觉到觉: 反本还原与自我涌现

生灭心要从不觉转向究竟觉,不是要外求,像唯识宗那样依赖正闻熏习等外在条件,而是人人内在自心本具有其潜能。唐君毅认为,我们所做的,"不外自呈现其本觉之事,则成佛之事,只是反本还原之事",而无需增加其他论述,"本觉心真如,即人本有之佛性",本觉佛性与始觉、究竟觉佛性相同。④ 即是说,本觉即始觉、究竟觉。在形上学与工夫论的先后问题上,唐君毅认为《起信论》与智顗相反,《起信论》是"先肯定此一真如心或本觉之真实,而后更依之以起修",而智顗是先"透过止观之修习而见",而后"显诸法实相或法性者",没有以

---

① 唐君毅:《中国哲学原论·原道篇》下册,第774—775页。

② 牟宗三:《佛性与般若》(上),第366页。

③ 牟宗三:《佛性与般若》(上),第364页。

④ 唐君毅:《中国哲学原论·原道篇》下册,第766页。

心真如作为基础,所以《起信论》采取的是"形上学为先,修行功夫论为后"的思路。这一思路的形成,是对"修行之功夫之究竟处,加以悬想","即在人之成佛处看",故得以建立形上学,而要化除生灭心、显现真如心,只有依赖修行。[1] 唐君毅将形上学(真如本觉)作为工夫论(反本还原修行)的基础,而同时又强调,工夫论也是形上学的实现手段。本质上,本觉、始觉、究竟觉、不觉都是一个东西,只是人未成佛前的不同阶段表示。既然是反本还原,则一开始就已确定了一个真如心,而后进行熏习、去妄归真,所以《起信论》的理论建构思路是先建立真如心为本的形上学,而后围绕如何反本还原进行工夫论建构。唐君毅比较天台宗智𫗱与《起信论》二者思路,在形上学与工夫论关系上,二者先后顺序相反。

依牟宗三,熏习可由不觉转向始觉,"正闻熏习"只是"外缘"(后天的、经验的),而"真如熏习"是"内力",真如非"无性之空如之理",而是真心(心有活动力、能熏力),"真如心不可以种子说",种子是一种"潜能",只能"受熏"而"起现行",而真心有"自己涌现之能力"。[2] 真如心的起现是"起而无起",只说性起,而缘起是"生灭门之流转法",真如门便不能这样说,只好说"性起"。[3] 他认为缘起不是本体论的生起,是通过无明妄念(阿赖耶识)缘起流转法,"本身并不起现这一切"。[4] 牟宗三将《起信论》的熏习义与唯识宗的熏习义相比较,认为唯识宗的正闻熏习需要后天的闻佛说法才能养成成佛清净种子,无异于成佛依赖于外在条件;而《起信论》不求之于外在,当然不废外缘,只是将主因由外在转向内在,自身便具有这种成佛因子,依靠人人本具之"心真如",使得被无明覆盖之真心能"自己涌现",如阳光直透云层,能直接自我显现。而唯识宗的种子是潜能,需要接受外在条件对其施加熏习才能激发而起现行,不能自己涌现。所谓真如缘起,真如本身并不缘起,而是受无明所熏而成妄心的缘起,所以"起而无起"。

四、判教差别:圆教与别教

关于《起信论》思想的判教,唐牟二人有不同意见。由于唐牟意趣不同,唐

---

① 唐君毅:《中国哲学原论·原道篇》下册,第766—767页。

② 牟宗三:《佛性与般若》(上),第364—365页。

③ 牟宗三:《佛性与般若》(上),第369页。

④ 牟宗三:《佛性与般若》(上),第376页。

君毅将《起信论》判为圆教，牟宗三判为别教。

唐君毅认为，唯识真如不随缘，是"凝然真如"，华严判为始教，天台判为通别教，"唯承认此真如之随缘不变义者，方为圆教"。① 可见唐君毅是将真如随缘义作为圆教的标准，则华严宗及华严以之为标准的《起信论》也自然划入圆教范围（即使按照华严判教法，《起信论》至少也是大乘终教，其中也含顿教、圆教成分，断不至于成为别教）。他将起信思想与唯识思想比较，发觉唯识的真如不生，是凝然不动的，没有随缘意义。而唯识宗看待《起信论》，也认为后者错在真如能生。但唯识宗不能理解《起信论》的是"生"是何义。"生"非在时间范围内出生、产生之意，而是依傍、不相离、凭依因之意，这在前已述。或许不同理解方式导致唯识、起信走向不同道路，同理，华严与天台亦然。暂且不管华严与天台二者对于唯识的判教分别，有一点是明确的，唐君毅对《起信论》的判教，更倾向于圆教。而且联系唐君毅倾心于华严，更能明确这一点。

而牟宗三在判教的问题上，与唐君毅分歧最大，他判起信为别教。牟宗三认为"真如用不是存有论地分析地必然的"，只是"随感而应"（"自然地或神通作意地"），所以《起信论》超越的分解"虽高于以阿赖耶识为中心者，然仍是别教，非圆教"。② 《起信论》真如缘起思想高于唯识赖耶缘起，对于此点牟宗三无疑问，只是，他认为《起信论》仍未脱离别教范畴。不仅如此，牟宗三将华严宗与《起信论》都判为别教，因为华严的"法界缘起"是基于《起信论》"唯真心"，一切事只是佛法身的示现，"随众生之所乐见而示现，而自身却无此等事"，佛法身、真心的"孤悬性"造成的"紧张相"没被打散，而至天台才将"紧张相"打散，归于"圆实佛"、"平平佛"。当然他也坦承："凡一切大教皆非无真处。判教可，相非则不可。"③华严与《起信论》思想是同一路径，一切现象都是真如随缘示现而已，但其实真如本身还是高高在上、清净无染的，根本不造作，这即是牟宗三认为的"孤悬性"导致的"紧张相"。在个人宗派（不是宗教皈依，而是思想意趣倾向）归属上，牟宗三与唐君毅不同，唐君毅赞同华严，而牟宗三倾心天台，所以在《起信论》判教问题上，二人有极大不同，前者判为圆教，后者判为别教。后者对天台的喜好，影响了他的思想模式，认为天台才是最佳解药，将"紧张相"打破，

---

① 唐君毅：《中国哲学原论·原性篇》，第 152 页。

② 牟宗三：《佛性与般若》（上），第 372 页。

③ 牟宗三：《佛性与般若》（上），第 377—378 页。

使高悬的真如回归"平平佛"。天台主张性具思想,真如即无明,无明即真如,善恶兼具,没有《起信论》、华严的真如那种纯净、孤悬性。当然牟宗三也承认,判教判成哪种都无不可,因为所有教派理论都难以保证面面俱到、无懈可击,理论会有弱点,但不能因判教问题大加挞伐、彼此相非,争得你死我活实无必要。

同一思想,被判结果不同,那么别教与圆教区别何在?牟宗三指出,无明覆真如,"必须破无明,真心始显",即"异体无住",是别教;而"法性即无明,无明即法性"才是圆教,是"同体无住"。① 所以华严是别教,天台是圆教,因为华严走的路径是沿《起信论》的破无明显真心路数,无明真心二者相异,虽然无住,却是"异体无住";天台却二者同体,无明真心相即,是真正"同体无住"。无住是相同的,这里可以明确两点:第一,真如与无明在《起信论》与华严是异体;第二,真如与无明在天台是同体。牟宗三对于华严与天台、真如与无明的判别思路,由此可见。当然,这是牟宗三一家之言,真如与无明到底是同体还是异体,由于无明"忽起"的难以解释、"生"义导致的复杂性,尚无定论,还需要进一步探讨。

五、思想合理性:契合性善论与沟通康德

《起信论》思想有何内在合理性?其思想为何与中国人契合?

唐君毅认为其与中国本土思想契合,清净心之说与儒家孔孟性善说相通。他说:"(起信论)如来藏之名,乃初出自楞伽、胜鬘等经,……当佛初说法,固可只标示此寂净之涅槃,为修道之所证,未必言其即为此心之本性。……然人在其修道、求道之心中,……必须同时自信其有能证涅槃之心性。……亦已为一念之清净心,……此如孔子之言我欲仁而仁至,即必引出孟子性善之说也。"② 即是说,众生都具有此清净心,成佛即是证得自性清净心,使其呈现展开。清净心是先在的,不是后天的、经验的,人人皆有,理论上说人人皆可成佛。而儒家孔子说"我欲仁,斯仁至矣",孟子说"性善"、"人人皆可为尧舜",意象仿佛。在此儒佛两家都是先有一清净心、善性,人人都能成佛成圣,所要做的就是熏习、反本还原、求其放心、扩而充之而已,即是将自性呈现出来。

① 牟宗三:《佛性与般若》(上),第396页。

② 唐君毅:《中国哲学原论·原性篇》,北京:中国社会科学出版社,2005年,第153页。

对此，牟宗三指出，一般人学佛，是为了学佛或修道，而不是当作哲学来看待，所以中国人"重经不重论"，而且国人对理论"兴趣不强"，"分析性也不够"，所以"主张直接读佛经"。而真常经特别得到中国人喜欢，因为其"蕴涵的义理，很合乎中国人的心态"，"真常经所主张之'一切众生悉有佛性'或'一切众生皆可成佛'的思想，很容易了解，因为《孟子》一开始即强调'人人皆可以为尧舜'，同时更指出'人人皆有圣性'"，而"性"（即"圣性"）是"通过道德实践而呈现"的，"最高境界即是成圣人"，"圣性""是指成圣所以可能之根据"。① 圣性与佛性相似，二者都是人人成就最高境界之根据，圣人与佛也是成就最高境界之目标。值得提出的是，这里真常经或真常唯心系（以真如、真心为中心）才与儒家类似，需要与其他宗派思想区分开来。

规范性问题和中西哲学

可见，唐君毅认为如来藏自性清净心与孔孟性善说相类似，而牟宗三也提出过类似观点。只不过二人的区别在于，唐君毅是从如来藏的源头开始，证明清净心的正统性，说明印度佛教与中国儒家心性论上本来相似，并非中国佛教捏造。而牟宗三则是从中国人的心态、性情角度出发，认为中国人相比较其他类佛教经典，更喜欢真常经，而这种贴合性不仅在喜好上，也在义理上得到证明。

更进一步，牟宗三指明了"一心开二门"的优越性。他认为，天台宗批评唯识宗阿赖耶是妄识，只能生生死流转法，生不了一切法；而"一心开二门"，"先肯定有一超越的真常心"，真常心再开出真如、生灭二门，并且"一心开二门"是公共模型，有普遍适用性。② 唯识宗阿赖耶识是妄识，因为它不能是清净法，只能生杂染法，根子上它不清净。而"一心开二门"这一创造，先立一真心，再从真中立妄，妄法以真心为依止，最终扫妄归真、反本还原即是还灭过程。牟宗三把"一心开二门"当作公共模型，这一点唐君毅并没有提到。牟宗三认为康德哲学在"智的直觉"方面存在缺陷，需要与中国哲学沟通，以"一心开二门"架构弥补其不足。

牟宗三将"一心开二门"归属到"实践的形上学"范畴。他指出，"一心开二门"是"普遍性的共同模型，可以适用于儒、释、道三教，甚至亦可笼罩及康德的

---

① 牟宗三：《中国哲学十九讲》，第250页。
② 牟宗三：《中国哲学十九讲》，第252—253页。

系统"，属于"实践的形上学"（practical metaphysics），不是"理论的（知解的）形上学"（theoretical metaphysics）。而康德哲学的诸多理念如"第一因"等"在思辨理性中是毫无客观真实性可言，它只是个空理"，无法证实，由此"必须经由实践理性才能得到客观的真实性"；牟宗三还将"一心开二门"从形而上学上进行定位，"形而上学以道德为基础"，而"'一心开二门'是属于道德的形上学或超绝的形上学的层次"，他认为只有在这种程度上说"一心开二门"才有意义。① 这即是说，牟宗三认为康德哲学中的理念属于空理，无法实践证成，而无所着落，而"一心开二门"恰是需要实践证成的，属于道德的形上学，因此可以弥补其缺憾。

牟宗三直陈康德哲学是"设准"，只是一种假设的理念，而缺乏实践，需要中国哲学"直觉呈现"来弥补，而其工具，则是《起信论》之"一心开二门"架构。他说：康德的上帝等理念只是"设准"（假设），知识无法达到，其问题在虽强调人的"实践理性"，却不认人有"智的直觉"、"如来藏自性清净心"。康德说行动属于"感触界"（相当于生灭门），行动原因属于"智思界"（相当于真如门），行动本身亦当上通"清净门"（真如门），却被康德漏掉；"现象与物自身只是一物的两面"，"不同的呈现而已"，以"一心开二门"架构来消化康德哲学系统，是中国哲学对西方哲学的贡献。牟宗三宣称，"只有依据中国的传统"，才能看出康德哲学"不圆满、不究竟之处"。② 牟宗三将《起信论》"一心开二门"视为解决康德哲学问题的钥匙。

同时，牟宗三既看到其问题根源，也提出了解决方式。"或许问题就在于康德把'自由意志'这个理念只当做设准看。既是设准，则不能被直觉，也无法呈现"，解决方式是将"设准"转变为"呈现"，"如王阳明所说的良知，本身即是一种呈现"。如果"理念只是个假定，永远无法呈现"，讲理多、讲心少，道德实践力量微弱，则理论容易落空；要能"当下呈现"，否则，"永远无法成圣成佛"，成佛只是一个理想。康德哲学里行动只是现象，而"一心开二门"，行动是由本心发动，"本身即物自身"。③ 将行动贯穿真如与生灭，人才有可能成圣成佛，否则依康德哲学，法性本体永远无法企及，人与圣、佛境界存在天然鸿沟。

---

① 牟宗三：《中国哲学十九讲》，第258—259页。

② 牟宗三：《中国哲学十九讲》，第259—261页。

③ 牟宗三：《中国哲学十九讲》，第262—263页。

鉴于此，牟宗三提出西方康德哲学与中国哲学的相互促进性。"康德哲学再往前推进，则必须与中国哲学互相摩荡，互相结合；同时，要使得中国哲学更充实，更往前推进，亦必须与西方康德哲学相接头，如此才能往下传续。这种文化的交流，正显出佛教'一心开二门'这一架构的重要性。"①牟宗三认为中国哲学，既是现象，也是物自身，只是透过现象呈现出来；尤其"一心开二门"架构，圆满对接了现象界与本体界，并解决了"智的直觉"这一"设准"问题，将"设准"转变为"呈现"，从哲学假设转为道德实践，使"理论形上学"变为"实践形上学"或"道德形上学"。当然在某些方面，中国哲学也需要吸收康德哲学的正面积极性。牟宗三在《中西哲学之会通十四讲》中说：佛教说生灭门是从负面说，康德说人生问题是从正面说，以实践理性说，因此生灭门是积极的，但儒释道则显得比较消极。② 另外，佛教缘起法，例如生灭常断，是执着，而康德不说是执着，而说"知性的先验概念"，是以正面方式说，其实"由不相应行法可把佛教之知识论说出来，以康德所做到的来补充它，使原来是消极的转成积极的"。③ 牟宗三站在中西哲学文化之间，以佛教"一心开二门"架构对应康德现象界与本体界，力图以中国哲学之"呈现"消弭西方理念"设准"之弊端，并引进康德在知识论方面的正面积极性来消除中国哲学言说的消极性，虽一家之言，但有一定道理，其言可贵，而其情怀更可佩。

六、结语

综上，唐君毅和牟宗三对《起信论》理解与诠释有同有异，某些具体问题观点类似，但在判教根本方向上不同。从相同处看，例如有：真如"生"无明之"生"义，是依傍（唐）或凭依（牟），意义相近；《起信论》真如心与中国孔孟性善说、"人皆可为尧舜"等观点相近，等等。然而二人判教观点大相径庭。从判教而言，唐君毅认为《起信论》是圆教，而牟宗三则认为是别教，天台才是圆教。总结唐、牟诠释相异点，主要有三方面：一、角度不同。唐君毅看问题的角度倾向于体认、反省、反观式，比如"修行之功夫之究竟处，加以悬想"，"在人之成佛处

规范性问题和中西哲学

---

① 牟宗三：《中国哲学十九讲》，第 266 页。

② 牟宗三：《中西哲学之会通十四讲》，长春：吉林出版集团有限责任公司，2010 年，第 85 页。

③ 牟宗三：《中西哲学之会通十四讲》，第 95 页。

看"等。而牟宗三则更倾向于义理分析,将他人观点拿来比较,比如吕澂、康德等。二、观点不同。比如判教相异,一个认为圆教,一个认为别教。三、立场不同。唐君毅倾向于华严宗思想,牟宗三倾向于天台宗思想,他们对"真如缘起"的理解不同,这才是导致二人判教方向不同的根本原因。试究其诠释不同之原因,有三点。一、归趣不同。这是根本不同,决定了其他走向不同,唐归华严,牟属天台。二、知识范围不同。唐君毅主在中国哲学范围,牟宗三则不拘束于中国,而是学贯中西,以"一心开二门"架构沟通康德,试图以"呈现"转变"设准",使"理论形上学"变为"实践形上学"或"道德形上学"。三、理解方法与表达方式不同。唐君毅更倾向中国式反省、推想、体认,如修道观念、成佛观念、反观理解;牟宗三更倾向概念分析,作中西概念对比,并试图沟通中西。当然二人都有分析与体认,只是比较而言,取特色鲜明处对比。

　　唐君毅认为"真如缘起"代表了中国佛教的圆融性,而牟宗三则认为"真如"还是过于纯净、孤悬(不接地气),其紧张感没有打破,不如天台"性具善恶"那么究竟。正是他们对"真如缘起"的理解不同,导致他们对很多思想的看法不同。通过对比就会发现,他们二人不只是在《起信论》这里产生异见,在其他部分的思想中,处处可见这种理念差异,而这种差异来源就在于此。

　　将唐君毅、牟宗三对于《起信论》的理解和诠释进行对比,有一定学术意义。正是他们二人的这种差异,反而有利于我们对《起信论》思想加深理解、全面把握,并丰富思考维度,扩充问题视角,增加诠释资源。这种不同诠释,为我们理解真如与无明、阿梨耶识关系等问题提供重要参考,对于我们理解唐君毅、牟宗三思想差异之由来,也有一定启发意义。

The Inner Perception and the Appearance of Assumption: The Differences between Tang Junyi's and Mou Zongsan's Explanations about *The Awakening of Faith Sutra*

Tian Xi

Abstract: *The Awakening of Faith Sutra* was a symbol classical work of Chinese

Buddhism, Tang Junyi and Mou Zongsan interpreted it differently. By comparing Tang's explanation with Mou's, we found that their different opinions came from their different beliefs in Chinese Buddhism, though they have something in common. Tang preferred the Huayan School, Mou preferred the Lotus Sutra School. In the framework of One Mind with Two Aspects, Mou linked up Chinese philosophy with Kant's philosophy, and he attempted to turn "assumption" to "appearance", turn "theorical metaphysics" to "practical metaphysics" or "moral metaphysics".

Keywords: *The Awakening of Faith Sutra*, Tang Junyi, Mou Zongsan, Thusness, One Mind with Two Aspects

322

律仪戒研究
——兼论菩萨戒与声闻戒的关系

方 强*

[摘　要]　三聚净戒是大乘佛教菩萨戒的典型形态,其中的律仪戒作为菩萨戒的构成要素之一,起到沟通声闻戒与菩萨戒的重要作用。在内容上,律仪戒虽然与声闻戒大致相同,但从内在精神上说,律仪戒已经超出声闻戒的范围,成为导向菩萨戒的中介。若能准确理解律仪戒的内涵、性质及其在佛教戒律体系中的地位,则不仅有助于从理论上完整把握声闻戒与菩萨戒之间的关系,也可以在实践上为菩萨戒的清净持守提供指导。

[关键词]　律仪戒;菩萨戒;声闻戒;三聚净戒

三聚净戒,简称三聚戒,又名三受门①,是菩萨戒三品的

＊　方强(1984—　),男,湖北石首人,华东师范大学哲学系博士研究生,上海古籍出版社助理编辑,研究方向为佛教戒律、汉语佛典整理。

①《菩萨璎珞本业经》卷下,竺佛念译,《大正藏》第24册,第1020页中—下。

总称^①,构成完整而成熟的菩萨戒理论体系。顾名思义,三聚净戒意为三种戒的聚合:律仪戒,或称摄律仪戒,意即止息一切恶法。摄善法戒,意指修习一切善法,具体而言,应以无漏善法为核心。如窥基所说:摄善法戒"以有为、无为无漏善法为体,有漏善法非正应修,体可断故"^②。饶益有情戒,又名摄众生戒、度众生戒,意谓广度一切众生。^③ 律仪戒侧重止持,后二种戒侧重作持。

摄善法戒与饶益有情戒是菩萨戒根本精神的集中体现。从戒学角度言之,菩萨戒作为大乘佛法的基本要素,主要就落实在此二种戒。那么,律仪戒在菩萨戒(三聚净戒)中扮演什么角色呢? 是否如一般所认为的,律仪戒实即声闻七众别解脱戒(声闻戒),只是因其被纳入菩萨戒体系而换了一种称呼而已? 事实上,无论在理论上,还是在实践中,律仪戒作为菩萨三聚净戒之一,都具有基础性的地位。具体而言,律仪戒在内容上与声闻戒略同,但从内在精神来看,律仪戒实际上是沟通声闻戒与菩萨戒的桥梁和中介,或者说是由声闻戒转化为菩萨戒的枢纽。若仅将其视为声闻戒的别称,实已割裂菩萨三聚净戒的有机结构,由此,对菩萨戒的理解就容易流于支离,而在持守菩萨戒时则难免虚浮。

简言之,在考察菩萨戒时,既不能脱离声闻戒,也不能执泥于声闻戒,而应以律仪戒贯通声闻戒与菩萨戒,进而以悲智为导,广修善法,饶益有情,自利利他。唯有如此,才能准确理解律仪戒的深刻内涵,并适当处理声闻戒与菩萨戒之间的复杂关系。

一、律仪戒的含义与范围

律仪,梵语 saṃvara,意为防护、自制。在内涵上,有狭义、广义之分:前者是指根境相对之时,对合意的不生贪着,对不合意的不起瞋恚,亦即六根律仪。广义上说,由防护恶法、自制不犯所构成的仪则,均属律仪。此处所说律仪戒

规范性问题和中西哲学

---

① 无著《摄大乘论本》卷下:"谓菩萨戒有三品别:一、律仪戒,二、摄善法戒,三、饶益有情戒。"玄奘译,《大正藏》第 31 册,第 146 页中。

② 窥基:《成唯识论述记》卷一〇,《大正藏》第 43 册,第 582 页上。

③ 安慧《大乘阿毗达磨杂集论》卷一二曾以"十八种任持"概括六度,参见《大正藏》第 31 册,第 749 页中—下。据窥基所说,三聚净戒分别对应三种任持:"律仪戒,是善任持;摄善法戒,是菩提任持,是彼因故;饶益有情戒,是大悲任持。"见窥基:《成唯识论述记》卷一〇,《大正藏》第 43 册,第 576 页下。

（梵 saṃvara-śila），乃就广义而言。在这个意义上说，律仪戒又名离戒，即离过戒。戒，意为清凉。所以，律仪戒即指消除过恶之热恼以后所产生的清凉。从因上说，所有能达到消除热恼或生起清凉这一效果的言语行为规范，都可称为律仪戒。

以三聚净戒的角度来看，律仪戒在内容上实即声闻戒[①]，主要功能是止恶。[②] 据《戒品》说："律仪戒者，谓诸菩萨所受七众别解脱律仪。"[③]所谓七众，指苾刍、苾刍尼、正学女、勤策男、勤策女、近事男、近事女。七众的差别，由所受之戒不同而来[④]，而且此处所说之戒仅限于别解脱戒。换言之，七众只能依据别解脱律仪而安立。所谓别解脱律仪，又作波罗提木叉（梵 prātimokṣa）。波罗提（梵 prāti）有多重含义：(1)最前，因戒在定慧之先；(2)极胜，戒防护能得胜义；(3)别，意为佛陀所制的一条条（别别）学处（戒条），受持以后能够弃舍种种恶行。木叉（梵 mokṣa），意为解脱，指能解脱恶趣的怖畏。详言之，如《根本萨婆多部律摄》所说："言别解脱者，由依别解脱经如说修行，于下下等九品诸惑，渐次断除永不退故，于诸烦恼而得解脱，名别解脱。又见修烦恼其类各多，于别别品而能舍离，名别解脱。"[⑤]

若以出家、在家而分，前五为出家戒，后二为在家戒。出家众中，女众较男众多出正学女。所谓正学女，又称式叉摩那尼、学法女、学戒女，意即在尼众中学法。关于正学女的起源，据《大智度论》所载，佛在世时有一长者之妇，不知有孕而出家受具足戒，其后身体显形，引起讥嫌。因此，佛乃作出两年学戒、受六法的规定。[⑥] 具体来说，据《四分律》所载，童女十八岁者，二年学戒，年满二十则受苾刍尼戒；若年十岁，曾出嫁者，必须学戒二年，满十二岁才允许受戒。在此两年间，分别修学四根本戒、六法及一切比丘尼戒行，坚固道心，且验知是否有

---

① 弥勒：《瑜伽师地论》卷七五："当知菩萨毗奈耶略有三聚。初、律仪戒毗奈耶聚，如薄伽梵为诸声闻所化有情略说毗奈耶相，当知即此毗奈耶聚。"玄奘译，《大正藏》第30册，第710页下—第711页上。

② 龙树：《大智度论》卷二二："是律仪戒能令诸恶不得自在，枯朽折减。"鸠摩罗什译，《大正藏》第25册，第225页下。

③ 弥勒：《瑜伽师地论》卷四〇，玄奘译，《大正藏》第30册，第511页上。

④ 龙树：《大智度论》卷二二："云何分别有七众？以有戒故。"《大正藏》第25册，第228页中—下。

⑤ 胜友：《根本萨婆多部律摄》卷一，义净译，《大正藏》第24册，第525页上。

⑥ 龙树：《大智度论》卷一三，鸠摩罗什译，《大正藏》第25册，第161页下。

妊。① 其中，六法指染心相触、盗人四钱、断畜生命、小妄语、非时食、饮酒。正学女在修学六法时，仍保有勤策女的戒体，并不发起新的戒体。② 所以，严格来说，正学女不能算是真正独立的出家众之一，而只是从勤策女向苾刍尼过渡的中间阶段。在勤策女的基础上增加正学阶段，主要是为了使其对学戒生起爱乐之心，渐渐修学更多的戒法，进而真正受持苾刍尼律仪。③

在家众中，通常只有在家男女二众，但准确来说，还应包括近住男、近住女。近住，意为近圣道而住。又称善宿，意为离不善而住于善道。具体来说，是指在家男女受持一日一夜之八斋戒，以亲近三宝。安立近住的理由，可从苾刍、近事、近住三大类的分别进行考察。《摄决择分》说道，之所以分为这三大类，是由于化导的对象有三种："(1)或有能行离恶行行及离欲行，(2)或有能行离恶行行、非离欲行，(3)或不能行离恶行行及离欲行。"④第一种针对苾刍、苾刍尼，第二种针对近事男、女，第三种针对近住男、女。近住男、女只是在特定的时间受持八斋戒，虽然无法彻底断除恶行、离非梵行，但毕竟已经获得精进修学的机会。为此，如果根据八斋戒这一独立的戒法，将近住视为佛法信众的一类，应该也是合理的。正是在这个意义上，《俱舍论》才说："别解脱律仪，虽有八名，实体唯四：一、苾刍律仪，二、勤策律仪，三、近事律仪，四、近住律仪。"⑤不过，因为近住戒只是以近事的身份受持一日一夜，在其他时间仍然恢复近事的身份，所以，严格来说，近住戒实即近事戒的加强版，没有必要独列。或许正是由于这个原因，《戒品》没有将其纳入七众。

二、律仪戒的圆满之道

以律仪戒而言，圆满意谓持戒清净。这一过程主要包括"住"和"护"两个方面：住即不舍，护即防护。⑥《摄决择分》说："若能于此精勤守护，亦能精勤守护

① 《四分律》卷四八，佛陀耶舍、竺佛念等译，《大正藏》第 22 册，第 924 页上。

② 道宣：《四分律删繁补阙行事钞》卷三，《大正藏》第 40 册，第 155 页上。

③ 《瑜伽师地论》卷五三，《大正藏》第 30 册，第 591 页中。

④ 同上，第 590 页下。

⑤ 世亲：《阿毗达磨俱舍论》卷一四，玄奘译，《大正藏》第 29 册，第 72 页中。

⑥ 《瑜伽师地论》卷四〇："菩萨成就如是十支，名住律仪戒，善护律仪戒。"《大正藏》第 30 册，第 512 页中。

余二。若有于此不能守护,亦于余二不能守护。"①此处的精勤守护,正是针对律仪戒而言的。如何圆满律仪戒? 简单来说就是要做到"善安住身语律仪,修治净命"②。若详细展开,可以从十个方面着手,此即《戒品》所言:"菩萨成就如是十支,名住律仪戒,善护律仪戒。谓不顾恋过去诸欲,又不希求未来诸欲,又不耽着现在诸欲,又乐远离不生喜足,又能扫涤不正言论诸恶寻思,又能于己不自轻蔑,又性柔和,又能堪忍,又不放逸,又能具足轨则、净命。"③现分释如下:④

(一) 不顾恋过去诸欲

谓诸菩萨住别解脱律仪戒时,舍转轮王而出家已,不顾王位如弃草秽。如有贫庶为活命故弃下劣欲而出家已,不顾劣欲,不如菩萨清净意乐舍轮王位而出家已,不顾一切人中最胜转轮王位。

在佛教看来,人间至尊至贵,莫过于转轮圣王。菩萨出家以后,视转轮王位如腐草粪秽,弃之不顾。出家的尊贵远远超过世间的至宝,较前者而言,后者实为劣等的希欲。所谓欲,即五欲,又作五妙欲,指染着色、声、香、味、触五境而生起的欲望。⑤ 就欲的自性而言,有两种含义: 第一,事欲,指各种受用;第二,烦恼欲,指"于事欲随逐爱味,依耽着识发生种种妄分别贪"⑥。其中,事欲是所缘,烦恼欲是能缘。出家之时,既然已经弃舍在家时的各种受用,此后如果又对其生起顾恋之心,则会使别解脱戒不得清净。

值得注意的是,文中所说的清净意乐,应指菩萨求证的目标,并非已经证得清净意乐然后才舍转轮王位而出家。文中举例说,贫苦之人为了活命也能弃舍下劣欲而出家,并且不顾恋劣欲。其中,活命是目标,与此相应,清净意乐也是

---

① 《瑜伽师地论》卷七五,同上,第711页中。

② 《瑜伽师地论》卷一八,《大正藏》第30册,第376页中。

③ 《瑜伽师地论》卷四〇,同上,第512页中。

④ 下文十支原文,见《瑜伽师地论》卷四〇,同上,第511页下—第512页中。下文不再一一注出。

⑤ 昙无谶译作"五欲"。《菩萨地持经》卷四:"菩萨住波罗提木叉律仪戒,舍转轮王,出家学道,不顾尊位,如视草土,舍离五欲,如弃涕唾。"《大正藏》第30册,第910页下。

⑥ 《瑜伽师地论》卷一九,同上,第387页下。

菩萨所追求的目标。①

（二）不希求未来诸欲

> 又诸菩萨住律仪戒，于未来世天魔王宫所有妙欲不生喜乐，亦不
> 愿求彼诸妙欲修行梵行。于彼妙欲尚如实观，犹如趣入广大种种恐畏
> 稠林，况余诸欲。

做到不顾恋过去诸欲，只是第一步。出家修行梵行，不是为了来世能够享受天宫妙欲，而是为了自度度人。不然，所有善行都只能称作人天善法，与律仪戒无关，这类情形又称"邪行"。② 天宫妙欲虽为欲界之最，但仍在三界范围之内，受用完毕，还是难免堕落轮回。对于精勤防护律仪戒的人而言，即便是天宫妙欲，也应不生希求，何况是其他希欲呢！因此《大方等大集经》强调说："为受生故持戒是为魔业。"③

以上两支中，第一支只说人间，第二支只说天宫，道理何在？因为律仪戒重在出家，而天宫没有出家之事，从出离的角度来讲，应强调人间妙欲。从对未来诸欲的希求来看，欲界妙欲无过于天宫，所以，在不顾恋过去诸欲的基础上，还应做到动机纯正，不为未来诸欲而修行梵行。

（三）不耽着现在诸欲

> 又诸菩萨，既出家已，于现在世尊贵有情种种上妙利养恭敬正慧
> 审观，尚如变吐曾不味着，何况于余卑贱有情所有下劣利养恭敬。

利养恭敬，即名闻利养，主要指现世而言。佛法视之为修道的障碍，极具危害，所以又有"软贼"之名。④《大宝积经》提到四种沙门，其中之一即"贪求名闻

规范性问题和中西哲学

---

① 参见韩清净：《瑜伽师地论科句披寻记》，纽约：科学出版社纽约公司，1999年，第2300页。

② 《瑜伽师地论》卷一〇〇："谓有一类补特伽罗，先求涅槃而乐出家。出家已后，为天妙欲爱味所漂，所受持戒回向善趣，唯护尸罗便生喜足。是名外结补特伽罗于增上戒第一邪行。"《大正藏》第30册，第878页上。

③ 《大方等大集经》卷一五，昙无谶译，《大正藏》第13册，第105页下。

④ 《大智度论》卷一四："恭敬、供养虽不生恚，令心爱着，是名软贼。"《大正藏》第25册，第164页中。

沙门",指仅为贪图名闻利养而出家,缺乏真正的出离心。① 若为名闻利养而持戒,则是魔戒。② 菩萨所欲,唯有上求菩提、下化众生,除此以外,别无所求。贪着名闻利养,是凡夫行,犹如为魔所缚,不得自在。

(四) 乐远离不生喜足

> 又诸菩萨,常乐远离,若独静处、若在众中,于一切时,心专远离,寂静而住。不唯于是尸罗律仪(梵 Sila-samvara)而生喜足,依戒、住戒,勤修无量菩萨等持,为欲引发、证得、自在。

远离包括身远离、心远离③,或加上"身心俱远离"为三种远离。身远离指独处空闲,不与在家出家众杂住,并断绝各种交游。心远离指虽与众人杂处,而能安住内心,心不放逸,精进修行。然而,菩萨不应以此为满足,为持戒而持戒,并不是真正的持戒。所以《菩萨善戒经》说:"若有于戒生知足者,当知是人不名持戒。"④所谓因戒生定,应以持戒为基础,进而勤修无量等持。等持,即定的别名,又译作三昧、三摩地等。其种类略说有三,如空、无相、无愿,有寻有伺、无寻唯伺、无寻无伺;广说则无量。所谓引发、证得、自在,分别对应修习对治中的在家位、出家位、远离闲居修瑜伽位⑤,层层递进,逐渐深入。

(五) 扫涤不正言论、诸恶寻思

> 又诸菩萨,虽处杂众,而不乐为乃至少分不正言论;居远离处,不起少分诸恶寻思。或时失念暂尔现行,寻便发起猛利悔愧,深见其过。

---

① 《大宝积经》卷一一二:"何谓名闻沙门?有一沙门,以现因缘而行持戒;欲令人知自力读诵,欲令他人知为多闻;自力独处在于闲静,欲令人知为阿练若;少欲知足行远离行,但为人知,不以厌离、不为善寂、不为得道、不为沙门婆罗门果、不为涅槃;是为名闻沙门。"《大正藏》第11册,第636页中。

② 智顗:《摩诃止观》卷八,《大正藏》第46册,第116页下。

③ 《瑜伽师地论》卷一三:"谓能远离卧具贪着,或处空闲,或坐树下,系念现前,乃至广说,名乐空闲;当知此言显身远离。若能于内九种住心,如是名为内心安住正奢摩他;当知此言显心远离。"《大正藏》第30册,第341页上一中。

④ 《菩萨善戒经》卷四,求那跋摩译,《大正藏》第30册,第983页中。

⑤ 《瑜伽师地论》卷二〇,同上,第390页上。第三位"远离闲居修瑜伽位",又简称"远离位"。《大正藏》第30册,第377页中。

数数悔愧,深见过故,虽复暂起不正言论、诸恶寻思,而能速疾安住正念,于彼获得无复作心;由此因缘,则能拘检。习拘检故,渐能如昔于彼现行深生喜乐,于今安住彼不现行喜乐亦尔。又能违逆,令不现起。

心远离时,虽然身处杂众,内心不会生起丝毫不正言论。所谓不正言论,指倡妓、吟咏、歌讽、王贼、饮食、淫荡、街衢等种种在佛教看来没有意义且不符合正法的言论。而身远离时,内心也不会生起种种罪恶不善的念头,此即恶寻思,或不正寻思。恶寻思是成就正定的障碍之一,《瑜伽师地论》将成就正定的过程分为九个阶段,称作"九种心住"。[①] 其中的第六阶段为"寂静",其含义是:"谓有种种欲、恚、害等诸恶寻思,贪欲盖等诸随烦恼,令心扰动。故彼先应取彼诸法为过患想,由如是想增上力故,于诸寻思及随烦恼止息其心不令流散,故名寂静。"[②] 恶寻思能够令心流散,生起各种恶不善法。其种类略有八种,分别是欲、恚、害、亲里(眷属)、国土、不死、轻蔑相应、家势相应寻思。[③] 如其中的欲、恚、害三种寻思,又称"三不善法""三不善觉",会对出家的乐欲形成障碍。亲里、国土、不死三种寻思,主要障碍正定的获得。[④]

如果由于失念而使得不正言论、诸恶寻思暂时现行,应该对其生起过患之想,发起猛利的惭愧之心,如此便能安住正念,从中出离。此后时时自我约束[⑤],不再为不正言论、诸恶寻思所扰乱。通过不断的自我约束,便可断除"自心杂染爱乐相",而现起"杂染还灭方便善巧相"。前者指爱乐不正言论、诸恶寻思等杂染法,不能安住爱乐出离心,由此陷入其中无法自拔。而后者是说,深知染法的过患,所以不应随顺杂染法而转,而是应该安住正念,爱乐无染的善法,进而舍弃染法。[⑥]

---

① 《瑜伽师地论》卷三〇,《大正藏》第 30 册,第 450 页下。

② 同上,第 451 页上。

③ 此八种恶寻思的含义,见《瑜伽师地论》卷八九,《大正藏》第 30 册,第 803 页上—中。

④ 《瑜伽师地论》卷五九,同上,第 628 页下。

⑤ 文中所说"拘检",意为约束、检点。如窥基《瑜伽师地论略纂》卷一一所言:"言拘检者,即拘检其心,令不起恶散乱。如人作拘检时,不生纵逸等。"《大正藏》第 43 册,第 145 页中。遁伦《瑜伽论记》卷一〇说:"自敛摄名拘检。"《大正藏》第 42 册,第 534 页中。藏译为"除遣",见汤芳铭《瑜伽师地论戒品纂释》,高雄:弥勒讲堂,2009 年,第 56 页。

⑥ 《瑜伽师地论》卷五一,《大正藏》第 30 册,第 582 页中—下。

(六) 于己不自轻蔑

又诸菩萨,于诸菩萨一切学处,及闻已入大地菩萨广大、无量、不可思议长时最极难行学处,心无惊惧,亦不怯劣。唯作是念:"彼既是人,渐次修学,于诸菩萨一切学处广大、无量、不可思议净身语等诸律仪戒成就、圆满;我亦是人,渐次修学,决定无疑,当得如彼净身语等诸律仪戒成就、圆满。"

菩萨一切学处,指七处,即《自他利品》所说自利处、利他处、真实义处、威力处、成熟有情处、成熟自佛法处、无上正等菩提处。[①] 此七处构成《菩萨地》的七品。入地菩萨所修学处主要有以下几种特征:(1)广大,指发心。(2)无量,指利益安乐无量众生。(3)不可思议,指菩萨证真实义,具有不可思议的威力。(4)长时最极难行,指菩萨的修学需要经过三大阿僧祇劫,在生死轮回中,难行能行,难忍能忍。意思是说,初学菩萨对此不要心生畏惧,对自身也不必生起下劣之想。既然同样具有菩萨种性,就应敢于承担,勇猛精进,以入地菩萨为榜样,成就圆满身语意三种律仪。于诸律仪既不弃舍也不毁犯,即是成就;没有漏失及犯已还净,即名圆满。

(七) 性柔和

又诸菩萨,住律仪戒,常察己过,不伺他非。普于一切凶暴、犯戒诸有情所,无损害心,无瞋恚心。菩萨于彼,由怀上品法大悲故,现前发起深怜愍心,欲饶益心。

常察己过,不伺他非,《菩萨善戒经》译作"自省己过,不讼彼短"[②]。从文字上看,这只是原则性的道德劝诫。而在具体行持的过程中,还需要更加细微地思惟决择,由此这两句话的内涵将更为清晰。如韩清净对此的解说为:"谓于一切凶暴犯戒诸有情所从他怨害所生众苦现在前时,自正思择如此是我自

---

① 《瑜伽师地论》卷三五,《大正藏》第 30 册,第 482 页下。

② 《菩萨善戒经》卷四,同上,第 983 页下。

业过耳。由我先世自造种种不净业故，今受如是种种苦果；我今于此无义利苦若不忍者，复为当来大苦因处。是名常察己过。复自思择我若于此大苦因法随顺转者，便为于己自作非爱，便为于己自生结缚，便为于己自兴怨害，非是于他。是名不伺他非。"①意思是说，现前遭受的所有苦难，都是自身的业力所致，要想跳脱出来，也唯有依靠自身的努力。如果不能认清这一点，而一味将受苦的原因归罪于他，便是自寻烦恼，自我束缚，对于问题的解决毫无助益。

反言之，从犯戒者的角度考虑，犯戒是由无知或烦恼所致，本身即是苦。如果对之生起损害心、瞋恚心，对于犯戒者而言可谓苦上加苦，实在有违菩萨律仪之道。详言之，可作如下五种思惟：宿生亲善想、随顺唯法想、无常想、苦想、摄受想。②所谓宿生亲善想，意即无始以来自他之间都曾有过父母、兄弟、姊妹、师徒等眷属关系。所谓随顺唯法想，即指诸法无我，从胜义上说，所有损害并不存在施者与受者。所谓无常想，即指诸行无常。一切有情的身心都是念念迁变，过去已逝、未来未至、现在不住，对于无常法尚不应生起染着心，何况见诸身、语二业的各种损害言行呢？所谓苦想，即指有受皆苦。既然世间的快乐都属于苦，又何以忍心不仅不助他脱苦，反而还苦上加苦呢？所谓摄受想，主要是说，菩萨为了一切众生而发菩提心，既然如此，则应安受众苦。

菩萨对于众生不仅不应有损害心、瞋恚心，反而更应生起深怜愍心、欲饶益心。若要生起此二种心，必须怀有"上品法大悲"。《忍品》在叙述"遂求忍"时说："(谓诸菩萨)于极凶暴上品恶业诸有情所，依法大悲不损恼忍；于诸出家犯戒者所，依法大悲不损恼忍。"③《忍品》所说"法大悲"与此处"上品法大悲"含义相近。韩清净对"依法大悲"的解释是："菩萨发心，大悲为因，名法大悲。一切所作，唯以大悲而为上首，是名依法大悲。"④所谓上品法大悲，昙无谶译为"法心悲心"⑤，遁伦和窥基都曾引用隋慧远的解释，如窥基说："远师云：法心者，是

① 韩清净：《瑜伽师地论科句披寻记》，第 2306 页。
② 五种想的具体含义，参见《瑜伽师地论》卷四二，《大正藏》第 30 册，第 523 页中—下。
③ 同上，第 525 页上。
④ 韩清净：《瑜伽师地论科句披寻记》，第 2465 页。
⑤ 《菩萨地持经》卷四，昙无谶译，《大正藏》第 30 册，第 911 页上。

规范性问题和中西哲学

慧,以慧知彼是法数,故无人可瞋;悲心者,悲心救彼,恐当受苦。"①若从诸法无我的角度观照,并不存在瞋恚的对象,但这并不妨碍菩萨生起同体大悲之心。由此出发,窥基接着对玄奘的新译作出解说:"法大悲者,由怀上品法可起大悲。意取悲救众生,不论法也。"②不难看出,此处所述集中体现了大乘佛法空有无碍的圆融精神。而之所以将此称作"上品",也恰恰说明此为大乘不共法。以此为基础,才能真正发起深怜愍心和欲饶益心,由怜愍而饶益,正是行菩萨道的核心精神。

(八)能堪忍

又诸菩萨,住律仪戒,虽复遭他手足、块石、刀杖等触之所加害,于彼尚无少恚恨心,况当于彼欲出恶言,欲行加害? 况复发言毁辱诃责,以少苦触作不饶益?

若能生起深怜愍心、欲饶益心,即便遭受他人身、语二业的侵害,也不起恶心,更不会报以恶言恶行。恶言是指诤讼、骂詈、诃责等,属语业。恶行,或言加害,是指以手足、块石、刀杖等伤害他人,属身业。意业既已清净,身、语二业便不会现行,由此则能安住四沙门法:他骂不报骂,他瞋不报瞋,他打不报打,他弄不报弄。③

又如《摄事分》提到,忍辱、柔和是修学佛法的重要品质,这不仅利于自身,还能在人与人的交往过程中,对他人产生潜移默化的影响,从而令其对佛法生起净信。所谓忍辱、柔和,前者侧重外在的不报复,后者则指内在的不愤恨。如

① 窥基:《瑜伽师地论略纂》卷一一,《大正藏》第43册,第145页中。遁伦《瑜伽论记》卷一〇所引为:"远法师云:法心者,是慧,以慧如(知)彼是法数,故无人可瞋。悲心者,救彼恐当受苦。"《大正藏》第42册,第534页中。

② 窥基:《瑜伽师地论略纂》卷一一,《大正藏》第43册,第145页中。

③ 四沙门法,见《佛阿毗昙经出家相品》卷下:"此四是世尊知者见者,如来、应供、正遍知,如是出家受具足戒比丘,说所作沙门法,为满足沙门故。是故比丘,尽形寿应修学。何等为四? 汝某甲,听骂不应报骂,此是初沙门法,汝于此处,尽形寿应修学。瞋不报瞋,此是第二沙门法,汝于此处,尽形寿应修学。毁不报毁,此第三沙门法,汝于此处,尽形寿应修学。打不报打,此第四沙门法,汝于此处,尽形寿应修学。"真谛译,《大正藏》第24册,第971页下。

文中说："言忍辱者，谓于他怨，终无返报。言柔和者，谓心无愤，性不恼他。"①

（九）不放逸

又诸菩萨，住律仪戒，具足成就五支所摄不放逸行（梵apramāda）：一、前际俱行不放逸行。二、后际俱行不放逸行。三、中际俱行不放逸行。四、先时所作不放逸行。五、俱时随行不放逸行。(1)谓诸菩萨，于菩萨学正修行时，若于过去已所违犯如法悔除，是名菩萨前际俱行不放逸行。(2)若于未来当所违犯如法悔除，是名菩萨后际俱行不放逸行。(3)若于现在正所违犯如法悔除，是名菩萨中际俱行不放逸行。(4)若诸菩萨，先于后时当所违犯发起猛利自誓欲乐，谓我定当如如所应行，如如所应住，如是如是行，如是如是住，令无所犯，是名菩萨先时所作不放逸行。(5)若诸菩萨，即以如是先时所作不放逸行为所依止，如如所应行，如如所应住，如是如是行，如是如是住，不起毁犯，是名菩萨俱时随行不放逸行。

不放逸行包括五个方面：一、前际俱行不放逸行；二、后际俱行不放逸行；三、中际俱行不放逸行；四、先时所作不放逸行；五、俱时随行不放逸行。这五个方面又名"五支不放逸"②，是尸罗律仪亏损的十种因缘之一。③ 对此全无所阙，名为具足；恒常安住，名为成就。前际、中际、后际，即是过去、现在、未来三世。此三世刹那不住，相续变异，菩萨行与之共时而行，所以名为俱行。如韩清净所释："俱有而转，是名俱行。谓不放逸与菩萨行于一刹那同生灭故，由此能持菩萨加行圆满无上菩提果故。"④于此三时，若对尸罗律仪稍有违犯，随即悔除，则

规范性问题和中西哲学

---

① 《瑜伽师地论》卷九二，《大正藏》第30册，第825页中。

② 如《瑜伽师地论》卷一七说："五支不放逸者，谓去、来、今、先时所作，及俱所行。"同上，第368页下。

③ 见《瑜伽师地论》卷二二："又即如是尸罗律仪，由十因缘当知亏损。……一者，最初恶受尸罗律仪。二者，太极沉下。三者，太极浮散。四者，放逸懈怠所摄。五者，发起邪愿。六者，轨则亏损所摄。七者，净命亏损所摄。八者，堕在二边。九者，不能出离。十者，所受失坏。"同上，第403页中一下。其中的放逸懈怠所摄共有五种，即此处五支所摄不放逸行所要对治的对象。

④ 韩清净：《瑜伽师地论科句披寻记》，第2309页。

能具足成就前三支不放逸行。简言之,意即"三世精进为三"①。

后二支颇难索解,首先来看"如如所应行,如如所应住,如是如是行,如是如是住"四句。从文字上看,这四句话的含义是,应行当行,应住当住,只有真正做到如是行、如是住,才能无所违犯。此处的行与住,隋慧远释为"作善法"与"止善法",亦即戒学中的作持与止持。② 韩清净则认为,此处所说应指声闻律仪中行时住时正知而住,偏重于行住坐卧、语默动静等威仪;对于菩萨律仪而言,这些也是应该修学的内容。③ 事实上,以上两种解释并不冲突,慧远所释应指戒学的精神,而韩清净所指应为持戒的相状,或者说,后者是前者的表现,前者为后者的深化。

再看后二支的具体含义。窥基解释第四支"先时所作不放逸行"时说:"此中意谓,如有一前身于未来所有犯处自誓不犯,于所应行法誓行之。以过去发愿,后身所有善法皆行之,恶皆息之。是此中意。"④意思是说,在恶法尚未现行之时,即发起自誓欲乐,终不毁犯。同时,在善法尚未现行之时,也发起自誓欲乐,定当勤修。关于第五支"俱时随行不放逸行",即是以第四支为依止,在恶法与善法正在现行之时,对于恶法精进断除,对于善法精进修习。总的来说,第四支是根本,若能具足圆满此支,则能具足圆满其他;若误而违犯,则应如法忏除。所以,圆测总结说:"此五中,前三是悔过行,后之二种是防非行。悔过堕三世,故有三异。防非过未,故有二别。"⑤

以上五支从时间上展开为三世,而在三世之中又有交叉,所以默如将其解释为"不放逸和时间性的关系"。如前三支均有"俱行"二字,意为同时并行。第五支的"俱时随行",已经打破时间界限。这就意味着,不放逸行是"贯彻时间性之始终的",而随行的意思是说,"菩萨的不放逸行是随着菩萨和时间性永远不断地推行着,无有终尽"。⑥

① 窥基:《瑜伽师地论略纂》卷七,《大正藏》第43册,第99页下。遁伦所释与此相同。见遁伦:《瑜伽论记》卷五,《大正藏》第42册,第419页上。

② 这个说法来自遁伦的转引,见遁伦:《瑜伽论记》卷一〇,《大正藏》第42册,第534页中。

③ 韩清净:《瑜伽师地论科句披寻记》,第2310页。

④ 窥基:《瑜伽师地论略纂》卷一一,《大正藏》第43册,第145页中—下。

⑤ 遁伦:《瑜伽论记》卷一〇,《大正藏》第42册,第534页中。守千《般若心经幽赞崆峒记》卷中也说:"前三于彼已犯中悔,后二预防令无所犯。"《卍新续藏》第26册,第683页下。

⑥ 默如:《瑜伽戒疏》,《默如丛书》(二),台北:新文丰出版公司,1989年,第547—548页。

就戒行而言,包括有犯、无犯、还净三种,又可进一步概括为邪行、正行二类。其中,有犯为邪行,无犯、还净为正行。五支所摄不放逸行即为还净的法门之一。另外,《摄决择分》提到,勤修戒学的比丘,在十个时间段都应不放逸。其中,在第一个时间段——"犯时",即应成就五支所摄不放逸行。[1] 也就是说,《摄决择分》将五支所摄不放逸行界定为持戒之时需要省察的内容,可与以上所述相互补充。

(十) 具足轨则、净命

> 又诸菩萨,住律仪戒,覆藏自善,发露己恶,少欲喜足,堪忍众苦,性无忧慼,不掉不躁,威仪寂静;离矫诈等一切能起邪命之法。

上文说到尸罗律仪亏损的十种因缘,其中两种是轨则亏损和净命亏损,与此相反,即是具足轨则、具足净命。对此,《戒品》所述较为简略,详细内容已于《声闻地》中加以阐释。《声闻地》对轨则圆满的界定包含三个方面:"云何名为轨则圆满? 谓如有一,于威仪路,或于所作事,或于善品加行处所,成就轨则,随顺世间、不越世间,随顺毗奈耶、不越毗奈耶。"[2]威仪路,主要指行住坐卧等四威仪。所作事,即衣、钵等事,涉及出家生活中的所有日常事务。善品加行处所,包括受持读诵、恭敬承事、瞻视病者、宣说正法等一切善法。在这三个方面都能做到不为世间所讥嫌,不为同修所诃责,才能称作成就轨则。其具体内容,《戒品》概括为"覆藏自善,发露己恶,少欲喜足,堪忍众苦,性无忧慼,不掉不躁,威仪寂静"[3]。韩清净对之一一解释说:

> 若于威仪所作及诸善品加行成就轨则,不自称赞,是名覆藏自善。若于轨则有所违越,寻便速疾如法发露,是名发露己恶。若虽成就善少欲等所有功德,而不于此欲求他知,是名少欲。若于随一衣服饮食卧具等事,便生欢喜生正知足,是名喜足。若堪忍受寒热、饥渴、蚊虻、

---

① 《瑜伽师地论》卷六八,《大正藏》第 30 册,第 676 页下。

② 《瑜伽师地论》卷二二,同上,第 402 页中。

③ 《瑜伽师地论》卷四〇,同上,第 512 页中。

风日、蛇蝎毒触，乃至身中所有猛利、坚劲、辛楚、切心、夺命苦受，是名堪忍众苦。具贤善性，远离瞋恚，乃至身心澄净，是名性无忧感。又若诸根无掉，诸根无动，是名不掉不躁。行住坐卧成就轨则，是名威仪寂静。[1]

所谓净命圆满，是指八正道中的正命，其中对于衣服、饮食、卧具、病缘医药及诸资具的追求都有严格的规定。八正道是早期佛教中道精神的核心内容，而其中的正命，则可以视为中道精神在日常物质生活中的具体表现。与此相违，即是邪命，略有五种：矫、诈、现相、研求、以利求利[2]，又译作矫异、自亲、激动、抑扬、因利求利[3]，意指各种违背正法的求生手段，或为贪求利养而表现出来的各种行为模式。

以上十支，侧重于"防护"、"护持"，均属声闻戒的核心内容。吕澂认为：此十支所说，"工夫绵密入微，非世学可能企及，必备此十，始能护持戒律也"。他进而将其概括为四类："前三支摄于不贪，第四支摄于不悭，五七八支摄于不瞋，六九十支摄于正见"[4]，以此与《戒品》后文所说四种他胜处法相互对应。从文本上看，除不贪、不瞋，其他两类的对应关系并不明显；即便是不瞋，也仅能涵盖七八两支，将第五支纳入其中则颇为牵强。

事实上，此十支固然含有不贪、不悭、不瞋、正见等四个方面的意思，但就其根本而言，乃是对"住"、"护"的深入诠解。换言之，此十支实为如何圆满律仪戒的落脚点，其中涉及声闻修学体系的诸多方面，如三十七道品中的很多内容在此都有所体现。以此来看，律仪戒的安住、防护，不能只是局限于戒律本身的作用，而应以其他善法为助缘，共同致力于清净持戒。进一步，如果将律仪戒置于菩萨三聚净戒这一整体框架中进行考察，此十支又因关涉诸多善心所法（尤其是能够对治根本烦恼的那些善心所法），而暗含着通向菩萨戒的内在趋势。从这个角度来看吕澂所提出的对应关系，或许更为合理，也更有说服力。

---

① 韩清净：《瑜伽师地论科句披寻记》，第2311—2312页。

② 《瑜伽师地论》卷八九，《大正藏》第30册，第802页下。

③ 龙树：《十住毗婆沙论》卷二，鸠摩罗什译，《大正藏》第26册，第29页中。

④ 吕澂：《瑜伽菩萨戒本羯磨讲要》，《吕澂大师讲解经论》，新北：大千出版社，2012年，第485页。

三、律仪戒与声闻戒的关系

大乘佛教认为,相较于声闻戒,菩萨戒更为殊胜。如《摄大乘论本》从四个方面全面阐述了后者殊胜于前者之处:一、差别殊胜,二、共不共学殊胜,三、广大殊胜、四、甚深殊胜。此为略说,若广说,则有无量。① 如其中提到的《毗奈耶瞿沙方广契经》,即《清净毗尼方广经》。经中以大段文字对菩萨戒与声闻戒进行对比,从发心、修行,一直到证果,二者都有明显差异。② 此处仅以四种殊胜为例进行说明。第一,所谓差别殊胜,是指声闻戒略同于律仪戒,且仅此一类,而菩萨戒还有摄善法戒与饶益有情戒二类。因此,"菩萨初类律仪中,已容摄声闻自为之律矣"③。第二,所谓共不共学殊胜,主要针对性罪与遮罪而言,意思是说:声闻于性罪不能现行,菩萨应该共学;声闻于遮罪也不能现行,菩萨不应完全共学,而有不共的内容。关于不共的部分,如掘生地、断生草等遮罪,在声闻戒中是遮止的,但不是菩萨戒遮止的内容。对此,还可以从三业的角度加以考察。本论说:"菩萨具有身、语、心戒,声闻唯有身、语二戒,是故菩萨心亦有犯,非诸声闻。"④菩萨戒要求三业清净,不但身、语二业的染污构成犯戒,而且起心动念也有可能构成犯戒。声闻戒是以身、语二业论犯,虽也重视心念的清净,但在犯戒的意义上而言,起心动念只是犯戒的方便,不能作为判断犯戒与否的标准。从这个角度看,身、语二业是共学的,而意业是菩萨不共于声闻的。第三,所谓广大殊胜,主要涉及四点:其一,律仪戒的数量。菩萨戒广说则无量,声闻戒因犯而制。其二,菩萨摄受无量福德资粮,即指摄善法戒的广大。其三,菩萨摄受一切有情,使其获得利益安乐,菩萨的这种意乐远过于声闻,所指应是饶益有情的广大。其四,以前三点为基础,菩萨意欲证得无上正等菩提,在果德上也比声闻更为广大。第四,所谓甚深殊胜,乃指菩萨境界的微妙、不可思议。例如,菩萨以善巧方便行杀生等十恶业,不仅无罪,反有诸多功德。菩萨也能变化身、语二业,为度有缘众生,而化现各种身份,施设各类情境。这种甚深而不

---

① 《摄大乘论本》卷三,《大正藏》第31册,第146页中—下。

② 《清净毗尼方广经》,鸠摩罗什译,《大正藏》第24册,第1077页下—第1078页上。

③ 吕澂:《清净毗尼方广经讲要》,《吕澂大师讲解经论》,第458页。

④ 《摄大乘论本》卷三,《大正藏》第31册,第146页中。

可思议的境界,也是声闻无法企及的。

以上四种殊胜,"前二属戒之形迹,后二乃彰其精神"①。对于甚深、广大二种殊胜,吕澂概括说:"大乘戒学,以小乘观之,应无烦恼,而菩萨却正以有烦恼而成其戒,是为甚深义。又小乘不以有为为究竟,而菩萨不离有为,不舍烦恼,是为广大义。……菩萨戒学,非离烦恼而求清净,亦非离有为以证无为,乃正应于烦恼而得清净,即有为以证无为也。"②吕澂所言,深刻指出了菩萨戒不共声闻戒的要点所在。

总之,菩萨戒殊胜于声闻戒,应是大部分大乘佛学研究者的一致观点。③如太虚所言:"菩萨戒法在于契真入俗之中道行,因俗人在俗而不能契合出世真理,二乘出世自利而不能作涉俗行事,惟菩萨能上契真理、下顺凡情,修圆融二谛之中道行门。此戒法中,处处皆能表现理事双彰、真俗并到之大乘了义行。"④上文曾引《清净毗尼方广经》中较量大小乘律之深浅异同的经文,吕澂对此进行阐释时说:"较量中列举十七条,皆不外龙树《智论》及《十住婆沙》所说之二义,一者悲愍众生,二者遍知实相。具此悲智,为菩萨律仪,不具则声闻律仪也。"⑤实言之,悲智作为大乘佛法的要门,同样也是菩萨戒的精要,并由此成为菩萨戒区别于声闻戒的集中体现。

一般而言,如果以三聚净戒作为参照,菩萨戒不同于声闻戒之处,主要体现在摄善法戒与饶益有情戒,而律仪戒与声闻戒则大体相当。律仪戒与声闻戒的这种对等关系,从《戒品》对律仪戒的定义可以得到印证。《戒品》明确指出:"律仪戒者,谓诸菩萨所受七众别解脱律仪。"⑥对于二者的关系,除《戒品》的说法以外,还有一种不同的观点(这也是本文所采用的观点)认为,律仪戒不仅包含

① 吕澂:《清净毗尼方广经讲要》,《吕澂大师讲解经论》,第 465 页。

② 同上,第 469—471 页。

③ 菩萨戒殊胜于声闻戒之处表现在很多方面,各家所说的核心内容大体一致,而开合不同。如德田明本将其概括为有无(三聚齐备与否)、宽狭(三业具足与否)、长短(受持时间)、受舍(受戒、舍戒)等四项。见德田明本:《律宗概论》,印海译,北京:中国佛教文化研究所,1990 年,第 265—266 页。又如吉藏在《胜鬘宝窟》中以"大小门"展示菩萨戒与声闻戒八个方面的区别。见吉藏:《胜鬘宝窟》卷一,《大正藏》第 37 册,第 21 页中一下。

④ 太虚:《瑜伽菩萨戒本讲录》,《太虚大师全书》(17),北京:宗教文化出版社,2004 年,第 375 页。

⑤ 吕澂:《清净毗尼方广经讲要》,《吕澂大师讲解经论》,第 457 页。

⑥ 《瑜伽师地论》卷四〇,《大正藏》第 30 册,第 511 页上。

七众别解脱律仪(尤其是声闻戒的四波罗夷),而且还应涵摄菩萨戒的四种他胜处法。不过这并非本文的主题,此处暂不展开,而将注意力集中于讨论律仪戒与声闻戒的关系。

在大乘佛教的流行过程中,菩萨行者对声闻戒的态度,在前期与后期并不完全相同,经历过复杂的转变,但最终还是加以接受。若站在建立菩萨戒的立场,我们可以说:菩萨戒必植根于声闻戒,声闻戒不必皆上升为菩萨戒。而作为菩萨戒的重要组成部分,律仪戒的安立正是菩萨戒植根于声闻戒的标志。问题在于,即便完全依从《戒品》的文字,我们是否就能够得出"律仪戒绝对等同声闻戒"的结论? 应该说,其中还有很多细微之处值得探讨,以突显"依义不依语"的精神。简单来说,对于律仪戒与声闻戒之间的关系,主要有以下两种观点。

(一) 二者多分相同、少分相异

太虚曾说:"摄律仪,重在止恶,多与声闻共。"[①]意即律仪戒与声闻戒多分相同、少分相异,但没有明确指出何者相同、何者相异。窃以为,此处所说相同、相异,并非指戒条的数量,而是就戒律的精神而言。在止恶的功能上,律仪戒与声闻戒多分相同;而相异之处在于,律仪戒的止恶进一步导向生善,或者如佐藤达玄所言:"三聚净戒的律仪戒,功能虽是止恶,但也存在着以行善为目标的戒之本质。"[②]这里已经透露出律仪戒超越声闻戒而导向菩萨戒的倾向。如果换个视角,还可以作另一种解释。站在菩萨戒的立场来看,律仪戒虽然采用了声闻戒的内容,但"这是住在大乘精神,而行小乘戒的。这一立场,能够满足大乘,同时又能够满足小乘人,这叫做三乘共受之戒"[③]。而所谓大乘精神,最重要的即是菩提心,所以菩萨戒必须与菩提心相应。若失去菩提心,即便是转到声闻、缘觉的发心,也不能称为菩萨戒,甚至可以说是犯菩萨戒。如《思益梵天所问经》说:"何谓菩萨能奉禁戒? 佛言:常能不舍菩提之心。"[④]

与此相应,二者在戒律精神上的差异,还表现在对于心的防护程度。道宣

规范性问题和中西哲学

① 太虚:《志行自述》,《太虚大师全书》(18),第 165 页。

② 佐藤达玄:《戒律在中国佛教的发展》(一),释见憨等译,见传印主编:《中华律藏》(第 49 卷),北京:国家图书馆出版社,2009 年,第 431 页。

③ 李世杰据此将瑜伽系菩萨戒的立场称作"折衷派"或"折衷主义"。见李世杰:《佛教法律哲学的精要》,见张曼涛主编:《律宗思想论集》,台北:大乘文化出版社,1979 年,第 94 页。

④ 《思益梵天所问经》卷一,鸠摩罗什译,《大正藏》第 15 册,第 37 页中。

也认为,律仪戒与声闻戒大体相同,但仍有少量差别,而其差别主要体现在"护心"的程度不同。他说声闻戒的特征是:"戒缘身、口,犯则问心。"[1]意思是说,声闻戒的功能是防护身、语二业,但论犯戒时仍要追究内心。[2] 又说:"若据大乘,戒分三品。律仪一戒不异声闻,非无二三有异,护心之戒更过恒式。"[3]所谓三品,即是三聚净戒,其中的律仪戒与声闻戒大同小异。据元照的解释,道宣所说二者不异,不在于戒条的制定,而在于戒律的内在精神。即便是声闻戒,不论性戒还是遮戒,从戒律的内在精神来看都可以说蕴含着三聚净戒。在这一点上,不妨说二者不异。而所谓二三有异,只是显示出二者同多异少。所异之处,在于护心的深浅,正所谓"护心戒者,防瞥尔也"[4]。或者说,菩萨戒防护于未犯之前,声闻戒追究于已犯之后。道宣正是从护心的角度出发,站在大乘的立场,对律仪戒与声闻戒的关系作出此种判释。又如道宣从大乘的角度将律仪戒释为"心不怀恶",已超越律仪戒等同于七众别解脱戒的看法。[5] 同时,声闻弟子受戒时,若能发上品心,也可以说三聚净戒已在声闻戒中略现端倪。道宣说:"当发上品心,得上品戒。……云何上品? 若言:我今发心受戒,为成三聚戒故,趣三解脱门,正求泥洹果;又以此法引导众生,令至涅槃,令法久住。"[6]

(二)二者的根本性质不同

护心程度的差异,事实上表现出律仪戒与声闻戒根本性质的不同,虽然二者在戒条数量上不一定有多大区别,但根本性质的分殊确乎可以成为将此二者严格区分开来的理由。如《佛说除盖障菩萨所问经》曾提及菩萨持戒具足的十种戒法,其中首先说到的两种戒法就是别解脱戒行和菩萨摄律仪戒行[7],其具体含义如经文所示:

---

① 道宣:《四分律删繁补阙行事钞》卷三,《大正藏》第40册,第149页中。

② 元照《四分律行事钞资持记》卷三说:"缘身、口者,谓制法也。犯问心者,推业本也。"同上,第418页上。

③ 道宣:《四分律删繁补阙行事钞》卷三,同上,第149页中。

④ 元照:《四分律行事钞资持记》卷三,同上,第418页中。

⑤ 道宣:《释门归敬仪》卷上,《大正藏》第45册,第856页下。

⑥ 道宣:《四分律删繁补阙行事钞》卷一,《大正藏》第40册,第26页上。

⑦ 其他八种分别是:离诸烦恼烧然戒行、离不深固作意戒行、怖业戒行、怖罪戒行、怖非所取戒行、坚固志意戒行、无依着戒行、三轮清净戒行。见《佛说除盖障菩萨所问经》卷二,法护等译,《大正藏》第14册,第709页上。

云何是别解脱戒行？谓若菩萨，于诸如来所有经中或戒律中，及余学句所宣示处，如善作意，尊重大师所说，于一一法中如理修学，不爱着氏族，不爱着所见，不爱着众会，无我人过失，于彼学句中而生尊重。善男子！如是名为菩萨别解脱戒行。云何是摄律仪戒行？谓若菩萨作是伺察：我于别解脱戒中，不能取证阿耨多罗三藐三菩提果，谓若如来于一一经中，宣示菩萨所行及菩萨学句，我当于彼如理修学。

不难看出，律仪戒不同于声闻戒的重点在于"取证阿耨多罗三藐三菩提果"，正因如此，经中才将二者截然两分。

此外，还可以从受戒次第加以考察。针对这个主题的所有论述中，最为人所熟知的莫过于《菩萨善戒经》的"重楼四级次第"譬喻。经中说到："菩萨摩诃萨成就戒，成就善戒，成就利益众生戒，先当具足学优婆塞戒、沙弥戒、比丘戒。若言不具优婆塞戒，得沙弥戒者，无有是处。不具沙弥戒，得比丘戒者，亦无是处。不具如是三种戒者，得菩萨戒，亦无是处。譬如重楼四级次第，不由初级至二级者，无有是处。不由二级至于三级，不由三级至四级者，亦无是处。菩萨具足三种戒已，欲受菩萨戒，应当至心以无贪着舍于一切内外之物。若不能舍，不具三戒，终不能得菩萨戒也。"①姑置优婆塞戒、沙弥戒、比丘戒次第不论，此处意谓受菩萨戒(三聚净戒)之前，必须先受以上三种戒。换言之，声闻戒是菩萨戒的前提，而律仪戒作为菩萨戒的组成部分，同样也以声闻戒为前提。其中隐含的意思是，声闻戒与律仪戒是两种不同的戒律体系。

宗喀巴曾指出，在考察菩萨律仪与别解脱戒的关系时容易产生两种误解，在此有必要提出来一并讨论，有助于准确把握二者之间的关系。第一种观点认为，菩萨律仪戒依止声闻戒。所谓依止，有发起依、安住依两层含义："若谓菩萨律仪，应以七众别解脱为发起依，则诸天人不应发起菩萨律仪；若谓应以别解脱为安住依，则死殁已相续不舍，天与旁生，亦复应有苾刍等众。"②六道众生中，只有人道才能受出家戒，而出家戒属于声闻戒的范畴。若声闻戒是律仪戒的发起依，依据重楼四级次第的说法，天人是无法生起菩萨律仪戒的。若声闻戒是

---

① 《菩萨善戒经》(一卷)，求那跋摩译，《大正藏》第30册，第1013页下—第1014页上。

② 汤芗铭：《瑜伽师地论戒品纂释》，第37页。

律仪戒的安住依,由于菩萨戒是尽未来际的,命终之后戒体不失,那么,天人等受菩萨戒后,也应具有声闻戒体。所以,律仪戒以声闻戒为发起依、安住依的说法,是不符合道理的。

第二种观点认为,就意乐而言,执著声闻戒,会成为菩萨律仪戒的障碍。对此,同样可以从发起和安住两个层次来看。其意以为:"若未除遣自利意乐,不能发起菩萨律仪,是即名为发起之障;若先已具菩萨律仪,而复发起自利意乐,便坏律仪,是即名为安住之障。"①之所以产生这种误解,是由于混淆了声闻戒与声闻意乐的区别。发起菩萨律仪戒时,虽然应该弃舍声闻意乐,但不应弃舍声闻戒。如果先已受持菩萨律仪戒,然后发起声闻意乐,这样虽然会退失菩提心,但并不意味着应该弃舍声闻戒,因为声闻戒是二乘共戒。所以,这种观点也是不合道理的。

第二种观点的过失较易理解,对于第一种观点,还需要结合《戒品》的说法作进一步的阐述。据宗喀巴所言,《戒品》将律仪戒定义为七众别解脱戒,实际上蕴涵着两层意思,即"纯一七众别解脱,及别解脱与律仪戒二中所共远离性罪"②。前者针对最圆满的七众别解脱戒而言,即具足戒;而后者是指七众别解脱戒共于律仪戒最为根本的部分,即性罪。换言之,如果单独提到七众别解脱戒,可以是七众中的任何一众。如果以律仪戒的角度看,则指七众别解脱戒中最根本的部分。应该说,这种解释颇为圆满。按照受戒次第来说,所谓菩萨,依在家、出家的不同,有在家菩萨和出家菩萨,前者如近事男菩萨(即优婆塞菩萨),后者如苾刍菩萨、勤策男菩萨。菩萨身份既然多种多样,其所受七众别解脱戒当然也相应地有所不同。因此,不同身份的菩萨所受的律仪戒,应指七众别解脱戒中共通的内容。③

由以上所述可以看出,一方面,律仪戒是指随一一种声闻戒,而不是所有的

---

① 汤芗铭:《瑜伽师地论戒品纂释》,第38页。

② 同上。

③ 宗喀巴在《菩提道次第广论》中也曾将律仪戒区分为真实别解脱律仪与共同能断律仪两种,其文说:"故若具足别解脱律仪而住菩萨律仪者,或在家品或出家品,所有真实别解脱律仪,及诸共同能断律仪是律仪戒。若非堪为别解脱律仪之身而具菩萨律仪者,谓共别解脱断除性罪及诸遮罪,随其所应能断律仪,是律仪戒。"见宗喀巴造,法尊译,智敏讲述:《菩提道次第广论讲记》(五),上海古籍出版社,2012年,第2640—2641页。

七众别解脱戒。① 在此，随一声闻戒都是律仪戒乃至菩萨戒的前提。所以印顺强调说："有人以为：七众别解脱戒是小乘的，我是大乘学人，所以不用受持声闻的别解脱戒。有人听到持戒，就以为是小乘。这是大邪见，为佛教衰落与混乱的原因！"②另一方面，律仪戒的范围最低限度也应完全涵盖四根本戒③，而且其功能偏重止恶，但律仪戒毕竟属于菩萨戒的范畴，其在护心的程度上远远超过声闻戒。也可以说，律仪戒下接声闻戒，上通菩萨戒，是声闻戒与菩萨戒的枢纽。其间的沟通关节，即在菩提心："七众的别解脱戒，从菩提心出发而受持的，就是菩萨的别解脱律仪。"④

此外，由律仪戒与声闻戒的关系也不难看出，菩萨戒对于声闻戒具有一种依止关系。据此，佐藤达玄认为：《戒品》对一切戒的说明，"让出家的基本性格完全不同的大乘菩萨，适用与声闻比丘同样的戒律，可知《瑜伽论》所指向的戒学是依存于小乘戒，显示它的不彻底"⑤。事实上，这种依止关系不仅不能说明瑜伽菩萨戒的不彻底，反而是瑜伽菩萨戒的涵摄性、兼容性与次第性的集中体现。以佛法（尤其是大乘佛法）流布的角度来看，人间的菩萨道既非空中楼阁，也不是一蹴而就的；而人间的菩萨行者，多是（或示现为）凡夫菩萨，尚未登地，所以仍需严格遵循相应的修学次第。针对人间的复杂性，菩萨戒的制立应该是从世俗谛的立场出发的，而菩萨戒的受持，同样也必须建立在世俗谛的基础上。

Study on Samvara-śīla, also on the Relation between Bodhisattva Precept and Śrāvaka Precept

Fang Qiang

Abstract：Tri-vidhāni sīlāni（three sets of pure precepts）is the typical model of

---

① 隋慧远《大乘义章》卷一〇也强调说："菩萨戒中虽复通摄七众之法，一形之中不可并持七众之戒，随形所在要须别受。"见《大正藏》第44册，第663页上。

② 印顺：《成佛之道》（增注本），北京：中华书局，2010年，第193页。

③ 上文所引《菩萨璎珞本业经》对"律仪戒"的定义，即已指出这一点。

④ 印顺：《成佛之道》（增注本），第193页。

⑤ 佐藤达玄：《戒律在中国佛教的发展》（一），释见憨等译，传印主编：《中华律藏》（第49卷），第493页。

bodhisattva precept of mahayana buddhism, in which samvara-śīla, as the component of bodhisattva precept, plays an important role in connecting śrāvaka precept and bodhisattva precept. Samvara-śīla and śrāvaka precept in content are roughly same, but in inner spirit the former has gone beyond the latter's scope, and becomes the intermediary of leading to bodhisattva precept. The accurateunderstanding of the meaning and nature of samvara-śīla and its position in the system of buddhist precepts, not only helps to entirely grasp the relationship between bodhisattva precept and śrāvaka precept in theory, but also provides guidance for keeping the bodhisattva precept pure in practice.

Keywords: samvara-śīla, bodhisattva precept, śrāvaka precept, tri-vidhāni śīlāni

345

律仪戒研究

当代中国哲学现状鸟瞰及其反思

吴根友 *

[摘　要]　20世纪80年代以来,当代中国哲学,特别是在形上学领域出现了蓬勃的创造生机,老一辈学者中有冯契、李泽厚、张世英,中生代学者中有陈来、杨国荣,青年学者有赵汀阳等。冯契的"转识成智说",李泽厚的"实用理性"概念,张世英的"横向超越"说,陈来的"仁学本体论",杨国荣的"具体的形而上学"说,赵汀阳的"无立场"的方法等,均高度体现了当代中国哲学理论创新的活力及其理论自觉。这一理论的活力既来自于中国特色的社会主义市场经济的伟大现实运动,也与一支非常可观的高素质的哲学专业队伍的形成有内在的关系。从传统中国"小邦周战胜大国殷"的巨大政治实践中产生出西周古典的人文主义哲学的历史经验来看,当代中国要以社会主义市场经济的形式实现中华民族的现代化事业,也将会产生出与这一历史运动相适应的民族哲学。目前已经出现了一些新的哲学理论,今后还将会出现新的与之相适应的

* 吴根友(1962—　),男,安徽枞阳人,哲学博士,武汉大学哲学学院教授、教育部长江学者奖励计划特聘教授,主要研究领域为明清哲学、比较哲学、政治哲学等。

哲学理论。传统中国的中道、贵和的哲学智慧，以及"天下"观念所包含的世界一体化的政治建构理想等，在面对当今全球复杂的政治、经济、文化局面时，将会提供中国式的解决方案。而在这一过程中，也将促进新的中国哲学形态的诞生并不断地丰富和发展。

[关键词]　当代中国哲学；形上学；哲学类型

　　如果以 20 世纪 80 年代作为一个思想的分界线，则当代中国哲学的新展开已有近四十年的历史了。在这近四十年的历史过程中，中国哲学实际上处在快速的恢复和发展之中，尤其是近二十年里，当代中国哲学在理论创新方面出现了可喜的局面，仅以中国大陆的学者为例，荦荦大者，就有冯契、李泽厚、张世英、王树人、张立文、陈来、杨国荣、赵汀阳等人。其中老一辈学者中影响最大的当数冯契、李泽厚二人；另外，晚年的王树人先生，由西方哲学回归中国哲学的研究，通过对西方抽象哲学思维、逻辑思维的批判，提出了"象思维"的新思想，试图超越概念思维以主客二分的对象化的方式进行哲学思考的缺陷。[①] 在中国哲学领域里，张立文先生通过对中国传统哲学重视"和"、天人合一、"生生"等思想内容的高度综合，提出了"和合学"，或曰"生生哲学"。[②] 中生代学者当数陈来、杨国荣二人，而青年学者中当以赵汀阳为典型代表。当然，还有很多著名的学者兼思想家不在本文的论述之列，如老一辈学者中有高清海、刘纲纪、庞朴、方克立，中生代学者中有邓晓芒、郭齐勇、许苏民、段德智、高瑞泉、蒋庆等人，青年学者中有陈少明、黄玉顺等，都表现出明确的哲学创作的思想知觉。在马、中、西各个二级学科做出突出学术贡献的学者，更是璨若群星，不可一一例举。近十几年出现的大陆新儒家研究群体，从一个侧面反映了中国传统主流文化复兴的趋势。本文的意图不是全幅式地刻画近四十年中国大陆的哲学现状，而是主要针对那些由哲学史到哲学，甚至一开始就以哲学创作为主要目标的思想家类型的人物。本文既不针对近四十年来在中国大陆以现代汉语发表的哲学成果(那样涉及的人数会更多，如现代新儒家群体)，也不讨论政治家的哲学思想，如邓小平等人的哲学思想。但通过对上述少数专业哲学家的思想作鸟瞰式的

[①] 王树人：《"象思维"视野下的中国智慧》，南京：江苏人民出版社，2005 年，第 1 页。

[②] 张立文：《和合哲学论》，北京：人民出版社，2004 年，第 2 页。

概述与评论,可以看出当代中国哲学发展的一个生动的侧面。中华民族文化复兴的伟大梦想,似可从当代中国哲学思想活跃的一个侧面获得窥斑见豹的效果。

一、当代中国哲学的新形态

"文革"结束之后,当代中国哲学迅速从哲学贫困的状态中解放出来,二十世纪八十年代后期到九十年中后期,中国哲学界出现了可喜的局面,一些具有中国哲学自身特色的理论形态开始出现。其中,冯契、李泽厚二人的哲学思想可以作为代表。

(一)冯契的"广义认识论"及其智慧说

冯先生晚年推出《智慧说三篇》——《认识世界和认识自己》、《逻辑思维的辩证法》、《人的自由和真善美》,融合中、西、马三大哲学系统的思想资源,创立了广义认识论,提出了"转识成智"的新智慧说。他在明确指出中国传统哲学不重视形式逻辑的缺陷同时,对中国传统哲学重视辩证逻辑的特征给予了充分的肯定。在社会实践与理想人格的培养方面,他提出了"化理论为方法,化理论为德性"的主张,并在吸收、综合李大钊、鲁迅等的人格理想的基础上,提出了"平民化的自由人格"说。

冯契在接受马克思主义历史唯物主义与辩证法(亦可说是其哲学的本体论)的前提下,集中关注认识论、逻辑学与理想人格三个大方面的问题。就其哲学的基本任务而言,是要回答中国近现代的主要问题——中西古今之争的问题,即是要回答中国向何处去的大问题。因此,他的哲学不属于书斋里为了回答"哲学是什么"的纯学术性的哲学形态,而是通过对时代问题的哲学回答来建构自己哲学理论的体系性哲学。其哲学的基本性格是面向社会实践的马克思主义哲学,也与中国传统儒家"经世致用"的哲学精神高度吻合。

冯契提出的"广义认识论",其主要精髓是在实践基础之上,讲认识的辩证法,即讲从无知到知,从知到智慧的过程。从无知到知,既是一切哲学认识论要讨论的问题,也是科学认识的基本要求。在现代科学实证思想的影响下,近现代西方哲学主要讲从无知到知,特别关注知的本身特征。冯先生认为,哲学还应该讲如何从知到智慧的问题。这一问题在中国传统哲学如佛学中,即是"转识成智"的问题,在中国传统儒家哲学里即是"性与天道"的问题。在中国化的佛教里,"转识成智"就是如何成佛的问题。在儒家哲学里,"性与天道"的问题就是如何成为圣人,即理想人格的问题。在冯契看来,从无知到知,需要遵循形式逻辑的思维。这一点,中国传统哲学发展得不够充分,但现代哲学已经克服了这一缺点。从知到智慧,需要遵循辩证逻辑思维。这一点是中国传统哲学的长处。在笔者看来,以冯契为代表的当代中国哲学,因为吸收了马克思主义哲学的基本精神,在认识论的问题上比现当代西方哲学表现得更为宏阔、深刻,且更具有哲学的味道。因为他将认识论与本体论结合起来,通过现代的认识论来处理传统的本体论问题,扬弃了现当代西方哲学把认识论与本体论割裂开来的不足。这表明当代中国哲学是从现当代西方哲学的失足之处展开自己的理论思考的,避免了他们的缺陷与不足,这正好展示了当代中国哲学所具有的世界哲学的品格与特征。

冯先生既强调哲学与科学认知的内在关系,也非常重视哲学认识不同于科学认识的特点,那就是哲学认识要涉及价值的评价,即要将对客观世界特征与规律的认识转化为与我的生存、生活相关的为我的知识,因而会产生爱恶、利害的判断。一切价值判断都与人的理性认识相关,而且是以特定的人生理想或世界观作为标准的。因此,"理想人格"就其客体方面的内容而言,是化"自在之物"为"为我之物",使自然合乎人性的要求与需要。就其主体方面的内容而言,是精神自由、自在、自为特征的集中表达。冯契认为,现代的中国哲学要为普通大众提供理想人格,它不是为少数知识精英服务的,传统的圣贤人格、大丈夫理想并不适合于广大群众的要求。在社会主义的建设过程中,当广大的人民群众摆脱了传统等级社会人对人的依赖,进一步再摆脱商品经济或市场经济中人对物的依赖之后,应当是"自由自觉的劳动者"(马克思语),因此"平民化的自由人格"就应当成为当代中国普通大众的理想人格。摆脱了"两个依赖"之后的普通大众,既意识到自己是社会群体中的一员,也保持着自己的独特个性,并能真切地意识到人类作为一个整体与大自然的内在联系,因而也能体会到个人与超越的天道之间的关系。因此,冯契提出的"转识成智"的"智慧"二字,并不是传统意义上,如被禅宗神秘化的"顿悟"之类的虚无飘渺的境界,而是指"真理的具体性"或对具体的真理的把握。而所谓真理的具体性,或曰具体的真理,即不是简单、生硬地把一些具有正确性的普遍原则胡乱地套在一切事情上,给出看似合理、实际上却是附会性的解释，而是恰当、正确地把握具体事物、处理具体的事情，使人的身心都能真切地处在一种自由、自在的状态。

以上是对冯契哲学的基本思想及其主要特征的简要概述，并不全面，也不充分。但从这一简要的概述中我们可以发现，当代中国哲学的创新，首先要对近现代中国社会的重大问题给出合乎时代要求的回答。然后在思想资源上要充分吸收马、中、西三大哲学思想资源，并结合当代中国社会的具体社会实践中出现的新问题，努力从哲学的层面给出合理的回答。这也许是我们应当从冯契先生的哲学创作活动中获得的思想启迪。

（二）李泽厚与"实用理性"

李泽厚是当代中国哲学的重要代表人物之一，受他思想影响的青年学者甚多。他以美学入哲学，融合中国哲学、西方哲学与马克思主义哲学，以"情—理"结构为其理论分析的基本框架，运用"文化心理积淀"说来解释人类的精神现象，以"实用理性"来解释中国人的精神现象与思维特征，以"乐感文化"来概括中国文化的精神气质，以"历史本体论"来解释整个人类的存在本质，其哲学思想体系极其丰满而复杂，并随着他本人经历的变化而发展。由于他本人是美学家，对于艺术作品有广泛的涉猎与深入的研究，其哲学的语言风格表现出极大的诗性特征，其绝大多数代表作品具有极强的可读性。李泽厚的哲学路径也可以说是由哲学史的研究而逐渐展开了自己的哲学体系的。因此，他可以被视为一位"依托泛化的哲学史资料而讲哲学"[①]的典型哲学家。他的"情本体"的哲学思想就是在文学史的研究中获得的一种哲学洞见，如他在论述鲁迅时说道："鲁迅把他的情感化为本体，放在他的创作中，留给了人间。"[②]在《孔子再评价》一文中，李泽厚通过对孔子"仁学"思想内在结构的分析，对儒家哲学的结构提出了自己的新见解，他认为，仁学思想结构由四个因素构成，（一）血缘基础，（二）心理原则，（三）人道主义，（四）个体人格。其整体特征是实践理性。[③] 在此四重结构、一个整体特点的分析与概括之中，他将"实践理性"逐渐泛化为对中

---

① "泛化的哲学史资料"这一说法，是从萧萐父先生哲学史的"纯化"与"泛化"的观念引申出来的说法，即是将哲学史的研究材料由纯粹的认识论的史料泛化到人类一般意义的心灵史之中，从文学、艺术之中提取哲学史研究的思想营养。参见萧萐父：《吹沙集》，成都：巴蜀书社，1991年，第410页。

② 李泽厚：《中国现代思想史论》，北京：东方出版社，1987年，第119页。

③ 李泽厚：《中国古代思想史论》，北京：人民出版社，1988年，第16页。

国古代哲学,乃至对中国国民性格、中国文化本质特征的一个描述性、说明性和解释性的概念。作为《中国古代思想史论》全书的总结性文字,在《试谈中国的智慧》的采访文章中,他将"实用理性"作为一种最为重要的精神特质贯穿在中国的五个思想阶段。他认为:"在先秦,主要是政治论的社会哲学";"在秦汉,它变为宇宙论哲学";"在魏晋,则本体论哲学";"宋明是心性论哲学",直到近代,才有谭嗣同、章太炎、孙中山的认识论哲学"。这五个阶段的思想虽各有自己偏重的主题,但"'内圣外王''儒道互补'的实用理性的基本精神都始终未被舍弃"①。

当然,李泽厚对于中国文化与思想精神特征的分析不局限于"实用理性"这一概念,他的分析框架与解释性概念还有心理结构、血亲基础、儒道互补、乐感文化、天人合一等②,但"实用理性"这个概念更具有代表性,也更具有解释力。下面将着重阐述他的"实用理性"概念,并对这一概念做一些扼要的分析。至于他的"情本体论"及其他一些观点,此文暂时不予讨论。

1. "实用理性"概念的内涵、精神特质及其涵盖性

李泽厚思想中的"实用理性"概念,有时又称作"实践理论"、实践理性③。这一核心概念是他在对康德哲学"纯粹理性"进行对比性研究的过程中,用来揭示中国人精神现象的一个重要概念,当然后来也慢慢在与杜威"实用主义"的异同比较中,逐步阐明自己这一概念的要义与思想内核。从概念发生学的角度看,这一概念是来自于对孔子思想的研究。从其理论涵盖性来看,可以贯通中国社会各个时期的哲学家及不同的思想流派,并成为说明这些思想特质的总括性概念。李泽厚认为,孔子之"仁"的"四因素相互作用而产生、反过来支配它们的共同特性",即是一种"实践理论"或"实用理性"的倾向或态度。而这种倾向或态度"构成儒学甚至中国整个文化心理的一个重要的民族特征"④。

从思想史的角度出发,李泽厚对他提出的"实用理性"概念的内涵,大体上从三个方面进行了描述与规定。其一,实用理性"指的是一种理性精神或理性

---

① 李泽厚:《中国古代思想史论》,第314页。

② 李泽厚:《中国古代思想史论》,第318页。

③ 按照李泽厚自己的解释,"实用理性"一词有时以"实践理性"一词替代,尤其是当它着重指示伦理实践,特别是有自觉意识的道德行为时。参见《中国古代思想史论》第304页的脚注①。

④ 李泽厚:《中国古代思想史论》,第29页。

态度"①。与当时无神论、怀疑论思想的兴起相一致，如孔子对于鬼神采取的敬而远之的态度就是显例。其二，"实用理性具有极端重视现实实用的特点，即它不在理论上探求讨论、争辩难以解决的哲学课题，并认为不必要去进行这种思辨的抽象（这就是汉人所谓'食肉不食马肝，不为不知味'）"②。其三，实用理性是"血缘、心理、人道、人格"的有机整体的体现。由于是在这四种因素的"彼此牵制、作用中得到相互均衡、自我调节和自我发展，并具有某种封闭性，经常排斥外在的干扰或破坏"③。

要而言之，实用理性的总体特征是："对待人生、生活的积极进取精神，服从理性的清醒态度，重实用轻思辨，重人事轻鬼神，善于协调群体，在人事日用中保持情欲的满足与平衡，避开反理性的炽热迷狂和愚盲服从……它终于成为汉民族的一种无意识的集体原型现象，构成了一种民族性的文化—心理结构。"④后来在《漫谈"西体中用"》一文中，李泽厚对"实用理性"又提出了更为凝炼的说法：

"所谓'实用理性'就是它关注现实社会生活，不作纯粹抽象的思辨，也不让非理性的情欲横行，事事强调'实用'、'实际'和'实行'，满足于解决问题的经验论的思维水平，主张以理节情的行为模式，对人生世事采取一种既乐观进取又清醒冷静的生活态度。"⑤

从中西比较的角度看，这种"实用理性"体现在人生观和生活信仰上，形成了与西方《圣经》传统极其不同的人生观与信仰，"中国神话传说中，如女娲造人已区分贵贱，似乎命由天定"⑥。中国虽然也有宗教，却没有类似基督教"这种高级的宗教精神"。"中国的实用理性使人们较少去空想地追求精神的'天国'；从幻想成仙到求神拜佛，都只是为了现实地保持或追求世间的幸福和快乐。人们经常感伤的倒是'譬如朝露，去日苦多'，'他生未卜此生休'，'又只恐流年暗

规范性问题和中西哲学

① 李泽厚：《中国古代思想史论》，第29页。
② 李泽厚：《中国古代思想史论》，第30页。
③ 李泽厚：《中国古代思想史论》，第31页。
④ 李泽厚：《中国古代思想史论》，第32页。
⑤ 李泽厚：《中国现代思想史论》，第320页。
⑥ 李泽厚：《中国古代思想史论》，第306页。（此处李泽厚所运用的神话材料并不准确，女娲造人的神话出现的时间很晚，不足以证明他所说的问题。而将基督教称之为高级宗教，其实有一种西方文化中心论的思想倾向。这种思想倾向在二十世纪八十年代的人文学者中，是一种相当普遍的现象。）

中偷换'……;总之非常执着于此生此世的现实人生。"①而具体到特定历史阶段的哲学,如就宋明理学与康德的伦理学来说,中国的"实践理性"不同于康德的实践理性。在康德那里,"实践理性(伦理行为)只是一种'绝对命令'和'义务',与任何现象世界的情感、观念以及因果、时空均毫不相干"②。"中国的实践理性则不然,它素来不去割断本体与现象,而是从现象中求本体,即世间而超世间,它一向强调'天人合一,万物同体''体用一源''体用无间'。"③

李泽厚对以儒家思想为主流,并呈现出"儒道互补"特征的中国传统思想与文化特征有多维度的刻画与论述。但他认为中国传统思想、文化所表现出的"实用理性"特点是最为主要的,不仅贯穿在古代的所有思想阶段,而且表现在中国传统思想、文化的各个方面。他认为:"《老子》、《韩非子》从另一角度即具体经验的辩证法方面补充和增强了这种实用理性。中国人在各种实务中,无论是政治、商业、经验科学、人事关系等方面都惯于深思熟虑,不动声色,冷静慎重,周详细密地计算估量,注意实际的可行性和现实的逻辑(可能性、必要性、秩序性等),不冲动,不狂热,重功能,重效果。"④"他们那'冷静的理智态度'更是与儒家实用理性一道,构成了中国智慧的本质特征。"⑤

《易传》与《老子》一样,"两者都是实用理性的辩证法,都直接应用于现实生活、政治斗争和伦常制度,而不是概念的辩证法和纯理论的思辨抽象。它们都有具体经验的要求……不脱开人事经验而思索矛盾与变化,这与《老子》是相同的"⑥。而从"实用理性"与中国文化各大部类的关系来看:"中国实用理性主要与中国四大实用文化即兵、农、医、艺有密切关系。中国兵书成熟极早,中国医学至今有效,中国农业之精耕细作,中国技艺的独特风貌,在世界文化史上都是重要现象。"⑦而这四种实用文化的特色是"极为广泛的社会民众性和生死攸关的严重实用性,并与中国民族的生存保持直接的关系"⑧。

① 李泽厚:《中国古代思想史论》,第308页。
② 李泽厚:《中国古代思想史论》,第236—237页。
③ 李泽厚:《中国古代思想史论》,第237页。
④ 李泽厚:《中国古代思想史论》,第103—104页。
⑤ 李泽厚:《中国古代思想史论》,第105页。
⑥ 李泽厚:《中国古代思想史论》,第129页。
⑦ 李泽厚:《中国古代思想史论》,第304页。
⑧ 李泽厚:《中国古代思想史论》,第304页。

五行理论,以及由五行理念而发展出的董仲舒的阴阳五行学说,亦体现了"实用理性"的思维特点:"这种与生活实际保持直接联系的实用理性,不向纵深的抽象、分析、推理的纯思辨方向发展,也不向观察、归纳、实验的纯经验论方向发展,而是横向铺开,向事物之间相互关联、联系的整体把握方向开拓。即它由功能走向结构,按功能的接近或类似,把许许多多不同的事、物安排组织在一个系统形式中,企图从实用理性的高度来概括地把握它们,从而产生了这种原始的素朴的系统论思维的某些特征。"①

通过上述多方位的描述与揭示,李泽厚下结论道:"就整体说,中国实用理性有其唯物论的某些基本倾向,其中我以为最重要的是它特别执着于历史。历史意识的发达是中国实用理性的重要内容和特征。所以,它重视从长远的、系统的角度来客观地考察、思索和估量事事物物,而不重眼下的短暂的得失胜负成败利害,这使它区别于其它各种实用主义。"②这种"实用理性"在精神特质上虽然是开放的,但实际上具有同化外来文化的特点:"中国实用理性不仅善于接收、吸取外来事物,而且同时也乐于和易于改换、变易、同化它们,让一切外来的事物、思想逐渐变成自己的一个部分,把它们安放在自己原有体系的特定部位上,模糊和消蚀掉那些与本系统绝对不能相容的部分、成份、因素,从而使之丧失原意。"③

2. "实用理性"与中国文化的开放性特征

在李泽厚看来,无论是传统儒家士人接受佛教,还是近现代知识分子接受进化论与马克思主义,由于受"实用理性"这一深层次文化心理的影响,中国的知识人士对于外来文化均有一种比较开放的心态。而且,这种民族精神作为长期积淀的一种文化心理、集体无意识,并不因为时代的变化而消失,恰恰以新的表现方式成为连接中国古代精神传统与现代精神传统的一种有效的思维方式。

从古代精神传统来看,中国人对于外来的佛教也颇能接受,有时还把它放在自己民族主流精神传统之上,"不仅在下层百姓,而且也在上层士大夫之中,从谢灵运到王维,以及到后代的好些文人,佛学比儒家,在心目中的地位也常常更高一层。这说明,中国儒家的实用理性能不怀情感偏执,乐于也易于接受外

---

① 李泽厚:《中国古代思想史论》,第 164 页。
② 李泽厚:《中国古代思想史论》,第 305 页。
③ 李泽厚:《中国现代思想史论》,第 323 页。

来的甚至是异己的事物"①。而且也正为如此，到了五四新文化运动时期，"中国现代知识分子可以毫无困难地把马克思摆在孔夫子之上。所以包括五四时期那种全盘性反传统的心态倒又恰恰是中国实用理性传统的展现"②。因为，这种反传统的行为并不是"个体超越或来生幸福的迷狂信仰，它是经过思考的有意识的选择"。因此，"它实际显示着中国传统文化的负荷者具有不受本传统的束缚限制的开放心灵，这其实也正说明这个古老的文化心理传统仍有其自身的活力"③。

　　李泽厚从文化接受的心理学角度，而不是从社会实践及其有效性的角度，说明了现代中国知识分子接受进化论与马克思主义的现象。他说："中国知识分子在近代如此顺利和迅速地接受进化论观念，一举扔弃历史循环论的传统思想，以及后来接受马克思主义阶级斗争学说，一举扔弃'和为贵'的传统思想，都证明中国实用理性这种为维护民族生存而适应环境、吸取外物的开放特征。实用理性是中国民族维护自己生存的一种精神和方法。"④

　　李泽厚上述的分析与说明，对于我们今天进一步从事马克思主义中国化的工作，有一定启示意义。但是，我们更不能忽视社会实践的客观需要及其实践的有效性，也是我们接受马克思主义的重要理由。否则，我们在解释重大历史事件的发生及其结果时，就会滑向历史唯心主义的泥坑。

　　通过研究李泽厚三本思想史论著我们发现，"实用理性"不仅是李泽厚用来解释中国传统哲学、文化精神的一个核心概念与观念，而且也是他用来沟通中国古代传统与近、现代精神传统的一座精神桥梁。他认为，无论是在五四新文化运动的精神领袖，如李大钊、陈独秀等人的身上，还是在新中国的缔造者毛泽东的身上，都有"实用理性"的精神在起作用。他说："数千年'修齐治平'和'天地君亲师'的传统信仰和标准规范不再能维系人们，知识者在寻求着新的人生信仰、生活依据和精神支柱。这其实是中国近代知识分子一直在进行研究着和具有着的心态模式，它也正是实用理性的传统心理在近现代的延续实现：用理

---

① 李泽厚：《中国现代思想史论》，第322页。

② 李泽厚：《中国现代思想史论》，第322页。

③ 李泽厚：《中国现代思想史论》，第322页。

④ 李泽厚：《中国现代思想史论》，第322—323页。

性追求一种信仰以指导人生和现实活动。"①、

　　就近代而言,中国知识人士迅速扔弃了千百年来"一治一乱"、"分久必合,合久必分"的循环论的历史观和"复三代之盛"的历史退化论,似乎没有任何困难地接受了以生物学为基础的社会达尔文主义。这个现象似乎说明:"中国由于没有真正强烈的宗教信仰,知识者仍然习惯于用自己的理性来判断衡量和估计事物,这种理性是一种经验论的理智,排斥着纯粹的抽象思辨和非理性的情感狂热,而与现实生活的经验感受和积极意念连在一起。"②而这种深层次的"文化心理结构"的基本特质,"便是求现实生存、肯定世俗生活并服务于它的实用理性"③。因为这种"实用理性使情感经常处在理智的控制、干预和渗透下,使人们的意念、信仰、希望以及意识形态经常要求某种理性的解释,进化论在中国便主要不是作为一种实证的科学学说来对待和研究,而是更作为一种意识形态、一种信仰、一种生活动力、人生观点和生命意念而被接受和理解"④。

　　而这种实用理性精神,在五四新文化运动反传统的人士身上也同样有鲜明的体现:"这批旧学深厚、饱读诗书的知识者之所以如此彻底否定传统,接受西方文化,又仍然与自己文化中缺少宗教因素,不受盲目信仰束缚,积极追求改善自己('自强''日新'),一切以理性的考虑作标准和依归有关……这种实用理性正是中国人数千年来适应环境而生存发展的基本精神。它最早成熟在先秦各家的社会政治哲学中,而在孔学儒家传统中表露得最为充分。所以,有趣的是,这些反孔批儒的战士却又仍然在自觉不自觉地承袭着自己的优良传统,承续着关心国事民瘼积极入世以天下为己任的儒学传统。"⑤特别是他分析李大钊在俄国十月革命胜利后为何选择马克思主义的理论时说道:"之所以如此,首先是近现代救亡主题的急迫现实要求所造成,同时也是中国传统的实用理性的展现,即要求有一种理性的信仰来作为行动的指针。"⑥

　　在李泽厚看来,由于中国传统知识者具有深层次的实用理性心理,所以马

规范性问题和中西哲学

---

① 李泽厚:《中国现代思想史论》,第57页。

② 李泽厚:《中国现代思想史论》,第148页。

③ 李泽厚:《中国现代思想史论》,第148页。

④ 李泽厚:《中国现代思想史论》,第148页。

⑤ 李泽厚:《中国现代思想史论》,第13页。

⑥ 李泽厚:《中国现代思想史论》,第145页。

克思主义的一些思想也因之能很好地与中国社会结合起来,当然这也限制了我们对马克思主义学说具体内容的接受,如我们接受的是马克思主义的阶级分析说与阶级斗争学说,而不是其中的剩余价值学说。这是为了当时革命的急迫需要:"中国传统文化心理中的实用理性和集体(家国)意识无疑促成了这一特征。所以,从唯物史观到阶级斗争,无不涂上这样一种直接为急迫的现实斗争、为当前的社会需要服务的色调。马克思主义的实践性和革命性,在中国现代的特定环境下,在中国传统的文化心理渗入下,具有了这样一种单纯和直接的实用特征。"①

在分析中国现代知识分子为何接受杜威的实用主义思想而不接受罗素的自由主义思想,以及为何最终接受马克思主义学说而不接受杜威的实用主义思想的原因时,李泽厚这样分析道:

"就传统心态说,中国的实用理性有与实用主义相近的一面,即重视真理的实用性、现实性,轻视与现实人生与生活实用无关的形而上学的思辨抽象和信仰模式,强调所谓'道在伦常日用之中。'"②这是中国现代知识分子接受杜威的原因。

但是中国人最后没有接受杜威的思想,而是接受了马克思主义的思想,这是因为中国人的实用理性有与实用主义不相近的一面:"即实用理性更注意长远的效果和具有系统内反馈效应的模式习惯,即承认有一种客观的'道'支配着现实社会和日常生活,从而理性并非只是作为行为的工具而且也是认识(或体认)道体的途径。正是实用理性这一特点,使中国知识分子在马克思主义与实用主义之间,在文化心理结构上更易倾向于前者(**指马克思主义,引者注**)一些。因为马克思主义不但有其关于社会发展的理念和未来的世界的理想,而实用主义的理论建立在生物适应环境的基础上,没有这种理论和理想;而且马克思主义是肯定客观世界及其普遍规律的存在,是重视对这种客观规律的认识和论证的,而实用主义则从理论上排斥这一点。"③而且,当时中国的一批马克思主义者如李大钊、陈独秀、瞿秋白、蔡和森等人运用马克思主义理论,分析中国社会现实局势及其奋斗前景的理论文章,比同时期其他的文章更具有理论水平。

① 李泽厚:《中国现代思想史论》,第153页。
② 李泽厚:《中国现代思想史论》,第154页。
③ 李泽厚:《中国现代思想史论》,第155页。

李泽厚还以瞿秋白与毛泽东两人为个案,分析两人在有关"中国革命走农村包围城市的道路"的共同主张中的异同点,非常深入、精彩地揭示了二人的不同之处:即瞿秋白是纯理论的认识,而毛泽东是深深扎根于中国农村社会,有乡土特色。瞿秋白是从理论上这样做了,而毛泽东是在实践中这样做的。但这恰恰又从另一个方面表明:"只要从当时的实际情况出发,而不是机械地搬用十月革命经验或马、列的某几条原理作为依据,便能作出上述符合革命实际的论断和主张。这无疑是中国传统的实用理性起了作用,不必要抽象玄思,不必要搬用经典,从实际中概括出经验理性结论,并赋予它以清晰论证的理论形态,便足以指导行动了。"①

上述有关瞿秋白、毛泽东农村包围城市思想的个案分析,生动而且颇有说服力地揭示了"实用理性"的思维方式所具有的理论优势。不过,李泽厚在分析现当代中国社会科学落后的现象时,亦用"实用理性"的观念加以分析:"社会科学的落后标志着作用于中国现代史的进程特点,而这,恰恰又是传统的实用理性的再次表现,强调理论、知识、智慧为现实事务服务,一向缺乏并反对'为科学而科学、为艺术而艺术'的独立意识,本就是中国人的文化心理,这无疑在现代接受和造成上述状态中,也起了重要作用。"②而对于现当代中国知识分子之所以能够接受深重的历史代价,也是用实用理性的观念来解释的,他说:"中国革命道路既然是农民为主体的土地革命,一切就得服从于它,并为此服从而付出代价。值得注意的是,传统实用理性的文化心理构架使广大知识群体安然地接受了和付出了这一代价。"③可见,作为民族文化心理深层结构的"实用理性"的思维方式,在李泽厚的一系列分析中,实际上也充当了"成也萧何,败也萧何"的文化角色。这也将"实用理性"放在了一个非常危险的思想位置。

3."实用理性"的负面特征及其克服

自西学东渐以来,特别是两次鸦片战争失败之后,中国人对于自己民族文化的负面因素开始了大规模的反省。李泽厚对于中国传统文化中重视"实践理性"的负面因素,也有较为深刻的反省。他认为,"实践理性"对于中国人的精神祈向而言,有两点深刻的影响与规定。一是"它在一定程度和意义上有阻碍科

---

① 李泽厚:《中国现代思想史论》,第166页。

② 李泽厚:《中国现代思想史论》,第76页。

③ 李泽厚:《中国现代思想史论》,第86页。

学和艺术发展的作用。由于强调人世现实,过分偏重与实用结合,便相对地忽视、轻视甚至反对科学的抽象思辨,使中国古代科学长久停留并满足在经验论水平(这是仅从认识论来说的,当然还有社会经济和阶级、时代的原因,下同),缺乏理论的深入发展和纯粹的兴趣爱好"①。二是"由于实践理性对情感展露经常采取克制、引导、自我调节的方针,所谓以理陈情,'发乎情止乎礼义',这也就使生活中和艺术中的情感经常处在自我压抑的状态中,不能充分地痛快地倾泄表达出来"②。

在《漫谈"西体中用"》一文中,对于"实用理性"在理论思维方面的不足有新的补充性的说法:"总之,人与自然的关系服从于人的关系,人对自然的研究,从属于对人的服务,前者没有独立的地位。'天道'实际上只是'人道'的延伸或体现。从而中国文化及哲学中缺乏对上帝及恶的'畏',从而缺乏谦卑地去无限追求超越的心理。中国人容易满足,并满足在人世生活之中。"③类似的说法也出现在《试谈中国的智慧》这篇采访文章中。李泽厚通过与德国、英美、俄罗斯等民族思维特点的比较,做了这样的论断:

"中国哲学和文化一般缺乏严格的推理形式和抽象的理论探索,毋宁更欣赏和满足于模糊笼统的全局性的整体思维和直观把握中,去追求和获得某种非逻辑非纯思辨非形式分析所能得到的真理和领悟。"④这种实用理性的传统"既阻止了思辨理性的发展,也排除了反理性主义的泛滥。它以儒家思想为基础构成了一种性格—思想模式,使中国民族获得和承续着一种清醒冷静而又温情脉脉的中庸心理:不狂暴,不玄想,贵领悟,轻逻辑,重经验,好历史,以服务于现实生活,保持现有的有机系统的和谐稳定为目标,珍视人际,讲求关系,反对冒险,轻视创新……"⑤

在该文中,他还从理性与非理性的角度分析道:"中国文化善于用清醒的理智态度去对付环境,吸取一切于自己现实生存和生活有利有用的事物因素,舍弃一切已经在实际生活中证明无用的和过时的东西,而较少受情感因素的纠缠

---

① 李泽厚:《中国古代思想史论》,第 37 页。

② 李泽厚:《中国古代思想史论》,第 38 页。

③ 李泽厚:《中国现代思想史论》,第 320 页。

④ 李泽厚:《中国古代思想史论》,第 305—306 页。

⑤ 李泽厚:《中国古代思想史论》,第 306 页。

干预。这是因为实用理性不是宗教,它没有非理性的信仰因素和情感因素,来阻碍自己去接受外来的异己的事物并扔弃本身原有的东西。"①因此,"如何认真研究和注意吸取德国抽象思辨那种惊人的深刻力量、英美经验论传统中的知性清晰和不惑精神、俄罗斯民族忧郁深沉的超越要求……使中国的实践(用)理性极大跨越一步,在更高的层次上重新构建,便是一件巨大而艰难的工作"②。

当然,李泽厚本人也是深受中国传统辩证思维与马克思主义辩证法思想影响的一代哲人,他对于中国哲学重视"实用"的总体特点是持有一种辩证态度的。他认为:"无论庄、易、禅(或儒、道、禅),中国哲学的趋向和顶峰不是宗教,而是美学。中国哲学的道路不是由认识、道德到宗教,而是由它们到审美。"③"这种审美境界和审美式的人生态度区别于认识和思辨理性,也区别于事功、道德和实践理性,又不同于脱离感性世界的'绝对精神'(宗教)。它即世间而超世间,超感性不离感性;它到达的制高点是乐观积极并不神秘而与大自然相合一的愉快。这便是孔学、庄子与禅宗相互交通之处。"④由这一特征出发,他在比较哲学的视野里以一种审慎的疑问口气说道:

> 也许,这就是中国传统不同于西方(无论希伯来的割裂灵肉,希腊的对立感性与理性)的重要之处? 也许,在剔除了其中的糟粕之后,这就是中华民族将以富有生命力的健康精神和聪明敏锐的优秀头脑踏入世界文化作出自己贡献时,也应该珍惜的一份传统遗产?⑤

在该文中,李泽厚更加具体地阐述了如何继承"实用理性"积极一面的思想,他说:"在发展逻辑思辨和工具理性的同时,却仍然让实用理性发挥其清醒的理智态度和求实精神,使道德主义仍然保持其先人后己、先公后私的力量光芒,使直觉顿悟仍然在抽象思辨和理论认识中发挥其综合创造的功能,使中国文化所积累起来的处理人际关系中的丰富经验和习俗,它所培育造成温暖的人

① 李泽厚:《中国现代思想史论》,第 321 页。
② 李泽厚:《中国古代思想史论》,第 306 页。
③ 李泽厚:《中国古代思想史论》,第 215 页。
④ 李泽厚:《中国古代思想史论》,第 215—216 页。
⑤ 李泽厚:《中国古代思想史论》,第 219 页。

际关怀和人情味,仍然给中国和世界以芬芳,使中国不致被冷酷的金钱关系、极端的个人主义、混乱不堪的无政府主义、片面的机械的合理主义所完全淹没,使中国在现代化过程中高瞻远瞩地注视着后现代化的前景。"①

李泽厚通过对西方现代化过程中出现的弊病的反省,希望中国文化在现代化的过程中能够保留"实用理性"所具有的优长的一面,以克服现代化过程中的各种异化现象。这种良好的愿望能否实现? 当代中国社会的现实正在以无声的行动考验并检验着思想家的理想。

二、当代中国哲学的诸形上学(或本体论)

近四十年来的中国哲学界,除产生了冯契、李泽厚这样少数的具有哲学体系的思想家之外,还表现出另一个新的特征,即有一批专业的哲学家对形而上学或曰本体论做了新的探讨。他们多以中国传统哲学为主要思想资源,提出了新的哲学形上学或曰本体论思想。这些哲学家在本体论的建构方面几乎都不约而同地偏向于对西方哲学中从柏拉图到黑格尔一系的哲学形上学的反思和批评,在吸收了后现代哲学的某些精神气质后,重视对感性、具体的存在或经验世界的把握,同时又超越西方后现代哲学拒斥形而上学的做法,尝试建构新的形上学体系,以之来寻求对世界的统一性、具体性的解释与说明。这与当代英美主流哲学关注语言分析或解释学,拒斥形上学或曰本体论问题等的倾向颇为不同。其中的代表人物可以老一辈学者张世英,中生代学者陈来、杨国荣为其典型代表。

(一)"横向超越"与张世英的哲学形上学

晚年的张世英先生吸收西方后现代哲学中"在场与不在场"的哲学理论,并与中国传统哲学的阴阳理论、马克思主义哲学重视现实世界的精神相结合,批评了自柏拉图到黑格尔的"纵向超越"的形上学,提出了"横向超越"的哲学形上学,要求人们善于运用哲学的"想象"思维,在现实与历史,可见与不可见的物质的、具体的联系中理解世界的无限性与关联性,进而培养人的超越性思维。张先生的基本思想主要体现在如下三本著作之中,一是《天人之际——中西哲学

---

① 李泽厚:《中国现代思想史论》,第338页。

的困惑与选择》(1995 年)，二是《进入澄明之境——哲学的新方向》(1999 年)，三是《哲学导论》(2002)。《哲学导论》一书以教课书的形式比较系统地阐述了他的哲学史观与哲学观，并提出了以"希望的哲学"代替黑格尔式的"猫头鹰哲学"。本文集中阐述《进入澄明之境——哲学的新方向》一书中所体现的新的哲学形上学思想。

1. "在场"、"不在场"与"横向超越"

"在场"(presence)与"不在场"(absence)两个概念，本是现代西方现象学中的一对重要范畴，胡塞尔、海德格尔通过此对哲学范畴，彻底地颠覆了西方自柏拉图以来直到黑格尔为止的主流哲学传统以追求永恒不变的真理为目标的哲学思考方式。张先生将此对现象学范畴与中国传统哲学结合起来，通过对中国传统哲学中阴阳、显隐、古今等范畴的新解释，使中国传统哲学观念获得了新的思想意义，焕发了新的生命力。同时，张先生也在中西古今的思想比较过程中，建立了既属于他自己的，又是属于我们时代的新哲学体系。

张先生认为，西方现代哲学的人文主义思潮如尼采、海德格尔、伽达默尔等人的哲学，"不满足于旧形而上学的本体世界，追求抽象的、永恒的本质，而要求回到具体的、变动不居的现实世界"。"从当前在场的东西超越到其背后的未出场的东西，这未出场的东西也和当前在场的东西一样是现实的事物，而不是什么抽象的永恒的本质或概念，所以这种超越也可以说是从在场的现实事物超越到不在场的(或未出场的)现实事物。"①张先生将传统西方哲学的超越称之为"纵向的超越"，而将后一种超越称之为"横向的超越"。这里所谓的"横向"，绝不是日常经验生活中空间意义上的横向，而是指"从现实事物到现实事物的意思"②。张先生举例说，海德格尔从显现的东西追问到隐蔽的东西，就是横向超越的例子。通过对胡塞尔与海德格尔关于在场与不在场思想的阐释，张先生对"在场"与"不在场"的关系作了如下的解释。他说："哲学在'横向'转向以后，它所追求的是隐蔽于在场的当前事物背后的不在场的、然而又是现实的事物，它要求把在场的东西与不在场的东西、显现的东西与隐蔽的东西结合在一起。哲学的最高任务不只是达到同一性或相同性，而是要达到各种不相同的东西相互

---

① 张世英：《进入澄明之境——哲学的新方向》，北京：商务印书馆，1999 年，第 8 页。

② 张世英：《进入澄明之境——哲学的新方向》，第 8 页。

融为整体,亦即达到天地万物之相通、相融。"①

为了将"形上学"所体现出的无限性特征揭示出来,张先生还进一步地阐述道:

> 事物所隐蔽于其中或者说植根于其中的未出场的东西,不是有穷尽的,而是无穷尽的。具体地说,任何一个事物都与宇宙万物处于或远或近、或直接或间接、或有形或无形、或重要或不重要的相互联系、相互作用、相互影响之中,平常说的普遍联系的观点实际上从某个角度看也就是说的这个意思,只不过平常讲相互联系时讲得太一般化、太简单了,而未从隐蔽与显现、在场与不在场以超越当前的角度对普遍联系作更深入的分析和发挥。②

上述所引张先生论述"在场"与"不在场"之关系的两段文献,既是他对现代西方哲学"在场"与"不在场"关系论述的理解与解释,在一定程度上也把他自己的思想带入其中了,而且较好地处理了形上学所体现的无限性与形下世界的有限性的关系。但如何能够做到把在场的与不在场的万物融为一个整体呢? 在现象学的思路下,张先生进一步论述了"想象"的功能及其作用。张先生借用了康德意义上的"想象",即"想象是在直观中表现一个本身并未出场的对象的能力",来实现他对"在场"与"不在场"的整合。他说:"这种意义下的想象,不是对一物之原本的摹仿或影像,而是把不同的东西综合为一个整体的能力,具体地说,是把出场的东西和未出场的东西综合为一个整体的综合能力。"③对此种"想象"能力,张先生又进一步举例说到,如昨天的事物已经过去了,如何把它与今天的事物结合为一个整体呢,那就是要把昨天的、已经不在场的事物"再现"出来。而这种"再现"就是一种"想象",通过此种"想象"就可以把昨天的事物"与今天当前的在场的东西结合为一个'共时性'的整体,正是这个整体构成我们想象的空间,它使不同的东西——在场的与不在场的,显现的与隐蔽的,过去的与今天的……互相沟通、互相融合"。"所以要把握万物相通的整体,就要靠

---

① 张世英:《进入澄明之境——哲学的新方向》,第 12 页。
② 张世英:《进入澄明之境——哲学的新方向》,第 11 页。
③ 张世英:《进入澄明之境——哲学的新方向》,第 12 页。

想象；否则，在场的与不在场的之间、显现的与隐蔽的之间、过去的与今天的之间就永远只能相互隔绝，我们又如何能由此及彼，达到当前事物之背后隐秘（隐蔽）的根底或根源呢？"[1]

透过对"想象"作用的分析，张先生还批评了以往依靠思维进行抽象的哲学，认为这种哲学的思维抽象结果，"最终得到的只不过是撇开生动的差异性的干巴巴的同一性"。他要求我们"超越（不是抛弃）思维，不停留于抽象概念的'阴影王国'，不受永恒在场的理念的统治与束缚，而把想象放在首位，不断地从在场的当前事物奔向未出场的事物，奔向无限开放、不断更新的世界。一句话，我们需要凭借想象，冲破现有的界限，在在场与不在场之间、显现与隐蔽之间翱翔"[2]。

张先生上述的论断对于当前中国哲学界如何学习西方哲学，学习西方哲学中哪些内容，都具有重要的启迪意义。自柏拉图到黑格尔的西方主流哲学传统都是通过思维的抽象而追求那永恒不动的理想国或绝对真理。在这种哲学面前，中国哲学简直算不上是哲学。然而，经过胡塞尔、海德格尔批判而发展出的现代西方哲学的一支，倒是有很多东西与中国传统哲学有相通之处。如中国传统哲学中所讲的阴阳、显隐等范畴，就可与在"在场"和"不在场"的范畴相沟通，从而对于中国传统哲学的当代活化具有重要的启迪意义。

2. "在场"、"不在场"与"阴阳"学说

在《进入澄明之境》一书的第六章——"阴阳学说与西方哲学中的'在场'与'不在场'"，张先生非常精辟地阐述了中国传统哲学中阴阳范畴与现代西方哲学"在场"与"不在场"范畴之间的相通之处与差异之处，在比较哲学的视野里活化了中国传统哲学的隽永之思。张先生说："所谓阴阳正反，用西方现当代哲学的语言来说，就是在场与不在场、出场与不出场（prensence and absence）。任何一个当前出场的事物，总有显现在我们眼前的方面，通常称之为正面，用阴阳学说的名辞来说，就是阳面，其隐蔽在背后的未出场的方面，就叫做反面，即阴面。阴阳正反可以互换、转化，但总有一面是出场的，另外的方面是未出场的，一面是阳，另外的方面是阴，不可能正反两面同时出场。"[3]

---

① 张世英：《进入澄明之境——哲学的新方向》，第 12 页。

② 张世英：《进入澄明之境——哲学的新方向》，第 13 页。

③ 张世英：《进入澄明之境——哲学的新方向》，第 116—117 页。

张先生在比较哲学的视野里,进一步论述了中国阴阳学说的两个显著特性。其一,否认有超感觉的理念、超现象的本质、超特殊性的普遍性,只承认有一个实在的但不同时在场的世界。其二,强调这个实在的、综合在场与不在场的世界生生不息,无始无终。就第一个突出的特点而言,张先生这样阐述道:"与西方传统的'在场形而上学'相反,中国的阴阳学说一般否认有超感觉的理念、超现象的本质、超特殊性的普遍性,认为世界就是具体事物及其阴阳两面的相互转化。事物之呈现于当前,叫做正面(阳),它必然有与之相联系、相作用、相影响的背面,叫做反面(阴)。正反阴阳的相互依存、相互转化就构成全部世界。所谓'一阴一阳之谓道'(《易·系辞上》),就是这个意思。"①

与从西方"在场形而上学"立场出发,批评中国传统哲学缺乏超越性的观点相反,张先生认同中国传统哲学"万物一体,一气流通"的思想,并进一步说道:"我以为万物一体之外,别无其他任何所谓超时空的本体,那是不现实的、抽象的。"②他用了大段的文字论述了中国阴阳学说的特质,说道:

"中国的阴阳学说一般无意另立一个抽象世界;它也要求超越当前,寻找当前事物之根,但它认为当前的东西之根就在与当前相联系的未出场的东西之中,这些未出场的、作为根源的东西,同样是现实的、具体的,而非抽象的、永恒的概念。阴和阳二者并非像西方传统哲学所讲的那样,一在可感觉的具体世界之中,一在超感觉的抽象世界之中,二者实乃同样都在具体的现实世界之中。阴阳学说的最高任务就是要寻找那隐藏在显现出来的东西背后的、然而同样现实的、具体的东西,从而把二者结合为一个整体。"③

针对中国阴阳学说的第二个显著特征,张先生这样说道:"对比西方传统哲学追求永恒不变的东西而言,中国阴阳学说之强调生生不息,认为宇宙乃一变化无疆的大洪流,乃是它的又一特点。"④更具体地来说,这一不同于西方传统哲学的特点还有两点值得注意:其一是强调变化无止境,如《易·系辞下》说:"易,穷则变,变则通,通则久。""通则久"就是变化久而不息之意。⑤ 其二是承认

---

① 张世英:《进入澄明之境——哲学的新方向》,第120页。

② 张世英:《进入澄明之境——哲学的新方向》,第120页。

③ 张世英:《进入澄明之境——哲学的新方向》,第123页。

④ 张世英:《进入澄明之境——哲学的新方向》,第123页。

⑤ 张世英:《进入澄明之境——哲学的新方向》,第123页。

变化的世界有自己的法则:"这就是由正而反,由反而正,所谓'物极必反'。《易传》与《老子》皆持此说。所以阴阳学说总是教人'见几而作'、'居安思危'、'知雄守雌'、'知荣守辱',如此等等。这样的为人处世之道,不仅西方传统形而上学没有,即是大讲在场与不在场相结合的现当代西方哲学也未见有所阐发。"①

张先生进一步追问,中国传统的阴阳学说通过什么途径才能不停滞于一物之当前的阳面,以把握隐藏于背后的阴面,从而达到阴阳合一、万物一体呢?那就是通过"想象"。《易传》与《老子》思想中的感通、会通、玄览,其实就是一种直觉,一种想象。只是"中国传统哲学不直接用想象的语词,而喜爱用'神明'、'知化'、'玄览'、'以明'之类的术语,实皆有非感觉经验的直觉和想象的意思"②。而所谓的"会通",即是把阴阳两方面结合起来,而"结合的关键在于,能在当前在场的东西中见到不在场的东西,能于阳处见到阴处"③。而中国传统哲学中所讲的"极深而研几"的"研几","就是审察将现而尚未现的东西,简言之,就是由阳以见阴,用西方当代一些哲学家的语言来说,就是'让隐藏的不在场的东西从在场的东西中显现出来'。能做到这一点,就算是'精义入神'、'穷神知化'(《易·系辞下》)"④。

应当说,张先生借用在场与不在场这对新范畴来解释中国传统哲学中的阴阳学说,的确让中国传统哲学获得了现代性的意义,尤其是通过对中国传统哲学基本范畴的哲学解释,沟通中西哲学的问题意识,使中西哲学比较有了很好的思想出发点。但张先生在比较哲学研究过程中所提出的一些带有个人创见的新观点,似乎还有可以进一步讨论之处。

3. 整合"在场"与"不在场"之间的关系

张先生直接接受了胡塞尔的"想象"说以及海德格尔的艺术理论,十分看重人在哲学与艺术方面所具有的"想象"力的作用,这当然有其深刻之处。然而,如果从马克思主义"实践哲学"的观念看,将"在场"与"不在场"融合为一个整体,除了思想的"想象"之外还有广义的社会实践。哲学的理性教育可以拓展人们的心胸,从理性认知方面让人觉解到无限,即幽隐而不在场的存在者。但仅

---

① 张世英:《进入澄明之境——哲学的新方向》,第124页。

② 张世英:《进入澄明之境——哲学的新方向》,第125页。

③ 张世英:《进入澄明之境——哲学的新方向》,第124页。

④ 张世英:《进入澄明之境——哲学的新方向》,第125页。

凭"想象"是不够的,还必须通过具体的社会实践。当代的量子物理学与宇宙学,正是通过科学的研究活动将不在场的幽隐世界带到"在场"状态;当代的考古学、人类学,特别是体质人类学,将不在场的远古历史带到现实社会生活之中;当代的全球化过程将不在场的其他民族的生活带到自己民族的生活之中,即张先生所说的将"周边"带到"中心"。固然,这种让曾经的不在场逐渐地变成在场的过程中,始终有一个不在场的世界,始终需要我们运用哲学理性的想象。但融合在场与不在场并使之成为一个整体的活动,并不仅仅依靠想象,而且也不应当仅仅停留于"想象"的思维之中,促成这一融合还应当有现实的、不间断的,因而具有历史延绵性的社会实践活动。这样在场与不在场的融合就更加是一个人与自然、感性与理性、真实与想象、历史与现实、现实与未来的多重真实;而具体的事物相结合的人类自由自觉的劳动过程,也即是人类不断克服障碍,追求自由,实现与万物的沟通、联系的曲径通幽的过程,而不仅仅是在思想中进入"澄明之境"的状态。

当然,张先生在《哲学导论》一书的结束部分又提出了"希望的哲学",改变了《进入澄明之境》中的某些说法。他从六个方面勾勒了"希望的哲学"的基本轮廓:一,以希望哲学代替猫头鹰哲学;二,希望就是虚拟;三,希望即是战斗;四,希望与命运;五,希望与失望;六,希望与无限。而这六个方面的基本内容,可以概括为人不断地克服局限性与束缚,向着无限的世界去探索,并保持"万物为一"的人生境界。很显然,这些观点在很大程度上已经超越了《进入澄明之境》中一些说法,摆脱了胡塞尔、海德格尔的影响而在更高的层次回到了中国《易》哲学刚健不已的精神传统之中了。他说:"人生的'生'就是生存、生活,而生存、生活是一种行动、一种活动,行动、活动就意味着不断地突破有限。人如果停滞在现实性中而思突破其有限性,或者说,安于现实而思前进,那就是死亡而不是人生:停滞于感性中有限的东西,固然是死亡;停滞于一些固定的概念,那就叫做思想僵化,也是一种死亡。所以人生应是一种不断突破现实的有限性的活动,这种活动就是人们通常所说的希望。"①这种希望当然不是空想,"希望总是希望把尚未现实的东西转化为现实的东西,把尚未在场的东西转化为在场

---

① 张世英:《哲学导论》,北京:北京大学出版社,2002年,第406页。

的东西,这种转化就是劳作"①。因此,"希望意味着冲破界限,意味着从既定的现实框架挣扎出来"。"希望就是痛苦与幸福、黑暗与光明的转换,所以,一次希望就是一场不平静的战斗。"②人有希望就有失望,并不是所有的希望都能变成现实的,但人能克服重重阻力,平息各种叹息,而人也"只有以勇敢的态度面对现实和有限,这才是真正超越了现实和有限性,才是真正从现实和有限性的束缚中解放了出来,这也就是一种人与万物为一的人生最高境界"③。

笔者认为,这一"希望的哲学"是张先生从比较哲学走出来,实现自己哲学创造的新哲学的雏形。这一新哲学将引领人们不断地克服各种障碍,在真实的世界里通过"劳作"向着更加幽深的无限世界探索、迈进,因而也是一种"曲径通幽"的实践类型的哲学。

(二)陈来与杨国荣的本体论思想

相对于老一辈哲学家而言,中生代哲学家如陈来,近几年来开始摆脱哲学史研究的学术路数,尝试建构以儒家核心概念"仁"为哲学本体的"仁学本体论"。而杨国荣则长期在通观中西哲学史,特别是西方哲学中的形而上学的大视野里,在学理上更为细致地吸收了马克思主义的辩证法思想与中国传统哲学重视存在的具体性、流动性的思想精髓,提出了"具体的形而上学"的新学说。这两种类型的哲学本体论或曰形而上学,以更加成熟、更加严密的理论形态展现了当代中国哲学的理论高度。

1. 陈来的"仁学本体论"

从语言到问题意识,陈来的哲学创作都高度体现了中国传统哲学的风格特征。其新著的正名为《新原仁》,一是表明他与冯友兰等现代新儒家的仁学有内在关系,同时又有所不同,二是表明他的哲学是儒家"仁学"在当代的发展。其所说的本体论,既与西方哲学的形上学或曰本体论相关,更重要的是中国传统哲学"体用论"意义上的本体论。陈来还正确地注意到,中国传统哲学中没有一神论的信仰,因此在有关实体与本体的问题上,无须推出自然与上帝抗衡,"万物一体"即是实体、本体。而由宋儒发展并确立的"仁者与天地万物为一体"的

规范性问题和中西哲学

---

① 张世英:《哲学导论》,第408页。

② 张世英:《哲学导论》,第409页。

③ 张世英:《哲学导论》,第411—412页。

新仁学思想,就成为他"仁学本体论"的合理思想资源。陈来的"仁学本体论"超越了传统儒家或以心为本体,或以理为本体的各种本体论,并在与西方哲学的比较中,将自己的"新仁学"称之为"爱的智慧"学说,以之与西方哲学中"爱智慧"的诸种哲学本体论区别开来。这一点颇富新意。

按照陈来自己的陈述,"仁学本体论"是"以仁体统摄儒家传统的各种形上学观念,将仁发展为一本体的观念或发展为一仁的本体论。此非以心为本的本体论宇宙论,亦非以理为本的本体论宇宙论,而是以仁为本的本体论—宇宙论。仁的本体论亦曰仁学本体论,盖孔子的儒学本来即是仁,此点昔人已言之甚多"①。析而言之,此"仁体"有两层意思,第一层,"万物关联共生的整体即是本体,即为仁体"。第二层,"此整体之后有实体,但此实体非独自另外一物,亦非在万物自身之内的另一物,此实体与万有关联共生之整体乃是'即体即用、即用即体'的关系。此实体是一切生生不息的终极根源"②。此两层仁体在理论上、逻辑上有先后、轻重的关系:在理论上,在逻辑上,第二层有优先性;在实践上,第一层有优先性,"用朱子的话说,论先后,第二义为先,论轻重,第一义为重"③。

陈来建构仁学本体论,不只是出于单纯的学术追求,而是有强烈的现实关怀指向,这种"现实指向"可从两个层面来看。一是现代性世界所凸显的共同问题,即陈来所说的:"世界问题的根源是这个世界与道德的分离,以现代性为名否认了几千年来人的道德经验和道德诫令,道德文化的崇高感荡然无存,人只相信科学技术,却无法对科学技术的成果予以把握,以核子武器为代表的大规模杀伤性武器在资本主义和帝国主义的冲动下根本无法被遏止。"还有个人主义与物质享乐主义、消费主义成为青年人的主导原则和生活方式,人们对事物的道德感受、道德立场、道德意识的逐渐丧失④,这些均是现代性社会所面临的共同问题。因此需要有一种新的道德哲学与作为第一哲学的伦理学来处理现代性世界所提出的现实难题与生活问题。二是与中国社会在现代化的过程中出现的具体民族问题密切相关,如陈来说:"仁体论的建构既是面对现代儒学形上学的需要,也是面对中华民族复兴时代重建儒学或复兴儒学的需要,在根本

① 陈来:《新原仁——仁学本体论》,北京:生活·读书·新知三联书店,2014年,第29页。

② 陈来:《新原仁——仁学本体论》,第62页。

③ 陈来:《新原仁——仁学本体论》,第62—63页。

④ 陈来:《新原仁——仁学本体论》,第85页。

上，更是面对当今中国与世界的道德迷乱，因此它最终要落脚在价值、伦理、道德的领域，重建社会和人的道德，如古人所说振纲纪、厚风俗、正人心者。"①具体而言，"当代儒者必须坚持在一切公共文化中凸显儒家道德精神，力图使之成为社会文化的主导的精神力量"。而在中国的具体文化环境里，"儒家的人道主义可以把它的仁学与社会主义、文化民族主义相结合，因为中国的文化民族主义是对近代西方文化中心论霸权的强势压迫的反抗，也是对民族文化复兴发展的支持"②。

就笔者的个人理解来看，陈来在《仁学本体论》一书的最后一章"仁统四德"里，表现出了当代大陆新儒家的理论抱负与强烈的现实关怀。从理论抱负来看，陈来在肯定传统"仁义礼智"四德仍然有当代价值的基础上，阐发了他自己提出的新四德——仁爱、自由、平等、公正，而以和谐为社会目标。如果采用传统的"五德"观念模式，即是仁爱、自由、平等、公正、和谐。无论是"四德"还是"五德"，仁爱都是根本之德，以宇宙论的语言或方式说，"仁体的大用是生气流行，通贯周流于四德之中，比喻言之，仁爱是仁之春，自由是仁之夏，平等是仁之秋，公正是仁之冬；仁爱是仁之本体的本然流行，其他三者是仁的流行的不同表现。自由是仁之活动无碍，平等是仁之一视同仁，公正是仁之正义安排，和谐则是仁体流行的整体要求。"③

陈来在此书中所阐发的"仁统四德"的思想结构，实际上是以中国固有的儒家哲学的核心思想与精神——仁爱，来统摄首先成熟于西方的现代性三种主要价值——自由、平等、公正。这与第一代、第二代新儒家在面对西方文化与价值体系时，努力为儒家思想与价值体系辩护的态度与立场极不相同。这甚至与刘述先、杜维明等第三代新儒家(权且这样称谓)尝试将儒家的思想作为西方思想与方法之外的替代思想方案的做法亦不相同，而是表现了以儒家思想为主、为根基，吸收并包容现代西方的主要价值，从思想上确立了以儒家仁爱思想为核心、为主导的当代中国的价值体系。这一思想成果并不一定能得到所有人的赞同，但至少在理论上表现了当代中国思想家立足于传统而又能充分吸收现代西方文化的核心精神，以自己的面目独立于世界哲学之林，是"中国哲学出场"的

---

① 陈来：《新原仁——仁学本体论》，第 99 页。

② 陈来：《新原仁——仁学本体论》，第 92 页。

③ 陈来：《新原仁——仁学本体论》，第 429 页。

又一个具体而生动的典型形态。

就其理论的现实关怀来看，陈来对当代中国的核心价值问题也从他的"仁学本体论"的立场给出了明确的回答。他认为，如果从儒学的角度看，当前中国社会的核心价值只需要突出五项，即仁爱、自由、平等、公正、和谐。而在社会核心价值层面意义上的仁爱，"不是作为个人道德的仁，而是作为普世价值的仁"①。

陈来以其理论的清晰性，区分了"价值"与"道德"问题。他的仁学本体论既处理了当前社会的核心价值观的建构问题，也着重从道德建设的角度提出了当代中国社会的"个人基本道德"的谱系重构问题。他认为，当代中国社会需要的个人基本道德，即私德，若用单个字表达，即是"仁、义、诚、信、孝、和。用双字词：仁爱、道义、诚实、守信、孝悌、和睦"②。次一级的私德有：自强、坚毅、勇敢、正直、忠实、廉耻。而个人道德中与社群有关的社会公德则是：爱国、利群、尊礼、守法、奉公、敬业。这三重个人基本道德谱系的建设工作，具有极强的现实指导意义。

在面对强大的现代西方文化及其价值谱系时，陈来的"仁学本体论"既提倡"全球文化关系的去中心化和多中心化即世界性的多元文化主义"③，亦直言不讳地强调了以仁学为核心精神的中华价值及其文化价值在排序上的优先性。这种价值排序上的优先性与以仁学为核心的中国文化在价值排序上的优先性有如下两个序列的表达式，其一是："仁爱高于一切，责任先于权利，义务先于自由，社群高于个人，和谐高于冲突，以及天人合一高于主客二分。"④

其二是："仁爱原则、礼教精神、责任意识、社群本位都是与个人主义相反的价值立场。即协同社群、礼教文化、合作政治、王道世界。协同社群突出社群的意义，以对治个人主义；礼教文化突出道德意识，以区别法律主义；合作政治突出合作的政治沟通，以有异于冲突的政治；最后，王道世界是一种与帝国主义不同的天下秩序。这四点都以仁为核心，仁是以相互关联、共生和谐为内容的基

---

① 陈来：《新原仁——仁学本体论》，第466页。

② 陈来：《新原仁——仁学本体论》，第467页。

③ 陈来：《新原仁——仁学本体论》，第492页。

④ 陈来：《新原仁——仁学本体论》，第487页。

本原理。"①

"仁学本体论"也试图为当今人类的诸多问题开出当代中国儒家式的思想解决方案,陈来要求人们跳出旧的"传统—现代"对立的思维模式,"站在更高的层次上,重新认识当代全球社会的文化问题。仁爱、自由、平等、公正、和谐,就是现代全球社会需要的五项基本价值"②。他认为:"仅仅依靠西方现代性价值——自由、民主、法律、权利、市场、个人主义去解决,是不可能的。我们必须开放各种探求,包括重新发掘中国文明的价值观和世界观,发挥仁的原理、关联性、交互性伦理,发挥道德和礼教意识,使当今这个令人不满意的世界得以改善。"③

陈来的"仁学本体论"的确超越了古今儒者的仁学与仁论思想,以系统而明确的哲学本体论的形式活化、深化了儒家的仁学思想,是儒学在当代中国的新开展。但是,他的仁包四德的理论或五德的理论构想,在处理传统的智德、今日的科学知识,以及科学知识如何与人的道德成长相统一等诸问题时,留下了不少的理论空间;他提出的五项核心价值的设想,以及当代社会的三层道德谱系,均忽略了智德或曰现代科学知识所体现的价值意义与道德意义。这虽然是因为有感于当代社会科学技术的膨胀与负面因素日益凸显的事实,但在道德与价值的理论建构中,忽略智德与现代科学知识与技术的价值意义,及其对于人的道德成长的意义,不能不说是一种遗憾。

2. 杨国荣"具体的形而上学"

与陈来的"仁学本体论"不同,杨国荣"具体的形上学"则更多地体现了综合中西马哲学资源的特征。首先,他从学理上,将形而上学与存在论、本体论的诸论述综合起来,将西方本体论的发展历史与中国哲学本体论的思想史结合起来加以考察,以揭示形而上学的普遍性。其次,他考察了形而上学的发展历史,特别是西方形而上学的发展历史,发现过去的形而上学总是试图以某种或某类存在为本原,注重对存在始基的追求,而那些"以观念为存在的本原、终极的大全,或者致力于在语言的层面建构世界图景",则表现出"对现实存在的疏离"。④

---

① 陈来:《新原仁——仁学本体论》,第490—491页。

② 陈来:《新原仁——仁学本体论》,第498页。

③ 陈来:《新原仁——仁学本体论》,第499页。

④ 杨国荣:《道论》,北京:北京大学出版社,2011年,第19页。

要而言之，"当形而上学以某种或某类存在形态为本原，以终极的存在为统一的大全时，它也蕴含着对世界的静态、片面等看法：向某种质料或观念形态的还原，意味着对世界的片面规定；对终极存在的追寻，则导向静态的、封闭的观念，这种抽象的存在理论运用于研究世界或存在本身，便常常转换为对世界片面地、静态地、孤立地考察，后者也就是与辩证法相对的形而上学的思维方式"①。

在杨国荣看来，哲学的使命在于敞开和澄明存在的具体性，而哲学的认识就是一个不断地达到并回归具体的过程，在扬弃存在的分裂的同时，消除抽象思维对存在的掩蔽。因此，哲学认识的具体性指向，在某种意义上就构成了哲学的本质。因此，建立具体的形而上学是当代形而上学重建的历史任务，他说道：

"世界本身是具体的：真实的存在同时也是具体的存在。作为存在的理论，形而上学的本来使命，便在于敞开和澄明存在的这种具体性。这是一个不断达到和回归具体的过程，它扬弃存在的分裂的同时，也要求消除抽象思辨对存在的遮蔽。"②

所谓"形而上学的具体性"，它包含着多重维度："既以形上与形下的沟通为内容，又要求肯定世界之'在'与人自身存在过程的联系；既以多样性的整合拒斥抽象的同一，又要求将存在的整体性理解为事与理、本与末、体与用的融合；既注重这个世界的统一性，以确认存在的时间性与过程性。相对于超验存在的思辨构造，具体的形而上学更多地指向意义的世界。在这里，达到形而上学的具体形态（具体形态的存在理论）与回归具体的存在（具体形态的存在本身），本质上表现为一个统一的过程。"③

从"具体的形而上学"哲学视域出发，杨国荣细致地揭示了"存在的具体性"，他从存在的价值之维，对价值、道德、审美与人的具体的、历史的存在关系做了深入、细致的分析。他又从认识论的角度，对知识的形式与内容、知识客观有效性的形上根据、知识与智慧、语言与实在、语言与人的存在、存在与方法等多个方面与层面作了考察，揭示了传统认识论领域中的诸多问题与人的具体存在的关系，进而将认识论与本体论的统一起来。另外，从马克思主义实践哲学

---

① 杨国荣：《道论》，第 19 页。

② 杨国荣：《道论》，第 19 页。

③ 杨国荣：《道论》，第 19—20 页。

的立场出发,他考察了日常生活的平庸性与终极关切的两面性,对形上视域中的自由问题做了非常深入而富有新意的论述。另一方面,从"具体的形而上学"哲学视域出发,努力消除以往各种哲学理论领域的分离性,用杨氏自己的话来说,"以真实的存在为指向,哲学的各个领域之间,也不再横亘壁垒与界限:作为把握世界的相关进路与视域,本体论、价值论、认识论、伦理学、方法论等等多呈现互融、互渗的一面"①。合而言之,"具体的形而上学",使我们"既可以看到存在本身的统一性,也不难注意到把握现在的方式及形态之间的统一性;以存在的具体性与真实性的如上澄明为进路,形而上学同时也在二重意义上展现了哲学之求其'通'的品格"②。

实际上,作为冯契的弟子之一,杨国荣的"具体的形而上学"是在用西方哲学的形而上学的理论框架与语言,在专业哲学的框架内讨论着冯契哲学中的"转识成智"的"智慧说"问题。这种哲学的言说方式运用西方哲学家听得懂的方式讲述当代中国哲学的形上学或本体论。这一新的形而上学,在贯通古今中西的宏大思想视域里,既展现了当代中国哲学的专业性质与思维高度,也表现出非常鲜明的中国哲学思维重视具体、综合、辩证的民族特色。其批判旧的形而上学将存在抽象化这一方面的缺陷,与张世英批判西方"纵向超越"的哲学传统的思路,有异曲同工之妙,显示了当代中国哲学形上学在某些认识方面的一致性。不过,"具体的形而上学"在扬弃存在的分离,努力消融各种哲学理论所分享的缺陷与不足的同时,对于真实存在中的矛盾与冲突,诸种理论之间固有的张力,如真善美之间的张力,科学与哲学之间的张力,哲学与宗教、科学与宗教之间的张力,人与自然之间的冲突,人与他人、人与社会之间的矛盾与冲突,似乎关注得不够。而人与真实存在之间的疏离不只是形而上学的理论导致的,社会制度的诸种不公正与不协调,人类社会在发展过程中的阶段性特色,总是会制造一些人与存在的分离与疏离。但"具体的形而上学"的理想性要求还是值得高度肯定的。

非常值得注意的是,从冯契到杨国荣,再到杨国荣的学生贡华南、陈赟等人,都表现出极强的哲学创作的倾向——如贡华南的《味与味道》一书,就从感

---

① 杨国荣:《道论》,第30页。

② 杨国荣:《道论》,第30页。

性的角度来讲知道、体道的问题,颇有新意与启发力,体现了华东师范大学哲学系在当代中国哲学界的鲜明特色。笔者认为,这是当代中国哲学出现的可喜现象之一。

三、当代中国哲学的新方法论

在当代中国哲学界,青年哲学家赵汀阳从事哲学思考时所调动的思想资源最为丰富,他的哲学问题意识来自于对世界范围内真正的哲学思考所提出来的哲学问题,并围绕着这些哲学问题而展开,而他用来解决哲学问题的思想资源与手段,亦是世界性的。如果从狭义的现当代中国哲学发展脉络看,他对现代分析哲学、语言哲学、元伦理学等现代西方哲学思想资源的借用最多,使用时也显得非常娴熟。而他在讨论具体的哲学问题,以及提出具体的哲学解决方案时,对于西方哲学自古希腊时代一直到现当代的许多重要哲学观点中所存在的问题,都给予了理论上的批评与修正。他通过吸收列维纳斯的"他者"思想,对中国传统的哲学命题如"己所不欲,勿施于人",亦提出了修正版或曰改进版——"人所不欲,勿施于人"。在政治哲学领域,对于当今西方政治哲学从国家政治到国际政治的思维方式提出了批评,重新阐述中国传统政治哲学中的"天下"观念的当代意义,在哲学理论上尝试为当代世界政治问题的解决提出了中国的思想方案。陈来试图将伦理学作为第一哲学,而赵汀阳则试图以政治哲学作为第一哲学。这两者都体现了当代中国哲学家对于第一哲学的不同理解。

具体说来,赵汀阳在伦理学领域,提出要以幸福与公正作为伦理学的两大主题,同时,他将政治哲学作为第一哲学,对政治哲学的性质做了比较全面、立体、适应当代全球化要求的阐述。他认为,政治哲学大体上可以分为经验与形上学两个层面的问题。经验层面有两个问题,就"政治世界是个权力游戏"的性质来看,政治哲学就是"关于利益、权利和权力界定和分配的正当性论证(由于正当性论证往往要以道德理由为最有力的依据,所以政治哲学总是同时涉及伦理学)。或者说,政治哲学问题就是一系列关于各种政治制度安排的'正当性'问题"[1]。就"政治斗争作为一个利益和权力的博弈游戏"的策略而言,政治哲

---

[1] 赵汀阳:《每个人的政治》,北京:社会科学文献出版社,2010年,第11页。

学还研究"政治博弈的纯策略以及博弈规律的问题",在这个时候,政治哲学就"几乎不考虑道德问题——不是否认道德,而是暂时不把道德因素计算在内,以便考察更多更残酷的可能性"①。作为一种实践智慧的政治哲学,"它涉及政治活动的精神本质",施米特发现了超越经济、道德、审美或其他理由的"绝对敌友关系",而中国古典政治哲学则思考化敌为友的"和"的观念和方法。②

从赵汀阳近几年出版的作品看,他对哲学的形上学问题又展开了系统而深入的思考。在2013年出版的《第一哲学的支点》一书中,他提出了"道的形而上学"的观念,以之与"物的形而上学"形成鲜明的对比。他说:

> 道的形而上学与对存在的惊讶无关,更准确地说,对存在之为存在毫不惊讶,而把万物和世界之存在视为理所当然并且真实无疑,相反,对人之所是所为却多有疑问。可见,道的形而上学所追问方向完全不同于物的形而上学,它对存在不设问,相反,它试图站在自然存在的一边对人设问,质疑人而不质疑天,并且以天正人。天是人的界限,所以人不可能质疑天,而天能质问人。③

相对于西方关于"物的形而上学"而言:

> 道的形而上不学既不偏向神也不偏向人,它所思考的是人的存在与自然存在之间的存在论关系。道就是关系,是一种存在与其他存在的互动关系,是一个存在状态到另一个存在状态的演变关系,简单地说,道的形而上学对存在本身既不惊讶也不困惑,它根本不认为存在是个问题,而认为存在者之间的关系才是问题。未定的可能性或不确定性才能形成问题,确定的事实就不再是问题,或者说,只有变数才是问题,定数就只是给定的条件。显然,存在乃是定数,所以不成问题,而存在者之间的关系却是变数,所以是问题。④

---

① 赵汀阳:《每个人的政治》,第14页。

② 赵汀阳:《每个人的政治》,第15—16页。

③ 赵汀阳:《第一哲学的支点》,北京:生活·读书·新知三联书店,2013年,第85页。

④ 赵汀阳:《第一哲学的支点》,第86页。

由于中国哲学在整体上表现出一种"道的形而上学"的特征,因此,就没有海德格尔所说的"存在被遗忘"的问题,而是存在"从未被打扰"①,因而存在问题从来就不是困惑。在"道的形而上学"中,"人与自然没有形成对立,生活与存在不曾被间离,这种追随存在本意的生活和思想态度的一个结果就是对现象的信任"②。

更进一步,赵汀阳认定:"道的形而上学就是与存在相处的理论。人与存在相处的'最好关系'就是道,正确的'知道'方式就是与道之运行保持动态同步,同于道而知道。"③从"道的形而上学"出发来重新理解形而上学,则"形而上学应该是对道的理解而不是对本质的想像"④。

赵汀阳的哲学思想是丰富而细腻的,而且是在不断的生成与发展之中。就其目前所呈现出来的哲学思考而言,他的一系列哲学思考与哲学观点,集中而鲜明地体现了当代中国哲学的真正觉醒与理论自信。此处集中就其提出的"无立场"⑤的哲学方法做一比较扼要的阐述。

在质疑伦理学的一系列问题的过程中,赵汀阳建立起了自己的哲学观。在《论可能生活》一书中,赵汀阳指出,"思想的最终判断如果是有效的,就只能是哲学性的,而哲学的判断如果是有效的,当且仅当,它是在意识形态之外的反思活动,即无立场的批判"⑥,而无立场的要求则是"方法高于立场"。⑦ 这即是说:

---

① 赵汀阳:《第一哲学的支点》,第 87 页。

② 赵汀阳:《第一哲学的支点》,第 88 页。

③ 赵汀阳:《第一哲学的支点》,第 91 页。

④ 赵汀阳:《第一哲学的支点》,第 91 页。

⑤ "无立场"的哲学方法是赵汀阳在其成名作《论可能生活》一书提出的。该书第一版 1994 年由"生活·读书·新知"三联书店出版,其修订版于 2004 年由中国人民大学出版。修订版的篇幅与内容都大幅度增加,一些表述也更加细密,论证也更加严密。此处以修订版的文字为准。

⑥ 赵汀阳:《论可能生活》,北京:中国人民大学出版社,2004 年,第 4 页。(下面凡引用此书,若没有特别注明,均为该版本)。非常有意思的是,大体与赵汀阳提出"无立场"的观点同时,彭富春也提出了"无原则的批判"观点,他认为,对于哲学方法而言,也许没有其他方法,而只有"无原则的批判"的思想方法。所谓"无原则的批判"方法,即是说:"思想不从任何既定的原则出发,由此否定一切已有的立场、观点以及由此形成的各种先见、偏见和成见等。它不仅否定思想的立场,而且否定思想的论题所依据的原则。因此它不仅仅是无立场的,而且也是无原则的。无原则的批判是从已给予的思想的论题本身出发,对论题进行批判。""无原则的批判强化了哲学的批判本性",而批判不是消极的,它就是"区分与划界"。(参见彭富春:《美学与哲学问题——一种无原则的批判》,武汉:武汉大学出版社,2005 年,第 25 页。)

⑦ 赵汀阳:《论可能生活》,第 4 页。

"要就事论事,就问题论问题,按照事实和问题的需要去使用与之配套的立场,所以它不是反对所有立场,而是剥夺任一立场的价值独裁。"①在他看来:"哲学必须是无立场的,无论是伦理学还是其他哲学分支,严格的哲学研究都是无立场的,它是以怀疑一切立场为起点,但这并不意味着永远故意不接受或同意某一立场,而是表明,要接受任一立场都首先需要纯粹思想不能怀疑的明证(evidence)或普遍原理。"②

赵汀阳提出"无立场"的思考方法,要求我们在从事哲学思考时,"不但不能轻信任何信念,而且也不能随便承认任何一种知识论立场"③。在哲学思考方面之所以要坚持一种"无立场"的方法,主要是"任何一个怀疑都不可能有一个真正有效的知识论解决,因为任何一个所谓的知识论解决都意味着另一个同样可疑的知识论立场,从一种立场去解释和批判另一种立场永远不会有结果"④。"既然任何一种立场都可以怀疑,我们惟一能够依靠的就是存在(事实)。于是,'无立场'的怀疑所指望的是存在论的解决。任何一种存在都是被创造出来的,存在实际上就是一个作品,其中包括自然存在(或曰上帝的作品)和非自然存在(人类作品)。"⑤但是,赵氏"无立场"的方法并不是只有消极的意义与功能,它也具有积极的、正面的思想要求,他说:"无立场原则要求'以事物为准'而不是以观点为准。观点是廉价的,谁都有观点,而事实不为观点所动。无立场既剥夺自己的立场也剥夺别人的立场,而以事物为准。"⑥

他还将自己的"无立场"方法与中国传统哲学的"道论"思想结合起来,从而使得他的"无立场"方法与自己民族哲学深厚的思想传统发生关联,从而增加了他所提出的方法的文化厚度。他说:"道是无立场的,哲学(包括伦理学)也只能是无立场的,只有这样才能避免陷于意识形态比如说某种伦理社会观点之中。站在任何一种立场上都绝不可能证明另一种立场是错的还是坏的……只有通过无立场的思考才能真正证明某种立场是错的或坏的。无立场的伦理学思维

① 赵汀阳:《论可能生活》,第4页。
② 赵汀阳:《论可能生活》,第64页。
③ 赵汀阳:《论可能生活》,第75页。
④ 赵汀阳:《论可能生活》,第75页。
⑤ 赵汀阳:《论可能生活》,第75页。
⑥ 赵汀阳:《论可能生活》,第76页。

的根据就只能是目的论,目的不是一种立场。"这正如一辆汽车意味它是一辆能够有效使用的汽车而不是一辆不能用的汽车,这显然不包含立场。[1]

赵氏之所以坚持一种"无立场"哲学的方法,这与他对哲学学科性质的理解有关,在他看来,"思维到了哲学的地步,就不再有批评了,如果有批评,那么每一个观点和立场都恰恰是批评对象,所以哲学不再是批评"[2]。他自我解释道,"无立场"方法并不像其名称那样惊世骇俗,只是表明"思想大多数情况下是有立场的,因为我们的所作所为是有立场的,但是我们的思想的一部分是无立场的"[3]。他举例说,为什么而战是有立场的,但怎样打得漂亮是无立场的。艺术暗示什么是有立场的,而如何使作品有魅力,是无立场的。但这种"部分的无立场"如何最终能证明"作为思想的最后层次的哲学必须是无立场的"? 赵汀阳给出了如下三个方面的证明:

其一,"各种观点立场本来就只是用来支配某种特定的、与之相配的事情的,或者说,每种观点立场的思想能力或能量都是有限的、有针对性的,所以,没有一种观点立场有能力去批评和规范所有事情,因此,用来思考所有观点立场的思想必定是无立场的"[4]。

其二,"人类的文化和生活必定由多种观念和价值来构成,这些观念和价值是同样基本的、同样重要的,当我们去思考所有这些基本观念时,我们再也没有更基本的观念可以用来批评它们,我们唯一能够思考的事情是各种观念构成的整体效果"[5]。

文化的存在是一种整体效果,而某种观念就好像是整个文化布局中的一个棋子,不能成为价值的权威。因此,赵氏的"无立场",并"不是在反对每一种观点立场的意义,而是说,当去思考各种观点立场时,某一种观点和立场恰恰派不上用场了"[6]。这时,与思考整体要求相一致的就应当是"智慧","智慧是一种思想方式,是一种能够尊重各种道理的思想方式,而不是观点"[7]。在赵氏看来,

----

[1] 赵汀阳:《论可能生活》,第133—134页。

[2] 赵汀阳:《论可能生活》,附录第301页。

[3] 赵汀阳:《论可能生活》,第302页。

[4] 赵汀阳:《论可能生活》,第303页。

[5] 赵汀阳:《论可能生活》,第303页。

[6] 赵汀阳:《论可能生活》,第303页。

[7] 赵汀阳:《论可能生活》,第303页。

老子、佛家、维特根斯坦都可能有智慧。

其三，赵氏把日常生活中的做事与我们从事哲学思考区别开来，做事需要立场，思想却不能陷在立场里。他承认日常生活中的人们往往坚持某种价值观，批评其他人甚至一切事情，我们自己有时也是这样做的，但这"不是思想，尤其不是智慧"，"一个人自己的生活可能只要一种观点，但是生活需要各种道理，所以我们做事情时都是有立场的，而进行哲学思考时却只能是无立场的，这就是智慧"①。赵氏坚持把做事与从事哲学思考分开，认为如果一个人"做事情时不要立场，思想时却陷在立场里，那就是愚蠢"②。

更进一步，赵氏认为，仅仅看清楚各种各样的道理，"还只是一种日常水平的智慧"，还没有构成思想，"维特根斯坦要求哲学看清楚各种各样的生活形式，这是一个漂亮的开头"，但很遗憾，维特根斯坦认为到此"哲学就算结束了"，这又给了哲学一个糟糕的结果。他认为，自己的哲学"在很大程度上是由于不满意这个糟糕的结果而开始的。我发现了一个突破口"③。这表明，赵氏的哲学思考在此处表现出"接着"当代西方的哲学问题"往下讲"的一面。换句话讲，赵氏的哲学思考是从当代英美哲学止步的地方继续向前探索的。这就使得他的哲学思考是接着当代西方哲学问题向前推进，而不是终止于这些问题，在其面前鹦鹉学舌。其哲学思考的前沿性是不言而喻的。如果再做一点不算过分的推理，当我们把英美哲学看作是当今世界最具有前沿性的世界哲学的代表，则赵氏的哲学思考也将是接着当代世界哲学最前沿的哲学问题向前推进的。他认为："道理是创造出来的。人要想生活，只能复杂地活着；如果想过一种反生活，那么像佛教徒那样纯粹地活着。"④

"无立场"思维及其方法论的深刻意义在于："认清事实、看清道理是为了创造可能的道理（就像人尊重事实而后创造可能生活）。无立场思维最后落实为文化和生活的创作。毫无疑问，真正的创作都是创造先于道理，当然更先于观点——真正的艺术都是这样的，作品完成后才真正产生出这个作品里的道理和

---

① 赵汀阳：《论可能生活》，第303页。

② 赵汀阳：《论可能生活》，第303页。

③ 赵汀阳：《论可能生活》，第304页。

④ 赵汀阳：《论可能生活》，第304页。（佛教徒过的生活是不是一种反生活的生活，可以再讨论。）

观点。无立场思维是一种创作方法，而立场是这种创作的一项结果。"①在赵氏自己看来，"无立场的思维的真理性在于：如果拒绝其他道理，那么就一个道理也不存在了。显然，我们不可以想像某种价值观或某一套规范成为普遍的统治"②。这种无立场的哲学思维对于哲学建设有什么样的积极意义呢？他认为，"文化和生活当然是文化的事实"，很显然，是"不能按照某种观点，而只能按照文化和生活自身的需要去看文化和生活的价值"。而文化与生活的价值就在于它自身的健康状态，这种健康状态"无非是充满活力和诱惑，也就是有着鼓励创造性的倾向、有着鼓励各种优越价值的倾向，能够提供丰富的多种可能生活，同时能够保持文化各方面的平衡"③。

赵氏把自己的"无立场"的方法与所谓的"中立"区别开来，他说："无立场的思想操作还需要区别于所谓的'中立'"，"我不打算声称无立场是客观的和科学的，这样一方面要求太高(要像科学一样是困难的)，另一方面又要求太低，因为科学立场再好也不适合社会历史问题，它们不匹配。我所谓的无立场是把所有'主观的'立场都考虑在内，把它们都看作是同样有道理的并且在不同的地方各自有道理，因为(1)它们都是历史和社会事实的构成部分；(2)不同的问题和不同的解决时机决定了它们分别在不同的地方有道理。这样，无立场也就是'全立场'，即在不同的问题上使用不同的立场，而永远不把某种立场当作是普遍有效的。可以看出，无立场思想方式就是永远'动态'的思想方式，它追随的是老子推崇的像'水'一样的道。"④

从笔者的角度看，赵氏的"无立场"可以视之为一种元立场。从这一"元立场"出发，赵氏在处理思想与传统的关系时说道："思想本身的责任不是纠缠着传统(无论是接受还是反抗)，而是首先去旁置传统，把传统当成对象，将传统转化为无立场的思维空间中的某个问题，然后试图解决问题。总之，真正的思想不是立场间的争端，不是对话或交换意见，这些都是思想的外交性方面。思想本身只是问题间的关系以及其逻辑解决。"⑤在 2009 年出版的《坏世界研究——

---

① 赵汀阳：《论可能生活》，第 304 页。

② 赵汀阳：《论可能生活》，第 306 页。

③ 赵汀阳：《论可能生活》，第 308 页。

④ 赵汀阳：《论可能生活》，第 206—207 页。

⑤ 赵汀阳：《论可能生活》，第 207 页。

作为第一哲学的政治哲学》一书中,赵汀阳重申了作为分析方法的"无立场",他说:

"无立场分析经常被误解为反对或者放弃任何一种立场,其实,我所谓的无立场是:(1)反对任何一种立场的无条件权威和批评豁免权,或者说,思想就是思想,思想不专门服务于任何一个立场;(2)任何一个立场在特定条件下都可以有某种正确之处,都是理解问题的一个条件,因此,无立场地去看问题就是游移地从每个立场去看问题,如水一般地从一个立场流变到另一个立场。在某种意义上,无立场可以说是从老子的'水的方法论'中化出来的(老子最爱用水的暗喻)。也许读者会发现,在本书中,我的立场是不断变化的,在不同的问题上为不同的立场辩护,于是在各种观点之间形成自相矛盾。"①

赵氏进一步指出:"人类生活是复杂多变的,如果不是自相矛盾,反而是奇怪的,因此,每种道理本身必须是无矛盾的,各种道理之间又必定是互相矛盾的,这正是我要达到的思想效果。按照不同问题的特定情况而变换立场,类似于'无法之法',就是无立场之法。"②而从"无立场的思想去看,没有完美的政治,只有动态正确的政治"③。

要而言之,赵汀阳"无立场"的哲学观念,在其思想的发展过程中逐步变得更加丰满。在处理"复数真理"的问题时,赵氏再一次阐述了其"无立场"的哲学观念,他说:"复数真理观意味着事的知识是多路径的,道虽不同,却都是通向事的有效之道,没有理由歧视某种道,那样对事对人都不公。要理解各种特定之道,就需要无限包容能力之道,因此我想象一种'无立场'思维,就是流动于各种立场之中而绝不固执于某种立场的动态思想。"④因此,在笔者看来,这一"无立场"的哲学方法论实际上是呼唤着当代中国多元哲学形态的出现。这种独特的哲学观念与陈来在《新原仁——仁学本体论》一书的结尾部分所主张的多元的普遍性观念,有异曲同工之妙。如果借用冯契先生"化理论为方法"的观点来看,"无立场"的方法与中国传统道家哲学"以道观之"的整全、流动、多层、远近

① 赵汀阳:《坏世界研究——作为第一哲学的政治哲学》,北京:中国人民大学出版社,2009年,第4—5页。

② 赵汀阳:《坏世界研究——作为第一哲学的政治哲学》,第5页。

③ 赵汀阳:《坏世界研究——作为第一哲学的政治哲学》,第5页。

④ 赵汀阳:《每个人的政治》,北京:社会科学文献出版社,第181—182页。

均能顾及的方法颇有相通之处。

四、当代中国哲学诸形态的评价及其发展趋势

以上从三个方面扼要勾勒了当代中国哲学的图景,相当地粗疏,有很多的遗漏,但已经足够说明当代中国哲学,或者说以中国大陆为主的当代汉语哲学所表现出的兴盛局面与多元形态。这些新的哲学思想或曰哲学理论体系,与二十世纪前半叶熊十力、金岳霖、冯友兰等人的哲学创造相比,不仅不逊色,而且有超越的势头。如果有人能做一本《当代中国哲学评论》,还有更多的思想者将会纳入其中。在大陆儒家哲学研究的群体里,有很多人的研究成果值得花笔墨去介绍、评价。就思想的立场与其结论而言,蒋庆有关"政治儒学"的构想,笔者并不同意。但作为一种纯粹的思想建构而言,他提出的"政治合法性"的三重建构思想,是一个值得讨论的理论观点。另外,黄玉顺提出"生活儒家"与"儒家的正义理论"等观念,试图让儒家摆脱与政治的联系,同时又希望从儒家哲学里开出当代社会所需要的正义理论。这些思想观念,从一个侧面体现了儒家思想在当代的活力。长期旅居美国而坚持用汉语写作的唐力权先生,将现代物理学思想与中国古老的《周易》哲学思想结合起来,创立了"场有哲学"的理论体系。笑思(笔名)先生,首次以"家"为哲学的思考对象,创造了"家哲学"的思想体系,对西方哲学忽视家庭的盲点进行了富有理论高度与理论新意的批评。而中国大陆的马克思主义哲学研究群体里,自二十世纪八十年代以来有关"实践本体论"的讨论,也显示出了中国的马克思主义学者试图超越前苏联教课书体系,建构中国的马克思主义哲学理论的创新意图,其代表者有刘纲纪先生。另一些马克思主义哲学的研究者,如孙正聿,致力于批判哲学的建构,尤其着力于"思想前提的批判",开创了具有中国特色的马克思主义的批判哲学。在马克思主义如何与中国社会实践相结合的问题上,陶德麟先生率领的研究团队长期研究马克思主义中国化问题,取得了一批有学术价值的理论成果。张一兵所率领的西方马克思主义研究团队,扩大了中国学界对西方马克思主义思想的认识视野。凡此等等均体现了当代中国哲学研究的兴盛局面与蓬勃生机。

我在此处并不想以一个哲学算命先生的身份预言某个哲学理论或者某个哲学家的出现,而只是依托哲学史的经验与当代中国社会的现实,思考中国哲

学在未来的二三十年里的某种趋势,以及在一些领域里出现新的哲学理论的可能性。

从哲学功能的角度看,有猫头鹰哲学,有高卢雄鸡哲学,亦可以有地图式的哲学。猫头鹰哲学偏重对已经过去的现实进行理论的总结与反思。这一类型的哲学似乎更能体现哲学的反省与反思的本性,其不足是对当前的现实缺乏直接的指导意义,对未来也缺乏引领作用。高卢雄鸡哲学具有指导、引领的作用,但也有问题,即容易产生偏差。这种偏差要么是理论高于现实的要求,要么是理论提出了错误的方向,归根结蒂一句话,即这种引领类型的哲学容易导致理论脱离实际的危险。当然,从解决问题的理论要求出发,哲学还具有提供思想方案这一类型,即地图式的哲学,像先秦诸子哲学多是应世运而生,为解决现实的政治与社会问题而展开哲学思考与论证的。这一类型的哲学从哲学与社会存在的角度看,是反映论类型的哲学;从哲学活动的目标来看,是解题哲学。当然,还有一种从人类根本问题入手,思考远离现实生活,但却与人类的近期、中期、远期问题相关的基础性问题,这种类型的哲学可以称之为体系性的哲学。不过,这些分类并不是绝对的,仅仅是从某一个方面去对一个具有整体性的哲学家及其思想进行划分的,而实际上一个哲学家的思想可以同时具有多个类型侧面甚至全部。

与具有漫长历史的中国传统哲学相似,当代中国哲学的理论创新动力主要来自于巨大而深刻的社会变革运动。如何创造出适应,甚至引导社会变革的社会哲学、政治哲学、伦理学与心灵哲学,将是未来中国哲学创新的一个重要方面。通过这些具体方面的哲学理论创新,或者说,在这些具体领域里实现哲学创新,会相应带出新的哲学形上学或本体论的突破。这一点或许从当代的一些哲学的理论创新中能获得某种启示。张世英先生不满于当代中国哲学理论滞后于现实的状态,更想挑战黑格尔关于"哲学是密纳河畔的猫头鹰,总是在黄昏的时候起飞"的断言,要求哲学具有指导现实的功用,提出了"希望的哲学"。而赵汀阳恰恰也是在讨论人的幸福、政治哲学中的公正与社会正义等具体问题时,提出了"无立场"这一的新的哲学方法论原则。这一方法论原则要求人们不要从固化的立场来处理所有的事情,而是要以适合事情本身的原则来处理不同的问题。这一方法论原则颇类似中国化的马克思主义哲学"具体问题具体分析"的思想原则,亦可以与庄子哲学提出的"以道观之"的哲学方法论进行沟通与对话。而本文第二部分提到的三位哲学家，他们都在哲学形上学，或者说本体论方面，对西方传统哲学的形上学或曰本体论提出了新挑战。这些挑战是否能得到较好的思想回应，需要时间来加以检验。

简洁地讲，未来中国哲学的发展可以从两个大的方面来考察。第一个方面，中国社会的巨大变革呼唤新的中国哲学形态出现。第二个方面，有一支高素质的专业哲学队伍会推动当代中国哲学的发展。就第一点来说，当代中国社会的变革是史无前例的。其所要完成的政治任务、要达到的社会目标在人类的历史上也是无先例可援的。古老的中国要以社会主义的市场经济形式来实现自己民族的现代化的历史任务，走出一条不同于欧美社会以资本主义方式实现的现代化道路。这样一场巨大的社会变革，如果没有与之相适应的伟大哲学理论相伴生，既是很难想象的，也是很难成功的。在中国历史上，小邦周战胜了大国殷，开启了"以德配天"，"天视自我民视，天听自我民听"的周代古典人文主义思想，取代了殷王朝"天命论"的思想体系。西方近现代历史上，资产阶级要战胜欧洲的封建势力，从文艺复兴到启蒙运动，产生了一系列适应于资产阶级的新思想，经过五百余年的历史，到十九世纪上半叶，基本上完成了资产阶级的意识形态的建构工作。十九世纪后半叶开始，革命的资产阶级开始变得保守、反动，资产阶级的理论创新工作也告一段落，伴随着无产阶级的兴起，在资本主义社会里诞生了反抗资产阶级意识形态的无产阶级的革命理论——马克思主义哲学。马克思主义哲学的诞生，既标志着资产阶级由革命的蜕变成保守的、反动的力量，也为世界上"后发现代化"的民族与国家如何以另一种方式实现现代化提供了另一条可能的道路。当代中国社会所开展的社会主义市场经济建设活动，是当代世界范围内的现代化运动的一个有机组成部分，它代表了"后发现代化"的民族与国家如何在新的历史条件下实现具有自己民族特色的工业化的发展方向。

当代中国要以社会主义的市场经济形式实现中华民族的现代化任务，其要面对的将是三个现实问题、一个深刻而复杂的政治哲学问题，这两个方面共四个问题必须要在哲学理论上给予正确的回答。笔者所言三个现实问题如下：

其一是，悠久而丰厚的文化传统如何在当代社会里发挥出正面的、积极的建设性作用？

其二是，社会主义制度如何克服资本主义制度在整个社会经济生产方面的无政府主义的缺陷？

其三是，市场经济的资源配给方式如何能有效地调动人的积极性、主动性，提高资源使用的效率，同时又要最大限度地减少其唯利是图的狭隘性，以及其在社会政治、经济、文化建设方面的盲目性？而要解决这三个问题，更重要的是将三个问题现实地融合为一个问题，即如何有效地展开中国特色的社会主义市场经济，推动经济、社会、文化三者之间协调、合理的发展，在新的历史条件下实现人与自然的新和谐。这一伟大而又复杂的现实问题，不仅经典的马克思主义著作没有提供现成的答案，欧美资本主义的整个现代化过程也没有，而且也不可能给我们提供现成的答案。但从中国五千年文明的发展史与制度史中，从马克思主义思想的历史发展中，从现代欧美资本主义经济、政治、文化发展的历史过程中，我们还是可以吸取很多有价值的思想资源，通过对这些思想资源以及对现实的经验进行整合和提炼，进而创造出适合当代中国经济、社会、文化发展的哲学理论。

笔者所言的一个深刻而复杂的政治哲学问题是：作为执政党的中国共产党，如何在传统的民本政治与现代的民主政治之间寻找到恰当的平衡点，从而在政治权力的来源、行使、转移的正当性与理想社会蓝图的构建方面，提出既适合中国特色社会主义国情，又合乎人类文明发展大道的当代中国共产党人的政治哲学理论，保持执政的位置与能力，完成中华民族与中华民族文化复兴的双重任务。

就第二个方面来说，当代中国的高等院校里，已经成建制的哲学院系有八十多个，而其中有十多个哲学院系都在追赶现代西方强势的哲学系，瞄准当代西方最前沿的哲学理论问题而展开讨论。除此之外，中国社会科学院与地方省市社科院，还有一批专业从事哲学研究的人员。这些从事哲学研究的专业人员，是当代中国哲学发展的基本力量和主要力量。而在这一支专业的哲学队伍当中，有相当多的一批人至少都能通一门外国语，具有阅读外国哲学文献的能力。这支专业哲学队伍中，既有一大批从事马克思主义哲学研究的学者，也有一大批从事中国哲学与外国哲学，特别是欧美哲学研究的学者，而且这三支力量在近十几年来开始自觉地打破学科壁垒，有组织地召开马中西融合的学术讨论会。假以时日，相信这支专业队伍中会产生出新的哲学理论。

二十世纪中国哲学从一开始就是在中西哲学比较的视野里展开的，这是现代中国哲学的缺点，也是现代中国哲学的特点，甚至还可以说是现代中国哲学的优点。就其缺点说，现代中国哲学与自己的哲学传统结合不够紧密，自性特征不够明显，以至于从黑格尔到海德格尔，再到德里达等，他们都不认为中国有哲学。这三位哲学家否认中国有哲学的思想动机并不一样。黑格尔是从绝对否定性的角度否定东方文化与中国文化的现代价值，是西方文化中心主义的傲慢在哲学领域里面的具体表现。海德格尔与德里达从否定西方自柏拉图到黑格尔的哲学形上学传统的视角出发，认为中国不必有西方的这一哲学传统，有自己的思想传统也挺好，而且从某种意义上说，思想比哲学更高明。但即使如此，笔者认为他们二人的说法仍然是错误的。作为学科建制形式的哲学，传统中国的教育体制里没有，而且在知识分类的体系里也没有哲学这门学问。但作为一种思想的形式，中国古代的确有自己的哲学思想，只是这种思想的形式隐藏在传统的经、史、子、集的学问分类体系当中。因此，一些现代西方哲学大家，他们在其他方面的哲学见解有很多是卓越的，但他们关于中国哲学的认识是肤浅的，也是错误的。

就二十世纪中国哲学的特点来说，由于是在比较哲学视野里展开的，较好地吸收了西方哲学的思想因素，对于中国传统哲学问题做出了前所有的创发性的解释，一些老问题也得到了新的阐发，也产生了一些新的哲学问题。因此，现代中国哲学的知识视野与思想视野是极其广阔的，远远地超越了中国古代、近代的哲学。而对一些哲学根本问题的思考与讨论，如在本体论与形而上学、认识论的诸问题上，甚至超过了现当代西方哲学家，特别是一些实证主义的哲学家。

就现当代中国哲学的优点来说，现当代中国哲学是在中西比较哲学的广阔视野里展开的，有着比西方哲学专业从业人员更为广阔的知识视野与思想视野，因而能调动更多的知识与思想的资源来处理相同的哲学问题。哲学思考有分析的一面，也有综合的一面，一些更为宏大、更为深刻、与人类根本命运相关的哲学问题，需要更为丰富的思想材料才能处理。哲学虽然不能自封为一切科学的科学，但一种深刻而宏大的哲学思考，是需要更多的思想资源，更加开阔的思想视野的。而能够在更为广阔的知识与思想的视野里思考哲学问题，则其哲学思想的广度与深度都将得到更好的拓展。因此，未来中国哲学的理论创新与突破的希望，恰恰在于中国哲学的众多从业人员拥有一个更加开阔的比较哲学视野。如能充分地把握这一知识与思想视野的优势,中国哲学的创新将是可以期待的。

最后,作为本文的结束语,我要强调传统中国哲学智慧对于当今世界的意义。在全球化进程如此深化的今天,各个民族之间的文化交流、融合不断加强,同时,也引起了一些更为深层次的矛盾冲突,当前全球恐怖主义事件只是这种深层冲突的一个极端表现。如何发挥传统中国哲学智慧中的中道、贵和的思想资源,以及"天下"观念的政治思想资源,为当今的世界问题提供中国哲学的解决方案,这不仅是值得期待的,也将会促进新的中国哲学形态的产生。

An Overview of Contemporary Chinese Philosophy and Its Reflection

Wu Genyou

Abstract: Since the 1980s, in the field of contemporary Chinese Philosophy, especially in Metaphysics, there have been many innovative thinkers. The senior generation, such as FENG Qi, LI Zehou, ZHANG Shiying, the middle generation, such as CHEN Lai, YANG Guorong, and the younger generation, such as ZHAO Tingyang, are some of the representatives. FENG Qi's idea of "transforming knowledge to wisdom", LI Zehou's idea of "pragmatic reason", ZHANG Shiying's idea of "horizontal overcoming", CHEN Lai's idea of "Ren ontology", YANG Guorong's idea of "concrete ontology", and ZHAO Tingyang's idea of "viewpoint from nowhere" have shown the creativity and efforts of contemporary Chinese Philosophers. This energy comes from the tremendous economical development and the large number of excellent scholars. Based on the experience of the classical humanism in Western Zhou Dynasty generated by the small Zhou State taking over big Yin State, the modernization of China driven by market economy in socialist China, will bring about a new Chinese Philosophy that fits with our historical context. The ideas of Middle Way, Valuing Peace, and the cosmopolitan ideal of Tianxia will provide a Chinese solution in this complicated political, economical and cultural global reality. During this process, the new Chinese philosophy will be shaped and developed.

Keywords: contemporary Chinese philosophy, metaphysics, types of Philosophy

萨特与波伏娃

盛邦和[*]

[摘　要]　人们把萨特视为法国存在主义的创始者,同时也将波伏娃称为"萨特第二",承认她在存在主义创建及宣传过程中的积极作用。她又是世界女权主义的"教主",而萨特则成为这个主义的后盾。

[关键词]　萨特;波伏娃;存在主义;"爱的约定"

1. 这把椅子留给萨特

巴黎有很多家咖啡馆,门口摆放着画有夸张图案的店标,整洁的古色古香的桌椅从店堂延伸到人行道上。黄昏时分,当塞纳河大桥与巴黎铁塔的灯光一起点亮,巴黎的一条条幽静的巷子里,手磨与碳烧咖啡的香味分外浓郁。花神、双偶、多姆等,是巴黎最负盛名的咖啡馆。

* 盛邦和(1949—　),男,江苏靖江人,历史学博士,华东师范大学中国现代思想文化研究所教授,中央民族大学社会发展研究所首席教授,研究方向为史学理论及史学史、东亚学与东西文化比较。

其中花神咖啡馆是巴黎文人、画家、学者最爱光顾的地方。波伏娃常去那里。每天差不多同一时间，波伏娃都会走进店里，坐在靠窗的位置。她性格沉静内敛，陷入沉思的时刻，更显得凝重与执着。她偶尔看着窗外的风景，人们惊艳于这位知性女郎的美丽侧影。

当侍者在她面前放上一盏拿铁的时候，她从手提包里取出一本书或一卷纸。有时她低首阅读，有时又埋首疾书。预先准备的一小瓶墨水放在离咖啡杯不远的地方，水笔在纸上快速移动，不多久就把一卷纸写完。除了巴黎高师的图书馆，花神咖啡馆是波伏娃最好的读写场所。细心的人们会发现，在波伏娃的身边，有一把椅子是空着的。

这把椅子专门留给萨特。与波伏娃一样，萨特也是花神咖啡馆的常客，人们常能在这里看到这一对情人的身影。果然，不久萨特就已经坐到波伏娃的身边。这一次相聚，两个人的怀里揣着同样的心事。在父母的催促下，波伏娃将要回到乡下过一段时间，分离的痛苦如天边的乌云飘浮过来，压抑在他俩的心头。他们的交往已走到一个转折点，从单纯的志趣相投，转向强烈的爱情吸引。

西蒙·德·波伏娃(1908—1986 年)，法国作家，女权运动领袖，萨特的亲密伴侣。巴黎高等师范学院毕业。她出生于巴黎一个富裕的天主教家庭，父亲为律师。14 岁对神失去信仰。19 岁时，发表一项个人"独立宣言"，主张"我绝不让我的生命屈从于他人的意志"[1]。

波伏娃写有《第二性》，被誉为女人的"圣经"，围绕当代妇女问题，如生命自由、堕胎、卖淫和两性平等展开讨论。对于男性，"她是他所不能成为的而又渴望的一切，是他的否定和他的存在理由"。而最终，女人成为男人的附庸。波伏娃如是说。[2]

有一个意识是独立的、自为存在的，而另一个则是依赖的，只为对方的存在而存在。前者为主体、后者为客体；前者是主人，后者是奴隶。[3] 他的意识是"主要的"，而他的"对象"的意识是"非主要的"。他的"对象"是他的"他者"，陪衬着他、服从他，构成他的自信。[4]

---

① 参考方珏：《波伏娃存在主义的女性主义哲学思想渊源探析》，《山东社会科学》，2008 年第 12 期。

② 西蒙娜·德·波伏娃：《第二性》，陶铁柱译，北京：中国书籍出版社，1998 年，第 168 页。

③ 黑格尔：《精神现象学》(上卷)，贺麟、王玖兴译，北京：商务印书馆，1979 年，第 127 页。

④ 黑格尔：《精神现象学》(上卷)，第 129 页。

波伏娃阅读黑格尔的著作,久旱逢雨般地惊喜。她说:黑格尔的这一论点非常适用于男女关系,对于男人来说,女人是"他者",其意识是一种依附意识。女人确实没有确立过同男性价值相对等的女性价值。女人们今天所要求的是"与男人同等的权利"[1]。历史犯下了错误:父权社会赋予女性的仅是"服务的功能",只要这个"功能"还在,女性就永远摆脱不了"奴隶的地位"[2]。

波伏娃通过对旧式婚姻家庭制度的考察,得出结论:"在这里主奴的辩证关系得到了最具体的应用:一个人在压迫的同时变成了被压迫者。"[3]男人打算把女人固定在客体地位上,"使她永远是内在的,因为她的超越必定要失去光彩,并且必定要被另一个主要的主权自我(男性)所永远超越"[4]。

她本着存在主义的自由精神,呼吁天下女性为应有的权利而斗争。人类进步的实质是人性的解放,妇女的解放是人性的解放,人类因妇女的解放而获真正的进步。

她的小说《名士风流》获法国最高文学奖龚古尔文学奖。小说剖析知识分子的思想情况,产生重要影响。此外,波伏娃还写过多部小说如《女宾》、《人不免一死》,以及论文《存在主义理论与各民族的智慧》等。

1986年4月14日,西蒙·德·波伏娃于巴黎去世,享年78岁。波伏娃曾说过:我的生命将在坟墓外延伸。如今,巴黎塞纳河第37座桥上镌刻着她的名字。《第二性》已有五十多种语言的译本,无数读了这本书的女性从屈辱与悲哀中站起,成为自强自立的人。

2. "像被闪电所击"

对于萨特来说,波伏娃是他一生所遇到的最重要的女人,是深藏心底最珍贵的女人。红尘滚滚,人来人往。多少事经历了走过了,也就忘却了。多少人相遇了招呼了,也就疏离了。然而有一些事却是刻骨铭心,有一些人却是终生不忘。当他和她因一个偶然的机会相遇,伫足不前,四目相望,虽无语言,却是

① 西蒙娜·德·波伏娃:《第二性》,第3页。

② 西蒙娜·德·波伏娃:《第二性》,第659页。

③ 西蒙娜·德·波伏娃:《第二性》,第547页。

④ 西蒙娜·德·波伏娃:《第二性》,第25页。

心起波澜,涌动难抑。这样的感觉,像耳边响起霹雳、眼前划过闪电那样强烈,像热泉流过心田、轻风掠过花瓣那样温柔。

萨特说不上是一个英俊男子,因童年时代一场疾病的缘故,右眼近于失明并留下斜视的病症。这使他在阅读的时候,会把书本或任何一个纸质文本尽量靠近鼻尖,仿佛要去嗅出读物中特有的气息。一旦与人交谈,常是一个眼睛直直地盯视对方,另一个眼睛像是看着别的地方,不由自主地流露出睥睨与高冷的神情。他长得矮小,与他的亲密伴侣波伏娃一同出场的时候,波伏娃高挑美艳,而他仰着头也只比她的肩膀略高一点。这种情形有似一位女老师带着她的尚未发育的初中生。

让·保罗·萨特(1905—1980 年),二十世纪最重要的存在主义哲学家。人称其《存在与虚无》为存在主义的巅峰之作。他是法国人,出生于巴黎一位海军军官的家庭。他不到两岁时,父亲去世,在外祖父母家度过童年的岁月。外祖父是一位语言学教授,拥有大量的藏书,这使萨特自小获得较好的教育。随着年龄增长,他读叔本华、尼采的书,并深受影响。

1924 年萨特考入巴黎高等师范学院攻读哲学,这是世界著名的大学,人称法国思想家的摇篮。这时期波伏娃也在巴黎高师就学,可谓鸳鸯同池。1929年两人又一起参加教师资格考试,萨特第一名,波伏娃紧跟其后考了第二名。接连的巧遇,让他们互相关注,走到了一起。

萨特后来在书中写道:"她很美,我一直认为她美貌迷人,波伏娃身上不可思议的是,她既有男人的智力,又有女人的敏感。"

"萨特完全符合我 15 岁时渴望的梦中伴侣。因为他的存在,我的爱好变得愈加强烈,和他在一起,我们能分享一切。"波伏娃回忆当时的心情,这样说:"那个夏季,我像被闪电所击,'一见钟情'那句成语突然有了特别罗曼蒂克的意义。"

1931 年,萨特在法国北部港口城市勒阿弗尔的一所高中教哲学。1933 年萨特赴德国留学,学习胡塞尔和海德格尔等人的哲学。他的存在主义哲学思想由此发端。与此同时他从事文学创作。1938 年长篇小说《呕吐》出版,这是一部自传性质的日记体小说,中心人物为罗康丹,存在主义成为该书的思想脉络。

1940 年,萨特应征入伍,成为一名投身反希特勒、反法西斯战场的战士。然而没等他被卷入硝烟,参加过一场真正的战斗,就成为俘虏被关进了集中营。

一次德军释放俘房中的老年人、病弱者,萨特因眼部残疾获释。回到法国后,他组织了法国较早一批的抗德组织,并与法国共产党取得联系。

1933 年以来,萨特开始考虑《存在与虚无》的思路与架构。入伍,走上战场,他依然在思考这本书的章节字句。从德国人的战俘营被释放出来后的 1941 年秋,萨特正式开始写作《存在与虚无》。这是萨特生命中最重要的一本书,1943 年初成稿。这一年的夏日,《存在与虚无》由伽利玛出版社出版。

1945 年萨特与人合作创办《现代》杂志,评论时事。1954 年 5 月,访问苏联。1955 年 9 月至 11 月,萨特和女友波伏娃应邀访问中国,受到热情接待。10 月 1 日他们被邀请登上天安门城楼观看国庆大典。这个时期,萨特还支持阿尔及利亚的民族独立斗争,反对法国政府的对外政策。有人要求戴高乐总统逮捕萨特。戴高乐回答:人们并没有把伏尔泰投进监狱。1960 年 4 月,萨特访问古巴,会见切·格瓦拉,写下《格瓦拉访问记》,说切·格瓦拉是"我们时代最完美的人"。

1963 年《现代》杂志发表论萨特的自传性小说《词语》。1964 年 10 月 22 日,瑞典文学院宣布,将当年的诺贝尔文学奖授予萨特,因为他"充满自由精神及探求真理的创作,已对我们的时代产生了巨大的影响"。萨特出人意料地拒绝了这个奖项。他发表声明说:"一切来自官方的荣誉我都不接受,我只接受不受任何限制的自由。"

1968 年,萨特支持法国学生"五月风暴"运动。他宣布:"大学生跟大学,只有一种关系,就是把大学砸了。要砸,唯一的解决办法,就是上街。"此后,萨特担任《解放报》(法国左翼最大报纸,第三大全国性日报)主编。1980 年 4 月 15 日,病逝于巴黎,许多群众为他送葬,场面热烈。

3.《存在与虚无》

萨特一生最重要的书是《存在与虚无》,这本书论证人类的自觉、自为的活动是一种伟大的"构成",是将精神的碎片"总体化"。这个"总体化",不是别的,乃是"人本身,亦即生物学上的个人","是一个整体:在既定历史条件下他的需要、劳动和享受"①。

"我思故我在"(I think, therefore I am)是法国哲学家笛卡儿(1596—1650年)提出的哲学命题。而萨特无意中与笛卡尔发生思想的碰撞。萨特认为,意识("我思")是活泼的、生动的,想做什么就可以做什么。意识活动着,总把别的事物卷入到它的范围之内。意识施展它的自由性、无限性、主动性,被它摄取的事物无以脱身地一个个附着其上。

意识是自由的,因此人注定是自由的。自由一旦在人的心里点燃明灯,上帝便失去威力,唯物论的光辉由此普照人间。与尼采一样,萨特欢呼上帝的死去,宣称无信仰的人群才是真正的自由人。人们舍弃神意,将因意志的任意活动创造自己的未来,不受约束。

萨特的"存在"论,最终回到对"人本质"的阐述。人也是一种存在,然而在其刚诞生的时候,不具备本质。他像一块石头、一根原木那样,是"自发的存在",而不是"自为的存在",是非本质的存在,而不是本质的存在。人的"存在"是后天形成的,人在其一生中不断经由"自由选择"而造就其"存在"。这是本质的存在,也是真正与真实的"存在"。

"自由选择"成为人从"非本质存在"到达"本质存在"的必由之路。"自由的选择"是主体存在的标志,表现人的充分与完备的"存在"。选择的前提是"自由",不自由的"选择",等于不选择。

斯宾诺莎承认人类具有"自由意志",有时人们会设想自己是一颗能"自由选择飞行路线与落点的石头"。他认为,人强调"自由意志"是因为具有"欲望","心灵的决定若扣掉欲望就不剩什么"。然而他笔锋一转,又说:心灵内没有绝对值,也没有绝对的自由意志,心灵的意愿由一个因素来决定,而这个因素又由另一个因素决定。

其实,萨特也惶恐地看到,他口口声声主张的自由,并非绝对的,而是会受到道德、社会、他人的束缚与限制,因此是有权限的、有边界的与有禁忌的。他也试图与人讨论:自由是一种权利,因此也是一种义务与责任。

不过,萨特还是想得很远。他自省:这些是不是自找"麻烦"的思考,是不

规范性问题和中西哲学

---

① 萨特:《科学和辩证法》,见北京大学外国哲学研究所编译:《外国哲学资料》第四辑,北京:商务印书馆,1978年,第155页。

是陷入形而上学的二元论。他主张用现象的一元论表达人的认识活动,"由此消除一些使哲学感到麻烦的二元论"①。

"就裁纸刀而言,可以说是本质(指裁纸刀得已生产和规定的生产程序和本性的总合体)先于存在。"人是裁纸刀吗?如果是,那么人的本质的存在就是被"预定的",与"人"本身没有关系。②

萨特立刻纠正了上述这个想法,他强调:"人首先是一种把自己推向将来的存在物,并且意识到自己想象成未来的存在。"人的本质,即真正的存在,是活生生的人的"自我选择"的结果。人自己"把自己推向"一个境地,人把自己想象成什么,他就会成为什么。他的幸福是他的"选择",他的灭亡也是他的"选择",一切都是自我的享受,一切都是"自作自受"。③

他发出如下的咏叹:追忆的幻影支离破碎。殉难、拯救、大厦将倾,一切已遭毁坏。"我已把圣灵从神龛中驱逐出去。"④

斯多葛派与斯宾诺莎的伦理学主张是:"道德的目标就是把存在的方法提供给人","把人尊崇到本体论的最高尊严上去"。是这样吗?萨特反问。这样的"人"就不是属于自己的,而是属于先验的"道德"。这样的"人"并不具有"最高的尊严",因为他是"他造"的人,而不是经自由选择而成的"自造"的人。⑤

他寻章摘句,服膺康德的说法:人当否定既定的道德立法,而当"自己立法自己遵守",人具有"绝对的自由意志"。⑥

道德,是"通过自由而可能的"。倘若"道德"是一种罗网与约束,不如冲决而得自由。人生是自己的、道路是自己的、"立法"是自己的,唯如此,方可找到真实自在的"我","最高尊严"的"我"。

自由不应该有"边界",一切传统与法则,一概妨碍人"自由选择"的东西,都

① 萨特:《存在与虚无》,见中国科学院哲学研究所西方哲学史组编:《存在主义哲学》,北京:商务印书馆,1963 年,第 625 页。
② 萨特:《存在主义是一种人道主义》,周煦良、汤永宽译,上海:上海译文出版社,1988 年,第 17 页。
③ 萨特:《存在主义是一种人道主义》,第 30 页。
④ 黄颂杰等:《萨特其人及其"人学"》,上海:复旦大学出版社,1986 年,第 168 页。
⑤ 萨特:《存在与虚无》,陈宣良等译,合肥:安徽文艺出版社,1998 年,第 552 页。
⑥ 康德:《实践理性批判》导言,见杨祖陶、邓晓芒编译:《康德三大批判精粹》,北京:人民出版社,2001 年,第 286 页。

是"上帝"和"神明"编造出来吓唬人的。"上帝如果不存在,一切事情都是可能的。"[1]"人世间没有什么先天的善,人世间也没有一个地方写着'善存在着','必须诚实','勿说谎'。"[2]

行文至此笔者在想,选择是一个意念,也是一种权利。我想选择,这是选择的意念。我能选择,这是选择的权利。当人决定选择,选择才进行到一半,还有选择权的问题。有人有选择权,有人没有这个权利,或者这个权利被束缚与限制。因此要能"自由地选择",第一步要做的是争取"选择的自由",即自由选择的权利。

萨特写作《存在与虚无》这本书的时候,德国法西斯正在肆虐,疯狂剥夺人类的自由权利,从这个意义说,萨特的"自由选择"论具有历史的"新启蒙"意义。

不过,"人是生而自由的,却无往不在枷锁之中。自以为是其他一切的主人的人,反而比其他一切更是奴隶"[3]。萨特以自由选择论为基调的"存在主义"强调意志的绝对自由而不去承认自由背后的"责任承担"。这使他的哲学常有进退失据的尴尬,而"没有为自由与责任的统一找到一个坚实的基础"[4]。

自由毕竟是有条件的与受框限的,这犹如舞者在悬崖上跳舞。舞者向往舞蹈的自由,因为舞者知道,自由的舞蹈方是美丽的舞蹈。美丽的程度取决于自由的程度,最自由的舞蹈方是最美丽的舞蹈。然而舞者受到悬崖的限制,不能超越悬崖的边界,超越了就会跌死,跳舞的美丽也将丧失。人在社会里生话,也如悬崖上的舞蹈,受到法制与道德的限制。限制之内,人是自由的,超越了限制就会不自由。

4. 特殊的"爱的约定"

萨特与波伏娃之间有一个特殊的"爱的约定"。在约定生效的时间里,双方有义务满足对方,同时各具自己的爱情生活。萨特绝对的自由精神从这里跨出

---

① 黄颂杰等:《萨特其人及其"人学"》,第 170 页。

② 萨特:《存在主义是一种人道主义》,第 18 页。

③ 卢梭:《社会契约论》,北京:商务印书馆,何兆武译,1987 年,第 1 页。

④ 参考卢云昆:《自由与责任的深层悖论——浅析萨特"存在主义的人道主义"概念》,《复旦学报(社会科学版)》,2010 年第 3 期。

门槛,他要冲破一切清规戒律,崇尚无拘谨的爱。萨特的爱情观与他的存在主义有关。

波伏娃问萨特:你说过在柏林有一个恋爱事件;那个女人,你称她为月亮的女人。你喜欢她什么? 不漂亮,也不那么聪明。萨特回答说:是的,是不完美,但她有一种乡下人谈话的方式,一种奇特粗俗的谈话方式。正是这一点,才深深地吸引我呢。1956年萨特51岁时,向19岁的女学生阿莱特射出爱的箭矢,这位阿尔及利亚小姑娘,很快就成为他的情人,1965年萨特又将她收养为女儿。

他宣称自己在与一个女人相爱的同时,也与多位其他女子缠绵。这显然有悖于基督教义,因为基督宣告,一对一的婚姻才被上帝首肯,婚姻中无论男女必须向对方保持忠诚。这样的教义成为婚礼的誓言、生活的原理、道德的准则,乃至于法律的条文。然而,基督教的原理怎样呢? 法律的条文又怎样呢? 萨特早就脱离了宗教。他自己成为自己的"教主",上帝管不了他。

你总是希望女人首先去爱你,而一旦女人爱上了你,你的感觉又是怎样的呢? 每当波伏娃提出类似的问题,萨特总把烟斗轻轻地放在桌上,仰头张开嘴巴,就像接受牙科医生的询问。然后略为急促地回答:对! 当某个女人决定把自己交付给我的时候,她仿佛就成了我身上的一样东西。她们不得不爱我,这种爱意已经迫不及待地流露到她们脸上。我从她们的表情中得到证实,收获了这种爱意。

波伏娃又问:就像你说过的,在同女人打交道时,你是有支配性的,对吗? 萨特回答:对的,这种支配性从我的童年就开始了。我的外祖父支配外祖母,我的继父支配我母亲。然而,萨特既是一个女性支配者,又是一个女性崇拜者。萨特回顾一生,说女人给了他许多,没有女人他不可能获得这些成就和地位。这时,萨特总把波伏娃拥入怀中,加重语气地表白:在我所有爱过和爱着的女人中,"你是第一位的"。

人们至今还百思不解,萨特与波伏娃的爱情契约的背后,是不是还埋藏着不见天日的隐情。按照正常人的思维,爱情总是自私的,爱情的林间小路,常常埋伏着"警觉"与猜忌。波伏娃既然深爱着萨特,难道她就没有想到去"独占"自己的爱人吗?

她怎么能够做到,能容忍他在自己知晓的情况下去向别的女人求欢,而不生妒意？同样,按照正常人的思维,真正的爱情总是与"忠诚"这样的概念相伴,当爱情有另外的女人插足而"拥挤"不堪,波伏娃怎么还能继续维持这在普通人眼里已名存实亡的爱情？

人们只好作以下的猜测：在萨特与波伏娃之间并不存在什么真正的爱情,他们的"相爱",是一个存在主义者与一个女权主义者所做的社会试验。他们要以自身的"爱情传奇",陈述陈旧的一夫一妻制度因抑杀性爱的激情与自由,理当抛弃,一个新颖的婚姻时代即将开启。

人们还在继续猜测,这场"实验"的过程中,波伏娃是心甘情愿的"同谋",还是这场实验的策划者只有萨特一人,而波伏娃仅是无奈的参与者。因为对萨特的深情挚爱,唯恐失去萨特,波伏娃不得已在那特别的爱情约定上"签字画押"。

种种的猜测如检测色盲的杂色画板,也如色彩变幻的万花筒令人目眩。然而最后一种猜测是可能的。波伏娃毕竟是女人,她因为不能"独占"萨特而深夜哭泣,醉酒不醒。对于这场爱情"实验",她一半是"同谋",一半是受伤者。

5. "斗篷"笼罩下来又合拢

因为特殊的"爱的约定",波伏娃一生中除与萨特交往,也有过另外的情人。然而她将最深的情感倾注于萨特身上。萨特生命的最后十年,在病痛中渡过。1971 年萨特中风,1973 年旧病复发,处于半痴呆的状态,已不认得身边的人。这时,波伏娃不弃不离,日夕陪伴在侧,悉心料理病人。

1980 年 4 月 15 日晚,萨特进入弥留状态,他紧握波伏娃的手,断断续续地吐出最后的话语："我非常爱你,我亲爱的海狸（波伏娃的小名）。"当萨特的手在波伏娃的手上轻抚的时候,无意中触摸到波伏娃手指上的一枚戒指。这枚戒指很冰凉,萨特知道,这是另一个男人给予海狸的爱情信物。

萨特逝世后波伏娃陷于深深的痛苦中,忍痛握笔撰写《永别的仪式》,回顾萨特生命中最后十年与她相处的日日夜夜。同时又出版萨特书信集《致海狸和其他人》,其中包含萨特给她的大量情书。可惜的是,"海狸"致萨特的信笺没有收录其中。

"他的死将我们分开,我的死也不会使我们重聚。就是如此。我们能在一起生活那么长时间,已经很好。"在《告别仪式》中波伏娃这样写道。她和萨特一样,是个唯物论者。他们两人在生前都有意把上帝和天堂的神话忘却了。

而当此时,死神将暖热的黑色斗篷笼罩下来,又合拢起来,要抱着她飞去的时候,她也许感悟了,也许反悔了。人不可无宗教,尤其走到人生的末路,教堂顶楼轻摇的钟声,能把生命中最后的摇篮曲吟唱。

也许宗教是一个谎言,但却是善意的谎言,给孤寂的灵魂以体贴的慰藉。也许宗教是一个梦境,但却是七彩的梦境,能让临终的人们忘记畏死的恐惧。也许宗教是一种杜撰,编造了彼岸的世界,去到美丽的彼岸,可以重遇心爱的人儿。

这时的波伏娃是否会想,毋宁要神,要天堂,要一座云霞里的伊甸园。她要神来接引,渡她去天堂。要萨特在天堂的台阶上迎她,带她去伊甸园,满园都是玫瑰的芬芳。她会不会问萨特,在这个天上的世界,你还要不要坚持人间的主张,依然不肯结婚,再与她做一世的"情人"。她在萨特逝后的第六年去世。她留下遗言,要与萨特合葬。她追随萨特一生,愿死后依然与他相伴。

成千上万的人为她送行,前面是灵柩,载在车上,缓缓驶向蒙巴纳斯墓地。她安卧其中,轻合双目,身穿红色晨衣。那一年她也是穿着红衣,穿过树林,跨过小溪,像轻风掠过带露的草地。她奔跑着要去见他。看到了,她的情郎,正在前方不远的麦田里,向着她来的方向,使劲地张望。

Sartre and Beauvoir

Sheng Banghe

Abstract: People reckon Sartre as initiative of French existentialism, meanwhile name Beauvoir as "second Sartre" as well, and acknowledge her positive role in process of existentialism creation and propaganda. She is also the hierarchy of world's feminism, while Sartre is the back of this-ism.

Keywords: Sartre, Beauvoir, existentialism, "the agreement of love"

中西文化之"相反而适相成"
——读沈清松《从利玛窦到海德格尔》*

朱华华　吴晓番**

[摘　要]　沈清松的著作从跨文化哲学的角度描绘了明清之际以降的中西文化交涉,展现了中西文化之"相反而适相成"的面向。在多元文化的世界,各种文化既要能保存自我的认同,互相承认,互为主体,又应当通过语言外推、实践外推和本体外推达成更高的可普性。没有封闭的文化自信,文化自信来自于文化交往。文化交往带来的文化生成和文化更新,才能避免文化的虚无主义、相对主义和原教旨主义。

[关键词]　中西文化交往;相反而适相成;可普性

明清以来,西方文化和现代性思想一直对中国产生着巨大的影响,学界所关注的焦点多集中于西方思想本身,或是由西方到中国单向的知识、科技与文化流动。对中国思想是否

---

* 基金项目:国家社科基金青年项目"乾嘉汉学的哲学思想研究"(14CZX020);上海财经大学中央高校基金项目"哲学视阈中的乾嘉汉学"(2017110058)

** 朱华华(1981—),女,山东青岛人,华东师范大学出版社编辑,研究方向为伦理学。吴晓番(1980—),男,安徽望江人,上海财经大学哲学系副教授,研究方向为中国哲学史。

同时也流向西方，或产生什么影响，则著述不多。沈清松先生的近作《从利玛窦到海德格尔》(华东师范大学出版社 2016 年版)，交待了中西交流的双向轨迹，以及双方此后在思想上、哲学上的互动与演进，较为公允地勾勒出中西文化交流过程中的种种曲折，给予我们诸多启示。

《从利玛窦到海德格尔》共有八讲，可看作一本 16 世纪以来的中西哲学交流简史。书中涉及自利玛窦至海德格尔的生活年代的中西文化交流，包括利玛窦及早期来华耶稣会士引西方科技与亚里士多德哲学入中国，对中国思想和文化产生深刻影响，同时孔子思想和儒家经典被带回欧洲，启迪了法、德哲学家，从而引发欧洲初期的启蒙运动；其后欧洲对中国思想的态度由赞颂转向批判，然到 20 世纪又有马丁·布伯和海德格尔等人对于老子、庄子的重新学习这一曲折的过程，尤为详细的部分是 16 世纪明清之际的文化交往以及 20 世纪的布伯和海德格尔与中国思想的交涉。沈清松主要从跨文化哲学(intercultural philosophy)的角度来探讨自利玛窦以来的中西文化交流，"不同于过去所谓中西比较哲学，仅满足于比较中、西哲学的同与异，然后再判断何优、何劣"(该书第 1 页，以下仅注页码)，跨文化哲学假设哲学出自于文化，不同的文化会有不同的哲学。沈著相对于以前同类型著作的最大特点是客观而且精确地从哲学上呈现了中西对话双方的观点，较为公允而且专业地评价了双方的洞见与缺憾。他的跨文化哲学主张"多元他者"互动，和而不同。这种跨文化哲学的进路，根源于一种"动态关系的本体论"，来自于今天人类生存和发展的基本要求：我们不能再把人类的地位与发展当作孤立的状况，只思考人与人之间的文化差异和对立。相反地，不同文化传统的人都必须来思考共同隶属的整体，将人的地位放在整个宇宙与自然的脉络中去思考(第 260 页)。这种跨文化研究，首先保持了"多元他者"中的主体性思维；其次以"相互外推"作为文明对话的方式；最后追求和而不同的境界。这一主张对于当代文化中各种原教旨主义的泛滥有很好的警示意义。

沈著在处理明清之际中西文化交流的那段历史时，借助深厚的中世纪哲学研究素养，深入耶稣会士思想本源，探讨耶稣会士译著背后曲折的义理轨迹。沈清松心目中跨文化哲学研究的典范是利玛窦等明清之际的传教士。对于海德格尔——当代学界深信他与东方思想颇为契合——沈先生并不以为然，因为"海德格尔没有外推精神"(第 231 页)，而"利玛窦和高毋羡都是采取友谊平等

中西文化之「相反而适相成」

的文化交流立场,这为尔后的跨文化交流立下了楷模"(第 39 页)。沈清松认为利玛窦等人引进西学对于中国文化具有三方面的贡献:"第一,是在科学与技术上的贡献;第二,是在道德学、伦理学上的贡献;第三,是在宗教对话方面的贡献。"(第 53 页)不过作者也深刻地指出,利玛窦等耶稣会士以具有较多理性精神的经院哲学化的亚里士多德为中介的文化交流,其实给当时的文化理解带来了问题,特别是亚里士多德的"实体"概念(第 68 页),因为"上帝"是实体,"是第一实体",使得"耶稣会士们无法深入了解儒、释、道不执着于实体的思想与信仰,以至实体的上帝观与中华传统哲学格格不入,甚至冲突"(第 67 页)。可以说,正是这种以亚里士多德为中心的交往限制了中土思想对于西方思想的接受和融合,而且对中西思想的差别性的关注大于对其共同性的关注。"当时耶稣会士如果多谈一些自己对终极真实的体验,少谈那些抽象的天主存在证明;不但引进亚里士多德和托马斯的理性论,也引进拉丁教父、希腊教父,或像艾克哈特大师等人的密契论,一定可以获得同样关心终极真实的儒释道各教的共鸣。……如果当时引进的是希腊教父或拉丁教父,他们的文采好,关心人内心的体验,而且心怀对奥妙的惊异,有密契论的深度,或许更能亲近中国的思想家。"(第 73 页)这的确很有见地。当前中国哲学界开始从以康德为中心的启蒙哲学的框架中走出来,也注意到了西方哲学和中国哲学都注重精神修养的"内圣"之道。[1]

　　沈先生除讨论了耶稣会士对于西方思想的译介和对儒家思想的理解之外,同样也注意到了中国本土士人对于西方思想的理解和调和。耶稣会士来华时,中国本土思想的主导是新儒家思想,更为确切地说是阳明心学。很多学者如朱维铮[2]、陈卫平[3]等都指出阳明心学与耶稣会士能够在中国本土成功传播的相关性。不过,从哲学上来讲,耶稣会士并不赞同阳明心学,也不完全赞同程朱理学,反而表现出了重视原始儒学的倾向。耶稣会士对于古典儒学,例如《四书》、《五经》的内涵,大加赞赏,认为其中对人整体理性的重视甚至超过西方,儒学对于人的道德和德行的培养更为积极,儒家有信仰,并非无神论者。这使得耶稣

[1] 参看皮埃尔·阿多:《古代哲学的智慧》,张宪译,上海:上海译文出版社,2012 年;黄进兴:《再现传统中国的思想:迈向论述化、命题化的哲学?》,《社会科学报》,2016 年 12 月 9 日。

[2] 参看朱维铮:《走出中世纪》,上海:复旦大学出版社,2009 年。

[3] 参看陈卫平:《第一页与胚胎》,广西师范大学出版社,2015 年。

会士选择古典儒学来做交谈对象,并采取"补儒"的策略,也就是以天主教的信仰来补足儒家思想,但他们要补足的是先秦的古典儒学,对宋明理学却持批判态度,认为宋明理学和心学是儒学的堕落或退步。早期传教士很清楚地区分了古典儒学与宋明理学、心学。如此区分的依据,不仅在于古典儒学、宋明理学、心学对"天"或"上帝"的态度开放或不开放,而且也在于人的成德是否像先秦儒学所主张的那样,与他人、与超越界有关系,或者像宋明儒学所主张的那样,转为人自己内心的修养,致力于"存天理灭人欲",或"敬",或"致良知"的内在性涵养功夫。当时耶稣会士们介绍、解释的经典,主要都是围绕着"四书五经";而他们所介绍的圣者,主要是孔子。这是很有趣的现象,熟悉明清之际以来的思想史的人知道,整个清代的思想发展都是以批评新儒学、回复到孔子为鹄的的。

近年来随着文献研究的推进,中国本土信教的知识分子如何理解耶稣会士传入的思想,以及他们居间于中西文化的种种相关材料浮出水面。这使得讨论明清之际的中西文化交流的材料更为完备,讨论的视角也更为全面。李天纲[1]、孙尚扬[2]等学者的研究使一些在思想史和哲学史上不太常见的人物(如严谟、韩霖等人)受到关注。沈著选择了第一位进入天主教的清代皇族简仪亲王德沛以及经历明清鼎革、试图调和礼仪之争的夏大常为考察对象,从哲学上展开讨论。这一部分尤其有意义,能够补充中国哲学史叙述中的缺项:当下流行的哲学史在叙述明清之际的哲学时,对于作融合中西思想努力的学者着墨不多,除徐光启、方以智外别无他人。更为重要的意义则是,沈清松所叙述的这些人物的思想走向,使得清代思想的演进显得更具有逻辑。沈著从形上学、人性论和实践论三个层面分析了吸纳西学的工作:在形上学方面,"以实体为个体,重视个体存在,认为个体是那不可分割者(in-dividum),才在中文学界出现了个体的哲学依据"(第151—152页);在人性论问题上,认为"人的独特性在于人的灵魂,不同于其他万物只有生魂或觉混",把"人性"当作灵魂实体,而灵魂最重要的品质是"智";在实践论上,批评新儒学忽视实践功夫,重视伦理的、政治社会的实践:不止于个人修身,须更提振于公共事务(第158页)。耶稣会士借助

---

[1] 李天纲:《严谟的困惑:18世纪儒家天主教徒的认同危机》,载李炽昌主编:《文本实践与身份辨识:中国基督徒知识分子的中文著述》,上海:上海古籍出版社,2005年。

[2] 孙尚扬:《反思与构建:儒者基督徒韩霖融会中西的伦理思想》,载李炽昌主编:《文本实践与身份辨识:中国基督徒知识分子的中文著述》,上海:上海古籍出版社,2005年。

原儒的权威,批评宋明理学,注重实践,注重理智等等,都与清代思想的演进有莫大的关联。而这些本土士人的接纳,显示出了耶稣会士思想的外推效用,也提示了清代思想发展的特点。

对于 1980 年代以来影响中国的海德格尔,沈著从跨文化哲学的角度肯定了其能够与中国哲学精神融通和相合的一面,但也批评了海氏与中国思想的距离"还远"。沈清松以亲历者的身份回顾了萧师毅和海德格尔交往的故事,确凿地指出海德格尔曾受老子思想的影响但又不愿公开的事实。沈清松认为,在思想模式上,海德格尔比较接近古希腊前苏格拉底时期的思想方式。道家思想对于海德格尔而言,只不过是古希腊思想的寄托。海德格尔并不留意中国哲学的原意,也不在乎对于中国经典的基础性了解,只图按照自己的思想关切,从浊与清、暗与明、技术与艺术,乃至于道路与言说上加以解读,并在此背景下形成思想的张力(第 251 页)。他虽然突破了黑格尔以来的一些成见,但其思想与老子思想的差异性是很明显的,"海德格尔所想要理解的道,也就是路与说。基本上,这是古希腊哲学对于路的经验,可是仍然没办法涵盖老子所说的'道可道,非常道',因为道还有超越言说的其他意义"(第 242 页)。沈著指出,海德格尔只有思想和写作上的原初慷慨,但他没有伦理上的原初慷慨,也就是走出自我,走向他者,用他者能懂的语言来说自己的主张,或是把自己的思想放到多元他者的社会组织或实践脉络中,看它还会不会继续生效,或经由对终极真实的迂回去理解他者的生活世界与宗教世界。因此海德格尔没有外推的精神(第 231 页)。

遗憾的是,按照沈著的说法,从利玛窦到海德格尔的中西文化交流,西方思想家似乎从未深入地体会中国哲学的精神:无论是儒家的"天",还是道家的"无",抑或是佛教的"空"。这种局面,是西方思想家不能理解中国哲学精神,还是基于自身的理论立场拒绝理解而造成的,需要再讨论。沈清松虽然视利玛窦为中西文化比较的楷模,不过细究起来,利玛窦等人的中西哲学比较也并不是平等的。比如,利玛窦等人完全无视综合佛老而产生的新儒家在哲学上的成就,认为它相对于原始儒学是一种堕落。实际上,他们赖以为比较参照物的亚里士多德思想也并不是原初的形态,而是经过拉丁教父基督教化的产物,之后再转化为中国人能够理解的亚里士多德,则经过了两层曲折。对于中国佛教的"空",利玛窦显然也缺乏理解,因为他持一种客观论的哲学立场,认为对象的实

规范性问题和中西哲学

在性要理性地、逻辑地加以规定和说明。但在佛教那里,"无"和"空"与其说是从理论上描述和说明客观实在,毋宁说是一种主观实践的表达方式:从绝对性的相对化中得到一种精神上的解脱;它是一种实践上的旨趣,把一切都当作无自性的和相对的,使自己不执着于任何东西。因此,它在利玛窦的客观理性的说明面前就显得非理性了。在欧洲的传统中,特别是在新柏拉图主义和神秘主义的否定神学中,也存在这样的表达方式。[1] 利玛窦所代表的是某种特定的欧洲传统,这种传统在理论领域按照人制造物品的模式去理解事物与其原因的关系,在伦理-实践领域则以主人和仆人的社会关系为样板。但由此把利玛窦及其同道与佛教的关系理解为整个基督教与佛教乃至"中国思想"的关系,并以萨丕尔-沃尔夫(Sapir-Whorf)的每一文化的语言决定其思想的假说为依据,在原则上否定相互理解的可能性,则失之过当。[2]

　　这证明了中西方文化的异质性,但并不能由此证明双方不可相互理解。沈清松于此处持积极态度,认为希腊哲学开始于知的惊奇(wonder),其所追求的是理论上的可普性;中国哲学开始于情的关怀(concern),追求的是实践上的可普性。中西方哲学所关注的都是可普性(universalizability),而非现成的、纯粹的普遍性(universality)。在沈先生看来,正是要在承认各自文化的主体性的基础上,承认各自文化存在的合理性,通过语言的外推、实践的外推和本体的外推,以达至相互丰富(第 259 页)。这是西方文化进入东方以来我们的宿命,也是不可能否定的必然走向。在文化多元的时代,如何保持民族性的叙述,又保持现代性的诉求,是西方文化进入中国以来我们不能回避的重要问题。在这种大局面下,沈著认为文化互动是必不可少的:应该让每种文化和哲学传统都能保存自我的认同,彼此相互尊重,进而通过互相学习彼此的论述和语言,透过相互外推,在既差异又互补、既断裂又联系的对比当中,彼此互相丰富,向更高的可普性前进。这一理想与陈寅恪的说法尤为相似,陈寅恪说:"窃疑中国自今日以后,即使能忠实输入北美或东欧之思想,其结局当亦等于玄奘唯识之学,在吾国思想史上既不能居最高之地位,且亦终归于歇绝者。其真能于思想上自成系统,有所创获者,必须一方面吸收输入外来之学说,一方面不忘本来民族之地

---

[1] 参看耿宁:《利玛窦与佛教的关系》,载《心的现象:耿宁心性现象学研究文集》,北京:商务印书馆,2012 年,第 88 页。

[2] 参看耿宁:《利玛窦与佛教的关系》,载《心的现象:耿宁心性现象学研究文集》,第 123—124 页。

位。此二种相反而适相成之态度,乃道教之真精神,新儒家之旧途径,而二千年吾民族与他民族思想接触史之所诏示者也。"①

整体而言,沈著一方面对西方哲学的进展能够追溯根源,特别是在分析中世纪经院哲学的曲折义理时,条理通达;另一方面又能够对中国哲学的基本精神深有体悟。在叙述从利玛窦到海德格尔的这段中西文化交流史方面,沈著具有哲学上的优势,当为治中西哲学比较和中西文化交流的学者所瞩目之作。

The "Coincidentia Oppositorum" of Chinese and Western Culture — Review of *From Ricci to Heidegger*

Zhu Huahua, **Wu Xiaofan**

Abstract: Professor Shen's book *From Ricci to Heidegger* depicts the Sino-Western cultural communication between the Ming and Qing dynasties from a intercultural philosophy perspective, and shows the "*Coincidentia Oppositorum*" orientation between Chinese and Western culture. Various cultures in a multicultural world must preserve self-identity, mutual recognition and mutual subjectivity, and should construct a more powerful universalizability through linguistic strangification, practical strangification and ontological strangification. Cultural confidence comes from cultural interactions rather than cultural isolation. The cultural generation and cultural renewal brought about by cultural exchange can aviod the nihilism, relativism and fundamentalism of culture.

Keywords: Sino-Western Cultural Communication, Coincidentia Oppositorum, Universalizability

---

① 陈寅恪:《冯友兰中国哲学史下册审查报告》,载《陈寅恪集》,北京:生活·读书·新知三联书店,2001 年,第 284 页。

图书在版编目（CIP）数据

思想与文化. 第二十三辑，规范性问题和中西哲学/杨国荣主编. —上海：华东师范大学出版社，2019
ISBN 978 - 7 - 5675 - 8509 - 6

Ⅰ.①思…　Ⅱ.①杨…　Ⅲ.①社会科学-文集
Ⅳ.①C53

中国版本图书馆 CIP 数据核字（2019）第 084700 号

规范性问题和中西哲学
思想与文化（第二十三辑）

主　　编　杨国荣
执行主编　郁振华
项目编辑　唐　铭
特约审读　史　华
装帧设计　刘怡霖

出版发行　华东师范大学出版社
社　　址　上海市中山北路 3663 号　邮编 200062
网　　址　www.ecnupress.com.cn
电　　话　021 - 60821666　行政传真 021 - 62572105
客服电话　021 - 62865537　门市（邮购）电话 021 - 62869887
地　　址　上海市中山北路 3663 号华东师范大学校内先锋路口
网　　店　http://hdsdcbs.tmall.com

印　刷　者　北京虎彩文化传播有限公司
开　　本　787×1092　16 开
印　　张　26
字　　数　422 千字
版　　次　2019 年 1 月第 1 版
印　　次　2019 年 1 月第 1 次
书　　号　ISBN 978 - 7 - 5675 - 8509 - 6/C · 261
定　　价　68.00 元

出 版 人　王　焰